Couleurs de France 1

neu

Das Französisch-Lehrwerk

von
Nicole Verger
Adelheid Nodop
Emmanuelle Tessier

und
Isabelle Jue
Bettina von Hauenschild

Langenscheidt

Berlin · München · Wien · Zürich
London · Madrid · New York · Warschau

Couleurs de France neu 1

Lehr- und Arbeitsbuch

- mit allen Hörmaterialien
- mit Beiheft EXTRA

von
Nicole Verger
Adelheid Nodop
Isabelle Jue
Emmanuelle Tessier
Bettina von Hauenschild

Grundlage dieses Lehrwerks war die bisherige Ausgabe von ***Couleurs de France** 1*, von Annie Faugère, Bettina von Hauenschild, Helga Herrmann und Claude Pruvot-Büttner.

Weitere Materialien zu diesem Band	
Lehrerhandreichung	45442

Erläuterung der Symbole

2.32	Hörtext		Projektaufgabe
24 ▶ S. 117	Lernstrategie	▶3	Grammatikkasten: wichtiges neues Phänomen auf der Lehrbuchseite
www	Verweis auf die Lehrwerkshomepage www.langenscheidt.de/couleurs-de-france-neu	▶ Ü8	Verweis auf Übungen im Übungsteil ab S. 116
	Aussprache, Phonetik	▶ Gr 9.2.3	Verweis von den Résumé-Seiten auf die entsprechende Stelle in der Grammatikübersicht ab S. 189
i	Info über Frankreich		

Illustrationen: Bruno Conquet
Visuelles Konzept, Layout: Andrea Pfeifer, Kommunikation + Design
Umschlag: Andrea Pfeifer, Kommunikation + Design, unter Verwendung eines Fotos von DigitalVision
Redaktion: Dominique Nißler, Annie Faugère

www.langenscheidt-unterrichtsportal.de
www.langenscheidt.de/couleurs-de-france-neu

Bei Fragen zum Lehrwerk wenden Sie sich bitte an: couleurs-de-france-neu@langenscheidt.de

Umwelthinweis: gedruckt auf chlorfrei gebleichtem Papier

Satz und Litho: Franzis print & media GmbH, München
Druck und Bindung: Stürtz GmbH, Würzburg
Printed in Germany
ISBN 978-3-468-45446-2: Lehr- und Arbeitsbuch mit allen Hörmaterialien und Beiheft
ISBN 978-3-468-45448-6: zusätzlich mit Vokabeltrainer

10020

Liebe Lernerin, lieber Lerner,

Wir freuen uns, dass Sie mit ***Couleurs de France Neu*** Französisch lernen möchten, und hoffen, dass es Ihnen Spaß machen wird! Mit Abschluss dieses Bands haben Sie das Niveau A1 des Gemeinsamen europäischen Referenzrahmens erreicht und können sich damit bereits in den wichtigsten Alltagssituationen auf Französisch behaupten. Wenn Sie dabei Lust auf eine Reise ins französischsprachige Ausland bekommen, finden Sie im Beiheft ***Extra*** den idealen Reisebegleiter und Sprachführer für Ihren Urlaub!

Wie lernen Sie mit *Couleurs de France Neu*?

- **Lernen in kleinen Schritten:** Sie lernen Schritt für Schritt und folgen dabei den klar verständlichen Aufgaben. Daher können Sie den Lernstoff auch leicht allein zu Hause nachholen, wenn Sie einmal im Unterricht gefehlt haben.
- **Selbstständiges Lernen:** Was man selber erarbeitet, merkt man sich bekanntlich leichter. Daher entdecken Sie den neuen Stoff selbst und wenden ihn dann sofort aktiv an. Hilfreiche Lerntipps zeigen Ihnen außerdem, wie Sie noch besser und schneller lernen können.
- **Kommunikatives Lernen:** Ansprechende Fotos und Texte machen Lust, Französisch zu sprechen! Sie lernen im Gespräch mit anderen und können dabei immer wieder anwenden, was Sie bereits gelernt haben.
- **Lernen gemäß des Gemeinsamen europäischen Referenzrahmens:** Das Lehrwerk orientiert sich konsequent am Gemeinsamen europäischen Referenzrahmen und bereitet Sie damit ideal auf die entsprechenden Prüfungen vor.

Wie ist *Couleurs de France Neu* aufgebaut?

- Der **Lektionsteil** ist für den Unterricht vorgesehen:
  - In zwölf kurzen *Unités* wird der Lernstoff in lebendigen Alltagsthemen behandelt. Nach der landeskundlichen *Sur le vif*-Seite schließt jede *Unité* mit einer Zusammenfassung der Lerninhalte (*Résumé*).
  - Nach jeweils vier *Unités* befindet sich ein *Plateau*-Abschnitt mit Aufgaben zu beruflichen Situationen, Rollen- und Brettspielen sowie hilfreichen Lerntipps.

- Der **Service-Teil** enthält alles, was Sie für die Arbeit zu Hause brauchen:
  - Drei Seiten Übungen pro *Unité* zur Festigung des Lernstoffs und eine Seite *Résumons!* mit zusammenfassenden Übungen zur Wiederholung und Selbstüberprüfung.
  - Nach jeweils vier *Unités* eine Seite *Ecrire* für zusätzliches Schreibtraining und eine Seite *Autoévaluation* zur Selbsteinschätzung.
  - Einen Abschlusstest, der vollständig der Prüfung zum Europäischen Sprachenzertifikat Niveau A1 entspricht.
  - Einen ausführlichen Anhang mit verschiedenen Nachschlagemöglichkeiten: Grammatikübersicht, Lösungen, Transkription aller Hörtexte, Vokabulare usw.
  - **Alle Hörmaterialien:** 2 CDs zum Lektionsteil und eine CD zum Übungsteil.

Schauen Sie sich nun in Ruhe das detaillierte Inhaltsverzeichnis auf den folgenden drei Seiten an!

Viel Spaß und viel Erfolg wünschen Ihnen
Autorinnen und Verlag

Inhalt

Inhalt

Inhalt

Vous comprenez ?

1 (CD 1.2) **Willkommen in der Welt des Französischen! Lehnen Sie sich zurück und hören Sie zu. Verstehen Sie alles?**

2 (CD 1.2) **Hören Sie noch einmal. Welche Wörter können Sie den Fotos zuordnen?**

1 Vous êtes madame… ?

- **Begrüßung, Namen, Alphabet**
- Bekannte Wörter wiedererkennen
- Über das Befinden sprechen
- Etwas benennen
- Nachfragen und bitten

1 **Hören Sie zu. Suchen Sie auf dem Bild die entsprechenden Aussagen.**

1.3 **a Wie stellen sich die Personen im Kurs vor?**

.... Michelle Morvan.

.... madame Riemann.

.... Susanne.

b Wie fragt man nach dem Namen in der Du-Form? Und in der Sie-Form?

Du-Form ....

Sie-Form ....

2 **a Hören und lesen Sie die Dialoge noch einmal und sprechen Sie nach!**

1.3 **b Eine Vorstellungskette! Grüßen Sie Ihren Nachbarn / Ihre Nachbarin, stellen Sie sich vor und fragen Sie nach seinem/ihrem Namen. Duzen Sie oder siezen Sie lieber?**

△ *Bonjour, je m'appelle Andrea Menz. Et toi ?*
○ *Moi, c'est Ralf, et vous ?*
□ *Bonjour, je suis Klaus Köhler. Et vous ?*

▶ Ü1-2

▶1, 2 ich, du, Sie …

je suis	**Moi**, c'est Claudia.
tu es	Et **toi** ?
vous‿êtes	Et **vous** ?

jemanden grüßen

Bonjour !
Bonsoir !
Salut !

3 **a Schauen Sie die Fotos an. Welche Situationen sind eher förmlich? Welche ist eher vertraut?**

☐ ☐ ☐

b Hören und lesen Sie die drei Gespräche. Ordnen Sie dann die Dialoge den obigen Fotos zu. 1.4

Ⓐ

● Bonsoir, monsieur. Vous êtes monsieur Duval ?
○ Oui, Pierre Duval.
● Enchanté.

Ⓑ

● Salut, Karine, ça va ?
○ Ça va, merci. Et toi ?
● Ça va.

Ⓒ

● Bonjour, mademoiselle, comment allez-vous ?
○ Très bien, merci. Et vous ?
● Bien, merci.

c Unterstreichen Sie die förmliche Frage nach dem Befinden und kreisen Sie die vertraute Frage ein.

d Was antworten Sie, nachdem sich Ihnen jemand förmlich vorgestellt hat?

e Wie geht es Ihnen heute? Gehen Sie im Kursraum umher. Fragen Sie, wie es Ihrem Gegenüber geht, und sagen Sie ihm, wie es Ihnen geht.

△ *Comment allez-vous ?*
○ *Très bien, merci. Et vous ?*
△ *Ça va, merci.*

▶ Ü3–6

i Die Begrüßungsformel schlechthin ist *bonjour*. Sie kann zu jeder Tageszeit und für jede Person gelten. Höflicher ist es jedoch, *madame / mademoiselle / monsieur* anzuschließen. Der Familienname muss dabei nicht genannt werden. Die Anrede *mademoiselle* ist bei jungen Frauen im Übrigen keineswegs so verpönt wie das deutsche „Fräulein".

▶3 jemanden ansprechen

Bonjour, madame.
Bonjour, monsieur.
Bonsoir, mademoiselle.

Enchanté !

männlich	*weiblich*
Enchanté.	Enchantée.

4 **Sie verstehen schon viel mehr, als Sie denken! Hören Sie zu.**

1.5

a Was erzählt das Mädchen?

▶ S. 42

- ☐ Sie hat etwas gefunden.
- ☐ Sie hat etwas verloren.

b Um welchen Gegenstand handelt es sich?

- ☐ ein Bonbon
- ☐ ein Foto
- ☐ ein Portemonnaie
- ☐ einen Pass

c Wie geht die Geschichte vermutlich weiter?

- ☐ Es folgt ein Anruf.
- ☐ Es folgt ein Brief.
- ☐ Man weiß es nicht.

5 **Hören und lesen Sie die folgenden Wörter. Einige kennen Sie bereits von der Seite 7. Achten Sie auf die Aussprache und sprechen Sie nach.**

1.6

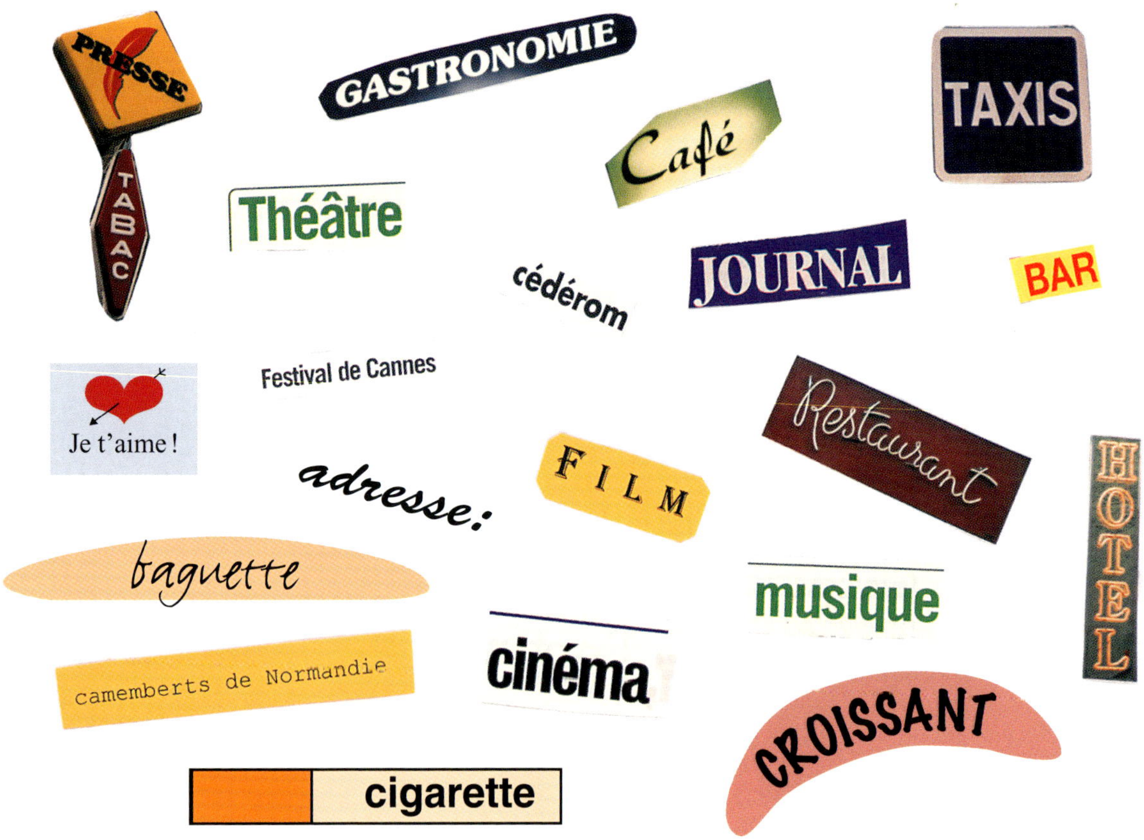

Gehen Sie auf die Lehrwerkshomepage: www.langenscheidt.de/couleurs-de-france-neu. Klicken Sie dort auf die Linksammlung und surfen Sie zum ersten Mal in der französischsprachigen Welt. Sammeln Sie weitere bekannte Wörter.

6 a **Brainstorming: Schreiben Sie in Kleingruppen weitere französische Wörter auf, die Ihnen einfallen. Sie haben drei Minuten Zeit.**

parfum, Gauloises, mélodie, génial, Marseille…

b **Tragen Sie per Zuruf alle Wörter an der Tafel zusammen und ordnen Sie die Nomen mithilfe des Kursleiters / der Kursleiterin in die richtige Spalte ein.**

masculin *(männlich)*	féminin *(weiblich)*	pluriel *(Mehrzahl)*
un parfum	une mélodie	des Gauloises

~~génial~~
~~Marseille~~

c **Wie wird die Mehrzahl des Nomens gebildet? Schauen Sie sich auch den gelben Kasten unten an.**

7 **Kettenübung: Das Französische, eine Welt voller bekannter Wörter … Beschreiben Sie, was Sie auf der Zeichnung sehen. Sie kennen sicher die Bezeichnungen der meisten Gegenstände und Gebäude. *Génial*, nicht wahr?**

4 ▶ S. 43

△ *Voilà un café.* **männlich**
○ *Voilà un café et des cigarettes.* **weiblich**
□ *Voilà un café, des cigarettes et un restaurant.*

▶ Ü 7–8

▶6, 7 un, une ; des

Einzahl		*Mehrzahl*	
männlich	*weiblich*	*männlich*	*weiblich*
un film	**une** rose	**des** films	**des** roses
un bar	**une** adresse	**des** bars	**des**‿adresses
un‿hôtel	**une** chanson	**des**‿hôtels	**des** chansons

8 **a** **Das Alphabet. Hören Sie das Alphabet und sprechen Sie nach.**

1.7

A [ɑ] B [be] C [se] D [de] E [ə] F [ɛf] G [ʒe] H [aʃ] I [i] J [ʒi] K [kɑ] L [ɛl] M [ɛm] N [ɛn]
O [o] P [pe] Q [ky] R [ɛʀ] S [ɛs] T [te] U [y] V [ve] W [dubləve] X [iks] Y [igʀɛk] Z [zɛd]

b **Hören Sie noch einmal und kreisen Sie fünf Buchstaben ein, deren Aussprache von der deutschen stark abweicht. Vergleichen Sie mit Ihrem Nachbarn / Ihrer Nachbarin.**

9 **Verbinden Sie die Buchstaben, die Sie hören. Welche Figur ergibt sich rechts?**

1.8

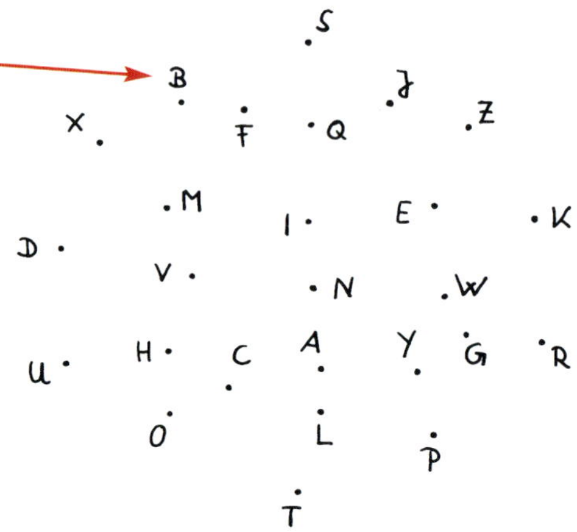

10 **a** **Stellen Sie nun zu zweit ein eigenes Alphabet zusammen. Überprüfen Sie dann die Schreibweise mit Ihrem/r Kursleiter/in.**

A comme… *adresse*
B comme… ....
C comme… ....
D comme… *dame*
E comme… *Europe*
F comme… ....
G comme… ....
H comme… ....
I comme… *idée*
J comme… ....
K comme… *kilomètre*
L comme… *loto*
M comme… ....
N comme… *nature*
O comme… *olive*
P comme… ....
Q comme… *qualité*
R comme… ....
S comme… *salade*
T comme… ....
U comme… *uniforme*
V comme… *vase*
W comme… *western*
X comme… *xylophone*
Y comme… *yoga*
Z comme… *zoo*

é = e accent_aigu
è = e accent grave
ê = e accent circonflexe
ë = e tréma
ç = c cédille

b **Lesen Sie zu zweit Ihr Alphabet der Gruppe vor.**

▶ Ü 9–10

11 Hier einige Äußerungen, die Sie in Ihrem Französischkurs immer wieder brauchen werden. Hören Sie zu und sprechen Sie nach.

1.9

12 **a** **Hören Sie dieses Telefongespräch. Lesen Sie anschließend den abgedruckten Teil zu zweit mit verteilten Rollen vor.**

1.10

● Oui, vous êtes madame… ?
○ Anne Schwarzköpf.
● Ça s'écrit comment ?
○ Euh… Anne : A - deux N - E, et Schwarzköpf : S - C - H - W - A - R - Z - K - O tréma - P - F.
● Pardon ? Je ne comprends pas ! Vous pouvez répéter, s'il vous plaît ?
○ Alors : Schwarzköpf : S - C - H - W - A - R - Z - K - O tréma - P - F.
● Merci.

b **Wie buchstabiert man Ihren Namen? Und die Namen der anderen Kursmitglieder? Gehen Sie umher, erfragen Sie die Ihnen noch unbekannten Namen und fragen Sie wenn nötig nach der Schreibweise!**

13 **Nach dem Unterricht verabschieden Sie sich von den anderen auf Französisch.**

1.11

▶ Ü 11

▶11 eine Bitte äußern

Du-Form	*Sie-Form*
s'il te plaît	s'il vous plaît

1 Sur le vif

En voyage avec Couleurs de France

Unsere Reise führt Sie an viele verschiedene Orte, in denen Französisch gesprochen wird. Wir fahren mit Ihnen von Straßburg über Brüssel und Lausanne bis zur Côte d'Azur. Auf den Fotos sehen Sie einige dieser Orte. Ordnen Sie sie den richtigen Stellen in Frankreich, Belgien und der Schweiz zu.

Sind Sie unsicher, wo zum Beispiel Carnac liegt? Dann schauen Sie doch auf der Karte im vorderen Buchdeckel nach. Und sicher können sie die Namen auch schon alle aussprechen.

***Lyon**, ville de théâtres et de festivals, avec la basilique de Fourvière*

***Lausanne**, cité universitaire au bord du lac Léman, en Suisse*

***Castelnaudary**, au bord du canal du Midi, est la capitale du cassoulet*

***Bruxelles**, une capitale européenne accueillante*

***Carnac** en Bretagne, site de mégalithes préhistoriques mystérieux*

*Le musée d'Orsay, mondialement connu, situé dans une ancienne gare de **Paris***

***La Côte d'Azur** attire des touristes du monde entier*

*La petite France, un quartier charmant de **Strasbourg***

***L'Auvergne** et ses paysages sauvages et romantiques*

Résumé

Jemanden begrüßen

- Bonjour, monsieur Duval.
- Bonsoir, mademoiselle.
- Salut, Alex !

Sich verabschieden

- A bientôt !
- Bonsoir et à la semaine prochaine !
- Au revoir et à demain !

Die Anrede

▶ Gr 2

Salut !	Hallo.
Bonjour !	Tag!, Guten Tag!
Bonjour, madame.	*Man kennt den Nachnamen nicht.*
Bonjour, madame Morvan.	*Der Nachname der Person ist bekannt.*

Den Namen nennen, erfragen, bestätigen

▲ Je m'appelle Max Gruber. Et vous ?
● Je suis Lydia Schneider. Et toi ?
◆ Moi, c'est Jutta.

▲ Vous êtes monsieur Walch ?
● Oui, c'est ça.

Reagieren, wenn eine Person sich vorstellt

▲ Vous êtes madame… ?
● Morvan. Michelle Morvan.
▲ Enchanté(e).

Einige Personalpronomen

▶ Gr 8.1

unbetont	*betont*
Je suis Catherine.	**Moi**, c'est Catherine.
Tu es Jim ?	Et **toi**, tu es Jim ?
Vous êtes Jules ?	Et **vous** ?

! ***vous*** kennzeichnet die Sie-Form und das deutsche *ihr*: ***Et vous ?*** kann also sowohl *Und Sie?* als auch *Und ihr?* heißen.

Über das Befinden sprechen

▲ Comment allez-vous ?
● Très bien, merci.

▲ Ça va ?
● Ça va (bien), merci.

Aussage und Frage

▶ Gr 1.1, 1.2.1

C'est Michel.	C'est Michel ?
Ça va. ↘	Ça va ? ↗

! Eine Aussage wird durch das Ansteigen der Stimme am Ende des Satzes zur Frage.

! Andere Frageformen sind auch möglich (*Comment allez-vous ?*) Mehr dazu später!

Etwas benennen

- un bar, un taxi
- une baguette, une cigarette

Das Nomen

▶ Gr 2.1

männlich:	bar, taxi…
weiblich:	baguette, cigarette…

! Ein Nomen kann im Französischen ein anderes Geschlecht als im Deutschen haben: **un bar** (*m*) – *eine Bar* (*w*). Ein sächliches Geschlecht (*das Theater*) gibt es nicht.

- des hôtels, des cafés et des terrasses

Der Plural mit *-s*

▶ Gr 2.2

un	bar	→ des bar**s**
une	salade	→ des salade**s**

Der unbestimmte Artikel

▶ Gr 3.2

	Einzahl	*Mehrzahl*
männlich	**un** cognac	**des** cognacs
weiblich	**une** mélodie	**des** mélodies

! ***un***, ***une*** entspricht dem deutschen *ein, eine*. Der unbestimmte Artikel ***des*** hat im Deutschen keine Entsprechung: ***des** cigarettes – Zigaretten.*

Nachfragen und Bitten äußern

- Pardon ?
- Vous pouvez répéter, s'il vous plaît ?
- Ça s'écrit comme ça ?
- Plus lentement, s'il te plaît.

s'il te plaît und *s'il vous plaît*

Du-Form	*Sie-Form*
s'il te plaît	s'il vous plaît

2 Vous êtes d'où ?

· **Nationalitäten und Sprachkenntnisse, Wohnort und Herkunft**
· Ein Interview hören
· Angaben zur Person machen

Alain Goepp

1 a **Woher kommen vermutlich die Einwohner dieses Straßburger Hauses? Verbinden Sie die Namen mit ihrem Ursprung.**

Ivanov	italien
Mayer	français
Ben Saïd	espagnol
Lopez	allemand
Moulin	russe
Pisani	tunisien

Moulin, c'est un nom français.

1.12 b **Hören Sie nun Alain Goepp, einem Bewohner dieses Hauses, zu. Stimmten Ihre Vermutungen? Und wie gut kennt Monsieur Goepp seine Nachbarn?**

2 **Welchen Ursprung haben wohl diese Namen berühmter Persönlichkeiten?**

Buñuel • Fellini • Tolstoï • Lessing • Deneuve • Voltaire • Riemann • Lollobridgida • Picasso • Djebar

i In Straßburg und Umgebung leben ca. eine halbe Million Menschen. Doch sind das nicht nur alteingesessene Elsässer. Viele von ihnen stammen aus anderen Regionen Frankreichs oder aus anderen Ländern. Aus diesem Grund und als Sitz des Europarats und des europäischen Parlaments wirbt Straßburg mit dem Slogan *Strasbourg - Capitale européenne*. Die meisten Touristen kommen allerdings wegen der eindrucksvollen Kathedrale und der schönen Fachwerkhäuser des Stadtteils „*Petite France*" nach Straßburg.

3 **a** **Ergänzen Sie die Tabelle zu zweit. Was fällt Ihnen auf? Tauschen Sie sich aus. Schauen Sie auch in den gelben Kasten unten.**

6 ▶ S.43

pays	nationalité	
	Il est...	**Elle est...**
la France	français	française
l'Allemagne	....	allemande
l'Espagne	espagnol	....
l'Italie	italien	italienne
l'Autriche	autrichien	....
la Tunisie	....	tunisienne
la Russie	russe	russe
la Belgique	belge	....
la Suisse	....	suisse

1.13 **b** **Hören Sie und sprechen Sie nach. Welche Formen werden gleich ausgesprochen?**

4 **a** ***Roméo et Juliette*. Welcher Mann passt, national gesehen, zu welcher Frau?**

Ali est tunisien ; Leïla est aussi tunisienne.

~~Ali~~ Jean Federico José Hans Ivan

Federica Helga ~~Leïla~~ Anastasia Carmen Isabelle

b **Und Sie? Welche Nationalität haben Sie?**

Je suis italienne.

5 **Kennen Sie die Herkunft dieser europäischen Marken? Fallen Ihnen noch weitere ein?**

Barilla LACOSTE ZEISS Maggi MICHELIN OSBORNE

Zeiss, c'est un nom allemand. *Osborne, c'est une entreprise espagnole.*

▶ Ü1–4

▶3, 4, 5 être

je	suis	nous	sommes
tu	es	vous_êtes	
il	est	ils	sont
elle	est	elles	sont
c'	est		

das Adjektiv

männlich	*weiblich*
il est français	elle est français**e**
il est autrich**ien**	elle est autrich**ienne**
il est russe	elle est russe
un nom espagnol	une entreprise espagnol**e**

6 **Lesen Sie den kurzen Lebenslauf von Sylvia Pisani, der neuen Nachbarin von Alain Goepp. Finden Sie heraus, wie gut sie die jeweiligen Sprachen spricht.**

- **Née :** en Argentine (mère française, père italien) – elle parle un peu espagnol et très bien français, mais elle ne parle pas italien.
- **Etudes :** à Berkeley (USA) – elle parle bien anglais.
- **Travail :** à Offenburg (Allemagne) pour une société de biochimie – elle parle bien allemand.

Sylvia parle .... espagnol.
Elle parle .... français.
Elle parle .... anglais et allemand.
Elle .... parle .... italien.

7 **a** **Sylvia Pisani und Alain Goepp lernen sich im Treppenhaus kennen. Hören und lesen Sie ihr Gespräch. Was erfahren Sie über Monsieur Goepp?**

1.14

● Bonjour, monsieur !
○ Bonjour, madame ! Vous êtes… madame Pisani, c'est ça ?
● Oui, c'est ça. Et vous, vous êtes monsieur… ?
○ Goepp. Alain Goepp, avec deux p.
● Ah, vous êtes alsacien ?
○ Ah oui, un vrai Alsacien et je parle aussi alsacien ! Et Pisani, c'est un nom italien, non ?
● Oui, mais je ne parle pas italien.
○ Ah bon ? Moi, je parle très bien italien. Ciao bellissima !
● Ah bravo. Excusez-moi, je suis pressée. Au revoir, monsieur ! Bonne journée !
○ Merci, à vous aussi !

b **Lesen Sie das Gespräch noch einmal und finden Sie heraus,**

- wie man sich entschuldigt. ....
- wie man einen schönen Tag wünscht. ....
- wie man *ebenfalls* sagt. ....

▶ Ü5–7

▶6, 7 parler

je parle	nous parl**ons**
tu parl**es**	vous parl**ez**
il parle	ils parl**ent**
elle parle	elles parl**ent**

ne… pas

Je **ne** parle **pas** espagnol.
Il **ne** parle **pas** italien.

(très) bien, un peu

très bien
bien
un peu

8 a **Wer spricht welche Sprache(n) im europäischen Himmel?**

Je vous présente Goethe. Il parle allemand et il parle aussi très bien italien.

b **Wer spricht welche Sprachen im Kurs? Welche nicht? Fragen Sie Ihren Nachbarn / Ihre Nachbarin und berichten Sie anschließend der Gruppe.**

△ *Monsieur Mertens, vous parlez anglais ?* △ *Jutta, tu parles italien ?*
→ △ *Monsieur Mertens parle un peu anglais, Jutta ne parle pas italien, Peter…*

9 a ***Vrai ou faux ?* Richtig oder falsch? Was wissen Sie bereits über die französischsprachige Welt? Kreuzen Sie an, was Ihrer Meinung nach zutrifft.**

	V	F
1. On parle français en Suisse.	☐	☐
2. Plus de 100 millions de personnes parlent français dans le monde.	☐	☐
3. En France, on parle aussi basque, breton et romanche.	☐	☐
4. Au Canada, on ne parle pas français.	☐	☐
5. On parle aussi français au Mali.	☐	☐

b **Überprüfen Sie nun Ihre Angaben durch den folgenden Text.**

1.15

2 ▶ S. 42

Le français dans le monde : On parle français en Europe, en Afrique, en Amérique… et en Asie ! En France, le français est la langue officielle, mais on parle aussi breton, basque, alsacien, occitan… En Suisse, on parle quatre langues différentes : français, allemand, italien et romanche. En Belgique, on parle français (wallon), flamand et allemand. Le français est aussi une des langues de communication dans beaucoup de pays africains : au Sénégal, au Congo, en Mauritanie, au Mali, en Tunisie, en Algérie, au Maroc etc. Et enfin, il y a aussi des provinces francophones au Canada (par exemple le Québec). Au total, 200 millions de personnes parlent français dans le monde.

WWW **Gehen Sie auf die Lehrwerks-homepage. Dort finden Sie weitere Informationen zu den französischsprachigen Ländern.**

▶ Ü8

▶9 in Frankreich, in Marokko…

weibliches Land	*männliches Land*
en France	**au** Maroc
en Suisse	**au** Canada

on

On parle français.
Man spricht Französisch.

10 **a** **Nicht alle Einwohner von Paris sind auch wirklich gebürtige Pariser. Hören Sie die zwei Interviews eines Journalisten und achten Sie darauf, ob seine Notizen richtig sind.**

1.16

b **Hören Sie die Interviews noch einmal und korrigieren Sie nun die folgenden Sätze.**

1.16

Madame Soubeyran est d'Aix-en-Provence. ....

Elle habite à Marseille. ....

Monsieur Perrec est alsacien. ....

11 **a** **Ein zweites regelmäßiges Verb … Konjugieren Sie es nach dem Muster von *parler*.**

b **Hören Sie und kennzeichnen Sie die *liaisons*.**

1.17

habiter

j' habit…	nous habit…
tu habit…	vous habit…
il habit…	ils habit…
elle habit…	elles habit…

12 **Stellen Sie jetzt Ihren Kursnachbarn ein paar neugierige Fragen und notieren Sie die Antworten. Berichten Sie allen Kursmitgliedern, was Sie erfahren haben.**

Je vous présente…

Il habite à…	*Elle habite à…*
Il est de…	*Elle est de…*
Il parle…	*Elle parle…*

▶ Ü9–10

▶10, 11 **où ? à…**

Vous habitez **où** ?
J'habite **à** Strasbourg.

d'où ? de…

Vous êtes **d'où** ?
Je suis **de** Marseille.
Je ne suis pas **d'**Aix-en-Provence.

13 Hören Sie die folgenden zehn Sätze, fünf Aussagen und fünf Fragen. Tragen Sie jeweils den entsprechenden Buchstaben in das Kästchen ein.

1.18

☐ Vous êtes alsacien.	☐ Vous êtes alsacien ?
☐ Elles sont de Nice.	☐ Elles sont de Nice ?
☐ C'est doux *(weich)*.	☐ C'est d'où ?
☐ Il parle français.	☐ Il parle français ?
☐ Tu habites à Paris.	☐ Tu habites à Paris ?

14 Hören Sie und sprechen Sie die Zahlen beim zweiten Mal laut mit.

1.19

0 zéro							
1 un	4 quatre	7 sept	10 dix	11 onze	14 quatorze	17 dix-sept	20 vingt
2 deux	5 cinq	8 huit		12 douze	15 quinze	18 dix-huit	
3 trois	6 six	9 neuf		13 treize	16 seize	19 dix-neuf	

15 **a** Bingo! Schreiben Sie zunächst in alle weißen Felder jeweils eine Zahl zwischen 0 und 20. Jede Zahl darf nur einmal vorkommen.

1.20 **b** Hören Sie nun! Stimmen die gehörten Zahlen mit Ihren eigenen überein? Wenn ja, dann streichen Sie sie durch. Wer als erste/r keine Zahl mehr übrig hat, ruft „Bingo" und hat gewonnen.

c Zu zweit: Lesen Sie sich abwechselnd die folgenden Zahlenreihen vor. Wer liest schneller?

Ⓐ 12 9 6 14 3 17 11 0 5 19

Ⓑ 7 15 2 16 4 8 18 13 20 1

▶ Ü11

16 **a** Ein Würfelspiel in Dreiergruppen: Konjugieren Sie *habiter* und fügen Sie einen Wohnort, z. B. *à Strasbourg, à Linz*, oder ein Land hinzu: *en Autriche, en Italie*. Die gewürfelte Augenzahl entspricht einer der sechs grammatischen Personen.

▶ S. 43

⚀ = je, j' ⚁ = tu ⚂ = il / elle, on

⚃ = nous ⚄ = vous ⚅ = ils / elles

⚀ *j'habite à Paris* ⚃ *nous habitons en Italie*

b Dieses Spiel funktioniert mit fast allen Verben! Versuchen Sie es doch gleich mit *être*.

Des francophones de tous les pays

Catherine

Bonjour,
je m'appelle Catherine. Je suis suisse et j'habite à Lausanne. Je parle français, anglais et espagnol.

Salut,
je m'appelle Marc et je suis belge. J'habite à Bruxelles. Je parle français et flamand.

Marc

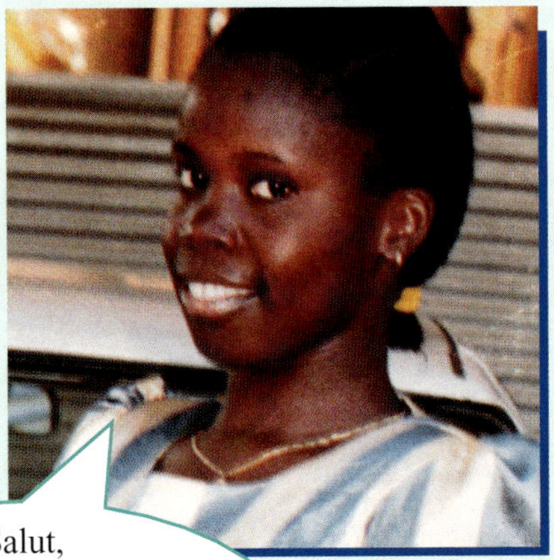

Seynabou

Salut,
je m'appelle Seynabou. Je suis sénégalaise et j'habite à Munich. Je parle allemand, français et wolof. C'est une langue africaine !

Mélanie

Bonjour, moi,
je m'appelle Mélanie. Je suis canadienne et j'habite à Montréal. Je parle français… je parle très bien anglais et un peu allemand.

1 **a Lesen Sie. Hier stellen sich Menschen vor, deren Muttersprache Französisch ist. Aus welchen Ländern kommen sie?**

b Fassen Sie zusammen:

	Catherine	Marc	Seynabou	Mélanie
Il/Elle habite à…	....	....	....	....
Il/Elle parle…	....	....	....	....
	....	....	....	....
	....	....	....	....

2 **Können Sie die Länder auf der Weltkarte – im hinteren Buchdeckel – finden?**

Résumé

Über Nationalitäten sprechen
- ▲ Mayer, c'est un nom français ?
- ● Non, c'est un nom allemand.

Die Nationalitätsadjektive ▶ Gr 7.1, 7.2

männlich	*weiblich*
russe	russe
français	français**e**
italien	italien**ne**

- ▲ Madame Lopez est italienne ?
- ● Non, elle est espagnole.
- ▲ Et monsieur Ivanov ?
- ● Il est russe.

Die Angleichung des Adjektivs ▶ Gr 7.1

un nom français	**une** entreprise française
Jules est français.	**Julie** est française.

! Das Adjektiv richtet sich in seinem Geschlecht immer nach dem Nomen, zu dem es gehört.
Achtung: **Julie est française**, aber: **Elle parle français**.

Sich über Sprachkenntnisse unterhalten
- ▲ Elles parlent espagnol ?
- ● Non, mais elles parlent russe.

Die Personalpronomen ▶ Gr 8.1.1

je, j'	*ich*	**nous**	*wir*
tu	*du*	**vous**	*ihr + Sie*
il / elle	*er / sie*	**ils / elles**	*sie (männl.) / sie (weibl.)*

- ▲ On parle français en Suisse ?
- ● Oui, on parle français, allemand, italien et romanche.

Das unbestimmte Pronomen *on* ▶ Gr 8.2

On parle français. — ***Man*** *spricht Französisch.*

! Das unbestimmte Pronomen **on** entspricht oft dem deutschen unpersönlichen *man*.

Der Präsens der Verben auf *-er* ▶ Gr 9.1.1

parler	je	parl**e**	nous	parl**ons**
	tu	parl**es**	vous	parl**ez**
	il / elle	parl**e**	ils / elles	parl**ent**

- ▲ Tu parles italien ?
- ● Non, je ne parle pas italien.

Die Verneinung ▶ Gr 1.3.1

Elle		parle		russe.
Elle	**ne**	parle	**pas**	allemand.
Elle	**n'**	est	**pas**	allemande.

! Vor Vokal und stummem h wird **ne** zu **n'**.

- ■ Sylvia parle très bien français et un peu espagnol.

Adverbien (I) ▶ Gr 10

Elle	parle	**très bien**	français.
Elle	parle	**bien**	italien.
Elle	parle	**un peu**	espagnol.

Nach Wohnort und Herkunft fragen
- ▲ Vous habitez où ?
- ● J'habite à Berlin.
- ▲ Et vous êtes d'où ?
- ● De Linz, en Autriche.

Die Fragewörter *où ?* und *d'où ?* ▶ Gr 1.2.2

où ? *wo?* — d'où ? *woher?*

Die Intonationsfrage mit Fragewort ▶ Gr 1.2.2

Vous habitez **où** ? — Vous êtes **d'où** ?

Länder angeben
- ■ En Italie, on parle italien.
- ■ Au Canada, on parle français et anglais.

Ortspräpositionen (I) ▶ Gr 2.1, 11.1

mit einer Stadt	**à** Stuttgart	*in Stuttgart*
	de Stuttgart	*aus Stuttgart*
mit einem Land	**en** France	*in Frankreich*
	au Canada	*in Kanada*

Die Zahlen von 0 bis 20 ▶ Gr 13.1

Wichtige Verben

être → S. 17
parler → S. 18 — habiter → S. 20

3 Est-ce que vous aimez les chats ?

- **Persönliche Neigungen, Ansichten**
- Zustimmen und widersprechen
- Beschreiben und aufzählen

LES FEMMES le risque les tomates LA MER
les problèmes LES VOYAGES LES CAMPINGS
LE STRESS la famille les hôtels
les oranges la vitesse LES ENFANTS
L'AVENTURE

le football
LA CAMPAGNE
les erreurs
LA LIBERTÉ
l'intolérance
LES HOMMES
les chats
LES ROSES
l'argent
la mousse au chocolat la jalousie LE CHOCOLAT
LE SPORT LE LUXE

Il aime L'AVENTURE…
Il n'aime pas les problèmes…

Elle aime LE SPORT…
Elle n'aime pas la jalousie…

1 **a** **Markieren Sie die Begriffe, die Sie verstehen, und lesen Sie sich diese gegenseitig vor. Erfragen Sie die unbekannten Begriffe.**

1.21 **b** **Hören Sie zu und sprechen Sie nach. Laut und mit Nachdruck!**

2 **a** **Welche Vorlieben und Abneigungen von Jean und Nicole erstaunen Sie?**

Jean aime ...., mais il n'aime pas ....

Nicole aime ...., mais elle n'aime pas ....

b **Und Sie, was mögen Sie? Was mögen Sie nicht?**

J'aime la mer, mais je n'aime pas le sport.

▶ Ü 1–2

▶1, 2 le, la, l' ; les

	Einzahl		Mehrzahl	
männlich	**le** chat	**l'**homme	**les** chats	**les‿**hommes
weiblich	**la** femme	**l'**orange	**les** femmes	**les‿**oranges

aimer + bestimmter Artikel

aimer le risque
aimer la poésie
aimer les enfants

3 Was für eine Frau ist Nicole? Was für ein Mann ist Jean? Und wie schätzen Sie sich selbst ein?

moderne • classique • dynamique • sympathique

△ *Nicole est moderne ?*
○ *Oui.*
△ *Pourquoi ?*
○ *Elle est moderne parce qu'elle aime...*

△ *Jean est sympathique ?*
○ *Non.*
△ *Pourquoi ?*
○ *Il n'est pas sympathique parce qu'il n'aime pas...*

Moi, je suis .... parce que j'aime ....

▶ Ü3

4 Schauen Sie sich diese Auszüge aus dem Wörterbuch *(le dictionnaire)* an. Bringen Sie die Wörter in die Einzahl und geben Sie ihnen den richtigen Artikel.

▶ S.43

les hôtels – *l'hôtel (m)*
les erreurs – ....
les problèmes – ....
les roses – ....

rose [ROZ] *f BOT* Rose *f*; ***eau f de*** ~ Rosenwasser *n*; *fig roman* ***à l'eau de*** ~ kitschig; sentimental; ***être frais comme une*** ~ frisch wie der junge Morgen aussehen; taufrisch sein

in: Langenscheidt Handwörterbuch Französisch

erreur [ɛRœR, e-] *f* Irrtum *m*; Fehler *m* (*a MATH, PHYS*); Versehen *n*; ***~!*** (du bist *ou* Sie sind im) Irrtum!; das stimmt nicht!; *JUR* ***~ judiciaire*** Ju'stizirrtum *m*; ***~ d'appréciation*** Fehleinschätzung *f*.

in: Langenscheidt Großes Schulwörterbuch Französisch

problème [prɔblɛm] *m* Problem *n*; *math* Aufgabe *f*

in: Langenscheidt Schulwörterbuch Französisch

hôtel [otɛl] *m* Hotel *n*; Gasthof *m*; ***~ (particulier)*** herrschaftliches Stadthaus *n*; ***~ de ville*** Rathaus *n*; ***~-Dieu*** [-djø] *m* (*pl* hôtels-Dieu) städtisches Krankenhaus *n*

in: Langenscheidt Euro-Wörterbuch Französisch

5 a Bestimmte Vorlieben und Abneigungen hat man auch gegenüber vielen alltäglichen Beschäftigungen. Sehen Sie sich zunächst die Bilder an und ordnen Sie dann die Ausdrücke zu.

☐ manger ☐ surfer sur Internet ☐ voyager ☐ faire le ménage ☐ faire les courses
☐ faire la cuisine ☐ regarder la télévision ☐ jardiner ☐ lire le journal ☐ écouter la radio

b Und Sie? Welche dieser Beschäftigungen machen Sie gern und welche nicht?

J'aime manger, mais je n'aime pas faire la cuisine !

▶ Ü4-5

▶3 pourquoi ? – parce que/qu'...	▶5 aimer + Infinitiv
Elle est classique **parce qu'**elle aime les roses.	aimer jardiner aimer faire la cuisine

Est-ce que vous aimez les chats ?

6 **a** **Schauen Sie sich zuerst das Bild von Valérie an. Was könnte sie mögen? Was nicht? In der Sendung *Radio-contacts* stellt sie sich vor. Hören und lesen Sie.**

1.22

Moi, j'adore les enfants, et j'adore les chats. Est-ce que vous aimez aussi les chats ? Et puis… j'aime beaucoup le travail… le travail avec les enfants ! Mais j'aime aussi le sport… J'aime l'aventure… et aussi le risque ! Je suis une femme moderne, moi ! … La famille, les traditions, la mer, le soleil, j'adore aussi. Mais… je n'aime pas tellement la mode… et le luxe… et je déteste l'intolérance… la jalousie.
Oh, j'aime la vie, voilà – j'aime vivre, j'adore faire la cuisine, manger, danser, et discuter, même sur Internet. Mais je déteste faire le ménage ! Et vous ? Est-ce que vous êtes comme moi ? Alors, contactez-moi !

elle aime	❤	elle n'aime pas tellement	❤ (durchgestrichen)
elle aime beaucoup	❤❤	elle n'aime pas	❤❤ (durchgestrichen)
elle adore	❤❤❤	elle déteste	❤❤❤ (durchgestrichen)

b **Lesen Sie den Text noch einmal und ergänzen Sie die folgenden Zeilen mit den für Sie wichtigsten Aussagen.**

Valérie adore ……………………………… . Elle n'aime pas tellement ……………………………… .

Elle aime beaucoup ……………………………… . Elle déteste ……………………………… .

c **Arbeiten Sie zu zweit. Fragen Sie sich gegenseitig nach Ihren Vorlieben und Abneigungen. Schreiben Sie diejenigen auf, die Sie gemeinsam haben, und präsentieren Sie sie dann im Kurs.**

Nous adorons… *Nous n'aimons pas tellement…* *Nous détestons…*

7 **a** **Im obigen Text finden Sie eine neue Frageform. Wie lautet sie? Worin besteht der Unterschied zu der bisher bekannten Frageform? Schauen Sie auch in den Kasten unten.**

6 ▶ S.43

Vous aimez aussi les chats ? ……………………………………………………………………………

Vous êtes comme moi ? ……………………………………………………………………………

b **Seien Sie neugierig und stellen Sie Ihrem Nachbarn / Ihrer Nachbarin Fragen mit *est-ce que*. Erzählen Sie dann den anderen Kursteilnehmern, was Sie erfahren haben.**

△ Madame Heck, est-ce que vous êtes moderne ? *○ Oui, parce que j'adore le risque !*
→ △ Madame Heck est moderne parce qu'elle adore le risque.

▶ Ü6–7

▶6, 7 est-ce que/qu'… ?	adorer, détester + bestimmter Artikel	+ Infinitiv
Est-ce que tu aimes le chocolat ?	adorer le soleil	adorer voyager
Est-ce qu'elle est dynamique ?	détester le sport	détester faire les courses

8 **a** **Patrick hat mit Valérie Kontakt aufgenommen und sie treffen sich zum ersten Mal in einem Bistro. Hören Sie zu. Was trifft zu?**

1.23

☐ La rencontre est positive. ☐ La rencontre est négative.

● Bonjour, heu, tu es Patrick ?
○ Oui, et toi alors, tu es Valérie ?
● Oui, c'est ça. Salut, ça va ?
○ Ça va, merci. Un café ?
● Non, je n'aime pas le café.
○ Moi non plus. Est-ce que tu aimes le thé ?
● Oh oui, j'adore ça. J'adore le thé citron.
○ Moi aussi. Monsieur, s'il vous plaît ! Deux thés citron s'il vous plaît ! … Bonjour le chat. … Aïe !
● Je te présente Félix. Tu aimes les chats ?
○ Euh, moi non, pas vraiment.
● Ah, moi si. … Mais… euh… je n'aime pas les chiens !
○ Moi si, Valérie !
● Bon… mais on aime tous les deux le thé citron. Et ça, c'est bien, non ?

1.23

b **Hören Sie noch einmal und lesen Sie den Text. Welche Ähnlichkeiten und Unterschiede gibt es zwischen Valérie und Patrick?**

9 **a** **Lesen Sie den Text ein zweites Mal und finden Sie die französischen Ausdrücke für:**

ich auch .... ich schon ....
ich nicht .... ich auch nicht ....

b **Fragen Sie sich gegenseitig im Kurs.**

△ *Je n'aime pas les chats, et toi ?*
○ *Moi si !*

10 **Haben Frauen und Männer unterschiedliche Vorlieben? Schreiben Sie zusammen einige auf und versuchen Sie, sich zu einigen!**

En général, les hommes aiment beaucoup…
Ils n'aiment pas tellement…
Les femmes aiment beaucoup…
Elles n'aiment pas tellement…

▶ Ü8

Wussten Sie, dass die meisten Katzen in Frankreich „Minou" heißen und die meisten Hunde „Médor"? Da 45% der Franzosen einen Hund oder eine Katze haben, ist die Wahrscheinlichkeit hoch, dass Ihnen auf der Straße ein Minou oder ein Médor begegnet!

11 **a** **Lesen Sie den Werbetext dieses Hotels. Welche Überschrift passt am besten?**

▶ S. 42

☐ Un week-end au paradis ☐ Luxe, charme et aventure ! ☐ Séminaires de charme

b **Einige Wörter sind für Sie neu. Klären Sie zu zweit ihre Bedeutung. Berichten Sie dann.**

le matin • à midi • l'après-midi • le soir

c **Fühlen Sie sich von dem Hotelprospekt angesprochen?**

△ *Oui, parce que…* ○ *Non, parce que…*

Suchen Sie ein *Hôtel de charme* an der Atlantikküste in Frankreich.

12 **a** **Schauen Sie sich diese Liste an. Wann treffen diese Aussagen auf Sie zu?**

faire les courses • regarder la télévision • faire la cuisine • être stressé/e • surfer sur Internet • lire le journal • écouter la radio

le matin

à midi

l'après-midi

le soir

ne… jamais

Je fais les courses le matin. Je surfe sur Internet le soir.

b **Fragen Sie nun die anderen Kursmitglieder und berichten Sie dann im Kurs.**

△ *Nina, est-ce que tu regardes la télévision le matin ?*
○ *Non, je ne regarde jamais la télévision.*

▶ Ü9–10

▶12 faire

je	fais	nous	faisons
tu	fais	vous	faites
il/elle/on	fait	ils/elles	font

lire

je	lis	nous	lisons
tu	lis	vous	lisez
il/elle/on	lit	ils/elles	lisent

ne… jamais

Je **ne** suis **jamais** stressé/e.

13 **a** **Sortieren Sie die Wörter, die Sie hören, in zwei Spalten, je nachdem, ob sie den Laut [e] oder [ɛ] enthalten.**

1.24

problème • être • poésie • anglais • manger • faire • très • vitesse • écouter • hôtel • Valérie • collègue • ménage • dix-sept

[e]	[ɛ]

b **Welche Schreibweisen für die beiden Laute kommen vor?**

[e] .... [ɛ] ....

14 **a** **Zahlen… Schauen Sie sich zunächst die Tabelle an und vervollständigen Sie sie. Unterstreichen Sie dann die Zahlen, die Ihnen von der CD genannt werden.**

1.25

20 vingt	30 trente	40 quarante	50 cinquante	60 soixante
21 vingt et un	31 trente et un	41 quarante et un	51 cinquante et un	61 soixante et un
22 vingt-deux	32 trente-deux	42 quarante-deux	52 cinquante-deux	62 ....
23 vingt-trois	33 trente-trois	43 quarante-trois	53 cinquante-trois	63 ....
24 vingt-quatre	34 trente-quatre	44 quarante-quatre	54	64 ....
25 vingt-cinq	35 trente-cinq	45 quarante-cinq	55	65 ....
26 vingt-six	36 trente-six	46	56	66 ....
27 vingt-sept	37 trente-sept	47	57	67 ....
28 vingt-huit	38	48	58	68 ....
29 vingt-neuf	39	49	59	69 ....

b **Sagen Sie nun die Telefon- und Faxnummern des Hotels *Le Paradis* (S. 28) auf Französisch.**

c **Und noch mehr Zahlen! Notieren Sie sich acht Zahlen zwischen 20 und 69. Dann diktieren Sie sie Ihrem Nachbarn / Ihrer Nachbarin. Vergleichen Sie.**

▶ Ü 11

15 **Eine Reisegruppe kommt im Hotel *Le Paradis* an. Die Schlüssel werden an der Rezeption verteilt. Hören Sie zu und schreiben Sie die Zimmernummern der Gäste auf.**

1.26

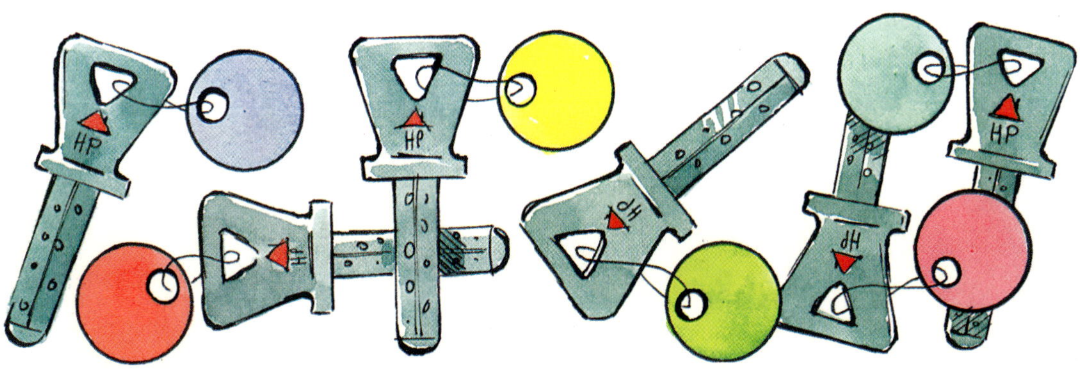

Personnages d'hier et d'aujourd'hui

1 J'aime la France
J'aime la Lorraine
J'adore Charles VII
Je n'aime pas les Anglais.

2 J'aime la Gaule
J'aime Obélix
J'aime la bière
Je déteste Jules César.

Charlemagne

Louis XIV

Jeanne d'Arc

3 J'aime Versailles
J'aime le théâtre
J'aime manger
Je suis le soleil.

4 J'aime l'Allemagne
J'aime la France
J'aime Aix-la-Chapelle
J'adore Roland.

Vercingétorix

1 **Verbinden Sie die Texte mit den vier Abbildungen.**

i Vercingétorix (72–46 v. Chr.), Charlemagne (Karl der Große) (742–814), Jeanne d'Arc (1412–1431) und Louis XIV (1638–1715) gehören zu den bekanntesten Franzosen aller Zeiten.

2 **a Denken Sie an irgendeine Person. Vielleicht ist sie allen bekannt oder auch nur Ihnen. Wie stellt sie sich vor?**

J'aime..., je n'aime pas..., je déteste..., j'adore...

b Und wie würden Sie sich selbst vorstellen?

Résumé

Über persönliche Neigungen sprechen

▲ J'adore les voyages.
● Moi aussi, et j'aime l'aventure.

▲ Tu n'aimes pas tellement la vitesse ?
● Non, et je déteste le risque.

■ Moi, j'adore lire, et je déteste le stress.

▲ Est-ce que Jean aime regarder la télé ?
● Oui, et il déteste faire la cuisine.

Der bestimmte Artikel

▶ Gr 3.1

	Einzahl	Mehrzahl
männlich	**le** chat	**les** chats
	l'homme	**les** hommes
weiblich	**la** femme	**les** femmes
	l'orange	**les** oranges

Das Nomen: der Plural mit *-s*

▶ Gr 2.2

le voyage	les voyage**s**	
la rose	les rose**s**	*(vgl. Unité 1)*

Das Verb und seine Ergänzungen: *aimer, détester, adorer...*

▶ Gr 1.1, 9.4

+ Nomen (mit best. Artikel)		+ Verb (Infinitiv)	
elle adore...	les chats	elle déteste...	jardiner
il n'aime pas...	la poésie	il n'aime pas...	voyager

Die Gesamtfrage mit *est-ce que*

▶ Gr 1.2.1

Aussagesatz	Frage
Il aime les voyages.	**Est-ce qu'**il aime les voyages ?
Nicole aime la poésie.	**Est-ce que** Nicole aime la poésie ?

Ansichten äußern und begründen

▲ Elle est dynamique ?
● Oui, très !
▲ Pourquoi ?
● Parce qu'elle aime le sport.

Nach dem Grund fragen

▶ Gr 1.2.2, 12

pourquoi... ? *warum?* parce que/qu'... *weil...*

Sagen, wie sehr man etwas mag

■ J'aime beaucoup lire.
■ Tu n'aimes pas tellement le sport ?

Adverbien (II)

▶ Gr 1.3.1, 10

beaucoup *sehr* (ne) ... pas tellement *nicht so sehr*

! Die Verneinung **ne... pas tellement** umschließt das konjugierte Verb wie die Verneinung **ne... pas**.

Jemandem zustimmen oder widersprechen

▲ J'adore la mer.	● Moi aussi.
▲ Je déteste le vin.	● Moi non.
▲ Luc n'aime pas Bach.	● Moi si.
▲ Sophie n'aime pas le café.	● Moi non plus.

Zustimmung und Widerspruch

▶ Gr 1.3.2, 8.1.2

bei einer positiven Äußerung		bei einer negativen Äußerung	
Moi aussi.	*Ich auch.*	Moi non plus.	*Ich auch nicht.*
Moi non.	*Ich nicht.*	Moi si.	*Ich schon.*

Tageszeiten angeben

■ Je lis le journal le matin.
■ Elle fait la cuisine le soir.

■ Je ne regarde jamais la télévision.

Zeitangaben

▶ Gr 3.1, 11.2

le matin	*morgens, am Morgen*
à midi	*mittags, am Mittag*
l'après-midi	*nachmittags, am Nachmittag*
le soir	*abends, am Abend*

Die Verneinung mit *ne... jamais*

▶ Gr 1.3.1

ne... jamais *nie*

Die Zahlen von 20 bis 69

▶ Gr 13.1

Wichtige Verben

aimer, adorer, détester
manger → ! nous mange**ons**
faire → S. 28
lire → S. 28

4 Qu'est-ce que vous faites dans la vie ?

- **Berufe und Arbeitsorte**
- Einen Ort erfragen und nennen
- Eine E-Mail lesen
- Einen Termin ausmachen

Elle est ....

Il est ....

Il est ....

Elle est ....

1 **a** **Welcher Beruf passt zu welchem Bild? (Zwei Berufe bleiben übrig.)**

assistante médicale • professeur • médecin • boulanger • secrétaire • informaticien

b **Finden Sie die weibliche Form folgender Berufsbezeichnungen? Schauen Sie in den Kasten unten.**

infirmier • coiffeur • photographe

2 **Wer arbeitet wo? Ordnen Sie die Berufsbezeichnungen den entsprechenden Orten zu. Im Zweifel nehmen Sie Ihr Wörterbuch zu Hilfe.**

Un ouvrier travaille dans une usine.

dans

un café	une usine
un hôpital	une entreprise
un supermarché	une école
un bureau	une boulangerie

à la maison • chez Peugeot

WWW **Erkundigen Sie sich online über die Lieblingsberufe französischer Jugendlicher.**

▶ Ü 1–2

▶1, 2 Berufsbezeichnungen

männlich	*weiblich*	*männlich*	*weiblich*
un secrétaire	**une** secrétaire	**un** professeur	–
un employé	**une** employé**e**	**un** médecin	–
un ouvri**er**	**une** ouvri**ère**	**un** ingénieur	–
un boulang**er**	**une** boulang**ère**		
un informatici**en**	**une** informatici**enne**		
un serv**eur**	**une** serv**euse**		
un homme au foyer	**une femme** au foyer		

Präpositionen

dans un café
à la maison
chez Renault

3 **Was machen Sie beruflich? *Où travaillez-vous ?* Stellen Sie sich den anderen kurz vor. Fragen Sie ggf. den/die Kursleiter/in.**

Je suis assistante médicale et je travaille dans un hôpital.

4 **a** **Hören Sie ein Radiointerview in einem *office de tourisme*. Welche Aussagen treffen zu? Kreuzen Sie an.**

1.27

2 ▶ S.42

☐ Colette Richard travaille à Chabeuil.
☐ Elle aime les contacts.
☐ Le travail n'est pas stressant.

● Bonjour, madame Richard… Vous êtes employée. Vous travaillez ici à Valence, à l'office de tourisme. Qu'est-ce que vous faites exactement ?
○ Oui, alors voilà… Nous sommes là pour les touristes. Nous donnons des brochures, des adresses, des numéros de téléphone…
● Ça vous plaît ?
○ Oui, beaucoup, c'est passionnant. J'aime les contacts, j'aime téléphoner, alors c'est facile ! Et ce n'est pas stressant. C'est un job parfait, tranquille…
● Et vous parlez quelles langues ?
○ Eh bien anglais, surtout anglais, et aussi un peu espagnol.
● Et allemand ?
○ Nein, ich spreche kein Deutsch ! Mais souvent les Allemands parlent un peu français ou anglais. Comme ça, ça va.
● Et où est-ce que vous habitez ?
○ Nous habitons à Chabeuil, un village à 10 kilomètres d'ici.
● Merci, madame.

b **Lesen Sie den Text noch einmal und ergänzen Sie die folgenden Aussagen zu einem Steckbrief über Colette.**

Colette parle ....

Elle aime ....

Elle donne ....

Elle habite ....

c **Wie finden Sie ihre Arbeit? Stimmen die anderen mit Ihnen überein?**

Je trouve que c'est un travail… , et vous ?

monotone • intéressant • passionnant • génial • tranquille • stressant • fatigant

▶ Ü3–4

5 **a** **In dem Interview mit Colette auf der vorigen Seite kommt eine neue Frageform mit *est-ce que* vor. Sehen Sie sich dazu auch den Kasten unten an. Wie wird diese Form gebildet?**

b **Bilden Sie nun so viele Fragen wie möglich.**

Où	est-ce que	Colette habite
Qu'	est-ce qu'	elle est
		elle fait
		elle travaille
		elle aime

6 **a** **Hören Sie zwei kurze Interviews. Wer ist mit seiner Arbeit zufrieden und wer unzufrieden? Tragen Sie den zutreffenden Buchstaben in das Kästchen ein: A oder B.**

1.28

☐ Il/Elle aime le travail. ☐ Il/Elle n'aime pas le travail.

b **Von wem stammt welche Aussage? Tragen Sie links von jedem Satz den entsprechenden Buchstaben ein: A oder B. Zwei Aussagen bleiben übrig. Überlegen Sie dann, welche Meinungen positiv, neutral oder negativ sind.**

☐ J'aime beaucoup. ☐ Oui, plus ou moins. ☐ C'est génial. ☐ Je déteste ça.
☐ Non, pas du tout. ☐ C'est monotone. ☐ J'adore ça. ☐ J'aime assez.

7 **Was mögen Sie? Was nicht? Üben Sie die entsprechenden Redemittel mit viel Nachdruck ein.**

△ *Le travail, ça vous plaît ?* ○ *Non, pas trop.*

le français • les voyages • l'art moderne • la mode • surfer sur Internet • le sport • faire le ménage

Ça te plaît ?
Ça vous plaît ?

Oui, beaucoup.
Oui, assez.
Oui, plus ou moins.
Non, pas trop.
Non, pas du tout.

8 **Sie sind alle in einem Seminar und wollen sich kennen lernen. Stellen Sie sich zunächst paarweise gegenseitig vor. Stellen Sie anschließend Ihren Gesprächspartner den anderen vor. Sie können sich auch einen anderen Beruf und eine neue Identität suchen.**

Qu'est-ce que… ?
Où est-ce que… ?
Est-ce que… ?
Le travail, ça vous plaît ?
Vous aimez… ?

▶ Ü5-7

▶5 Teilfrage

Où	**est-ce que**	vous habitez ?
Qu'	**est-ce qu'**	il fait ?

9 **a** **Lesen Sie die E-Mails, die sich zwei Kollegen geschrieben haben. Was soll vereinbart werden?**

▶ S.42

☐ un rendez-vous avec Julie ☐ une réunion avec Dominique ☐ un congrès aves les ingénieurs

Fichier Edition Affichage Insertion Format Outils Tableau Fenêtre ?

Envoyer | Comptes | Options... | HTML

À... j.romain@immob.fr
Cc...
Cci...
Objet : RE : Problème

Bonjour Bernard,
Nous avons une réunion lundi matin dans le bureau de Dominique parce qu'elle a un problème.
Bonne journée.
Julie

Salut Julie !
Lundi, ça ne va pas, j'ai une réunion importante avec l'architecte.
Bernard

Et mardi, tu es libre ? Julie
P.S. Tu as le numéro de téléphone de l'architecte ? Moi, j'ai seulement l'adresse e-mail.

Non, mardi matin j'ai une réunion avec les ingénieurs et rendez-vous chez le médecin l'après-midi.
Et jeudi, j'ai un congrès. Je suis vraiment stressé. N° tél. de l'architecte : 01.40.58.99.16 ;
et le portable : 06.76.24.82.33.
Bernard

Tu es stressé ? Moi aussi je suis stressée, tu sais ! Mais bon, on a un travail intéressant, non ?
Tu as une famille, trois enfants et une maison avec jardin. En réalité tu n'as pas de problèmes.
La réunion avec Dominique est très importante. Mercredi, ça va ?
Julie

OK, ok ! Mercredi matin dans le bureau de Dominique. Bernard :–)

Dessiner | Formes automatiques

démarrer

b **Unterstreichen Sie im Text alle Formen des neuen Verbs *avoir*.**

10 **a** **Bernard könnte eigentlich zufrieden sein! Was hat er alles?**

Il a…

b **Was ist Ihrer Meinung nach wichtig im Leben? Vergleichen Sie mit den anderen.**

avoir… un travail • une famille • des enfants • une maison • une voiture • des amis…

Avoir un travail, c'est important.
Avoir…

▶ Ü8

▶9, 10 avoir

j'ai	nous‿avons
tu as	vous‿avez

11 a **Gegenstände, die man in einem Büro finden kann … Sehen Sie sich das Bild an und ordnen Sie zu.**

☐ des stylos	☐ un bureau
☐ des livres	☐ une table
☐ un ordinateur	☐ une lampe
☐ une chaise	☐ un téléphone

b **Was haben wir davon im Klassenraum und was nicht?**

Dans la classe on a… / on n'a pas de…

12 **Suchen Sie drei Personen, die mit Ihnen drei Gemeinsamkeiten „haben". Berichten Sie dann.**

Klaus : Brigitte, est-ce que tu as un ordinateur ? → *Brigitte : Non, je n'ai pas d'ordinateur.*

Klaus : Michael, est-ce que vous avez des enfants ? → *Michael : Oui, j'ai deux enfants.*

→ *Klaus : Michael, Ute et moi, nous avons des enfants. Brigitte et Werner n'ont pas d'ordinateur.*

13 a **Die Zahlen. Hören Sie und ergänzen Sie die Tabelle rechts.**

1.29

b **Können Sie gut rechnen? Ergänzen Sie die Rechnungsaufgaben und sagen Sie zu zweit das Ergebnis auf Französisch.**

+ plus | x fois | = font

60 + 9 =	60 + 12 =
60 + 15 =	60 + 10 + 8 =
4 x 20 + 5 =	4 x 20 + 10 =
4 x 20 + 10 + 7 =	

c **Wie lauten die zwei Telefonnummern des Architekten auf S. 35? Und Ihre eigene? Fragen Sie Ihren Nachbarn nach seiner Nummer, schreiben Sie sie auf und überprüfen Sie.**

Vous avez un portable ?
Votre numéro de téléphone, s'il vous plaît ?

69	soixante-neuf
70	soixante-dix
71	soixante et onze
72	soixante-douze
73	soixante-..........................
74	soixante-quatorze
75	soixante-quinze
76	soixante-seize
77	soixante-dix-sept
78	soixante-dix-huit
79	soixante-..........................
80	quatre-vingts
81	quatre-vingt-un
82	quatre-vingt-deux
90	quatre-vingt-dix
91	quatre-vingt-onze
92	quatre-vingt-..........................
100	cent
101	cent un
200	deux cents
1000	mille

▶ Ü9–10

i Telefonnummern sind in Frankreich immer zehnstellig. Sie werden zweistellig angegeben. Die Vorwahl der Region gehört immer dazu: 01 für Paris, 02 für Nord-West, 03 für Nord-Ost, 04 für Süd-Ost, 05 für Süd-West. Handy-Nummern fangen mit 06 an.

▶11, 12 Verneinung mit avoir

on	**n'**	a	**pas de** table
je	**n'**	ai	**pas d'**ordinateur

14 **a** **Sie sind Bernards Sekretärin. Lesen Sie die E-Mails auf Seite 35 noch einmal und ergänzen Sie den Kalender. Dann sagen Sie einem Kollegen, der einen Termin mit Bernard ausmachen will, wie dessen Woche aussieht. Spielen Sie die Szene zu zweit.**

△ *Lundi matin, il a une réunion avec l'architecte.* ○ *Et mardi matin ?*

Lundi
matin: architecte
après-midi :

Mardi
matin :
après-midi :

Mercredi
matin :
après-midi :

Jeudi

Vendredi
matin : réunion avec les collègues

Samedi
courses

Dimanche
fête de famille

b **Wie sieht die nächste Woche bei Ihnen aus? Tragen Sie in den Kalender ein, welche der folgenden Dinge Sie planen. Vergleichen Sie dann mit Ihren Nachbarn. Wann haben Sie Zeit, zusammen spazieren zu gehen?**

faire les courses • faire le ménage • faire la cuisine • travailler • rendez-vous avec des amis • rendez-vous chez le médecin / chez le coiffeur • fête de famille

lundi	mardi	mercredi	jeudi	vendredi	samedi	dimanche

Lundi, j'ai rendez-vous chez le coiffeur. Et vous ? / Et toi ?

▶ Ü11

15 **a** **Sprechen Sie nach und achten Sie auf die Laute [s] und [z].**

1.30

Ils ont une profession intéressante et passionnante, mais ils sont aussi assez stressés.
Ils ont des amis, une maison, deux enfants et… soixante-seize chaises !

b **Suchen Sie gemeinsam nach Wörtern mit dem Laut [s] und nach Wörtern mit [z].**

[s] courses, facile, ... [z] française, douze, ...

16 **Stellen Sie sich den anderen mit einem Plakat vor. Sie können zeichnen oder eine Collage machen.**

Je suis (Beruf, Nationalität, ...)
Je fais...
J'ai (des enfants, une maison, ...)
J'aime...

Petites annonces – Offres d'emploi

EMPLOI
Offres EMPLOI

1
Boulangerie
cherche
boulanger
18-35 ans.
Mardi - dimanche.

Envoyer CV – Boulangerie Chanot,
23, bd Carnot,
75012 Paris

2
Lyon – **Photographe**
(portraits, mode, publicité)
cherche
assistant/e photographe qualifié/e.

Envoyer CV journal N° 23806

3
Ingénieur cherche
secrétaire (H/F)
Temps plein,
accueil,
standard. Env. CV

M. Levot, 6, rue Molière,
38000 Grenoble

4
Café des Sports
cherche
serveur (serveuse)
à mi-temps.

Monsieur Jean – 5, rue Bart,
76200 Dieppe.
Tél. : 02 35 82 25 88

5
Centre commercial
CARREFOUR
(Ardèche)
cherche
COIFFEURS (SES)

Tél. 04 75 34 20 34 pour RDV

6
Boucherie Grandjean
(Paris 18ème)
cherche de suite
VENDEUSE
en boucherie
(qualifiée ou expérience, bonne présentation).

Mardi - dimanche.
Tél. pour RDV 01 29 45 34 85

1 a **Lesen Sie die Anzeigen. Welche sind für Frauen und welche für Männer geeignet?**

b **Notieren Sie: Wer sucht wen ?**

Arbeitgeber	Arbeitnehmer
1	....
2	....
3	....
4	....
5	....
6	....

c **Suchen Sie die französischen Abkürzungen für:**

Lebenslauf	....
Männer und Frauen	....
Termin	....
Telefon	....

Résumé

Über Berufe und Arbeitsorte sprechen
- ● Mademoiselle, où est-ce que vous travaillez ?
- ▲ Je travaille dans un café. Je suis serveuse.
- ● Et vous monsieur ?
- ■ Je suis ouvrier chez Peugeot, je travaille à l'usine.

Berufsbezeichnungen: männlich/weiblich

männlich	*weiblich*
un secrétaire	une secrétaire
un employé	une employé**e**
un ouvri**er**	une ouvri**ère**
un boulang**er**	une boulang**ère**
un serv**eur**	une serv**euse**
un ingénieur	une **femme** ingénieur
un professeur	–

! Es gibt auch andere Möglichkeiten: **directeur – directrice.**

Einen Ort erfragen und nennen
- ● Où est-ce que tu habites ?
- ▲ A Paris.

Die Teilfrage

Où est-ce que	vous habitez ?
Qu'est-ce qu'	elle fait chez France Télécom ?

- ● Tu travailles chez Alcatel, c'est ça ?
- ▲ Oui, c'est ça. Je suis informaticien.

Ortspräpositionen (II)

à	*in*	J'habite **à** Nancy.
chez	*bei*	Il est **chez** Martine.
	bei	Il travaille **chez** Airbus.
dans	*in*	Elle travaille **dans** une école.

Nach einer Tätigkeit fragen
- ● Qu'est-ce que vous faites chez France Télécom ?
- ▲ Je suis employée.

Gefallen erfragen und äußern
- ● Ça vous plaît ?
- ▲ Non, pas trop.

Adverbien (III)

Oui, beaucoup *(sehr).*
Oui, assez *(ziemlich, ziemlich gut).*
Oui, plus ou moins *(mehr oder weniger).*
Non, pas trop *(nicht so sehr).*
Non, pas du tout *(überhaupt nicht).*

- ● C'est monotone ?
- ▲ Non. C'est assez intéressant, et ce n'est pas stressant.

***C'est* + Adjektiv; *ce n'est pas* + Adjektiv**

C'est intéressant.
Ce n'est pas stressant.

Einen Besitz angeben und erfragen
- ■ Elle a trois enfants.
- ■ Vous avez une maison ?

avoir

avoir	un travail
avoir	une famille

Einen Besitz verneinen
- ■ Il n'a pas de jardin.
- ■ Je n'ai pas d'ordinateur.

Verneinung mit *avoir*

pas de	+ *Nomen*
pas d'	+ *Nomen*

Wochentage angeben
- ■ Lundi, j'ai une réunion.
- ■ Mardi soir, j'ai rendez-vous chez le coiffeur.
- ■ Et mercredi, je ne travaille pas !

Die Wochentage ▶ Gr 3.1

lundi, mardi, mercredi, jeudi, vendredi, samedi, dimanche

Die Zahlen von 69 bis 1000

Wichtige Verben

avoir → S. 35

Intermède 1

1 Pour la profession

1.31

Hören Sie aus den Nachrichten auf einem Anrufbeantworter die Hauptinformationen heraus. Vergleichen Sie anschließend Ihre Ergebnisse.

Name des Unternehmens	Name der Person, die anzurufen ist	Stadt
nom de l'entreprise	*nom de la personne à contacter*	*ville*
1. l'entreprise Léault		
2. Bertrand et Fils		
3. Azur France		
4. Editions Legendre		

1.31

Le message sur le répondeur :
Bonjour, vous êtes en communication avec le répondeur de la société Logi-service, spécialiste en service après-vente et fourniture de logiciels. Nos bureaux sont actuellement fermés, mais vous pouvez laisser un message après le bip sonore, nous vous rappellerons dès que possible. N'oubliez pas de laisser votre nom, votre numéro de téléphone et la raison de votre appel.

Mots à retenir
laisser un message
le répondeur
rappeler quelqu'un
Allô ? – Allô !
Ici monsieur/madame…
l'entreprise
la société

2 Jeu de rôle : la rencontre

Nehmen Sie eine andere Identität an. Machen Sie dafür zunächst folgende Angaben über Ihre neue Persönlichkeit.

Nom et prénom : ....

Nationalité : ....

Profession : ....

J'aime : ....

Je déteste : ....

Sie sind alle zusammen auf einer Party.
Bilden Sie kleine Gruppen von zwei oder drei Personen und stellen Sie sich gegenseitig Fragen, um sich kennen zu lernen. Nach einigen Minuten bilden sich neue Gruppen zum nächsten „Smalltalk". Zum Schluss stellt sich jeder der Gesamtgruppe mit seinem Namen vor, und die anderen berichten, was sie über ihn/sie erfahren haben.

○ *Je m'appelle Jacques Martin.* △ *Monsieur Martin est belge.* □ *Jacques habite à Bruxelles.*

3 Jeu de l'immeuble

Spielen Sie in Kleingruppen.
Jede Gruppe braucht einen Würfel und Spielfiguren. Jeder Spieler bewegt seine Spielfigur nach der gewürfelten Zahl und versucht, die Aufgabe auf dem erreichten Feld zu lösen. Wenn einem dies nicht gelingt, rückt man zwei Felder zurück. Die Mitspieler entscheiden, ob die Aufgabe richtig gelöst wurde oder nicht. Wer zuerst im Ziel oben unterm Dach ankommen ist, hat gewonnen.

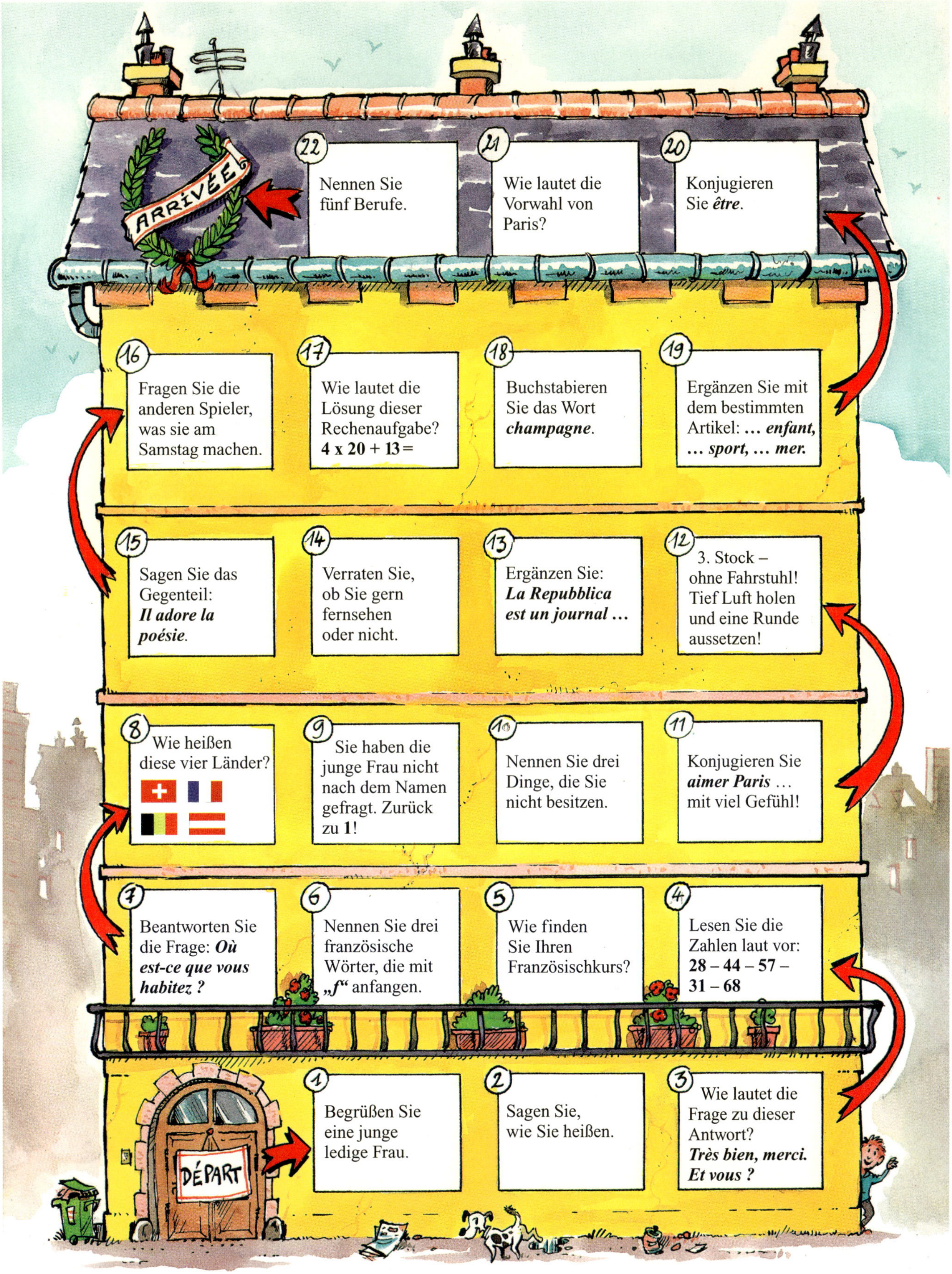
DÉPART
1 Begrüßen Sie eine junge ledige Frau.
2 Sagen Sie, wie Sie heißen.
3 Wie lautet die Frage zu dieser Antwort? *Très bien, merci. Et vous ?*
4 Lesen Sie die Zahlen laut vor: **28 – 44 – 57 – 31 – 68**
5 Wie finden Sie Ihren Französischkurs?
6 Nennen Sie drei französische Wörter, die mit **„f“** anfangen.
7 Beantworten Sie die Frage: ***Où est-ce que vous habitez ?***
8 Wie heißen diese vier Länder?
9 Sie haben die junge Frau nicht nach dem Namen gefragt. Zurück zu **1**!
10 Nennen Sie drei Dinge, die Sie nicht besitzen.
11 Konjugieren Sie ***aimer Paris*** … mit viel Gefühl!
12 3. Stock – ohne Fahrstuhl! Tief Luft holen und eine Runde aussetzen!
13 Ergänzen Sie: ***La Repubblica est un journal …***
14 Verraten Sie, ob Sie gern fernsehen oder nicht.
15 Sagen Sie das Gegenteil: ***Il adore la poésie***.
16 Fragen Sie die anderen Spieler, was sie am Samstag machen.
17 Wie lautet die Lösung dieser Rechenaufgabe? **4 x 20 + 13 =**
18 Buchstabieren Sie das Wort ***champagne***.
19 Ergänzen Sie mit dem bestimmten Artikel: ***… enfant, … sport, … mer.***
20 Konjugieren Sie ***être***.
21 Wie lautet die Vorwahl von Paris?
22 Nennen Sie fünf Berufe.
ARRIVÉE

Stratégies 1

Auf den Seiten *Stratégies* können Sie im eigentlichen Lernprozess ein wenig innehalten und bekommen ein paar nützliche Tipps. Mit dieser Hilfe werden Sie das Unterrichtsgeschehen bewusster wahrnehmen und Ihr eigenes Lernen auch außerhalb des Unterrichts möglichst effektiv gestalten können.
Die Seitenangaben verweisen auf die Stellen im Lektions- oder Übungsteil der vorigen vier *Unités*, an der Sie die entsprechende Lernstrategie bereits angewendet haben.

1 Texte verstehen

Immer wieder hören und lesen Sie im Unterricht Texte. Vielleicht waren Sie schon einmal frustriert, weil Sie nicht gleich alles verstanden haben. Keine Angst, Sie müssen gar nicht alles verstehen! Haben Sie Mut zur Lücke und trainieren Sie gleichzeitig, so viel wie möglich „aufzuschnappen“. Auf diese Weise bereiten Sie sich auf die Realität als Nicht-Muttersprachler in einem französischsprachigen Land vor. Dabei wird Ihnen der Umgang mit den Texten in *Couleurs de France Neu* helfen.

1 Globalverstehen

Achten Sie einmal darauf, wie Sie eine Zeitschrift in Ihrer Muttersprache durchblättern. Bevor Sie einen Artikel wirklich lesen, überfliegen Sie den Text, um zu erfahren, worum es dort überhaupt geht. Ähnlich ist oft der erste Schritt zu den Texten in *Couleurs de France Neu*. Nach dem ersten Hören oder Lesen werden Sie z. B. aufgefordert, eine passende Überschrift auszuwählen oder ein Gesprächsziel zu erkennen; Sie müssen den Text also zunächst nur global erfassen. Erst dann beschäftigen Sie sich mit den Einzelheiten des Textes.

▶ S. 28, S. 35

2 Selektivverstehen

Auch in unserer Muttersprache lesen bzw. hören wir viele Texte, die wir nur nach ganz bestimmten Informationen „durchsuchen“, d. h. wir lesen oder hören selektiv. Dieses Vorgehen üben Sie ebenfalls häufig in *Couleurs de France Neu*: Dabei werden Ihnen vorweg einige konkrete Fragen gestellt und Sie lesen oder hören den Text, um die Antworten zu finden. Das genügt, und die Aufgabe ist damit gelöst.

▶ S. 19, S. 33

2 Neue Wörter und Ausdrücke verstehen und einüben

3 Internationale Wörter nutzen

Restaurant, camping, ski, crème fraîche – Es gibt im Französischen eine Reihe von Wörtern, die Sie aus Ihrer Muttersprache und aus anderen Sprachen ableiten können. Von Anfang an ermutigt Sie *Couleurs de France Neu*, diese „Vorkenntnisse“ zu nutzen.

▶ S. 10, S. 119, S. 120

Hierzu noch eine kleine Übung: Kreuzen Sie jeweils die Ihrer Meinung nach richtige Bedeutung an.

1. *le sucre*	a. Sauce	b. Zucker	c. Stock
2. *le musicien*	a. Musiker	b. Maurer	c. Mechaniker
3. *le cirque*	a. Ziege	b. Zirkus	c. Skistock

1.b – 2.a – 3.b

Artikelbilder erstellen

Es ist wichtig, Substantive immer gleich mit dem entsprechenden Artikel zu lernen. Dies können Sie sich folgendermaßen erleichtern: Zeichnen Sie eine Sonne (***le** soleil*) und eine Tomate (***la** tomate*). Schreiben Sie nun alle männlichen Nomen einer *Unité* in die Sonne und alle weiblichen in die Tomate. Durch das Zuordnen und die Verknüpfung mit dem Bild lassen sich die Artikel leichter im Gedächtnis behalten.

▶ S. 11, S. 25, S. 127

Karteikarten anlegen

Karteikarten sind ein gutes Hilfsmittel für das Lernen zuhause. Mit Karteikarten können Sie auch Fahrten in öffentlichen Verkehrsmitteln oder lange Wartezeiten nutzen und sich selbst z. B. Vokabeln abfragen.

▶ S. 123, S. 131

Hier nun ein Vorschlag, wie Sie sich am Ende jeder *Unité* praktische Lernkarten machen können: Nehmen Sie dazu die letzte Übung des Übungsteils einer *Unité*, hier z. B. R4 von *Unité 2* auf S. 123, als Grundlage und schreiben Sie die deutsche Aufgabe auf die Vorderseite und den französischen Satz auf die Rückseite.

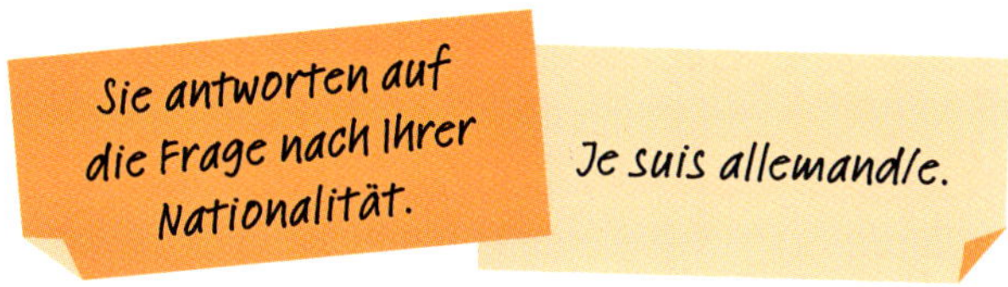

3 Grammatische Strukturen erkennen und einüben

Regelmäßigkeiten selbst entdecken

Aus der Forschung ist bekannt, dass man Erlerntes besser behält, wenn man die neuen Informationen selbst ordnet und Bedeutungen oder Zusammenhänge selbst herausfindet. Aus diesem Grund werden Sie in *Couleurs de France Neu* immer wieder aufgefordert, Regeln selbst zu entdecken.

▶ S. 17, S. 26

Verben würfeln

Mit einem Würfel können Sie effektiv das Konjugieren eines Verbs üben: Die 6 Zahlen entsprechen dabei den 6 Personen (*je, tu, il/elle/on, nous, vous, ils/elles*).
In jeder *Unité* lernen Sie neue Verben. Nehmen Sie also zum Einprägen der neuen Verben immer wieder den Würfel zur Hand, allein oder im Kurs.

▶ S. 21

5 Sortir

- Tätigkeiten, Uhrzeiten und Öffnungszeiten
- Eine Radiosendung hören
- Einen Reiseführer lesen
- Über etwas Vergangenes sprechen
- Sich verabreden

2

1

3

1 ***Regardez les photos et écoutez.* Schauen Sie die Fotos an und hören Sie zu. Was wird alles in der Kultursendung dieses Lokalradios angekündigt? Kreuzen Sie die entsprechenden Kästchen an.**

1.32

C'est une annonce pour…

☐ un livre ☐ un film ☐ une exposition ☐ un concert ☐ un restaurant

2 ***Ecoutez.* Hören Sie zu. Welcher Mini-Dialog passt zu welchem Foto?**

1.33

☐ ● On va au concert des Bratsch ?
○ Oui, d'accord !

☐ ● On va à l'exposition d'Yves Klein ?
○ Euh… je n'aime pas trop les expositions.
● Qu'est-ce qu'on fait, alors ?

☐ ● J'ai envie d'aller au cinéma. Toi aussi ?
○ Non, pas trop. Je suis fatigué et j'ai envie de dormir. Et il y a un bon film à la télé.

3 ***Discutez. Où est-ce que vous aimez aller ?* Tauschen Sie sich aus. Was machen Sie gerne?**

△ *J'aime aller au cinéma, et toi ?*
○ *Moi aussi.*

□ *Je n'aime pas aller à la campagne. Et vous ?*
◇ *Moi si !*

le cinéma • la mer • le restaurant • le théâtre • l'opéra • la campagne • le café • le concert

▶ Ü 1–2

i Kino ist in Frankreich weitaus beliebter als in deutschsprachigen Ländern. Man trifft sich gern vor oder nach dem Film auf ein Glas in einer *bar*. Auch zur Zeit des *apéritif* sind die *cafés* voll. Zum Abendessen (*au dîner*) geht dann jeder wieder seiner Wege.

▶3 à + bestimmter Artikel

à + le	**au**	cinéma
à + la	**à la**	campagne
à + l'	**à l'**	opéra

4 ***Vous sortez beaucoup ?*** **Berichten Sie schriftlich, was Sie gern unternehmen. Ihr/e Nachbar/in liest Ihren Zettel dann laut vor. Gibt es Gemeinsamkeiten in der Gruppe?**

Moi, je sors beaucoup. Je vais souvent au restaurant mais je n'aime pas aller au cinéma. Je regarde aussi souvent la télévision.
Roland Kramer

Nous habitons à la campagne et nous ne sortons pas beaucoup. Souvent nous regardons la télé à la maison. Nous allons quelquefois à l'opéra parce que j'adore ça ! Mais Peter n'aime pas tellement !
Ulrike Herrmann

→ *Roland et Ulrike regardent souvent la télé.*

→ *Ulrike va quelquefois à l'opéra.*

5 **a** ***Complétez le dialogue.*** **Vervollständigen Sie das folgende Telefongespräch mit den angegebenen Aussagen. Hören Sie dann zu und überprüfen Sie Ihre Einträge.**

1.34

1. C'est ça, à ce soir !
2. Oh oui, c'est une bonne idée.
3. Oui, merci, et toi ?

Maxime

- ● Allô ?
- ○ Bonjour, Maxime. C'est Delphine. Ça va ?
- ● ☐
- ○ Ça va, merci. Euh, … j'ai envie de sortir ce soir. On va au cinéma ?
- ● ☐
- ○ Et après, on va au café ensemble, d'accord ?
- ● Oui, d'accord !
- ○ Bon, alors, à ce soir !
- ● ☐
- ○ Génial !

Delphine

15 ▶ S. 79

b **Suchen Sie im Gespräch zwischen Maxime und Delphine die französischen Entsprechungen.**

1. Wie fordert man jemanden zum Mitkommen auf?
2. Wie sagt man *bis heute Abend*?
3. Wie sagt man, dass man einverstanden ist?
4. Wie erkennt man eine gute Idee an?

6 ***A deux.*** **Möchten Sie mit einem anderen Kursmitglied etwas zusammen unternehmen? Bereiten Sie Vorschläge vor *(au cirque, au restaurant…)*, und los geht's. Werden Sie sich einig?**

On sort, ce soir ?
Qu'est-ce qu'on fait ?
Où est-ce que nous allons ?

A plus tard !

A ce soir !

A demain !

▶ Ü 3–4

▶4 **aller**		**sortir**		**Häufigkeitsangaben**	▶5 **on**
je vais	nous‿allons	je sors	nous sortons	On sort **souvent**.	**on** va
tu vas	vous‿allez	tu sors	vous sortez	Tu vas **quelquefois** à… ?	*wir* gehen
elle va	ils vont	elle sort	ils sortent		

Sortir ce week-end – Coup de cœur de la semaine ❤

RESTAURANT
Brasserie Bofinger

Le décor unique d'une brasserie traditionnelle.
Lundi – dimanche de 12h à 15h et de 18h30 à 1h.

MARCHÉ
Marché Mouffetard

Marché réputé pour ses fruits, ses légumes et son accordéoniste.
Mardi – samedi 9h-13h et 16h-19h30, dimanche matin.

CAFÉ
Café de Flore

Pour prendre le petit déjeuner ou l'apéritif à la terrasse.
Lundi – dimanche de 7h30 à 1h30.

MUSÉE
Musée d'Orsay

Les œuvres impressionnistes mais aussi la production artistique de 1848 à 1914.
Mardi – dimanche de 10h à 18h, fermé le lundi.

7 a ***Lisez et soulignez.*** **Lesen Sie zu zweit die Texte und unterstreichen Sie alle Wörter, die Sie verstehen.**

10 ▶ S. 78 b ***Discutez.*** **Sie verbringen ein Wochenende in Paris. In welcher Reihenfolge würden Sie die oben gezeigten Orte besuchen?**

D'abord, on visite… Après, on va… Ensuite, … Et enfin, …

8 a ***Quelle heure est-il ? Complétez.*** **Wie spät ist es auf folgenden Uhren? Vervollständigen Sie.**

1.00	Il est une heure.	17.00	....
13.00	Il est treize heures.	21.30	....
15.30	Il est quinze heures trente.	23.30	....

b ***Complétez.*** **Vervollständigen Sie die folgenden Aussagen.**

La brasserie Bofinger est ouverte du lundi au dimanche, de .... à ....

Le café de Flore est ouvert du .... au .... de .... à ....

Le musée d'Orsay est fermé le ....

▶ Ü 5–6

▶8 die Uhrzeit

Quelle heure est-il ?
Il **est** une heure.
Il **est** deux heures.
Il **est** seize heures **trente**.

de… à…

de 13 heures **à** 14 heures
du lundi **au** dimanche (du = de + le)

9 a ***Sortir à Paris.*** **Sie haben einen Tag Zeit in Paris. Welche dieser Orte würden Sie gern besuchen? Überlegen Sie sich mithilfe des Plans eine günstige Route und zeichnen Sie sie nach.**

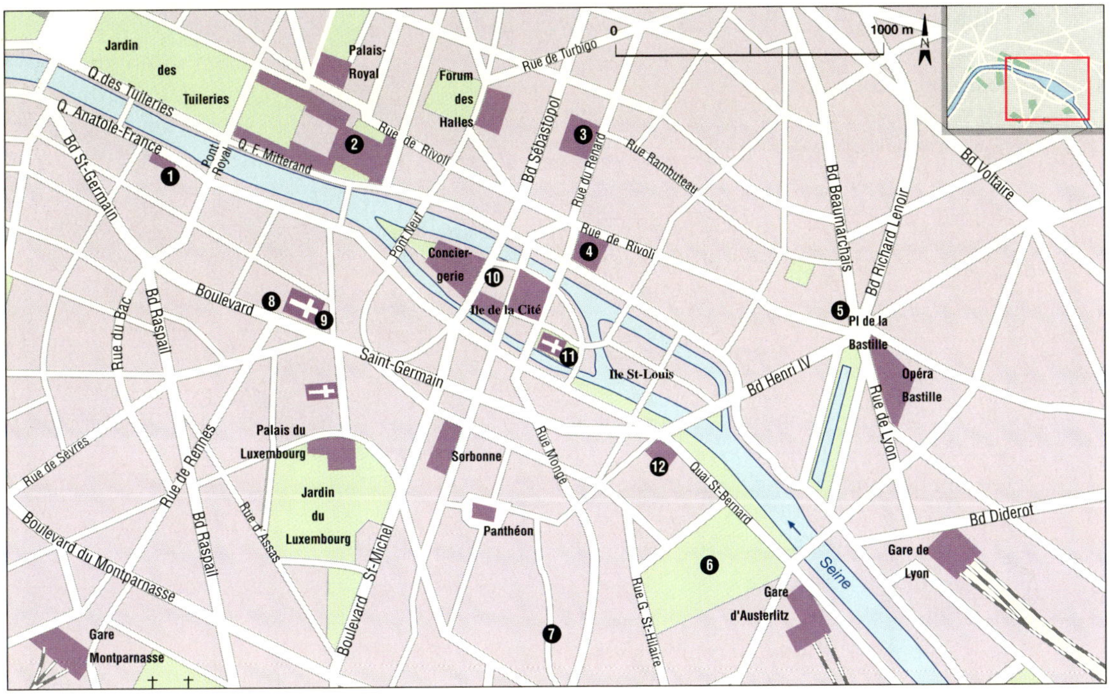

❶ le musée d'Orsay	❺ la brasserie Bofinger	❾ l'église Saint-Germain-des-Prés
❷ le Grand Louvre	❻ le Jardin des Plantes	❿ le marché aux fleurs
❸ le Centre Pompidou	❼ la rue Mouffetard	⓫ la cathédrale Notre-Dame
❹ l'Hôtel de Ville	❽ le café de Flore	⓬ l'Institut du Monde Arabe

b **Stellen Sie nun Ihrem Nachbarn / Ihrer Nachbarin Ihre Route vor.**

D'abord, on va au Louvre. Ensuite, du Louvre on va à l'Hôtel de Ville. Après, de l'Hôtel de Ville…

1.35

c ***Ecoutez et classez.*** **Hören Sie zu. Sortieren Sie anschließend die Wörter nach den enthaltenen Nasalen [ɑ̃], [ɛ̃] und [õ] und tragen Sie sie in die entsprechende Spalte ein. Welche Schreibweisen gibt es für die Nasale?**

[ɑ̃]	[ɛ̃]	[õ]
grand	*Bofinger*	*Pompidou*

10 a ***Et chez vous ? Discutez.*** **Welche Orte und Sehenswürdigkeiten mögen Sie besonders in Ihrer Stadt oder in Ihrer Gegend?**

b **Bereiten Sie ein gemeinsames Tagesprogramm vor, um Freunden aus Frankreich Ihre Stadt oder Region zu zeigen. Stellen Sie die Sehenswürdigkeiten schriftlich zusammen. Notieren Sie auch deren Öffnungszeiten.**

Suchen Sie weitere Informationen über Paris.

▶ Ü7

▶9 de + bestimmter Artikel

de + le	**du**	centre
de + la	**de la**	cathédrale
de + l'	**de l'**	opéra

11 **a** ***Ecoutez et lisez.*** **Hören und lesen Sie das Gespräch zwischen Delphine und Monique. An welchem Wochentag findet es wohl statt?**

1.36

● Bonjour Delphine, ça ne va pas ?
○ Si, si, mais je suis un peu fatiguée. Je n'ai pas assez dormi !
● Ah bon ! Pourquoi ça ? Qu'est-ce que tu as fait ce week-end ? Raconte !
○ D'abord, samedi, j'ai écouté la radio. Ensuite, j'ai fait du shopping avec une amie. Et après, nous avons visité le musée d'Art moderne. Une exposition sur Picabia. Je n'ai pas aimé. Et puis le soir, on a mangé dans un petit restaurant sympa…
● Et dimanche ?
○ Dimanche ? Euh… le matin, j'ai téléphoné à Maxime… pendant deux heures… ! On a parlé de livres, de films, de nous… Et… Euh… Et toi ?
● Oh, moi, j'ai passé le week-end chez moi, dans le jardin. Et hier soir, j'ai regardé la télé. Un documentaire sur le Maroc. Sur Arte.
○ Tu as aimé ?
● Oui, beaucoup… Bon… il est midi. On va manger ? J'ai faim, moi !

b ***Cherchez et repérez.*** **Suchen und markieren Sie im Text die 12 Formen der Vergangenheit.**

c ***Complétez.*** **Ergänzen Sie die Tabelle. Wie wird das *passé composé* gebildet?**

j'	....	dorm…
tu	as	aim…
on	....	p.........
nous	avons	v.........

12 **a** ***Retrouvez la chronologie.*** **Was hat Delphine am Wochenende gemacht? Bringen Sie die Sätze in die richtige Reihenfolge.**

☐ Elle a mangé au restaurant.
☐ Elle a fait du shopping.
☐ Elle a écouté la radio.
☐ Elle a téléphoné à Maxime.
☐ Elle a parlé de livres avec Maxime.
☐ Elle a visité un musée.

b **Was hat sie mit wem gemacht? Was hat sie allein *(seule)* gemacht?**

▶ Ü8–9

▶11 das passé composé mit avoir

j'	**ai**	écouté	*infinitif*	*participe passé*
tu	**as**	écouté	téléphoner	téléphoné
il/elle/on	**a**	écouté	dormir	dormi
nous	**avons**	écouté		
vous	**avez**	écouté	**! faire**	**fait**
ils/elles	**ont**	écouté		

die Verneinung im passé composé

Je **n'**ai **pas** aimé.

13 ***Et vous ?* Was haben Sie diese Woche / am Wochenende gemacht oder nicht gemacht? Bilden Sie so viele Sätze wie möglich.**

Hier soir, nous avons mangé au restaurant.

Hier, Hier matin, Hier soir, Lundi, Mardi, Ce week-end, ...	j'ai on a nous avons je n'ai pas	manger au restaurant • téléphoner à un/e ami/e • acheter un pull • faire le ménage • travailler • visiter une exposition • faire la cuisine • regarder la télé • écouter la radio

14 **a** ***Le week-end de Yolande et Jean-Pierre Meillarec.* In kleinen Gruppen: Schauen Sie das Foto an und stellen Sie sich vor, wie die beiden leben. Wie haben sie wohl das letzte Wochenende verbracht? Was haben sie gemeinsam *(ensemble)* oder allein *(seul/e)* gemacht und wann?**

b **Schreiben Sie in Ihrer Gruppe einen kleinen Bericht über das Wochenende der beiden und lesen Sie ihn vor.**

Samedi matin, ils ont fait les courses, ensuite elle a fait le ménage et il a fait la cuisine…

Sortir à Lyon

cinéma

PATHE
Rép. 08 92 68 22 88
79, rue de la République - Lyon 2e
Ⓜ A et D. Station : Bellecourt
🅿 République

FESTIVAL CINÉMA
▶ **Le mariage de Maria Braun**
(Drame, Fassbinder)
Avec Hanna Schygulla, Klaus Löwitsch, Ivan Desny
1943, Maria et Hermann se marient avant le départ d'Hermann au front russe. En 1945, il revient et trouve Maria avec un GI. Dispute. Maria tue le GI, Hermann s'accuse du meurtre.
Tlj.: 11 h 10 - 14 h 05 - 16 h 40 - 19 h 45 - 22 h 25

▶ **Fantômas contre Scotland Yard**
(Comédie, Hunebelle)
Avec Louis de Funès et Jean Marais
Les aventures du commissaire Juve avec la belle Hélène et le double personnage (journaliste et Fantômas masqué)
Tlj.: 11 h 05 - 14 h - 16 h 45 - 19 h 35 - 22 h 20

▶ **West side Story** (VO)
(Comédie musicale, Wise + Robbins)
Avec Natalie Wood et Richard Beymer
Inspiré de Roméo et Juliette. West Side, quartier pauvre de New York : deux bandes rivales, les Portoricains et les Américains s'affrontent, mais Maria tombe amoureuse de Tony.
Me., sa., di. : 20 h 05 - 22 h 20 - je., ve., lu., ma. : 11 h - 13 h 20 - 15 h 35 - 17 h 50 - 20 h 05 (sf je.) - 22 h 20 (sf ve.)

théâtre

THEATRE DE LA CROIX-ROUSSE
Place Joannès Ambre - Lyon 4e
Ⓜ C Hénon
ONCLE VANIA d'Anton Tchekhov.
Mise en scène : Julie Brochen
ts les soirs à 20 h 30

THEATRE « LE GUIGNOL DE LYON »
Spectacles pour le jeune public
(6 à 14 ans) « Le pot de confiture »
2, rue Louis Carrand - Lyon 5e
Me., sa., di. 15 h et 18 h

musique

CHANSON
« Salut Brassens » Joël Favreau et J.J. Franchin - jeudi à 20 h 30 au Luminier-Chassieu - 04 78 90 88 21

MUSIQUE DU MONDE
ROKIA TRAORÉ
à 20 h 30 - mardi et jeudi à la Maison de la Danse - Lyon 8e - 04 72 78 18 00

CLASSIQUE
ORCHESTRE NATIONAL DE LYON
Place Charles de Gaulle - 149, rue Garibaldi - Lyon 3e - Ⓜ B Part-Dieu
Je. à 20 h 30 **SYMPHONIQUE ONL**
BEETHOVEN, RAUTAVAARA, CHOSTAKOVITCH.
Dir. : **Leonard Slatkin**

1 ***Reliez !* Was passt zusammen?**

1 sf	a dimanche
2 VO	b tous les jours
3 di.	c sauf
4 M	d vendredi
5 tlj.	e version originale
6 ve.	f métro

tous les jours – *täglich* ; sauf – *außer*

2 **a** ***Vous cherchez un film français, si possible drôle.* Sie möchten zum Kinofestival gehen und einen lustigen französischen Film sehen. Welcher ist geeignet? Läuft er auch heute?**

b ***Sortir jeudi soir.* Sie haben nur am Donnerstagabend Zeit. Was könnten Sie unternehmen? Einigen Sie sich mit Ihrem Nachbarn / Ihrer Nachbarin.**

c ***Il y a un programme pour les enfants ?* Was könnten Sie mit einem achtjährigen Kind unternehmen?**

i Lyon ist mit ca. 1,3 Mio. Einwohnern die zweitgrößte Stadt Frankreichs und bietet ein sehr umfangreiches Kulturprogramm. Außerdem ist die Stadt Lyon für ihre zahlreichen *festivals* bekannt. Verlässliche Informationen bekommen Sie z. B. über *Lyon Poche* oder die Tageszeitung *Le Progrès.*

Sagen, wohin man geht und woher man kommt

- Je vais au bureau, ensuite à l'hôtel et après à l'opéra.
- Du musée, on va à la cathédrale, et de la cathédrale on va au théâtre.

Die Präpositionen *à / de* + bestimmter Artikel ▶ Gr 3.1, 11.1

à + le	**au** restaurant
à + la	**à la** mer
à + l'	**à l'**exposition
de + le	**du** marché
de + la	**de la** cathédrale
de + l'	**de l'**église

Sich verabreden

▲ J'ai envie de sortir, et toi ?
● Moi aussi ! Qu'est-ce qu'on fait ?
▲ On va au cinéma ?
● Oui, d'accord ! C'est une bonne idée.

Das Pronomen *on* ▶ Gr 8.2

On va au café ensemble. ***Wir** gehen zusammen ins Café.*

! In der gesprochenen Sprache steht **on** häufig anstelle von **nous**.

Das Präsens der Verben auf *-ir* ohne Stammerweiterung ▶ Gr 9.1.3

sortir	je	sors	nous	sort**ons**
	tu	sors	vous	sort**ez**
	il/elle	sort	ils/elles	sort**ent**

Über Tätigkeiten und ihre Häufigkeit sprechen

- Il va souvent au cinéma.
- Nous allons quelquefois à l'opéra.

Adverbien (IV) ▶ Gr 10

quelquefois *manchmal* souvent *oft*

Die Reihenfolge von Tätigkeiten angeben

- D'abord, on visite l'exposition, après on va au marché, ensuite on mange à la brasserie Bofinger, d'accord ?

d'abord	*zuerst*	après	*danach*
ensuite	*dann*	enfin	*schließlich, zuletzt*

Uhrzeiten und Öffnungszeiten angeben

▲ Monsieur, s'il vous plaît, quelle heure est-il ?
● Il est quinze heures vingt.

- Le Louvre est ouvert du mercredi au lundi, de neuf heures à dix-huit heures.

Die Uhrzeit (I) ▶ Gr 11.2

à 8 heures	*um 8 Uhr*
de… heures **à**… heures	*von … bis*
Il est… heure(s).	*Es ist … Uhr.*

! Il est une heure, il est deux heures. – *Es ist ein Uhr, es ist zwei Uhr.*
! Aussprache: **six_heures** [sizœr], **dix_heures** [dizœr], **neuf_heures** [nœvœr].

Über etwas Vergangenes sprechen (I)

▲ Qu'est-ce qu'ils ont fait hier ?
● Ils ont regardé la télé.

- Samedi, elle a fait du shopping.

Das *passé composé* mit *avoir* ▶ Gr 9.2.2

j'	ai	regardé
tu	as	regardé
il/elle	a	regardé
nous	avons	regardé
vous	avez	regardé
ils/elles	ont	regardé

Das *participe passé* – Partizip der Vergangenheit ▶ Gr 9.2.1

Infinitivendung	*Infinitiv*	*Partizip*	*Partizipendung*
-er	regarder	regardé	-é
-ir	dormir	dormi	-i

! Merken Sie sich auch die unregelmäßigen Partizipien, z. B. **faire – fait**. Lernen Sie jedes neue Verb mit seinem *participe passé*.

▲ Tu as aimé le film hier ?
● Non, je n'ai pas aimé, pas du tout !

Die Verneinung im *passé composé* ▶ Gr 9.2

Elle **n'a pas fait** les courses.

Wichtige Verben

aller → S. 45
sortir → S. 45
dormir → S. 206

6 Prendre un verre

- **Das französische Café**
- Fragen stellen; etw bedauern, nachfragen
- Eine Getränkekarte lesen; bestellen, bezahlen
- Dinge und Orte beschreiben

Raymond

Café mythique de Saint-Germain-des-Prés, les Deux Magots existe depuis 1885 et il a toujours joué un rôle important dans la vie culturelle de Paris. Beaucoup d'artistes célèbres comme Verlaine, Rimbaud, Picasso, Hemingway, Sartre et Beauvoir ont fréquenté le café, mais aussi des hommes politiques et des touristes.

Depuis 1933, le prix littéraire des Deux Magots récompense chaque année un jeune écrivain.
Les serveurs, en habit noir et blanc, servent vins, champagne, alcools avec présentation de la bouteille.
Ils servent aussi un très bon chocolat chaud traditionnel.

1 ***Lisez le texte et cochez. Vrai ou faux ?*** **Markieren Sie, ob die Aussagen richtig sind.**

- ☐ Les Deux Magots est un café littéraire.
- ☐ C'est un café réservé aux artistes.

2 a ***Lisez et écoutez.*** **Achten Sie auf die Fragen der Journalistin an einen Kellner von *Les Deux Magots*.**

1.37

● Depuis quand est-ce que vous travaillez ici, aux Deux Magots ?
○ Depuis… oui, depuis 8 ans déjà.
● Vous travaillez combien d'heures par semaine ?
○ Oh, je ne sais pas, 35 à 40 heures. Ça dépend. Avec la terrasse, on a beaucoup de travail !
● Et vous travaillez quand ? Euh… vous commencez à quelle heure ?
○ Eh bien, souvent, je commence le matin à 7 heures ou l'après-midi à 6 heures.
● Votre travail est fatigant, mais vous restez en forme. Comment est-ce que vous faites ?
○ Beaucoup de sport, beaucoup d'eau, pas d'alcool, et pas de cigarettes !
● Vous portez beaucoup de boissons sur le plateau. C'est combien, le maximum ?
○ Oh, peut-être… quatre bouteilles de bière, deux verres de vin, trois tasses de café, une carafe d'eau.
● Vous aimez votre travail ?
○ Oh oui, beaucoup.
● Pourquoi est-ce que vous aimez votre travail ?
○ C'est très intéressant, on rencontre beaucoup d'artistes, on parle avec les clients. Oui, j'aime bien !
● Et vous vous appelez comment ?
○ Raymond.

b ***Soulignez les questions et complétez.*** **Unterstreichen Sie die Fragen im Interview und ergänzen Sie anschließend die Tabelle mit den entsprechenden Fragewörtern.**

seit wann?	....	*wann?*	quand ?
warum?	....	*wie viel? wie viele?*	....
wie?	comment ?	*um wie viel Uhr?*	....
wo? / wohin?	où ?	*was?*	qu'est-ce que ?

3 ***Ecoutez et soulignez.*** **Hören Sie die folgenden Sätze und markieren Sie die Silbe(n), bei der (bzw. bei denen) die Stimme steigt. Welcher Satzteil wird betont?**

1.38

Vous travaillez ?
Vous travaillez où ?
Où est-ce que vous travaillez ?

A quelle heure est-ce que vous commencez ?
Vous commencez à quelle heure ?
Depuis quand est-ce que vous travaillez ici ?

4 ***Ecrivez et posez des questions sur le texte.*** **Zurück zum Interview mit Raymond. Schreiben Sie mindestens drei Fragen zum Text auf und stellen Sie sie sich gegenseitig.**

9 ▶ S. 78

5 ***Posez des questions à votre voisin/e.*** **Stellen Sie Ihrem Nachbarn / Ihrer Nachbarin Fragen zu Dingen, die Sie schon immer wissen wollten. Er/Sie kann die Antworten natürlich erfinden!**

▶ Ü 1–4

6 **a** **Was tut Raymond für seine Gesundheit? Tragen Sie zusammen.**

Il fait beaucoup de ....

Il boit beaucoup d' ....

Il ne fume pas de ....

Il ne boit pas d' ....

b ***Et vous ?*** **Halten Sie sich fit? Wenn ja, wie? Schreiben Sie Ihre Rezepte auf. Tauschen Sie sich aus.**

7 ***Qu'est-ce que vous savez de Raymond ? Prenez des notes et écrivez un texte.*** **Was wissen Sie über Raymond? Machen Sie sich Notizen und schreiben Sie einen Text über ihn.**

▶ Ü 5–7

▶4, 5 est-ce que-Frage, Intonationsfrage

Depuis quand	**est-ce que**	vous travaillez ici ?
Vous travaillez ici		**depuis quand** ?

▶6, 7 unbestimmte Mengen

beaucoup **de** travail	*viel/e*
beaucoup **d'**artistes	
pas **de** cigarettes	*kein/e*
pas **d'**alcool	

boire

je	bois	nous	buvons
tu	bois	vous	buvez
elle	boit	ils	boivent

Les bistrots de Paris

Petits bistrots traditionnels de quartier, grandes brasseries parisiennes célèbres, cafés d'artistes, bars modernes ou bars-tabac, on n'imagine pas Paris sans les cafés. Le premier café, le Procope, ouvert en 1684, existe toujours. Le café est l'endroit idéal pour discuter politique ou sport, lire le journal, regarder le spectacle de la rue, rencontrer des amis, flirter et bien sûr boire un café. Beaucoup d'artistes célèbres ont écrit sur les tables des cafés mythiques de Paris.

D'après John W. Johnson « Un Américain à Paris »

8 **a** ***Regardez la photo et lisez le texte.*** **Wie passen Foto und Text zusammen?**

8 ▶ S. 78

b **Wann wird was konsumiert? Ordnen Sie den vier Texten die entsprechenden Tageszeiten zu.**

A	B	C	D
On mange un sandwich ou une salade et on commande un petit café noir.	On a rendez-vous avec des amis pour prendre l'apéritif.	On boit au comptoir un grand café crème avec des croissants ou un petit verre de vin.	Les étudiants boivent une bière blonde à la terrasse et regardent les gens dans la rue.

le matin • à midi • l'après-midi • le soir

c ***Soulignez les adjectifs.*** **Unterstreichen Sie in den Texten 8a und 8b alle Adjektive. Klären Sie zu zweit ihre Bedeutung.**

d ***Complétez les expressions.*** **Ergänzen Sie die Ausdrücke mit einem passenden Adjektiv.**

un .... verre de vin	une .... terrasse
un .... café crème	une .... salade
un bar	une brasserie ....
un endroit	une bière ....

grand • petit • blonde • traditionnelle • idéal • grande • petite • moderne

e ***Complétez les noms avec les adjectifs.*** **Ergänzen Sie jedes Nomen mit dem angegebenen Adjektiv. Denken Sie dabei an die Stellung und die Angleichung! Setzen Sie anschließend alles in den Plural.**

un café / moderne • une brasserie / parisien • un bar / célèbre • une terrasse / grand • un endroit / mythique • un restaurant / traditionnel • une ville / petit

9 **Beschreiben Sie für einen ausländischen Gast (gespielt von Ihrem/r Nachbarn/in) einige Restaurants und Kneipen an Ihrem Ort. Schmücken Sie Ihre Beschreibung mit Adjektiven aus!**

www **Suchen Sie Informationen über andere bekannte *cafés* in Paris.**

▶ Ü8

▶8 das Adjektiv

un petit café traditionnel	des petits cafés traditionnel**s**
une grand**e** brasserie traditionne**lle**	des grand**es** brasseries traditionne**lles**

10 **a** ***Lisez et classez.* Sortieren Sie die Getränke der *Bar du Marché* nach folgenden Gesichtspunkten: *chaud/froid* bzw. *alcoolisé/sans alcool*. Tragen Sie die entsprechenden Symbole dafür direkt in die Karte ein.**

○ chaud □ froid ✓ alcoolisé ✗ sans alcool

Ein Tipp:
bière, eau, suze sind weiblich;
alle anderen aufgeführten Getränke sind männlich.

b **Tragen Sie Ihre Ergebnisse im Kurs zusammen.**

Le café, c'est une boisson chaude.
La bière, c'est une boisson alcoolisée.

c **Wie werden Getränke normalerweise serviert? Je nach Durst gibt es natürlich auch verschiedene Möglichkeiten!**

un verre de vin, …

une bouteille	thé
une carafe	eau
une tasse	jus de fruit
un verre	vin

Bar du Marché

Carte des consommations

BOISSONS DIVERSES	**€**	
Express	1,60	○ ✗
Petit crème	2,20	
Thé ou infusion	2,60	
Lait chaud	2,60	
Citron pressé	3,20	
Jus de fruit	2,80	
Eau minérale	2,60	
Bière pression	2,90	
Bière bouteille	3,80	
Vin de table (blanc, rouge, rosé) (1/4)	5,50	
Vin de pays (le verre)	3,40	
APERITIFS		
Pastis 51, Ricard, Pernod	2,60	
Suze	3,10	

COCKTAILS ET GLACES

Demander la carte spéciale.

11 **a** **Sie sind nun in einem französischen *café*. Was bestellen Sie zu welcher Tageszeit?**

Le matin, je commande un café. A midi, …

b **Was trinken Sie bei welcher Gelegenheit zu Hause oder bei Freunden?**

Au petit déjeuner…
Au dîner…
Devant la télé…
A une fête…

c **Und was servieren Sie heute Ihren Gästen? Was und wie viel steht auf diesen Tabletts?**

Sur le plateau numéro 1, il y a…

①

②

③

④

▶ Ü9–10

▶10 Mengenangaben

un verre **de** vin deux bouteilles **d'** eau beaucoup **de** café

12 a *Ecoutez et cochez la bonne réponse.* **Hören Sie und kreuzen Sie die richtige Antwort an.**

1.39

Les clients sont	☐ dans la salle.	☐ à la terrasse.	
Patrick prend	☐ une bière.	☐ une eau minérale.	☐ un verre de vin.
Cécile boit	☐ une menthe à l'eau.	☐ une eau minérale.	☐ un café.

1.39

b *Lisez, écoutez et vérifiez.* **Lesen und hören Sie. Überprüfen Sie die Antworten, die Sie unter 12a angekreuzt haben. Hören Sie noch einmal und setzen Sie die fehlenden Satzzeichen ein.**

Patrick : Monsieur, s'il vous plaît
Garçon : J'arrive. Qu'est-ce que vous prenez
Patrick : Je voudrais une bière… un demi
Garçon : Et pour madame
Cécile : Je ne sais pas… Pour moi, une menthe à l'eau. Euh… non… un café. Ah, c'est bien, ici
Patrick : Oh oui, j'adore ! C'est génial, hein, les terrasses sous les platanes
Cécile : Oui, c'est vraiment bien
Patrick : Hmm ! Il fait beau ! Il fait chaud ! On est bien
Cécile : Hmm !
Garçon : Hmm, hmm… Voilà le café pour madame et le demi pour monsieur
Cécile : Oh ! Excusez-moi, monsieur, un café décaféiné, c'est possible
Garçon : Ah, désolé, madame, je regrette, c'est trop tard maintenant. Bon, d'accord !

(30 secondes plus tard)

Garçon : Et un déca pour madame, un !
C. et P. : Merci, monsieur !

c **Es gibt ein Problem mit der Bestellung. Wer hat einen Fehler gemacht? Cécile oder der Kellner?**

13 *Cherchez dans le texte 12b.* **Suchen Sie im Text 12b die passenden Ausdrücke.**

a) Wie kann man Bestellungen aufgeben?
b) Wie kann man sein Wohlbefinden ausdrücken?
c) Wie äußert Cécile einen anderen Wunsch?
d) Wie wehrt der Kellner diesen zunächst ab?

i Achtung: Hier drei Dinge, die Sie in einem französischen *café* besser nicht machen sollten: sich unaufgefordert an einen besetzten Tisch setzen, getrennt bezahlen (lieber hinterher teilen!), die Rechnungssumme um das Trinkgeld (*le pourboire*) aufstocken (das lässt man dezent auf dem Tisch liegen!). Alles klar?

▶12 prendre

je prends	nous prenons
tu prends	vous prenez
elle prend	ils prennent

Zeichensetzung

.	point
,	virgule
!	point d'exclamation
?	point d'interrogation

14 a ***Mettez les dialogues dans l'ordre.*** **Bringen Sie die zwei Dialoge in die richtige Reihenfolge.**

COMMANDER

☐ On voudrait une bière et un café, s'il vous plaît.
☐ Vous désirez ?
☐ Pression, s'il vous plaît, un demi.
☐ Et vous, madame ? Qu'est-ce que vous prenez ?
[1] Monsieur, s'il vous plaît !
☐ Oui, bouteille ou pression, la bière ?
☐ Moi ? Un jus d'orange.

PAYER

☐ Ça fait combien ?
☐ Ça fait 4,60 €, s'il vous plaît.
☐ Merci, monsieur.
☐ Oui, 4,60 €. Voici votre ticket.
[1] Monsieur ! L'addition, s'il vous plaît.
☐ J'arrive. (…)
☐ Pardon ? Vous pouvez répéter ?

1.40 b ***Ecoutez et vérifiez.***

1.41 c ***Réagissez !*** **Es wird ernst … Sie sitzen im *café* und reagieren auf die Äußerungen des Kellners. Eine deutsche Stimme flüstert Ihnen zu, wie Sie reagieren können.**

situation 1
Vous désirez ?
Et vous, madame, qu'est-ce que vous prenez ?
Pression ou bouteille ?

situation 2
J'arrive ! Vous désirez ?
9,90 €, s'il vous plaît.
9,90 €. Merci, monsieur.

▶ Ü11–12

15 ***Reliez les dessins et les phrases.*** **Die Verständigung klappt nicht immer auf Anhieb. Ordnen Sie jeder Zeichnung den passenden Satz zu.**

1.42

11 ▶ S. 78

Vous avez un problème. Qu'est-ce que vous dites ?

A Plus fort, s'il vous plaît.
B Pardon, où sont les toilettes, s'il vous plaît ?
C Pardon ? Je n'ai pas compris.
D Plus lentement, s'il te plaît.

16 ***Jouez les scènes.*** **Spielen Sie in Kleingruppen eine Szene im *café*, in der ein Problem auftritt. Eine/r übernimmt die Rolle des Kellners.**

Bistrot typique ou cybercafé ?

Les petits bistrots

Les petits bistrots
Au pinard fleuri
Nappes à carreaux[1]
Et bifteck garni
Les petits bistrots
Où l'on vient goûter[2]
Devant le perco
Le premier café
Les petits bistrots
Qui n'ont pas d'juke-box
Seulement la radio
Pour suivre la boxe
Les petits bistrots
Où j'ai des amis
Robert et Jojo
Et Simone aussi.

La patronne est à la cuisine
Le patron derrière son comptoir
On parle du Tour
et du Racing
Devant un rouge
Ou devant un petit noir

Les petits bistrots
Quand je suis loin d'ici
A Londres, à Tokyo
J'en rêve[3] et je me dis
Que les petits bistrots
Qui sont à Paris
J'les r'verrai bientôt[4]
Salut les amis
Les petits bistrots
Au poêle à charbon[5]
Avec l'apéro
La belote[6] au fond
Les petits bistrots
C'est comme un béguin[7]
Toujours on y revient
Dans les petits bistrots.

Jean Ferrat
(chanson de 1961-1962)

1. nappes à carreaux – *karierte Tischdecken* 2. goûter – *probieren, schmecken* 3. j'en rêve – *davon träume ich* 4. j'les r'verrai bientôt – *ich werde sie bald wiedersehen* 5. au poêle à charbon – *mit Kohleofen* 6. la belote – *doppelkopfähnliches Kartenspiel* 7. le béguin – *die Liebschaft*

1 **Regardez la photo. Est-ce que ce café vous plaît ? C'est un café typique ? Qu'est-ce que vous désirez commander ? Est-ce que les gens viennent ici le matin ? Le soir ?**

2 **Un problème : Le nombre des cafés diminue. Est-ce que le texte propose des solutions ?**

Le nombre des cafés en France diminue. Plus de 32 000 cafés ont fermé depuis 1980. 4000 disparaissent chaque année. Pour survivre, il faut de nouvelles idées et proposer de nouveaux thèmes : la bière, le rhum, la philo, le sport, l'exotisme et le cyber...

diminuer – *sich verringern* ; fermer – *schließen* ; disparaître – *verschwinden* ; survivre – *überleben* ; la philo = la philosophie ; le cyber = le monde de l'Internet

3 **a** **Ecoutez la chanson. De quel genre de musique s'agit-il ?**

1.43

classique jazz salsa musette tango

b **Soulignez tous les mots de la chanson que vous comprenez. Comparez avec les autres. Qui a le plus grand nombre de mots ?**

Résumé

Fragen zu Gewohnheiten und Tätigkeiten stellen

- Vous commencez à quelle heure ?
- Vous travaillez combien d'heures par semaine ?
- Pourquoi est-ce que vous aimez votre travail ?
- Qu'est-ce que vous faites ?

Das Fragewort

▶ Gr 1.2.2

à quelle heure ?	*wann, um wie viel Uhr?*
combien (de) ?	*wie viel(e)?*
comment ?	*wie?*
depuis quand ?	*seit wann?*
pourquoi ?	*warum?*
qu'est-ce que… ?	*was?*
quand ?	*wann?*

Die Teilfrage

▶ Gr 1.2.2

Comment est-ce que vous allez au travail ?
Vous allez au travail **comment** ?
Vous allez **comment** au travail ?

! Im Fragenstellen sind Franzosen äußerst flexibel. Schauen Sie auch in die Grammatik auf Seite 190 und merken Sie sich:

- Fragewörter in Verbindung mit **est-ce que** stehen am Satzanfang.
- In der gesprochenen Sprache stehen Fragewörter häufig am Satzende. (Ausnahme: **pourquoi**)
- **qu'est-ce que** steht immer am Satzanfang.

Über Mengen sprechen

- On voudrait une carafe d'eau et deux verres de vin.

▲ Tu bois beaucoup de vin ?
● Non, je ne bois pas d'alcool, mais je bois beaucoup d'eau.

▲ Vous mangez beaucoup d'oranges ?
● Oui, mais je ne mange pas de citrons.

Bestimmte Mengen

▶ Gr 3.3

une carafe **de** + *Nomen*
un verre **de** + *Nomen*
une bouteille **de** + *Nomen*

! Weitere Angaben siehe *Unité* 8.

Unbestimmte Mengen

▶ Gr 1.3.1, 3.3

beaucoup **de** + *Nomen*	*viel(e)*
(ne) … pas **de** + *Nomen*	*kein(e)*

Dinge und Orte beschreiben

- Le matin, je prends toujours un grand café noir et un croissant.

Das Adjektiv

▶ Gr 7.1, 7.2

	Einzahl	*Mehrzahl*
m	un **petit** café **noir**	deux **petits** cafés **noirs**
w	une **petite** bière **blonde**	deux **petites** bières **blondes**

Im Café bestellen

- Je voudrais…
- Pour moi, …
- Un demi, s'il vous plaît.

Im Café bezahlen

- Ça fait combien ?
- L'addition, s'il vous plaît.

Bedauern ausdrücken

- Je regrette.
- (Je suis) Désolé/e.

Verständigungsprobleme ansprechen

▲ Pardon ? Je n'ai pas compris.
● Plus fort, s'il vous plaît.

Wichtige Verben

boire → S. 53 — écrire → S. 206 — savoir → S. 206
prendre → S. 56 — comprendre → Siehe *prendre*
commencer → ! nous commençons

7 Faire des cadeaux

- **Familie, Freunde, Geschenke**
- Zeitungsartikel und Kleinanzeigen lesen
- Ein Telefongespräch verstehen
- Farben benennen, einkaufen gehen

Un modèle de vie

Patricia a 25 ans. Elle habite à Grenoble. Elle est blonde, sympathique, et musicienne. Dans sa vie, il y a d'abord sa famille et son piano. Sa famille, c'est sa fille Chloé et son ami Olivier. Patricia et Olivier sont ensemble depuis cinq ans, la petite a maintenant quatre ans. Leur relation marche bien. « C'est parce qu'on n'habite pas ensemble », dit Patricia. « J'ai gardé mon appartement, Olivier a gardé son studio. On fait beaucoup de choses ensemble, mais j'aime ma liberté et Olivier aussi. » Hier, par exemple, Patricia est allée à un concert et Olivier est allé au cinéma avec Chloé. Quelquefois

Patricia et sa fille Chloé

Patricia sort avec ses amis et parfois elle va chez ses parents et chez sa sœur dans le Nord : « J'ai passé mon enfance à Lille, et toute ma famille vit encore dans le Nord. J'ai une grande famille, des oncles, des tantes, des cousins, des cousines… mais ils habitent loin, et les relations sont assez distantes. Je vois assez souvent mon frère Julien. Il habite à Chambéry, c'est tout près. Mais maintenant, les gens vraiment importants, ce sont mes amis : j'ai deux ou trois très bons amis, Suzanne, une amie d'enfance, et puis Elise et Thibaud. Ça suffit ! »

1 2.1

a Lisez et écoutez cet article. Cherchez ensemble un autre titre.

b A deux : Complétez les phrases, une fois vous, une fois votre voisin/e – *einmal Sie, einmal Ihr/e Nachbar/in.*

Patricia aime surtout…
Elle n'habite pas avec Olivier parce qu'elle…
La grande famille de Patricia habite…

Les relations avec la grande famille sont…
Le frère de Patricia…
Suzanne, c'est…

c Est-ce que vous pensez que Patricia et Olivier sont heureux ? Justifiez votre choix avec des mots du texte.

2

Comment dit-on en allemand…

Patricia est allée .... Olivier est allé ....

Mehr zum *passé composé* mit *être* erfahren Sie in *Unité* 10.

▶ Ü 1–2

3

a Cherchez dans le texte sur Patricia les expressions françaises pour…

mein Bruder: .... meine Familie: .... meine Freunde: ....

b Soulignez tous les adjectifs possessifs (*mon, ton, son…*) dans le texte et comptez-les. *Zählen Sie sie.*

c **Regardez le dessin. Qu'est-ce qui vous frappe ?**
Was fällt Ihnen auf? Und wie ist es im Deutschen?

4

Relisez le texte page 60, puis identifiez les personnes dans les dessins. Quelle est leur relation avec Patricia ?

Alain et Christine,

ce sont *ses parents*.

PATRICIA

Chloé,

c'est ....

Olivier,

c'est ....

Suzanne,

c'est ....

Julien,

c'est ....

Elise et Thibaud,

ce sont ....

▶ Ü3-4

▶3, 4 mon, ton, son...

singulier		*pluriel*
masculin	*féminin*	*masculin/féminin*
mon père	**ma** mère	**mes** parents
ton cousin	**ta** cousine	**tes** cousins
son frère	**sa** sœur	**ses** frères et sœurs
notre appartement	**notre** maison	**nos** chats
votre vélo	**votre** musique	**vos** chaises
leur journal	**leur** table	**leurs** livres
son‿ami	**! son**‿amie	**ses**‿amis

5 **a** **Complétez.**

Chloé est un peu triste. Elle dit à son père : « Tu parles toujours de .... amis, de .... travail.
Et moi, est-ce que moi aussi, je suis importante pour toi ? Et on a deux maisons, pourquoi est-ce que tu n'habites pas avec maman ? A l'école, les autres disent que tu n'es pas un vrai papa !
Les papas et les mamans de .... copines, ils habitent ensemble ! »
Olivier répond : « Mais .... chérie, ... petite Chloé, tu es .... petite fille chérie ! »

b **Est-ce que la vie de Patricia et d'Olivier est un bon modèle de vie ? Trouvez des arguments pour ou contre leur style de vie.**

6 **A vous. Avec votre partenaire, parlez de votre famille et de vos amis.**

Mes parents habitent à Berlin.
Mon frère parle français, anglais et italien.

parler • habiter • avoir • être • aimer • détester • travailler

7 **a** **Patricia veut faire des cadeaux à « son petit monde », mais quel cadeau choisir pour quelle personne ? Ecoutez et notez les noms, puis comparez vos résultats.**

2.2

Patricia choisit :

Un sac à dos pour *son ami.*
Une robe pour ....
Un vase en porcelaine pour ....
Les œuvres de Simenon pour ....
Un pull pour ....
Un CD de Youssou N'Dour pour ....

b **Et vous ? Quel objet de 7a est-ce que vous choisissez comme cadeau ? Et pour qui ?**

c **Qu'est-ce que Christine, la mère de Patricia, choisit pour quelle personne ?**

▶ Ü5–6

▶7 choisir

je	choisis	nous	choisissons
tu	choisis	vous	choisissez
elle	choisit	ils	choisissent

Mehrzahl auf -eaux und -aux

un cadeau	des cadeaux
un journal	des journaux

8 (2.3)

Lisez et écoutez. Où est-ce qu'il y a une différence de prononciation ?

masculin		féminin
rouge	(rouge)	rouge
bleu	(bleu)	bleue
jaune	(jaune)	jaune
vert	(vert)	verte
gris	(gris)	grise
rose	(rose)	rose
noir	(noir)	noire
blanc	(blanc)	blanche

9

Regardez les dessins de l'activité 7a et complétez avec la couleur.

un vase ....

un pull ....

un sac à dos ....

une robe ....

unveränderlich

10

A deux. Devinez la couleur des objets de votre partenaire.

◇ *Vous avez une voiture rouge ?*
○ *Oui, c'est vrai.* △ *Non, c'est faux.*

vélo • chat • pull • sac • fleur • voiture • maison

11

a Vous cherchez un cadeau pour votre mari/femme/ami/e. Quelle annonce vous intéresse ?

❶ **Vends vélo dame**, rouge, état neuf, prix à débattre. Tél. 01.43.26.59.71 apr. 18h.

❷ **Vends appareil photo numérique Nikon** zoom 18/70, 70/300, Tél. 05.57.37.53.82.

❸ **Achète cartes postales anciennes**, photos, albums, journaux, bon prix. Tél. 06.07.57.43.71 soir.

❹ **Super affaire.** Table salon, dessus marbre rose, bon état. 250 €, Tél. 03.26.47.03.16, 19h-21h.

❺ **Vends tableau imitation van Gogh**, très bon état. Tél. 04.68.23.64.13.

b Cherchez dans les petites annonces…

1. guter Preis 2. Neuzustand 3. guter Zustand 4. Preis ist Verhandlungssache.

c Qu'est-ce qu'on vend et qu'est-ce qu'on cherche dans les petites annonces ? Trouvez des exemples et comparez avec votre voisin/e.

On vend… On cherche… / On achète…

▶ Ü7-8

▶8 die Farbadjektive

un pull bleu	des pulls bleus
une robe bleue	des robes bleues
un pull orange	des pulls orange
une robe orange	des robes orange

▶11 vendre

je	vends	nous	vendons
tu	vends	vous	vendez
elle	vend	ils	vendent

acheter

j'	achète	nous‿	achetons
tu	achètes	vous‿	achetez
elle	achète	ils‿	achètent

12 **a** **Ecoutez une conversation téléphonique. Quelle est la fin de la conversation ? Est-ce que les quatre phrases sont justes ?**

2.4

- ☐ Monsieur Monet achète le tableau.
- ☐ Monsieur Monet demande l'adresse.
- ☐ Monsieur Monet prend rendez-vous.
- ☐ Monsieur Monet n'est pas intéressé.

● Allô ?
○ Allô. Bonsoir, monsieur. Ici monsieur Monet. Je vous téléphone pour le tableau.
● Pardon ? Quel tableau ?
○ Excusez-moi, je suis bien au 04.68.23.64.13 ? C'est pour l'annonce de « Radio Couleurs de France », pour le tableau imitation van Gogh… Il fait quel prix, s'il vous plaît ?
● Euh, 99 euros, monsieur.
○ Mais c'est beaucoup trop cher pour une imitation !
● Trop cher ? Attendez, monsieur, on peut discuter…
Le prix est à débattre, vous savez !
Venez voir, c'est une affaire unique.
Très artistique. Et en bon état !
○ Alors d'accord. Quelle est votre adresse, s'il vous plaît ?
● C'est au 37, boulevard des Corbières…

b **Lisez la conversation. Vrai ou faux ? Cochez.**

Le tableau est
- ☐ en bon état.
- ☐ un original.
- ☐ de Paul Gauguin.

Pour monsieur Monet, 99 euros pour une imitation, c'est
- ☐ cher.
- ☐ trop cher.
- ☐ beaucoup trop cher.

15 ▶ S. 79

c **Reliez.**

1. Man stellt sich am Telefon vor.
2. Man versteht nicht genau.
3. Man fragt nach dem Preis.
4. Man sagt, dass der Preis zu hoch ist.
5. Man erklärt den Preis zur Verhandlungssache.
6. Man fragt nach der Adresse.

a) Il fait quel prix, s'il vous plaît ?
b) Quelle est votre adresse, s'il vous plaît ?
c) Trop cher ? Attendez, le prix est à débattre.
d) Pardon ? Quel tableau ?
e) Mais c'est cher, c'est beaucoup trop cher.
f) Bonsoir, monsieur, ici monsieur Monet.

13 2.5

Apprenez à parler vite ! Ecoutez et répétez les phrases de l'activité 12c au même rythme que sur le CD.

14 **a** **Voici encore une fois des phrases du texte 12a. Quel est le mot commun ?**

Quel tableau ?   Quelle est votre adresse ?   Il fait quel prix ?

b Complétez les questions avec *quel(s), quelle(s).*

Ⓐ ● Je vous téléphone pour le vélo.
○ .... vélo ?

Ⓑ ● C'est pour les cartes postales.
○ .... cartes postales ?

Ⓒ ● .... est le prix de la table ?
○ 250 euros.

Ⓓ ● C'est un vélo en très bon état.
○ Il est de .... couleur ?

15 **a Quel(s) objet(s) est-ce que vous avez à vendre ? Ecrivez une annonce sur un petit carton.**

b Qu'est-ce que vous cherchez ? Lisez les annonces des autres... et téléphonez ! (cf. texte 12a).

c Et vous ? Est-ce que vous avez déjà vendu ou acheté par petites annonces ? Sur Internet ? Quels objets ?

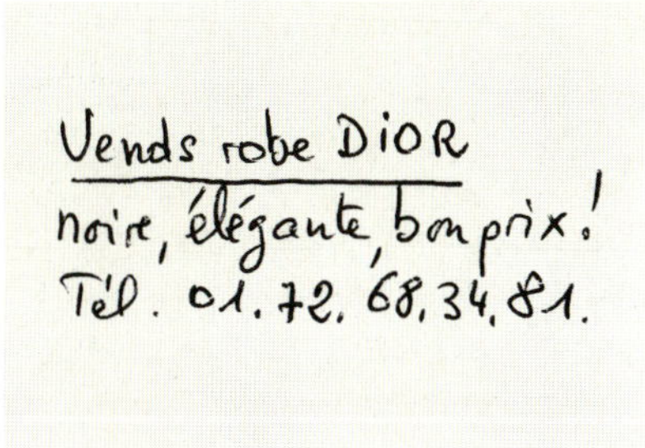

WWW **Allez visiter le site de la FNAC et regardez les offres spéciales.**

16 **Entraînez-vous à prononcer les sons [ʒ] et [ʃ].**

2.6

Bonjour, mon cher Jean.
Au marché, j'achète une girafe orange et aubergine. C'est cher !
Jolie souris cherche gentil chat.

17 **Votre groupe de travail va en France. Vous allez habiter dans une famille de quatre personnes – père, mère, une fille (12 ans), un garçon (9 ans). Choisissez ensemble des cadeaux, de votre région ou non.**

▶ Ü9–10

▶14 quel, quelle...

	singulier	*pluriel*
masculin	**quel** objet ?	**quels** objets ?
féminin	**quelle** annonce ?	**quelles** annonces ?

i Les Français adorent « les bonnes affaires ». En France, achetez un journal local ou régional et cherchez

les annonces concernant les brocantes (*Flohmärkte*) et braderies (*Schlussverkäufe*) ou les ventes aux enchères (*Versteigerungen*). Souvent, à la brocante, le prix est à débattre !

Le Vieux Marché de Bruxelles

Le célèbre marché aux puces de Bruxelles, appelé « Le Vieux Marché », existe depuis 1870. Il se trouve place du Jeu de Balle, dans le quartier des Marolles, le quartier historique populaire de Bruxelles. Il est réservé aux professionnels et a lieu tous les jours. Les musiciens, les brocanteurs et les bistrots autour du marché garantissent une excellente ambiance. Venez goûter la vraie culture populaire bruxelloise !

Le Marché aux Puces de Bruxelles
Place du Jeu de Balle
ouvert tous les jours, toute l'année de 6h à 14h

Madame Dupuis

○ ....
● Eh bien, on est tous des professionnels, c'est-à-dire qu'on a tous une carte officielle, on paie les taxes etc. Mais au fond, on est tous des brocanteurs amateurs. Tous des vieux Belges pauvres comme moi ! Et des immigrés. Vous savez, j'ai 50 ans, et je suis ici depuis 15 ans. Mais ça va, on gagne sa vie !

○ ....
● Tout, absolument tout ! Tout ce qu'on trouve dans un grenier ! Moi, par exemple, regardez, je vends des livres, des valises, des tableaux, des miroirs, des vases, bon, tout ! C'est pas cher, et souvent original !

○ ....
● Ah mais oui ! Bien sûr ! Il y a beaucoup de cafés ou restaurants autour du marché et dans la rue principale. Il y a aussi des restaurants chic, un peu branchés, mais moi, je vais dans les bistrots où vous mangez une soupe avec des tartines pour seulement 3 euros. C'est sympa. Je retrouve mes amis.

○ ....
● Oh oui : le dimanche. C'est le jour le plus vivant, c'est mon jour préféré, surtout quand il fait beau. Les autres jours, c'est plus calme. Mais on est là tous les jours.

1 2.7 **Lisez l'interview avec madame Dupuis. Faites correspondre les questions suivantes avec ses réponses. Ecoutez ensuite le CD et vérifiez.**

1. Quel genre d'objets est-ce qu'on trouve ici ?
2. Est-ce que vous mangez aussi ici ?
3. Bonjour, madame… dites-nous… qui sont les vendeurs, ici, sur le marché ?
4. Vous avez un jour préféré ?

2 **Vous voulez aller aujourd'hui au Vieux Marché de Bruxelles. C'est possible ? Quels objets vous intéressent ?**

3 **Organisez un débat et discutez : pour ou contre les marchés aux puces ?**

Résumé

Über Familie und Freundeskreis sprechen

- Les gens importants dans ma vie, ce sont mon ami, ma fille et mon frère.
- Voilà mes voisins avec leurs enfants et leur chien.
- Patricia parle de son amie Suzanne et de ses amis Elise et Thibaud.

Die Possessivbegleiter

▶ Gr 4

Einzelner Gegenstand		*mehrere Gegenstände*
(le livre)	(la maison)	(les livres, les maisons)
mon	ma	mes
ton	ta	tes
son	sa	ses
notre		nos
votre		vos
leur		leurs

! **sa vie et son travail** – *sein Leben und seine Arbeit; ihr Leben und ihre Arbeit.*

! Vor weiblichen Nomen, die mit Vokal oder stummem h beginnen, heißt der Possessivbegleiter **mon, ton, son**: **l'amie** *(w)*: **mon‿amie, ton‿amie, son‿amie**…

Farben von Gegenständen benennen

▲ Votre voiture est verte ou bleue ?
● Verte. Et vous, vous avez deux vélos noirs ?
▲ Non, ils sont orange !

Die Farbadjektive

▶ Gr 7.1, 7.2

	veränderlich		*unveränderlich*	
	Einzahl	*Mehrzahl*	*Einzahl*	*Mehrzahl*
männlich	bleu	bleu**s**	orange	orange
weiblich	bleu**e**	bleu**es**	orange	orange

! Farbadjektive stehen NACH dem Nomen: **la maison blanche, des chats gris**.

Über Einkäufe und Verkäufe sprechen

- Il vend son vélo par annonce.
- Tu choisis les cadeaux sur Internet ?
- J'achète un vase pour ma mère.

Das Präsens der Verben auf *-ir* mit Stammerweiterung

▶ Gr 9.1.2

choisir	je	choisi**s**	nous	choisi**ssons**
	tu	choisi**s**	vous	choisi**ssez**
	il / elle	choisi**t**	ils / elles	choisi**ssent**

Das Präsens der Verben auf *-dre*

▶ Gr 9.1.3

vendre	je	vend**s**	nous	vend**ons**
	tu	vend**s**	vous	vend**ez**
	il / elle	vend	ils / elles	vend**ent**

Um genauere Auskünfte über etwas bitten

▲ Vous téléphonez pour quelle annonce ?
● Pour le tableau. Il fait quel prix ?

- Quel est votre numéro de téléphone ?
- Quelle est votre adresse, s'il vous plaît ?

Der Fragebegleiter

▶ Gr 6

	Einzahl	*Mehrzahl*
männlich	quel	quel**s**
weiblich	quel**le**	quel**les**

! Der Fragebegleiter **quel** kann vor dem Nomen stehen: **Quel tableau ?** Er kann auch vor dem konjugierten Verb **être** stehen: **Quel est le prix du tableau ?**

Der Plural auf *-eaux* und *-aux*

▶ Gr 2.2

Einzahl	*Mehrzahl*	*Einzahl*	*Mehrzahl*
un cad**eau**	des cad**eaux**	un journ**al**	des journ**aux**
un bur**eau**	des bur**eaux**	un hôpit**al**	des hôpit**aux**

Über etwas Vergangenes sprechen (II)

- Elle est allée à un concert.
- Il est allé au cinéma.

Das *passé composé* mit *être* (I)

▶ Gr 9.2.3

Das ***passé composé*** von **aller** wird mit dem Verb **être** gebildet.

vgl.:	il est allé	*er ist gegangen*
	il a parlé	*er hat gesprochen*

! Mehr zum *passé composé* mit **être** erfahren Sie in *Unité* 10.

Wichtige Verben

choisir → S. 62	acheter → S. 63	dire → S. 206
vendre → S. 63	attendre → siehe *vendre*	

8 Faire la cuisine

- **Küche und Kochen; im Restaurant und zu Hause**
- Ein Interview hören
- Loben oder reklamieren
- Sich über Gerichte und Rezepte austauschen
- Absicht und Notwendigkeit ausdrücken

Arnaud Dupas, cuisinier à l'Hôtel de France à Castelnaudary, vous présente des plats français typiques.

Le cassoulet, la spécialité de Castelnaudary

1 a **Connaissez-vous ces plats typiques ? Quels plats cite Arnaud Dupas ?**

2.8

8 ▶ S. 78

1 le melon aux fruits
2 le canard à l'orange
3 la soupe à l'oignon
4 la tarte au citron
5 la charlotte aux fraises des bois
6 la terrine de saumon
7 la truite aux amandes
8 le poulet rôti
9 la salade niçoise

b **Connaissez-vous les plats d'un menu ? Ecrivez les numéros des plats dans la catégorie correspondante.**

Hors d'œuvre / Entrée : 3

Plat principal *(viande ou poisson)*:

Dessert :

c **Quelles spécialités françaises connaissez-vous et aimez-vous ?**

WWW **Cherchez les spécialités de deux restaurants français.**

2 **Vous êtes végétarien/ne. Quels plats de l'activité 1a pouvez-vous manger ?** ▶ Ü 1–2

i Le menu français traditionnel, ce sont toujours au minimum trois plats (et parfois 5, 6 ou 7 !). Mais la restauration rapide est en progression et souvent, au déjeuner, on mange seulement un plat unique ou même une grande salade composée. Le soir, en famille, il y a en général un potage, un plat chaud, un fromage et un dessert.

▶1 aux, des

à + les = **aux**
le melon **aux** fruits

de + les = **des**
les fraises **des** bois

connaître

je	connais	nous	connaissons
tu	connais	vous	connaissez
elle	connaît	ils	connaissent

3 **a** **Ecoutez une conversation entre deux collègues pendant un repas d'affaires. Vrai ou faux ?**

2.9

	V	F
Les deux collègues parlent affaires pendant le repas.	☐	☐
Leur journée de travail commence maintenant.	☐	☐
Monsieur Berg est autrichien.	☐	☐

M. Berg : C'est un restaurant très agréable !
M. Driss : Oui, j'aime bien cet endroit. Je mange souvent ici : c'est rapide, et surtout leur cuisine est très bonne.
M. Berg : Qu'est-ce que vous me conseillez ? Je ne connais pas encore les spécialités de la région.
M. Driss : Alors, il faut absolument commander un cassoulet. Ici, il est excellent.
M. Berg : Un cassoulet ? Qu'est-ce que c'est ?
M. Driss : C'est la spécialité de Castelnaudary. Ce sont des haricots avec un peu de canard ou d'oie. C'est très bon. Ou alors un steak ? Ou un canard à l'orange ?
M. Berg : Non, non, je prends le cassoulet. Et en entrée, qu'est-ce que je pourrais prendre ? Une terrine ?
M. Driss : Euh... avant le cassoulet, en entrée ? Une salade peut-être ? C'est léger, c'est frais.
M. Berg : Oui alors, d'accord ! Merci.
M. Driss : Comme boisson, on prend un bordeaux ?
M. Berg : Merci, après la longue discussion de ce matin, j'ai soif ! Je préfère une eau minérale.
M. Driss : Vous savez, j'aime beaucoup votre pays. Ah Vienne ! Le Danube ! Les valses !

b **Ecoutez une deuxième fois. Qu'est-ce que monsieur Berg prend...**

2.9

en entrée ? ....
comme plat principal ? ....
comme boisson ? ....

c **Ecoutez encore une fois, puis lisez à deux.**

2.9

d **Monsieur Berg ne connaît pas les spécialités françaises. Qu'est-ce qu'il demande à monsieur Driss, qu'est-ce que monsieur Driss répond ? Notez les trois questions et les trois réponses.**

les questions :	les réponses :
1.	1. ....
2.	2. ....
3.	3. ....

4 **Jouez maintenant une petite scène semblable au restaurant.**

▶ Ü3

5 **a** **Repérez les expressions positives dans le dialogue 3a page 69.**

C'est un restaurant très agréable.

b **A deux : Une personne pose des questions, la deuxième personne répond de manière positive.**

○ *Est-ce que vous aimez cette salade ?*
△ *Oui, elle est très bonne.*

○ *Vous aimez ce restaurant ?*
△ *Oui, il est très agréable.*

endroit • vin • entrée(s) • salade • restaurant • plat(s) • spécialité(s) • ....

agréable • tranquille • léger / légère • excellent/e • frais / fraîche • très bon / très bonne • ....

6 **Ce n'est pas bon ! Reliez les plats et les adjectifs et faites des réclamations.**

Je regrette, mais cette soupe est trop salée.

pas très bon/ne
pas assez chaud/e
trop salé/e
un peu trop cuit/e
pas très frais / fraîche
trop sucré/e

7 **Quelles sont les spécialités de votre région ? Cherchez avec l'aide du professeur et de votre dictionnaire, puis décrivez-les par écrit à un visiteur français.**

▶ Ü4-6

▶5 ce, cet, cette...

	singulier	*pluriel*
masculin	**ce** restaurant	**ces** melons
	cet_endroit	
féminin	**cette** salade	**ces**_oranges

Adjektive

masculin	*féminin*
frais	fraîche
léger	légère
bon	bonne

▶6 Adverbien

assez chaud
très bon
trop salé

8 **a** **On n'a pas toujours le temps d'aller au restaurant ou de faire la cuisine. Lisez le texte sur la cuisine rapide et trouvez les mots français pour...**

Mikrowelle
Tiefkühlkost
Tiefkühltruhe
Gewürze
Konserve

Vive la cuisine rapide !

Vous êtes toujours pressé/e ? Vous n'avez jamais le temps ?
Alors pour faire une cuisine rapide, il faut

✔ un congélateur,
✔ un micro-ondes,
✔ un stock de produits surgelés,
✔ des boîtes de conserves,
✔ et des épices.

C'est tout ?

C'est tout ? Non, il faut aussi un peu de temps, une fois par mois, pour faire les courses !

b **Parlez avec votre partenaire.**

Est-ce que vous aussi, vous êtes toujours pressé/e ? Ou souvent pressé/e ?
Est-ce que vous faites souvent la cuisine ?
Est-ce que vous aussi, vous êtes pour la cuisine rapide ?
Est-ce que vous êtes d'accord avec les conseils du texte 8a ?

9 **Ecoutez Nathalie et soulignez dans les dessins les produits que vous entendez.**

2.10

Nathalie : *« J'ai toujours les produits de base à la maison. »*

10 **a** **Ecoutez une deuxième fois Nathalie et écrivez à gauche les produits *déjà à la maison* et à droite les produits *à acheter*.**

2.10

b **Est-ce qu'elle peut faire...**

un gâteau ?   une omelette ?   une purée de pommes de terre ?   une mousse au chocolat ?

Un gâteau ? Oui, elle a des œufs, de la farine, du...

c **Et vous, quels produits avez-vous toujours à la maison ?**

Moi, à la maison, j'ai toujours du lait, du beurre, de la...

▶ Ü 7–8

11 **a** **Cherchez dans les dessins page 71 les mots qui contiennent les lettres <oi> et <ui> et classez-les.**

oie
boisson
choisir
froid
....

cuisine
produit
cuit
....
....

2.11

b **Ecoutez et cochez ci-dessus les mots que vous entendez. Deux mots ne sont pas cités. Lesquels ?**

Un .... sans ...., c'est poison.

12 **a** **Regardez ensemble cette photo de pique-nique. Où se passe la scène ? Il fait beau ? C'est agréable ? Qu'est-ce qu'ils mangent, à votre avis ?**

b **Et vous ? Aimez-vous faire des pique-niques ? Racontez.**

En vacances ? Le week-end ? Avec des amis ? En famille ? Où ? Qu'est-ce que vous mangez ?

▶10 der Teilungsartikel

de + le	**du** beurre
de + la	**de la** viande
de + l'	**de l'**huile

13 **a Connaissez-vous le taboulé ? Cherchez les informations correspondantes dans le texte.**

11 ▶ S. 78

Le taboulé est ☐ une entrée froide ☐ un plat chaud
☐ français ☐ chinois ☐ arabe

TABOULÉ — **PRÉPARATION FACILE, EN 3 MINUTES**

1. Verser le sachet de garniture et un verre d'eau froide dans un saladier.
2. Ajouter le sachet de couscous, 2 cuillères à soupe d'huile d'olive et un peu de citron.
3. Mettre au réfrigérateur (45mn).
4. Mélanger avec une fourchette, ajouter éventuellement une feuille de menthe et un peu de sel.

b Soulignez les quantités et les ingrédients et complétez.

Pour faire un taboulé, il faut un sachet de garniture, un verre…

c Livres fermés : Avez-vous bonne mémoire ? Qu'est-ce qu'il faut pour préparer ce plat ?

d Et pour faire des crêpes pour dix personnes ou un gratin dauphinois pour six personnes ?

Pour faire des crêpes, il faut 250 grammes de farine, …

▶ Ü 9–10

14 **Cherchez dans les consignes de l'activité 13 une autre formulation pour les questions ci-dessous. Notez la différence !**

Vous connaissez le taboulé ? ……………………………………………………………………………

Vous avez bonne mémoire ? ……………………………………………………………………………

15 **Le pique-nique :**
Vous voulez tous ensemble organiser un pique-nique à la fin du semestre. Qu'est ce que vous apportez ? Qu'est-ce que vous préparez ? Mettez-vous tous d'accord.

▶13 Mengenangaben	il faut	pour + Infinitiv
un kilo **de** farine	**il faut** un peu de citron	**pour** faire
un demi-litre **de** lait	**il faut** du sel	**pour** manger

Navarin d'agneau aux petits légumes

Pour 6 personnes :

1,500 kg d'épaule d'agneau
250 g de petits pois frais
500 g de carottes
250 g de haricots verts frais
100 g d'oignons
1 verre de vin blanc
2 cuillerées à soupe de farine
sel, poivre, muscade, bouquet garni (persil, thym, laurier), estragon et persil haché

- Mettre l'épaule coupée en petits morceaux dans une cocotte.
- Faire revenir dans l'huile pendant 5 minutes. Verser le vin et couvrir d'eau.
- Ajouter les oignons et le bouquet, saler, poivrer, couvrir. Laisser cuire 45 minutes.
- Faire blanchir les légumes séparément. Les ajouter à la viande et laisser cuire encore 15 minutes.
- Servir avec de l'estragon et du persil haché. Accompagner de pommes de terre.

1 **Lisez la recette. Soulignez les légumes et la viande avec des crayons de couleurs différentes.**

2 **a Les mots de la cuisine… Voilà la signification de quelques verbes :**

couper	*schneiden*
couvrir	*abdecken; aufgießen*
faire revenir	*anbraten*
faire blanchir	*blanchieren, kurzgaren*

b Devinez les autres et reliez :

ajouter →	*salzen*
saler	*servieren*
laisser cuire	*hinzufügen*
poivrer	*pfeffern*
servir	*kochen lassen*

3 **Vous êtes pressé/e. Est-ce que vous pouvez préparer ce plat en 50 minutes ? Et qu'est-ce que vous servez comme dessert ?**

Résumé

Über Speisen sprechen

- Vous prenez un canard à l'orange ou une truite aux amandes ?
- Je ne connais pas les spécialités des restaurants de Bordeaux.

à + *les* = *aux* ; *de* + *les* = *des*

▶ Gr 3.1

un melon **aux** fruits
une soupe **aux** tomates

la carte **des** vins
une charlotte **aux** fraises **des** bois

Loben und reklamieren

- Ce restaurant est très agréable.
- La salade est très bonne, le vin est excellent.

- Je regrette, mais…
  cette soupe est un peu trop salée.
  ces légumes ne sont pas assez cuits.

Der Demonstrativbegleiter

▶ Gr 5

	Einzahl	*Mehrzahl*
männlich	ce cet	ces
weiblich	cette	ces

! Vor Vokal oder stummem h heißt der Demonstrativbegleiter **cet: cet endroit**, **cet hôtel**.

Adjektive mit Besonderheiten

▶ Gr 7.1, 7.2

männlich	léger	frais	bon
weiblich	légère	fraîche	bonne

Adverbien (V)

▶ Gr 10

pas assez   assez   très   un peu trop   trop

Sich über Gerichte und Rezepte austauschen

- Dans une omelette, il y a des œufs, du sel, du lait et de l'huile ou du beurre.

Der Teilungsartikel

▶ Gr 3.3

le beurre	**du** beurre
la farine	**de la** farine
l'huile	**de l'**huile

! Vgl.: Je prends **du beurre**. – *Ich nehme Butter.*
! Bei Substantiven im Plural wird der unbestimmte Artikel **des** verwendet: **des fruits**, **des œufs**.

- Pour un gratin dauphinois, je prends
  – 2 kilos de pommes de terre,
  – 1 litre de lait,
  – un peu de sel et de poivre et
  – 250 grammes de fromage.

Mengenangaben

▶ Gr 3.3

un demi-litre	**de**	+ *Nomen*
100 grammes	**de**	+ *Nomen*
un kilo	**de**	+ *Nomen*

Absicht und Notwendigkeit ausdrücken

- On va au restaurant pour manger des spécialités.

pour + Infinitiv

▶ Gr 11.3

pour faire…   *um … zu machen*

- Pour faire un taboulé, il faut du couscous.

il faut…

▶ Gr 9.5

il faut du temps   *man braucht Zeit*

Wichtige Verben

connaître → S. 68
décrire → siehe *écrire*
entendre → siehe *vendre*

Intermède 2

1 Pour la profession

2.12

Ecoutez, lisez et repérez. Trouvez les noms de professions et les objets utilisés dans un bureau.

○ Mademoiselle Federhofer, je vous présente monsieur Jamil Benziane, notre directeur technique. Monsieur Benziane : Mademoiselle Sarah Federhofer, notre nouvelle stagiaire allemande, de Dresde.
△ Enchanté.
● Enchantée.
○ Et voici Laurence Marignani, directrice marketing ; elle s'occupe de la publicité, du marketing, de la distribution… oui : de la vente… Et Suzanne Allègre, mon assistante.
□ Bonjour, ça va ?
● Oui, merci, ça va. Et vous ?
○ Et voici votre bureau. Ordinateur, téléphone... La photocopieuse est là-bas, avec le fax… Ah, et voilà Serge, notre ingénieur électronicien, chargé de tous les problèmes d'informatique.
● Bonjour monsieur.
▽ « Bonjour Serge », pas « Bonjour monsieur ». On se dit tu, d'accord ?
● Oui, monsieur... euh... Oui Serge, bonjour !
▽ Bonjour et bienvenue !

2 Jeu de rôle : la brocante

- Votre classe organise une brocante.
- Quel/s objet/s avez-vous à vendre ? Ecrivez une petite annonce sur un petit carton. N'oubliez pas le numéro de téléphone.
- Affichez toutes les annonces. Lisez et choisissez une annonce.
- Maintenant, téléphonez.

3 Jeu du restaurant

Jouez à deux ou à trois.
Jeder Spieler braucht eine kleine Münze als Spielfigur; zusätzlich ist eine große Münze nötig. Überlegen Sie sich, welche der drei Rollen Sie übernehmen wollen. Legen Sie eine der kleinen Münzen auf das Foto mit der von Ihnen gewählten Person. Wenn Sie an der Reihe sind, werfen Sie die große Münze.
- Kopf (*face*): Ziehen Sie ein Feld nach vorne.
- Zahl (*pile*): Ziehen Sie zwei Felder nach vorne.

Machen Sie, was auf dem jeweiligen Spielfeld verlangt wird. Auf den Feldern mit den Illustrationen brauchen Sie nichts zu tun: Lehnen Sie sich zurück und genießen Sie das Essen. Wer zuerst Nummer 12 erreicht hat, hat gewonnen.

FRANÇOISE

1. Sie rufen nach dem Kellner.
2. Sie fragen Véronique, was sie trinkt.
3. 
4. Sie sagen, dass das Restaurant angenehm ist.
5. Sie bestellen eine Vorspeise.
6. 
7. Sie sagen, dass Sie kein Fleisch essen.
8. Sie fragen nach einer Karaffe Wasser.
9. 
10. Sie haben ein Glas umgeworfen. Setzen Sie eine Runde aus.
11. Sie bestellen einen koffeinfreien Kaffee.
12. Sie sagen, dass der Kaffee kalt ist.

VINCENT

1. Sie bestellen einen Aperitif.
2. Sie fragen nach den Spezialitäten der Gegend.
3. 
4. Sie fragen Françoise, was sie als Vorspeise nimmt.
5. Sie fragen nach dem Preis einer Flasche Bordeaux.
6. 
7. Sie sagen, dass die Kartoffeln zerkocht sind.
8. Ihr Handy klingelt. Setzen Sie eine Runde aus.
9. 
10. Sie bestellen einen Nachtisch.
11. Sie fragen, ob das Restaurant am Montag offen ist.
12. Sie fragen nach der Rechnung.

VÉRONIQUE

1. Sie sind zu spät gekommen! Setzen Sie eine Runde aus.
2. Sie sagen, dass Sie ein Mineralwasser trinken.
3. 
4. Sie fragen Vincent, was ein *cassoulet* ist.
5. Sie fragen, wo die Toiletten sind.
6. 
7. Sie bestellen ein Hauptgericht.
8. Sie sagen, dass der Fisch zu salzig ist.
9. 
10. Sie sagen, dass Sie nicht rauchen.
11. Sie bestellen ein Zitroneneis.
12. Sie sagen, dass das Eis sehr gut ist.

Stratégies 2

Sie haben sicher gemerkt, dass die Lektionstexte etwas länger werden und das Vokabular umfangreicher. Sie können immer mehr und dürfen über das Neue auch das in den vorherigen *Unités* Gelernte nicht vergessen. Ihr Lernprozess wird also komplexer. Deshalb folgen nun weitere Tipps, wie Sie Ihr Lernen besser gestalten können.

1 Texte verstehen

8 Vorkenntnisse aktivieren

Was assoziieren Sie mit dem Thema des Textes? Was sehen Sie auf den zum Text gehörenden Bildern? Welche Wörter aus dem Themenbereich kennen Sie schon? Solche Fragen sind ein erster Schritt zum Verstehen eines Lese- oder Hörtextes. Man könnte sagen, dass Sie auf diese Weise den Text vorbereiten und entlasten. Betrachten Sie die Bilder in *Couleurs de France Neu* also nicht als bloße Dekoration, sondern nutzen Sie sie als Einstieg und als zusätzliche Informationsquelle für den dazugehörigen Text.

▶ S. 54, S. 68

9 Fragen stellen

Sie kennen inzwischen die wichtigsten französischen Fragewörter. Mit ihnen können Sie jetzt an jeden Text Fragen stellen und Sie erhalten mit den entsprechenden Antworten ein Gerüst für das Verstehen des Textinhalts. Bereits das Formulieren der Fragen ist dabei hilfreich.

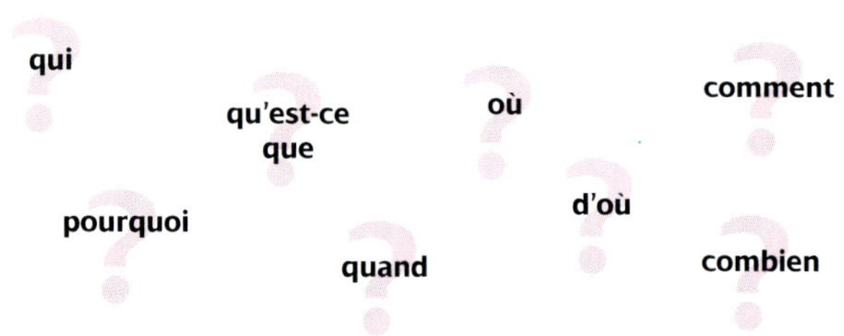

▶ S. 53

10 Markieren

Unterstreichen Sie während des Lesens Schlüsselwörter oder Sätze, die Ihnen wichtig erscheinen. Mithilfe dieser Stellen können Sie später den Inhalt des Textes leichter wiedergeben. Lassen Sie sich dabei nicht durch einzelne unbekannte Wörter aus der Ruhe bringen.

▶ S. 46

2 Neue Wörter und Ausdrücke verstehen und einüben

11 Wörter und Ausdrücke aus dem Zusammenhang erschließen

Lassen Sie sich nicht entmutigen durch neue unbekannte Wörter und greifen Sie auch nicht sofort zum Wörterbuch. Suchen Sie zunächst nach Hinweisen im Text, um die Bedeutung eines Wortes herauszufinden. Auch Fotos, Illustrationen sowie Mimik und Gestik der Gesprächspartner können Ihnen helfen, unbekannte Wörter zu erschließen. Scheuen Sie sich nicht, zu kombinieren und zu raten!

▶ S. 57, S. 73

Sehen Sie sich dazu diese beiden Bilder an. Was könnte *malheureux* heißen und was *en colère*?

Il n'est pas content, il est malheureux.

Il est en colère.

malheureux – traurig; *en colère* – wütend

12 Wörter über verschiedene Kanäle aufnehmen

Es ist schwierig, Wörter in der Reihenfolge einer Vokabelliste zu lernen. Dagegen behält man sie leichter, wenn man sie über verschiedene Kanäle aufnimmt.
Versuchen Sie es doch einmal ganz anders: Zeichnen Sie die Begriffe! Stellen Sie sie pantomimisch dar! Deklamieren Sie sie mit Mimik und Gestik!

13 Wortspinnen herstellen

Wörter sollte man so oft wie möglich in einem thematischen Zusammenhang lernen, um sie besser im Gedächtnis zu verankern. Bei einer so genannten Wortspinne werden um einen Schlüsselbegriff herum 5 – 9 thematisch verwandte Wörter gruppiert. Diese Methode können und sollten Sie für jede *Unité* anwenden. Sie können auch noch einen Schritt weiter gehen und mit den Wörtern jeweils einen Satz bilden.

▶ S. 137, S. 145

14 Wortpaare finden

Manchmal bietet es sich an, Wörter paarweise zu gruppieren. Dabei kann es sich um Gegensätze oder auch um ähnliche Bedeutungen handeln. In jedem Fall trägt dieses Vorgehen dazu bei, die Wörter besser im Gedächtnis zu verankern.

▶ S. 141

15 Mini-Glossare anlegen

Eine weitere gute Methode zum Vokabellernen ist das Erstellen einer Liste von wichtigen Ausdrücken und Redewendungen zu einem bestimmten Thema. Rechts finden Sie ein Beispiel für *sortir*. Probieren Sie es in der nächsten *Unité* und machen Sie sich ein entsprechendes Mini-Glossar.

sortir
avoir envie de...
j'ai envie d'aller au cinéma
on va au théâtre ? à la mer ? à l'opéra ?
qu'est-ce qu'on fait ?
...

▶ S. 45, S. 64

3 Das häusliche Lernen organisieren

16 Regelmäßig und geplant wiederholen

Unser Gehirn speichert Gelerntes besser, wenn wir es in kurzen Abständen immer **wieder** ins Bewusstsein „hoch“ **holen**. Dazu kann es sehr hilfreich sein, sich für die Woche einen persönlichen Plan zu machen.

lundi : Texte hören und laut lesen
mardi : Artikelbilder erstellen
mercredi : mit Karteikarten arbeiten
jeudi : mit dem Würfel Verben konjugieren
vendredi : Mini-Glossare anlegen

9 Au bord de la mer

- Carnac in der Bretagne; Geschäfte und ihre Öffnungszeiten
- Über etwas Vergangenes sprechen
- Souvenirs einkaufen
- Dinge miteinander vergleichen

La plage de Carnac

Carnac pratique

Commerces - Services
- boulangerie-pâtisserie
- boucherie-charcuterie
- maison de la presse
- pharmacie
- banque

Loisirs
- location de vélos
- location de bateaux
- cinéma
- bibliothèque
- boîte de nuit

1 **Regardez les photos et le prospectus. Qu'est-ce qu'il y a d'intéressant...**

• pour les habitants ? • pour les touristes ?

2 **a** **Lisez et écoutez. Soulignez tous les produits cités.**

2.13

Carnac – Située en Bretagne, la ville de Carnac est très connue pour ses menhirs et ses mégalithes spectaculaires et mystérieux. Beaucoup de touristes français et étrangers viennent aussi pour ses plages de sable, ses activités sportives et son centre de thalassothérapie. Yves Le Corvec, commerçant, parle de sa ville : « On vit bien ici : dans le centre-ville, nous avons tous les commerces traditionnels et des supermarchés. Moi, dans mon magasin, je vends des journaux, des livres, des cartes postales, etc. Et puis bien sûr il y a le marché, deux fois par semaine, le mercredi et le dimanche. Là, on trouve presque tout : des légumes, de la viande, du poisson, du fromage, mais aussi des vêtements, des chaussures, et des meubles. Nous avons aussi des écoles, des médecins… Ça, c'est important pour les personnes âgées. »

b Retrouvez la vérité dans le texte. C'est vrai ? Ce n'est pas vrai ?

Carnac est située sur la Côte d'Azur.
Carnac est surtout connue pour ses plages.
Les habitants vivent bien dans cette ville.
Dans le centre-ville on trouve tous les commerces traditionnels.
Le jour du marché, c'est le mardi.

WWW **Visitez Carnac et sa région.**

▶ Ü1–2

3 a Qu'est-ce qu'il y a comme magasins dans votre ville ? Dans votre quartier ? Faites un remue-méninges (par écrit !)

b Qu'est-ce qu'on achète dans quel magasin ? Faites correspondre les produits et les magasins, et comparez ensuite vos résultats.

On achète les médicaments à la pharmacie.

les croissants • la viande •
les médicaments • les chaussures •
les meubles • les livres • les journaux •
le vin • les fruits • les CD • les DVD •
le fromage • le couscous

le marché • la boucherie • la boulangerie •
la pharmacie • la supérette •
une grande surface • un magasin spécialisé •
la maison de la presse

c Et vous ? Où faites-vous vos courses ? Combien de fois par semaine ? Avez-vous déjà acheté sur Internet ?

4 2.14 **Voici une proposition phonétique pour faire les courses : Achetez les aliments dans un magasin qui contient le même son que le produit ! Un produit va avec deux magasins. Puis vérifiez et répétez.**

mousse au chocolat •
jus d'orange • citrons •
légumes • poulet • sucre •
confiture • cassoulet •
haricots • quiche

à la boutique Loulou [u]	**au supermarché Mumu [y]**	**à l'épicerie Kyri [i]**

▶ Ü3

i En France, il y a encore des petits magasins traditionnels dans les centres-villes. Mais 60 % des Français font leurs courses dans les supermarchés, les grandes surfaces et dans les magasins de maxidiscompte, comme Aldi ou Lidl. La vente sur Internet a aussi beaucoup progressé, surtout pour les CD, les DVD, les livres, les billets de train et d'avion.

▶2 vivre

je	vis
tu	vis
elle	vit
nous	vivons
vous	vivez
ils	vivent

▶3 prépositions de lieu

au marché
à la pharmacie

dans un magasin
dans une grande surface

sur Internet

Portrait d'un Breton

Yves Le Corvec

Yves Le Corvec, bien connu des Carnacois, fête aujourd'hui ses 60 ans. Ce grand amoureux de la mer n'a jamais quitté la Bretagne, et il a toujours vécu… à Carnac ! Il a été pêcheur pendant 30 ans mais il a arrêté la pêche sur les grands bateaux après un grave accident. Pourtant, après, il a eu le courage de retravailler et il a repris la Maison de la Presse. Et depuis, il pêche – sur son petit bateau – pendant son temps libre. Un homme heureux. Félicitations, Yves, et bon anniversaire !

5 **a** **Lisez l'article et complétez les phrases en utilisant les participes passés suivants.**

été • vécu • quitté • eu

Yves n'a jamais…
Il a toujours…
Il a…
Il a…

b **A vous ! Faites l'interview. L'un est le journaliste, l'autre est Yves.**

△ *Vous avez toujours vécu à Carnac ?*
○ *Oui, …*

▶ Ü4-5

6 2.15 **Ecoutez l'interview d'Yves. Quels sont les horaires d'ouverture de son magasin ? A ou B ?**

A

B

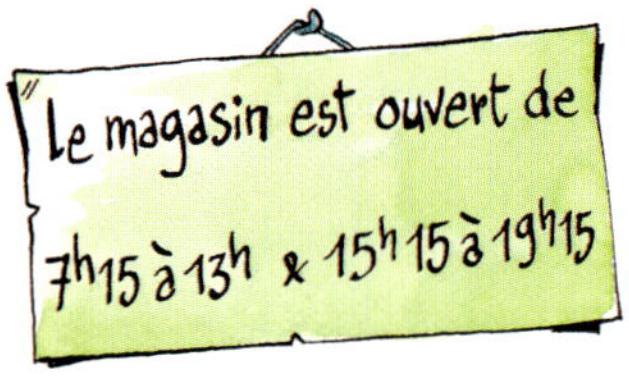

7 2.16 **a** **Quelle heure est-il ? Ecoutez et répétez.**

Il est 5 heures …
Il est 6 heures.

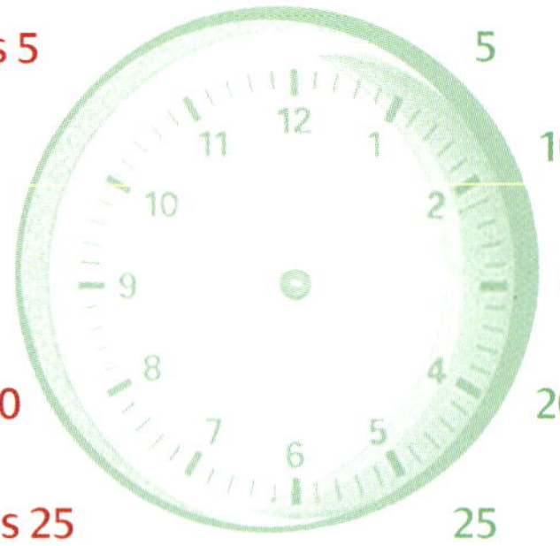

▶5 participes passés irréguliers

avoir	→	**eu**
être	→	**été**
(re)prendre	→	(re)**pris**
vivre	→	**vécu**

formation de la phrase

Il a **toujours** vécu à Carnac.
Il **n'**a **jamais** quitté la Bretagne.

▶7 l'heure

13 h 15	une heure	et quart
13 h 30	une heure	et demie
13 h 45	deux heures	moins le quart
12 h 00	midi	24 h 00 minuit

b Quelle heure est-il sur les dessins ?

2.17 **c Ecoutez. Quelles heures entendez-vous ?**

- ☐ 13 h 30
- ☐ 19 h 30
- ☐ 12 h 15
- ☐ 6 h 05
- ☐ 12 h 40
- ☐ 18 h 30
- ☐ 0 h 15
- ☐ 10 h 05

8 a Ecoutez une touriste dans le magasin d'Yves. Cochez les mots que vous entendez.

2.18

- ☐ un calendrier
- ☐ un journal
- ☐ des cartes postales
- ☐ un guide de la région
- ☐ des timbres
- ☐ une carte routière

● Bonjour, monsieur, je prends ça, s'il vous plaît.
○ Bonjour, madame… Le journal… Ah, vous êtes allemande ? Quatre cartes postales, un stylo…
● Vous avez aussi des timbres ?
○ Ah, non ! Je suis désolé, madame, je ne vends pas de timbres. Il faut aller à la poste.
● Dommage. Bon, alors… je voudrais aussi une carte routière et un guide de la région.
○ Regardez, nous avons une carte avec des informations touristiques, elle fait aussi guide. Elle coûte 12 euros. Ça va ?
● Oui, c'est parfait, merci.
○ Et avec ça ?
● C'est tout, je crois. Ça fait combien ?
○ Alors… ça fait… 21,75 euros, s'il vous plaît, madame.
● Oui. Oh, je suis désolée, mais je n'ai pas assez d'argent. Il me reste seulement 17… 19 euros. Je peux payer par carte ?
○ Mais oui, madame, bien sûr, sans problème !

b A deux : Lisez le dialogue 8a. Cherchez, soulignez et numérotez les expressions correspondantes.

Die Kundin …
1. fragt, ob etwas vorrätig ist,
2. möchte etwas kaufen,
3. fragt nach dem Preis,
4. möchte mit Kreditkarte zahlen.

Der Verkäufer …
a) sagt, dass er etwas nicht verkauft,
b) fragt, ob sie noch etwas wünscht,
c) nennt den Gesamtpreis,
d) antwortet, dass das problemlos möglich ist.

9 Jouez maintenant un dialogue semblable.

▶ Ü6–7

10 **a** **Beaucoup de touristes viennent à Carnac pour les menhirs, mais pas tous. Lisez et écoutez l'opinion de Fred et Eddy, deux jeunes en visite à Carnac. Pourquoi sont-ils ici ?**

2.19

☐ pour les menhirs ☐ pour la plage ☐ pour les bars

« Nous, on vient de Paris. On est une bande de copains et on fait du camping. Ici, c'est aussi beau que la Côte d'Azur et c'est beaucoup moins cher. Les menhirs, bof... c'est nul ! On préfère la plage et les filles. Et les bars... ah les bars, c'est plus rigolo que les menhirs. Hier, on a un peu trop bu ... »

b **Relisez le texte et soulignez les expressions utilisées pour faire une comparaison.**

2.20

c **Ecoutez plusieurs fois deux groupes de touristes. Concentrez-vous sur une seule information à chaque fois et cochez la bonne réponse.**

	A	B
Qui vient d'Orléans ?	☐	☐
Qui vient pour les activités sportives ?	☐	☐
Qui préfère la montagne ?	☐	☐

d **Avec lesquelles des personnes interviewées voudriez-vous passer vos vacances ?**

Moi, je voudrais passer mes vacances avec Eddy et Fred, parce que...

11 **Et vous, qu'est-ce que vous préférez ? La campagne, la mer, la montagne ? Pourquoi ? Discutez avec vos voisins.**

△ *Je préfère la montagne parce que c'est plus beau. Et vous ?*
☐ *Nous, nous préférons aller à la mer parce que...*

▶ Ü8

▶10, 11 la comparaison

+	C'est	**plus**	intéressant	**que**
=	C'est	**aussi**	beau	**que**
–	C'est	**moins**	cher	**que**

Je voudrais **sortir** avec toi !
Je préfère **rester** chez moi.

je voudrais...		**préférer**		**venir**	
je	voudrais	je	préfère	je	viens
tu	voudrais	tu	préfères	tu	viens
elle	voudrait	elle	préfère	elle	vient
nous	voudrions	nous	préférons	nous	venons
vous	voudriez	vous	préférez	vous	venez
ils	voudraient	ils	préfèrent	ils	viennent

12 **a** **Faites correspondre les photos et les mots.**

- ☐ un pull marin
- ☐ un savon aux algues
- ☐ des caramels au beurre salé
- ☐ un bol
- ☐ une boîte de biscuits
- ☐ de la fleur de sel

①

②

③

④

⑤
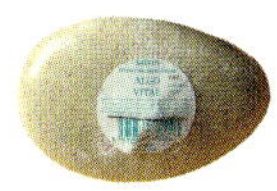

⑥

b **Connaissez-vous des objets ou produits typiques d'autres régions de France ?**

c **Vous voudriez acheter un souvenir typique ; comparez les avantages de deux produits.**

Un savon aux algues, c'est plus original qu'une boîte de biscuits.

un savon
un pull marin
....

joli • fragile •
cher • petit • original •
banal • gros
....

un bol
une boîte de biscuits
....

13 **Echange d'idées. Une personne choisit deux objets, une autre les compare.**

△ *Une table… et un camembert !*
☐ *Une table, c'est plus gros qu'un camembert.*

un DVD • un paquet de cigarettes •
une table • un appareil photo •
un bateau • un flacon de parfum

14 **Vous êtes en France, qu'est-ce que vous achetez (pour vous ou pour une autre personne) ? Et qu'est-ce que vous avez acheté la dernière fois ? Notez vos réponses sur un papier.**

J'achète / Je voudrais acheter… *La dernière fois, j'ai acheté…*

15 **A deux. Vous êtes dans un magasin de souvenirs pour acheter un cadeau. Préparez, puis jouez un de ces trois jeux de rôles. Les autres participants devinent la situation représentée.**

1. Le client n'a pas beaucoup d'argent et il ne sait pas quoi acheter.
2. Le vendeur est content de son premier client.
3. Le vendeur n'aime pas les touristes.

▶ Ü 9–10

Site mégalithique de Carnac

Les menhirs du site de Carnac

Vieux de 6000 ans, le site mégalithique de Carnac est **un haut lieu de la préhistoire européenne.**

Ses 3000 menhirs sont répartis sur 40 hectares et 4 kilomètres de longueur selon une organisation architecturée.

Les alignements de Kermario, Le Menec (La Trinité-sur-Mer), Kerlescan, et du Petit Menec, qui forment **l'ensemble de Carnac**, constituent le plus grand site mégalithique du monde...

Les sites sont ouverts au public l'hiver du 1er octobre au 31 mars et accessibles l'été sous la forme exclusive **de visites conférences**.

Texte 1

routard.com

publicité — tous les mois, gagnez un voyage de rêve

GUIDE | ROUTARD MAG | PARTIR | COMMUNAUTÉ | BOUTIQUE | :: RECHERCHE

COMMUNAUTÉ

- Forums
- Petites annonces
- Bourse d'équipiers

:: ANNONCES

- Hôtel Kan Avel
- A Paimpol Brehat gîte de Ty Breiz
- chambres d'hôtes Presqu'île de Crozon
- chambres d'hôtes en Bretagne
- La Villa Côté Cour - Chambres d'hôtes avec Jacuzzi

:: PARTIR

- Réservez vos billets de train
- Réservez un vol
- Louez une voiture

:: FICHE DESTINATION

- Bretagne

::Liens promotionnels

Appareil photo - Crédit Caméscope - Vacances Voyages - Lecteur MP3 Ordinateur portable

:: **Forum**
Bretagne

TOUS LES FORUMS

Texte 2

Re : Sites mégalithiques de Carnac
Posté par patricia le mercredi 20 août à 09:41

Eliane a écrit :
Bonjour,
Passionnée de civilisations disparues, je pars en Bretagne sur les traces des mégalithes.
Avez-vous des informations sur les sites de Carnac, des bons plans etc. ?
Merci à tous !

Patricia a écrit :
Bonjour, toute cette région du Morbihan est très touristique. Mais à côté de ces alignements très connus, il y a des tumulus, des dolmens moins fréquentés. En tout cas, ne pas oublier sa lampe de poche. Bonne visite.
Patricia

Eliane a écrit :
Merci beaucoup Patricia pour ces informations ! Tu es de Bretagne ? Si tu cherches des infos sur la région Rhône-Alpes... Je suis de Grenoble.

Patricia a écrit :
Merci:.. J'ai fait des fouilles archéologiques dans le Morbihan, c'est pourquoi je connais bien les sites.
Pas loin de Carnac, tu as des alignements de menhirs sur la commune de Monteneuf : splendides et avec moins de monde. Bon séjour.
Patricia

1 a **Où peut-on trouver le texte 1 ? Dans un journal / un prospectus / un roman ?**

b **Soulignez les informations importantes pour un touriste !**

2 **Lisez le texte 2 : une discussion entre deux personnes dans un forum. Soulignez les informations que donne Patricia.**

3 **Quelles sont pour vous les trois informations les plus importantes sur cette page ?**

4 **Etes-vous déjà allé/e sur un forum sur Internet ? Avez-vous déjà chatté ?**

Résumé

Über Einkaufsmöglichkeiten sprechen

- J'achète le pain à la boulangerie et les légumes au marché.
- Je fais toujours mes courses dans une grande surface. Mais pour les vêtements, je vais dans un magasin spécialisé.

Ortspräpositionen (III)

▶ Gr 11.1

à	**au** supermarché
	à **la** pharmacie
dans	dans **un** supermarché
	dans **une** pharmacie
sur	sur Internet

Über etwas Vergangenes sprechen (III)

- Madame Le Corvec n'a pas toujours vécu à Carnac. Elle a passé son enfance à Brest. Elle a quitté Brest pour vivre avec son mari.

Unregelmäßige Partizipien

▶ Gr 9.2.1

avoir	eu
boire	bu
être	été
(re)prendre	(re)pris
vivre	vécu

! Vgl. **il a été** – *er ist gewesen*

▶ Gr 9.2

Wortstellung und Verneinung im *passé composé*

Monsieur Le Corvec a **toujours** aimé la pêche.
Il **n'**a **jamais** fait de grand voyage.

! Beachten Sie den Satzbau: Das Adverb steht zwischen Hilfsverb und Partizip, die Verneinungklammer umschließt das konjugierte Verb.

Wünsche und Vorlieben äußern

- Où est-ce que vous préférez passer vos vacances ?
- Vous voudriez vivre en France ?

je voudrais, je préfère + Infinitiv

▶ Gr 1.1, 9.4

Je préfère passer mes vacances au bord de la mer.
Je voudrais vivre en Bretagne.

In einem Geschäft einkaufen

- Je voudrais (acheter) un stylo.
- Je prends ces cartes postales.
- Vous avez (aussi) des timbres ?
- C'est tout, merci.
- Je suis désolé, je n'ai pas assez d'argent.
- Je peux payer par carte ?

Die Uhrzeit angeben

▲ Quelle heure est-il ?
● Il est six heures moins le quart.

▲ Tu commences à quelle heure ?
● A huit heures et demie.

▲ On mange maintenant ?
● Oui, il est midi.

Die Uhrzeit (II)

15:10	trois	heures	dix
15:15	trois	heures	et quart
15:20	trois	heures	vingt
15:30	trois	heures	et demie
15:40	quatre	heures	moins vingt
15:45	quatre	heures	moins le quart
15:50	quatre	heures	moins dix
12:00	midi	24:00	minuit

Dinge miteinander vergleichen

▲ Un bol, c'est plus fragile qu'un savon.
● Oui, mais un savon, c'est moins original.

Die Steigerung des Adjektivs

▶ Gr 7.3

–	**moins**	cher	**que**	*weniger teuer als*
=	**aussi**	cher	**que**	*(genau)so teuer wie*
+	**plus**	cher	**que**	*teurer als*

Wichtige Verben

vivre → S. 81 | venir → S. 84
préférer → S. 84 | je, tu… voudrais → S. 84

10 A la maison

Héloïse *Camille* *Charlotte* *Marie*

- **Arbit und Wohnung**
- Sich über den Alltag unterhalten
- Sein Haus beschreiben

1 **a** **Regardez la photo et devinez...**

• l'âge des filles :
Elles ont… ans, … ans, …

• la profession des parents :
Il est… / Elle est…

2.21 **b** **Ecoutez et lisez le texte suivant pour vérifier vos hypothèses.**

Tous deux informaticiens, Nicole et Paul Brevet ont décidé de retourner dans le village natal de Nicole et de travailler à leur compte. Ils sont maintenant leurs propres patrons. Depuis deux ans, la famille habite dans un vieux village en Auvergne, à vingt-cinq kilomètres de Brioude. « Voilà, nous sommes restés huit ans à Paris », dit Nicole, « et puis nous sommes revenus chez moi, dans mon village ; nous sommes partis de Paris le cœur léger après trois ans de chômage, de petits boulots. » Paul est d'abord allé seul à Channat ; il a rénové la vieille ferme des grands-parents de Nicole. Puis, Nicole est venue avec leurs quatre enfants : 18, 14, 10 et 8 ans. Avec les ordinateurs, le fax et le téléphone, ils peuvent travailler sans problème à la maison pour les entreprises de la région. Nicole a réalisé son rêve : un grand jardin avec des fleurs ; tous les deux sont plus libres d'organiser leur emploi du temps, ils ont beaucoup de place et – plus important encore – ils ont le temps de faire des choses en famille. « Nous pouvons enfin profiter de nos enfants. »

c **Complétez la grille sur une feuille de papier.**

le monde du travail	l'habitation
l'informaticien …	*le village …*

2 **a** **Qu'est-ce que Nicole Brevet peut faire maintenant ? Qu'est-ce que son mari Paul peut faire ?**

Elle peut jardiner.
Il peut…
Ils peuvent…

▶2 pouvoir

je	peux	nous	pouvons
tu	peux	vous	pouvez
elle	peut	ils	peuvent

pouvoir + infinitif

Ils peuvent profiter de…
Elle ne peut pas faire…

b Quels mots indiquent que les Brevet sont contents de leur vie ? Ont-ils fait un bon choix ?

c Et vous ? Préférez-vous vivre à la campagne ou en ville ? Pourquoi ?

▶ Ü 1–2

3 a Lisez le texte 1 b et soulignez les huit formes du passé composé. Notez les cinq formes avec *être* et entourez les marques du féminin et du pluriel.

1. *nous sommes restés* 3. .... 5. ....

2. .... 4. ....

b A deux. Regardez les formes du passé composé avec *être*. Quelle est la différence avec la formation du passé composé avec *avoir* ? Pouvez-vous formuler une règle ?

4 a Nicole raconte sa vie. Ecoutez et complétez avec les participes passés de ces verbes :

2.22

aller **allé/e** (2x) • venir **venu/e** • sortir **sorti/e** • rester **resté/e** • naître **né/e**

« Je suis .... à Brioude. Je suis .... à l'école primaire à Channat, dans le village de mes parents, puis au lycée à Brioude. Ensuite, je suis .... de mon cocon pour aller à l'université, à Clermont-Ferrand. Un jour, Paul, mon mari, est .... faire une visite dans mon bureau avec un groupe de collègues, et voilà... ! D'abord, nous sommes .... ensemble au cinéma, au théâtre, et puis nous sommes .... ensemble. Et nous sommes un couple heureux depuis 20 ans déjà. »

b Racontez la vie de Paul.

acheter une voiture • faire une formation en informatique • aller au lycée • aller à l'école primaire • rencontrer Nicole • naître

Strasbourg · *Strasbourg* · *Colmar* · *Clermont-Ferrand* · *Clermont-Ferrand* · *Clermont-Ferrand*

21 ▶ S. 115

c Et vous ? Avez-vous envie de raconter votre vie à votre voisin/e ? Ou au groupe entier ? Essayez ! Prenez d'abord des notes.

▶ Ü 3–4

▶3, 4 le passé composé avec être

je	suis	resté	je	suis	rest**ée**
tu	es	resté	tu	es	rest**ée**
il	est	resté	elle	est	rest**ée**
nous	sommes	rest**és**	nous	sommes	rest**ées**
vous	êtes	rest**é(s)**	vous	êtes	rest**ée(s)**
ils	sont	rest**és**	elles	sont	rest**ées**

participes irréguliers

venir → venu
naître → né

verbes conjugués avec être

aller → allé/e
naître → né/e
rester → resté/e
sortir → sorti/e
venir → venu/e

5 **a** **A deux. Retrouvez l'emploi du temps de Charlotte Brevet, 14 ans. Elle va au collège à Brioude.**

La ferme est à 5 minutes à pied de l'arrêt de bus. Le bus met 40 minutes pour aller jusqu'au lycée. Il arrive 5 minutes avant le début des cours, et il part 5 minutes après la fin des cours. Les cours commencent à 8 heures, ils finissent à 5 heures.

A ...., Charlotte sort de la maison.

A ...., le bus arrive à Brioude.

A ...., les cours commencent.

A ...., Charlotte prend le bus pour rentrer à la maison.

A ...., elle arrive à la maison.

Le soir, elle travaille encore au moins deux heures pour le lendemain.

« L'année prochaine, je voudrais être interne. »

b **Posez des questions à vos partenaires pour vérifier vos réponses.**

A quelle heure est-ce que Charlotte... *Elle...*

c **Qu'est-ce que vous pensez de cet emploi du temps ? Comparez avec l'emploi du temps des élèves dans votre pays.**

6 **a** **Ecrivez ces verbes sur deux cartons :**
A – conjugués avec *être* ;
B – conjugués avec *avoir*.
Puis trouvez les participes passés et formez des phrases.

sortir • arriver •
commencer • prendre •
travailler • aller •
venir • revenir

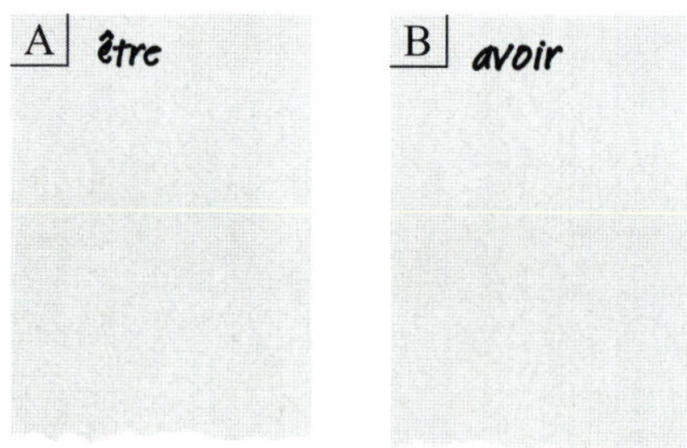

b **Racontez la journée de Charlotte.**

Hier, à... , Charlotte...

c **Et vous ? Racontez votre journée d'hier.**

Les petits Français vont à l'école le matin et l'après-midi (sauf le mercredi après-midi et le samedi après-midi). La pause de midi dure entre une et deux heures, et beaucoup d'enfants déjeunent à la cantine. L'école maternelle est facultative et gratuite et elle commence à 2 ans ou à 3 ans, l'école primaire à 6 ans, le collège à 11 ans, le lycée à 15 ans. Les jeunes passent le bac (*baccalauréat*) à 18 ans.

7 2.23

a **Charlotte fait visiter la maison à une amie de Paris. Ecoutez. Est-ce qu'elle aime vivre à la campagne ?**

b **Où se trouvent les pièces dans la maison ? Au rez-de-chaussée ou au premier étage ? Ecoutez une deuxième fois et écrivez les numéros dans l'étage correspondant.**

① la cuisine
② le salon
③ la salle à manger
④ la salle de bain
⑤ la douche

⑥ le bureau de monsieur Brevet
⑦ le bureau de madame Brevet
⑧ la chambre d'amis
⑨ la chambre des parents
⑩ la chambre de Charlotte

c **Etudiez ce plan et écrivez le nom des pièces dans le plan. Est-ce le plan du rez-de-chaussée des Brevet ?**

8 2.24

a **Camille Brevet, 18 ans, étudiante à Clermont-Ferrand, partage un appartement avec une amie. Ecoutez et soulignez les informations que vous entendez.**

C'est un appartement de / d'… *une pièce / deux pièces / trois pièces.*
Il y a une fenêtre… *dans la salle de bain / dans la cuisine.*
Il y a des placards… *dans le salon / dans la salle de bain / dans la chambre.*
Le balcon… *est petit / est assez grand.*
Il y a un petit problème : *c'est cher / c'est assez cher / c'est trop cher.*

b **Avez-vous compris d'autres éléments de la conversation téléphonique ?**

c **Faites un plan de votre appartement ou de votre maison, et discutez avec vos partenaires. Expliquez où vous habitez et quelles sont les pièces.**

J'ai… pièces : un salon, …

▶ Ü5

9 **a En petits groupes. Regardez ces deux photos. Quel salon préférez-vous ? Expliquez votre choix.**

confortable	moderne	clair/e	beau / belle
agréable	classique	sympa	vieux / vieille
élégant/e	original/e		

photo 1

photo 2

b Quels meubles et quels objets se trouvent dans quel salon ?

Dans le salon de la photo 1, il y a deux lampes, mais il n'y a pas d'étagères

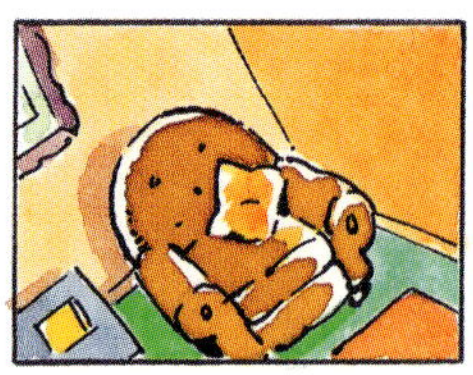

un fauteuil

un miroir

une cheminée

une statue

un canapé

une commode

une étagère

un tapis

▶ Ü6–7

c Et vous ? Quels meubles avez-vous dans votre salon ?

▶9 beau

un **beau** canapé	des **beaux** canapés
un **bel**‿appartement	des **beaux**‿appartements
une **belle** lampe	des **belles** lampes

vieux

un **vieux** canapé	des **vieux** canapés
un **vieil**‿appartement	des **vieux**‿appartements
une **vieille** lampe	des **vieilles** lampes

10 **a Complétez avec les éléments qui manquent.**

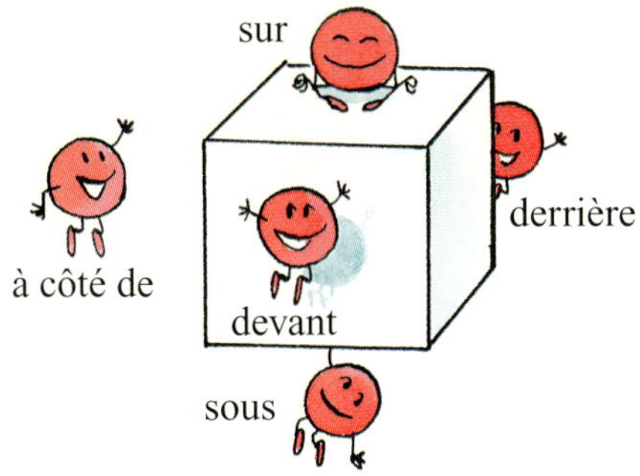

Il y a une statue .... canapé, un chat .... table, une étagère .... canapé, une lampe .... table et une chaise .... table.

b Regardez encore les photos des deux salons page 92. Une personne choisit un objet, les autres devinent à quel objet elle pense.

△ C'est un objet dans le salon de la photo 1. → ○ C'est à côté du fauteuil ? → △ Non. → □ C'est… ?

▶ Ü8

2.25 **c Ecoutez cette description. De quel salon de la page 92 est-il question ?**

11 **a Ecoutez les mots suivants. Soulignez le son [k], entourez le son [s].**

2.26

le canapé • clair • le confort • l'élégance • le placard • la cuisine • la commode • la porcelaine • cette pièce • le balcon

2.27 **b Comment se prononcent ces mots ? Contrôlez, et trouvez d'autres mots.**

le cabaret • le certificat • le climat • la crise • le cirque • le commentaire • le spectacle • le silence • le cyprès • l'accordéon • l'écrivain • la culture • le principe • acrylique

12 **a Beaucoup de gens passent leurs vacances en Auvergne. Lisez cette annonce pour un gîte situé à quelques kilomètres de chez les Brevet. Est-ce que ce gîte vous plaît ? Pourquoi ?**

AUVERGNE

MAISON INDÉPENDANTE DANS UN PETIT VILLAGE TRANQUILLE

Rez-de-chaussée : séjour (TV), cuisine, salle d'eau, WC. **1er étage :** 2 ch. (1 lit 2 pers., 2 lits 1 pers., 1 lit enfant). Chauffage central (forfait 46 €). Cour fermée, salon de jardin, abri voiture. Equipement bébé.

Contact : Centrale de réservation : LOISIRS ACCUEIL HAUTE-LOIRE

b Vous voulez louer votre maison ou votre appartement. Ecrivez une annonce.

WWW **Cherchez une maison de vacances en France.**

13 **Dessinez en petits groupes la maison idéale ou l'appartement idéal. Décrivez-le au reste de la classe.**

▶10 prépositions de lieu

devant le canapé
derrière le canapé
à côté du canapé
sur la table
sous la table

Cadres de vie

Le Commandant Poucet a décidé de parler à sa femme et à son fils de leur nouvel appartement.

Eh bien, voilà, dit-il au dessert : on déménage. Bièvres, le pavillon, le bout de jardin avec nos dix salades et nos trois lapins, c'est terminé !

(Regardez), ici la chambre à coucher. Là, c'est la salle de bain, là, le living, là, la cuisine, et deux autres chambres s'il vous plaît. Soixante mètres carrés avec les placards, la moquette, les installations sanitaires et l'éclairage au néon. Un truc inespéré. Vingt-troisième étage de la tour Mercure. Vous vous rendez compte ?

D'après Michel Tournier, *La Fugue du Petit Poucet*. © Editions Gallimard

i Michel Tournier, né en 1924, a écrit des essais, des romans, des nouvelles et des contes. Il a reçu le Prix Goncourt, un grand prix littéraire, pour son roman Le Roi des Aulnes (Der Erlkönig). Il connaît et il aime la culture allemande.

1 a **Lisez cet extrait d'un roman et trouvez la réponse : Où habite la famille Poucet maintenant ? Dans une tour ?**

b **Comment caractériser ce père, le commandant Poucet ? Est-ce un père attentif, décidé, communicatif ?**

2 **Et pour vous : Quels sont les avantages et les inconvénients de la vie dans une grande ville ? Et dans une tour ?**

Moi, je suis pour la vie dans une tour…
Moi, je suis contre, parce que…

WWW **Cherchez des informations complémentaires sur Michel Tournier.**

Résumé

Eine Möglichkeit ausdrücken

- Elle peut travailler à la maison.
- Ils peuvent enfin profiter de leurs enfants.
- Ils ne peuvent pas rester à Paris.

pouvoir + Infinitiv

► Gr 1.1, 9.4, 10

Je	peux	réaliser	mon rêve.
Ich	*kann*	*meinen Traum*	*verwirklichen.*

! Beachten Sie den Satzbau:
- Adverbien stehen zwischen dem Modalverb und dem Infinitiv.
- Die Verneinung **ne... pas** umschließt das Modalverb.

Über etwas Vergangenes sprechen (IV)

- Ma mère est née à Marseille. Elle est allée à l'école dans son quartier, et à 17 ans, elle est partie pour faire une formation à Lyon. Puis, elle est restée à Lyon.

Das *passé composé* mit *être* (II)

► Gr 9.2.3

je	**suis**	venu(e)
tu	**es**	venu(e)
il / elle	**est**	venu(e)
nous	**sommes**	venu(e)s
vous	**êtes**	venu(e)(s)
ils / elles	**sont**	venu(e)s

! Bei Verben, die mit dem Hilfsverb **être** konjugiert werden, richtet sich das *participe passé* nach dem Subjekt.

Mit *être* konjugierte Verben

► Gr 9.2.3

regelmäßig		*unregelmäßig*	
aller	allé	naître	né
arriver	arrivé	venir	venu
rester	resté	revenir	revenu
retourner	retourné		
partir	parti		
sortir	sorti		

! Lernen Sie zu jedem neuen Verb, ob es mit **avoir** oder **être** konjugiert wird. Verben mit **être** sind in diesem Buch in der Wortliste mit * gekennzeichnet.

Über Wohnverhältnisse sprechen

- Nous avons un bel appartement. C'est dans une vieille ferme. Il y a trois belles chambres et un très beau salon avec des vieux meubles.

Adjektive: *beau, vieux*

► Gr 7.1, 7.2

	Einzahl		*Mehrzahl*	
männlich	beau / bel	vieux / vieil	beaux	vieux
weiblich	belle	vieille	belles	vieilles

! Faustregel: Kurze Adjektive: oft VOR dem Nomen; lange Adjektive: oft NACH dem Nomen (vgl. *Unité* 6). Vor männlichen Nomen, die mit Vokal oder stummem h beginnen, wird *beau* zu *bel* und *vieux* zu *vieil*: *un bel appartement, un vieil appartement.*

Sagen, wo sich etwas befindet

▲ Où est ton livre ? Dans ta chambre ?
● Non, sur la petite table à côté du canapé.

Ortspräpositionen (IV)

► Gr 11.1

devant	*vor*	sur	*auf*
derrière	*hinter*	sous	*unter*
à côté de	*neben*		

Wichtige Verben

pouvoir → S. 88
revenir → siehe *venir*

11 En ville

- Eine Stadt: ein Ort für Touristen, ein Ort für ihre Einwohner
- Wegbeschreibungen
- Freizeitaktivitäten, Zukunftspläne

La cathédrale

Lausanne
CAPITALE OLYMPIQUE

① **la cathédrale (1190-1235)**
② **le Petit Théâtre[1] (18e-19e siècles)**
③ **le musée historique[2] (11e siècle)**
④ **l'Hôtel de Ville (1672-1675)**
⑤ **le théâtre du Vide-Poche[3] (18e siècle)**
⑥ **l'église Saint-Laurent (1761-1763)**
⑦ **le musée des Beaux-Arts (1898-1906)**
⑧ **le château Saint-Maire (1397-1430)**

[1] théâtre depuis 1990 seulement
[2] musée depuis 1918 seulement
[3] théâtre depuis 1896 seulement

Le lac Léman

1 **a** **Regardez les photos et une liste de bâtiments de la ville de Lausanne. Qu'est-ce que vous pouvez dire sur cette ville ?**

b **Regardez à nouveau la liste. Quels bâtiments ou lieux sont religieux, culturels, historiques, administratifs ? De quand est-ce qu'ils datent ?**

La cathédrale est un lieu religieux. Elle date du 12e et du 13e siècle.

▶ Ü1

▶1 11e, 12e, … , 20^{e}		l'année	
11^{e}	onzième	1716	mille sept cent seize
12^{e}	douzième		dix-sept cent seize
20^{e}	vingtième		

2 **Choisissez sur le plan un lieu ou un bâtiment de Lausanne. Votre partenaire le devine.**

△ *Ce bâtiment est au bout de la rue Cité-Devant.*
○ *C'est le château Saint-Maire ?*
△ *C'est ça !*

3 2.28 **a** **Monsieur Perdu (Point A sur le plan page 96) veut aller chez madame Chézelle. Ecoutez et cochez les expressions que vous entendez.**

vous allez tout droit	☐	vous tournez à droite	☐
vous allez jusqu'au feu	☐	vous tournez à gauche	☐
vous traversez la place	☐	vous prenez la première rue	☐
vous continuez	☐	vous prenez la deuxième rue	☐

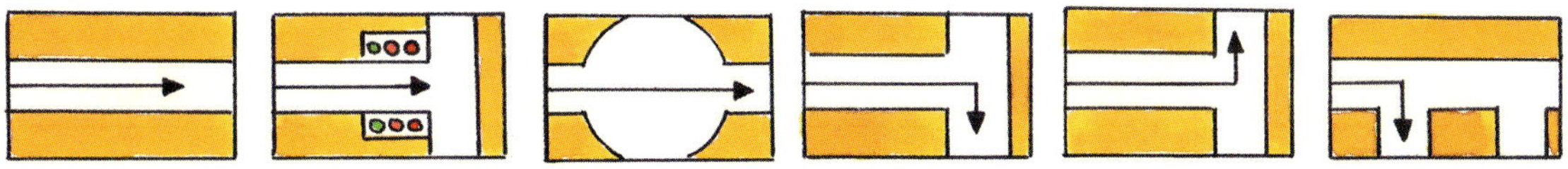

aller tout droit — aller jusqu'au feu — traverser la place — tourner à droite — tourner à gauche — prendre la première rue à droite

2.28 17 ▶S. 114 **b** **Ecoutez une deuxième fois, regardez le plan de Lausanne et dessinez le chemin à prendre. Dans quelle rue habite madame Chézelle ?**

4 **Expliquez à votre voisin/e comment aller ci-dessous d'un point à un autre, par exemple de la banque à la poste.**

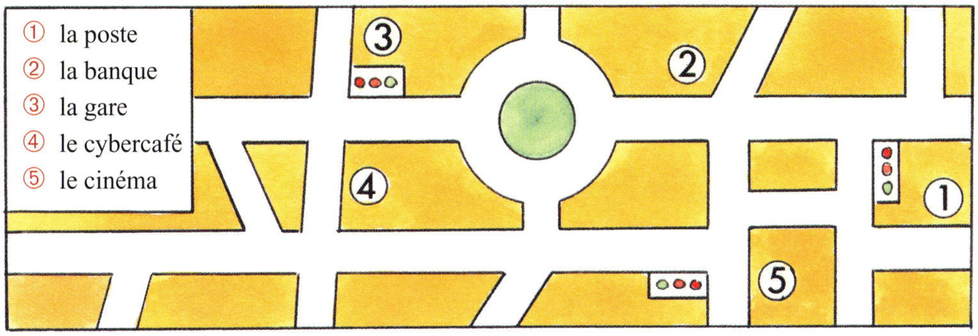

5 **Proposez un circuit touristique à Lausanne (trois monuments à visiter). Décrivez le chemin à prendre.**

6 **Dans votre ville, un touriste français vous demande le chemin. Aidez-le !**

△ *Excusez-moi, monsieur, je cherche l'office de tourisme, s'il vous plaît.*
○ *Pardon, madame, l'église Martin Luther, s'il vous plaît ?*

▶ Ü2–4

▶2 prépositions de lieu

(pas) loin de…		c'est	dans	la rue…
en face de...	à côté de…		dans	l'avenue…
au coin de…	au bout de…		sur	la place…

7 **a** **Lisez et écoutez ce texte sur Lausanne. Dans quel paragraphe trouvez-vous des informations…**

18 ▶ S. 114 2.29

☐ sur l'économie ? ☐ sur le tourisme ? ☐ sur le sport ?

Lausanne est, avec ses 127 000 habitants, la 5e ville de Suisse et la 2e de Suisse romande. Le bleu et le vert dominent dans cette ville bâtie sur des collines, entre le lac Léman, les forêts et les vignes, une ville où il fait bon vivre.

Les nombreux hôtels, les commerces, les industries, les banques et surtout le centre de congrès avec presqu'un million de visiteurs par an font de Lausanne un centre d'affaires très apprécié.

Capitale olympique depuis 1994, Lausanne est aussi le siège du CIO (Comité International Olympique) et de fédérations sportives internationales. Elle accueille également le Musée olympique.

Lausanne est enfin une vraie ville de vacances : 300 000 touristes viennent chaque année à Lausanne pour visiter ses théâtres, ses musées, son opéra, le Béjart Ballet, et ses bistrots sympa – c'est vraiment une ville pour tous les plaisirs !

D'après « Lausanne Tourisme »

BEAU-RIVAGE PALACE
LAUSANNE SWITZERLAND

BEAULIEU LAUSANNE
CENTRE DE CONGRÈS & D'EXPOSITIONS

MUSEE OLYMPIQUE
LAUSANNE

BEJART
BALLET
LAUSANNE

b **Regardez les logos et repérez ces lieux dans le texte.**

c **Soulignez les aspects positifs de Lausanne. Lesquels sont importants pour vous ? Et pour votre voisin/e ?**

d **Parlez de votre ville. Est-ce une ville de vacances ? Un centre industriel ? …**

Düsseldorf est un centre économique, c'est…

WWW **Cherchez sur Internet le programme culturel actuel de Lausanne.**

8 **a** **Cochez les nombres que vous entendez.**

2.30

☐ 1773 ☐ 100 005 ☐ 360 000 ☐ 10 000 615
☐ 1983 ☐ 105 000 ☐ 560 000 ☐ 6 000 075

b **A deux. A dicte un nombre à B ; B répond avec ce nombre à l'envers.**

A: *12.65<u>6</u>* **B**: *<u>6</u>5.621*

▶ Ü5–6

▶7, 8 nombres

100	cent
250	deux cent cinquante
1000	mille
2320	deux mille trois cent vingt
1 000 000	un million (de)

9 **a** **A deux. Découvrez deux musées de Lausanne.**

Chacun choisit une fiche, **A** ou **B**. Vous avez des informations pour votre voisin/e et vice versa.
Posez des questions sur le bâtiment que vous avez en photo sur votre fiche et notez les informations.
Répondez aux questions de votre voisin/e à l'aide des informations en bas de votre fiche.

A

Nom du musée : ....

Date du bâtiment ? ....

Genre d'objets ? ....

Combien ? ....

Nombre de visiteurs ? ....

Autres informations ? ....

....

◊◊◊◊◊◊◊

Infos pour B :

* *Nom : Musée olympique*
* *Bâtiment de 1993*
* *Musée olympique*
* *35 000 photos et beaucoup de films sur les jeux olympiques*
* *90 000 objets comme des vélos de course et des costumes de cérémonie d'ouverture*
* *200 000 visiteurs par an*

B

Nom du musée : ....

Date du bâtiment ? ....

Genre d'objets ? ....

Combien ? ....

Nombre de visiteurs ? ....

Autres informations ? ....

....

◊◊◊◊◊◊◊

Infos pour A :

* *Nom : Musée de l'Elysée*
* *Bâtiment de 1783*
* *Musée de la photographie depuis 1985*
* *Plus de 100 000 photos*
* *Photos du 19e et du 20e siècle*
* *32 000 visiteurs par an*

b **Quels monuments, quels musées, quelles églises est-ce qu'il y a dans votre ville, dans votre région ? Savez-vous de quand ils datent ?**

10 2.31

Ecoutez et répétez. Faites attention aux différences entre [f] et [v], [b] et [p].

Beaucoup de personnes vont à Lausanne pour visiter la ville et ses environs.
Elles viennent flâner dans les beaux parcs de la capitale olympique.
Les sportives et les sportifs vont courir au bord du port où le vent est frais.

11 a **Voici différentes possibilités de loisirs en ville, en montagne ou sur l'eau. Reliez les expressions aux dessins.**

- ☐ faire du vélo
- ☐ faire de la musique
- ☐ faire de l'escalade
- ☐ faire du théâtre
- ☐ faire de la randonnée
- ☐ faire du ski
- ☐ faire de la planche à voile
- ☐ chanter dans une chorale
- ☐ apprendre l'espagnol
- ☐ visiter des expositions
- ☐ écouter des concerts
- ☐ jouer aux échecs
- ☐ jouer au tennis

b **En groupe, discutez et classez les activités. Lesquelles sont culturelles, sportives, individuelles, de groupe ? Lesquelles se font dans la nature, en ville ? Est-ce que vous en connaissez d'autres ?**

Chanter dans une chorale, c'est une activité de groupe, on peut rencontrer des gens.

c **Et vous, qu'est-ce que vous aimez faire pendant vos moments de loisirs ?**

▶ Ü 7–8

▶11 **faire de...**	**jouer à...**
faire **du** ski	jouer **au** tennis
faire **de la** musique	jouer **aux** échecs
faire **de l'**escalade	

12 2.32

a Ecoutez des étudiants de Lausanne parler de leurs projets pour l'année à venir. Vérifiez si les listes sont justes.

Fatou, la motivée :
« Je vais entrer à l'Ecole hôtelière. »

Allison et Laurent, les sportifs :
« On va continuer à faire de la rando et de l'escalade. »

Roberto, l'homme du sens pratique :
« Je vais acheter une voiture. »

Fatou :
entrer à l'Ecole hôtelière
jouer au tennis
apprendre l'espagnol
chercher un job
faire un stage

Allison et Laurent :
finir nos études
continuer la rando et l'escalade
faire du théâtre ensemble
faire de la planche à voile
travailler pour les examens

Roberto :
passer six mois à Innsbruck
faire du ski
acheter une voiture
travailler dans une usine
jouer aux échecs

b Enumérez les projets des étudiants. Qu'est-ce qu'ils vont faire ? Qu'est-ce qu'ils ne vont pas faire ?

Fatou va entrer à l'Ecole hôtelière. Elle ne va pas …

c Pouvez-vous formuler une règle pour la formation du futur proche ?

13 21 ▶ S. 115

Quels sont vos projets ? Notez-les sur un papier et présentez-les au cours.

Demain, …
Ce week-end, …
Cette année, …
L'année prochaine, …

Demain, je vais faire de l'escalade.

14

Vous organisez un rallye pour un groupe de Français ou de Suisses en visite dans votre ville. Ensemble, réfléchissez à un circuit.

Vous êtes devant l'église, vous prenez la première rue à gauche, vous allez tout droit jusqu'au feu. De quelle couleur est la maison à gauche ?

▶ Ü 9–10

i A Lausanne, il y a environ 20 000 étudiants de plus de 80 nationalités différentes. A l'université, on fait des études de médecine, de droit, de lettres… A l'Ecole Polytechnique Fédérale, on fait des études scientifiques ou techniques… L'Ecole hôtelière de Lausanne date de 1893 ; elle est la plus ancienne des écoles hôtelières au monde.

▶12, 13 le futur proche

je	vais	partir	nous	allons	partir
tu	vas	partir	vous	allez	partir
elle	va	partir	ils	vont	partir

La Suisse sur le web

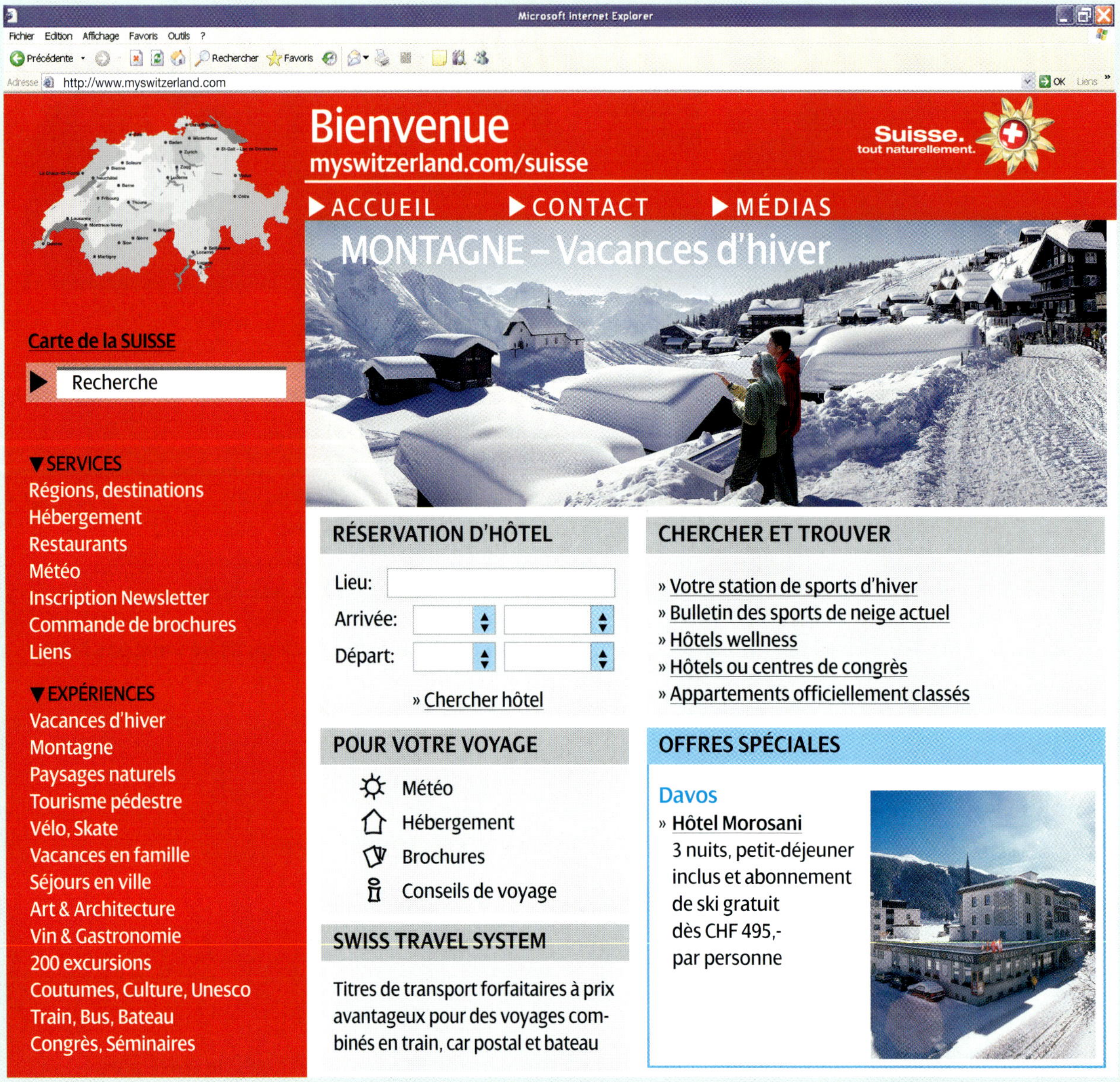

1 **a** **Voilà une page web avec des informations touristiques sur la Suisse. Cherchez les mots en français pour :**

Unterkunft .... *Skipass* .... *Prospektbestellung* .... *Angebote* ....

b **Dans quelles rubriques trouvez-vous des informations sur…**

1 un hôtel wellness ? 2 la météo ? 3 un congrès ou séminaire ?

2 **Faites-vous des réservations par Internet ? Si oui, avez-vous déjà réservé un voyage, un vol ou un hôtel ?**

Résumé

Wegbeschreibungen geben und verstehen

■ Excusez-moi, monsieur, où est l'office de tourisme, s'il vous plaît ?

▲ Pardon, madame, je cherche la poste.
● Vous traversez la place, vous prenez la première rue à gauche, et c'est là.

Richtungsangaben

▶ Gr 11.1

Vous allez tout droit, vous prenez...
! Das Präsens wird auch bei Empfehlungen verwendet.

tout droit	jusqu'à :	jusqu'au feu
à droite		jusqu'à l'église
à gauche		jusqu'à la place

Sagen, wo sich ein Gebäude befindet

▲ L'office de tourisme ? Ce n'est pas loin d'ici : c'est sur la place centrale, en face de la gare.
● Et l'hôtel de ville ?
▲ C'est là, au bout du grand boulevard.

Ortspräpositionen (V)

▶ Gr 11.1

(pas) loin de...	*(nicht) weit von ...*
en face de...	*gegenüber von ...*
à côté de...	*neben ...*
au coin de...	*an der Ecke von ...*
au bout de...	*am Ende von ...*

dans la rue...
dans l'avenue...
sur la place...

Zählen und einordnen

Die Zahlen ab 100

▶ Gr 13.1

■ Lausanne compte 127 000 habitants, c'est la 5e ville de Suisse.

Die Ordnungszahlen

▶ Gr 13.2

un, une	le 1er, la 1re	le **premier**, la **première**
deux	le, la 2e	le/la deux**ième**
trois	le, la 3e	le/la trois**ième**
quatre	le, la 4e	le/la quatr**ième**
cinq	le, la 5e	le/la cinqu**ième**
six	le, la 6e	le/la six**ième**
etc.		

■ Le musée date de 1993.

Die Jahreszahlen

▶ Gr 13.1

1789 mille sept cent quatre-vingt-neuf
dix-sept cent quatre-vingt-neuf

Über Freizeitbeschäftigungen sprechen

▲ Je fais du ski, du théâtre, de l'escalade et de la musique, et je joue aux échecs. Et toi ?
● Moi, je joue au tennis.

faire de..., jouer à...

faire de... + (Musik, Sport...)	*jouer à... + (Spiel)*
faire du théâtre	jouer au tennis
faire de l'escalade	jouer aux échecs
faire de la randonnée	

Über Zukunftspläne sprechen

■ Cette année, je vais apprendre l'italien et l'année prochaine, mon frère et moi, nous allons faire un voyage en Italie.

Das *futur proche*: *aller* + Infinitiv

▶ Gr 9.3

je	**vais**	partir	nous	**allons**	manger
tu	**vas**	travailler	vous	**allez**	chanter
il / elle	**va**	continuer	ils / elles	**vont**	rester

Zeitangaben

▶ Gr 5

demain
ce week-end
cette année
l'année prochaine

Wichtige Verben

apprendre → siehe *prendre*
réfléchir → siehe *choisir*

12

En voyage

- Reiseziele und Reiseverhalten; Verkehrsmittel
- Ein Hotelzimmer reservieren
- Über das Wetter sprechen
- Eine gemeinsame Reise planen

Enquête : Quel type de vacancier êtes-vous ?

(Plusieurs réponses possibles)

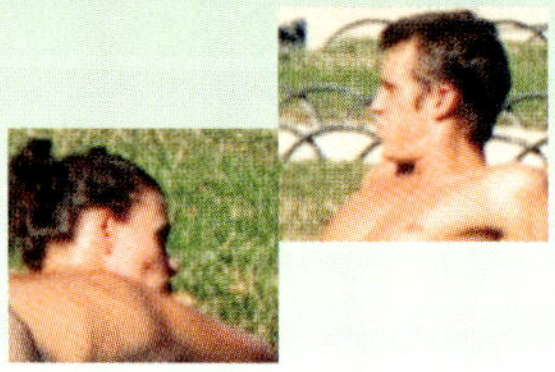

1. Où passez-vous vos vacances ?

- ○ ○ à la campagne
- ○ ○ en ville
- ○ ○ à la mer
- ○ ○ en montagne

2. Dans quel pays partez-vous ?

- ○ ○ dans mon pays
- ○ ○ à l'étranger
- ○ ○ je ne pars pas

3. Comment voyagez-vous ?

- ○ ○ en voiture
- ○ ○ en train
- ○ ○ en avion
- ○ ○ à vélo
- ○ ○ autres

4. Où logez-vous ?

- ○ ○ en famille
- ○ ○ chez des amis
- ○ ○ en résidence secondaire
- ○ ○ en location
- ○ ○ dans un camping
- ○ ○ autres

5. Pourquoi partez-vous ?

- ○ ○ pour être en famille
- ○ ○ pour retrouver des amis
- ○ ○ pour faire des rencontres
- ○ ○ pour faire du sport
- ○ ○ pour visiter des villes ou des monuments
- ○ ○ pour ne rien faire

1 **Répondez au questionnaire (cases bleues) et comparez vos réponses.**

2 2.33

a Ecoutez les réponses d'un Français moyen et cochez les cases roses. Il y a des différences avec les habitudes des gens de votre pays ?

b Qu'est-ce que vous pensez des vacanciers sur la photo (Place des Vosges, à Paris) ?

▶1 moyens de transport

Comment voyagez-vous ?

en voiture **à** pied
en avion **à** vélo

3 **a** **Connaissez-vous bien la géographie ? Classez à deux les pays en continents. Quels sont les pays francophones de la liste ?**

la Grèce • le Chili • le Danemark • la Pologne • le Maroc • le Sénégal • le Canada • les Etats-Unis • l'Algérie • la Turquie • la Suisse • l'Egypte • la Thaïlande • l'Iran

l'Europe
l'Asie
l'Amérique
l'Afrique
l'Australie

La Grèce, c'est en Europe.

b **Et vous ? Aimez-vous les pays lointains ? Lesquels ?**

c **Où êtes-vous allé/e pour votre dernier voyage ? Où voulez-vous aller pour votre prochain voyage ? Pourquoi ?**

Je veux aller en France pour parler français.

d **Organisez en petits groupes un tour du monde à travers les pays qui vous intéressent et expliquez les raisons de votre choix.**

des destinations
- ✈ New York
- ✈ Paris
- ✈ le Sénégal
- ✈ Rügen
- ✈ ....
- ✈ le Chili
- ✈ l'Australie
- ✈ Pékin
- ✈ l'Italie

des raisons
- ✘ découvrir une nouvelle culture
- ✘ parler la langue de ce pays
- ✘ aimer le calme / l'exotisme
- ✘ visiter des villes étrangères
- ✘ bronzer au soleil
- ✘ passer des vacances sportives
- ✘ faire des rencontres
- ✘ retrouver des amis
- ✘ ....

D'abord, nous allons en France parce que nous voulons parler français.
Ensuite, nous voulons aller à Pékin…

4 **a** **Regardez les moyens de transports et décrivez-les.**

le métro

le bus

le train

l'avion

la voiture

le vélo

la moto

le tram

à pied

rapide • agréable • cher • écologique • pratique • économique • dangereux

Le train est très agréable et assez écologique.
Mais l'avion est plus rapide.

b **Quels moyens de transport utilisez-vous pour les vacances ? Le travail ? Les courses ? Le cours de français ? Donnez vos raisons.**

Je pars souvent en vacances en voiture parce que c'est plus pratique.

▶ Ü 1-3

▶3 en, au, aux

l'Europe	→	**en** Europe
la Suisse	→	**en** Suisse
le Chili	→	**au** Chili
les Etats-Unis	→	**aux** Etats-Unis

vouloir

je	veux	nous	voulons
tu	veux	vous	voulez
elle	veut	ils	veulent

5 a Regardez la page Internet et cochez la bonne réponse. Vrai ou faux ?

	V	F
1. L'hôtel a vue sur la mer.	☐	☐
2. A l'hôtel, on parle espagnol.	☐	☐
3. L'hôtel a quatre étoiles.	☐	☐
4. On peut réserver par Internet.	☐	☐

b Relisez la page Internet de l'hôtel Westminster ; cochez dans la liste des icônes ce que propose l'hôtel .

Téléphone · *TV direct* · *Ascenseur* · *Chambre pour handicapés* · *Parking privé* · *Garage privé* · *Chiens admis* · *Jardin* · *Terrasse ou balcon* · *Piscine* · *Ping-pong*

c Quelles offres de l'hôtel vous intéressent personnellement le plus ? Soulignez-les.

d Est-ce que cet hôtel vous plaît ? Oui ? Non ? Pourquoi ? Parlez de ses avantages, discutez et analysez...

- le confort
- les activités possibles
- la situation géographique

C'est joli. • On peut faire du sport. • C'est tranquille. • L'hôtel est bien situé. • Il y a une vue exceptionnelle.

WWW **Cherchez d'autres hôtels sur la Côte d'Azur.**

6 **a** **Vous voulez réserver une chambre. Complétez ces phrases ou soulignez ce que vous voulez. Puis écoutez les questions importantes. Jouez ensuite la scène.**

Je voudrais…
réserver une chambre / deux chambres
c'est pour la période du… au… / pour la nuit du… au…
une chambre pour une personne / pour deux adultes et un enfant
avec un grand lit / à deux lits
avec douche et W.-C. / avec salle de bain
pour deux nuits / trois nuits …
avec balcon / avec vue sur…
tranquille / sur la rue

2.34

Des questions importantes ***(Attention aux liaisons !)***
Est-ce que vous‿avez (encore) des chambres ?
La chambre fait combien, s'il vous plaît ?
Je pourrais voir la chambre, s'il vous plaît ?
C'est‿à quel‿étage ?
Le petit-déjeuner est‿à quelle heure ?

2.35

b **Ecoutez la conversation entre le réceptionniste de l'hôtel et une cliente. Complétez la fiche de réservation ; soulignez ce que la cliente désire.**

Nom :	Grand lit / deux lits
Date :	Avec douche / avec salle de bain
Nombre de personnes :	Vue sur la mer / vue sur le jardin

7 **Quand vous allez à l'hôtel, quels services voulez-vous ? Faites une liste et discutez entre vous. Est-ce qu'il y a des points communs ?**

Moi, je veux… / Nous, nous voulons une chambre avec douche et avec la télé.

▶ Ü4-6

▶6 la date

1/8 le premier août
2/8 le deux août
3/8 le trois août
du trente août **au** cinq septembre

les mois

janvier	avril	juillet	octobre
février	mai	août	novembre
mars	juin	septembre	décembre

en janvier
de février **à** avril

8 **a Ecoutez Laurent, maître d'hôtel, et soulignez les mois cités dans l'interview suivante.**

2.36

- ● Je suis saisonnier. D'avril à septembre, je suis ici, sur la côte, et de décembre à mars à Chamonix, dans les Alpes. Mais toujours dans les mêmes hôtels.
- ○ Et quand est-ce que vous partez en vacances ?
- ● Normalement, en novembre et puis aussi une semaine ou deux en mars ou en avril. A la basse saison.
- ○ Où est-ce que vous aimez aller ?
- ● Ça dépend. J'aime plutôt les vacances sportives, mais ma femme pas tellement. L'année dernière, on a visité la Réunion, dans l'océan Indien, c'est une île merveilleuse. Il y a des volcans, des montagnes, la mer, des plages avec des lagunes, mmmh ! Du sport pour moi, du calme pour elle.
- ○ Et qu'est-ce que vous allez faire l'année prochaine ?
- ● Je ne sais pas encore. On va peut-être aller en Amérique du Sud : au Chili, ou en Argentine, ou peut-être faire du trekking au Pérou, on va voir. Vous savez, en novembre, sur la côte, il fait froid, il pleut, et en montagne, il n'y a pas de neige… ce n'est vraiment pas une très bonne période pour passer des vacances en Europe !

Laurent et sa femme

b Quand est-ce qu'il travaille ? Quand est-ce qu'il part en vacances ? Qu'est-ce qu'il aime faire en vacances ?

c Relisez l'interview et regardez les photos. Quels sont les avantages de la Réunion ? Qu'est-ce qu'on

En montagne

A la mer

▶8 sur, à, en	▶8, 9 le temps	
sur la côte	il fait froid	il fait chaud
à la mer	il pleut	il fait beau
en montagne	il neige	il y a du soleil

9 **a** **A la Réunion en décembre… Regardez encore une fois les photos page 108. Quel temps fait-il ?**

b **Et en Europe, quel temps fait-il aujourd'hui ? Complétez à votre goût…**

A Berlin, …	A Madrid, …	A Héraklion, …
A Reykjavik, …	A Brest, …	A ....

10 **a** **Cherchez dans le texte 8a les expressions qui montrent que les projets de Laurent ne sont pas encore fixés.**

▶ S. 115

b **Un jeu à deux : Votre partenaire vous pose des questions, vous évitez de lui donner une réponse directe.**

Je ne sais pas. • Ça dépend. • Peut-être. • On va voir.

△ *Vous aimez partir en vacances à la mer ?* □ *Ça dépend.*

▶ Ü 7–9

11 **Où allons-nous ?**

Etape 1

- Aux prochaines vacances, vous partez tous ensemble en France, mais vous ne savez pas encore où. Discutez et prenez une décision : Quelle destination ? Quelles dates ?

- Faites une liste de toutes les informations nécessaires pour organiser ce voyage :
  * moyens de transports, horaires et prix
  * climat
  * possibilités de logement et prix
  * visites et excursions à faire…

- Répartissez les rôles et décidez qui va rechercher quelles informations et où (agences de voyages, guides, offices de tourisme, Internet…).

Chez vous

Recherchez les informations.

Etape 2

Mettez vos informations en commun et prenez toutes les décisions : transport, logement, programme touristique et culturel… Une personne note le programme de votre voyage.

i Vacances blanches (en montagne), vacances bleues (à la mer), ou vacances vertes (à la campagne) : les Français passent leurs vacances… en France ! Seulement 10 % partent à l'étranger (contre 65 % pour l'Allemagne et 56 % pour l'Autriche). 38 % des Français vont à la campagne, 44 % logent dans leur famille, 85 % prennent leur voiture. Mais 27 % ne partent pas du tout en vacances. La France est la première destination de vacances au monde.

Couleurs de France

1 **a** **Pouvez-vous localiser ces photos ? Faites des hypothèses !**

b **Vérifiez maintenant ! Reliez les textes avec les photos.**

- ☐ La région de Sénanque, dans le Midi, est connue pour la lavande. Au printemps, laissez-vous charmer par le bleu intense et le parfum des champs de lavande.
- ☐ Vous voulez visiter Strasbourg ? Les drapeaux tricolores vous saluent devant l'Hôtel de Ville.
- ☐ Dans un paysage aussi vert, le calme et l'harmonie sont garantis. Visitez les Ardennes !
- ☐ Ces tours de la Défense, blanches, grises ou noires, sont l'héritage de François Mitterrand.
- ☐ Chambord, palais blanc et irréel, est l'un des châteaux de la Loire les plus connus. Un « must » pour tous ceux qui aiment l'histoire de France…

2 **Apportez une ou deux photos de la France qui vous semblent caractéristiques. Parlez des régions représentées, motivez les autres à faire un voyage avec vous là-bas.**

Résumé

Über Reisen sprechen
- Les Français aiment passer leurs vacances en France. Ils vont aussi assez souvent en Espagne. Ils vont peu en Amérique, par exemple au Canada ou aux Etats-Unis.

Ländernamen, Kontinente ▶ Gr 2.1, 11.1

männlich	**le** Sénégal	**au** Sénégal
	l'Iran	**en** Iran
weiblich	**la** Tunisie	**en** Tunisie
	l'Europe	**en** Europe
Mehrzahl	**les** Etats-Unis	**aux** Etats-Unis

Über Verkehrsmittel sprechen
- Je vais en vacances en avion. C'est un peu cher, mais c'est rapide.

Präpositionen und Fortbewegungsmittel ▶ Gr 11.3

en avion	**à** vélo
en voiture	**à** moto
en train	**à** pied

Eine Absicht äußern
- Je veux partir en Italie, mais ma femme ne veut pas rester en Europe.

***vouloir* + Infinitiv** ▶ Gr 1.1, 9.4

Vous		**voulez**		**visiter**	la cathédrale ?
Ils	ne	**veulent**	pas	**partir**.	

! Beachten Sie den Satzbau! Vgl. auch **pouvoir**, *Unité* 10.

Ein Hotelzimmer reservieren
- Je voudrais réserver une chambre tranquille avec salle de bain.
- La chambre fait combien ?
- C'est pour quatre nuits, du quatre au huit mars.
- L'hôtel est fermé en décembre.

Die Monate

en janvier, en février...	*im Januar, im Februar...*
de mars à juin	*von März bis Juni*

Das Datum ▶ Gr 11.2

le premier mai	*der 1. Mai, am 1. Mai*
le quatorze juillet	*der 14. Juli, am 14. Juli*
le onze novembre	*der 11. November, am 11. November*
du cinq décembre	*vom 5. Dezember*
au premier janvier	*bis zum 1. Januar*

Über das Wetter sprechen
- A la Réunion, il fait beau et chaud, mais il pleut l'après-midi. Il ne neige jamais sur les côtes.

Unpersönliche Ausdrücke ▶ Gr 9.5

il fait beau	**il** pleut	**il y a** du soleil
il fait chaud	**il** neige	

Orte benennen
- Passer ses vacances en montagne ou à la mer, c'est la question.

Ortspräpositionen (VI) ▶ Gr 11.1

sur la côte, **sur** une île
à la mer
en montagne

Zögern ausdrücken
- Je ne sais pas.
- On va voir.
- Ça dépend.
- Peut-être.

Wichtige Verben

vouloir → S. 105
partir → siehe *sortir*
découvrir → S. 206

Intermède 3

1 Pour la profession

2.37

a Lisez et écoutez le texte. Qui appelle ? Avec qui est-ce que cette personne voudrait parler ?

○ Allô, entreprise Léault, bonjour.
● Bonjour, est-ce que je pourrais parler à madame Beloy, s'il vous plaît ?
○ Je suis désolée, monsieur, elle est en réunion.
● Quand est-ce que je pourrais la joindre ?
○ Pas avant demain après-midi, malheureusement. C'est de la part de qui ?
● De monsieur Marchais, de la société Bourgeron. C'est urgent !
○ Je regrette, monsieur, mais elle est aussi absente demain matin. Elle a un rendez-vous à l'extérieur. Vous pouvez peut-être envoyer un fax ? Ou un e-mail ?
● Bon, d'accord, alors je rappelle demain après-midi. Merci.
○ Attendez, monsieur, je peux prendre un message ? … Mmmh… Au revoir.

b Cherchez les expressions correspondantes dans le texte.

1. Man möchte jemanden sprechen.
2. Es ist dringend.
3. Man möchte wissen, wer dran ist.
4. Die gewünschte Person ist nicht da.
5. Man möchte wissen, wann man die Person erreichen kann.
6. Man fragt, ob man etwas ausrichten kann.

2 Jeu de rôle : l'invitation

Une personne invite deux ou trois autres personnes du groupe.

- Elle décrit le chemin à prendre pour venir chez elle.
- Les invités arrivent. Elle propose une visite de son appartement / sa maison.
- Elle offre l'apéritif.
- Pendant le repas, il y a des problèmes : le téléphone sonne ; l'entrée est trop salée ; la viande est trop cuite ; une personne est végétarienne.

3 Jeu de la tour Eiffel

Jouez à deux.
Nehmen Sie eine kleine Münze als Spielfigur und eine große Münze zum Werfen.
• Kopf (*face*) heißt: 2 Felder vor.
• Zahl (*pile*) heißt: 1 Feld zurück.
Sie haben jeweils eine Minute Zeit, um möglichst viel über das vorgegebene Thema zu erzählen.
Wer zuerst den Eiffelturm erklommen hat und sicheren Fußes wieder unten angekommen ist, hat gewonnen.

Vous avez une minute pour dire tout ce que vous savez sur :

Stratégies 3

Nun haben Sie (fast) das Ende des Buches erreicht. *Félicitations !* Bald können Sie mit dem zweiten Band von *Couleurs de France Neu* beginnen. Sie haben inzwischen Kenntnisse und Fertigkeiten erworben, um sich in vertrauten Situationen zu äußern und Muttersprachler zu verstehen, wenn diese langsam und deutlich sprechen. Sie können sich auf einfache Art verständigen und einfache Texte lesen. Auf den folgenden beiden Seiten bekommen Sie Tipps, wie Sie noch sicherer werden können.

1 Texte verstehen

17 Detailverstehen

In den Lerntipps 1 und 2 der *Stratégies 1* (S. 42) haben Sie erfahren, dass es meistens genügt, wenn Sie einen Text global erfassen oder wenn Sie nur bestimmte Informationen verstehen. Inzwischen begegnen Ihnen auch Texte (z. B. Wegbeschreibungen oder Kochrezepte), bei denen es wichtig ist, wirklich jedes Detail zu verstehen.

▶ S. 97

18 Einen Text gliedern

Lassen Sie sich nicht einschüchtern durch die Länge eines Textes. Bearbeiten Sie ihn „häppchenweise": Teilen Sie den Text in Abschnitte auf und finden Sie Überschriften für jeden einzelnen. Auf diese Weise erkennen Sie die Struktur des Textes und erleichtern sich damit das Verstehen.

▶ S. 98, S. 162

2 Neue Wörter und Ausdrücke verstehen und einüben

19 Begriffe umschreiben

Sie kennen bestimmt Ratespiele aus Ihrer Muttersprache, bei denen man einen Begriff umschreibt und die anderen Mitspieler diesen erraten sollen. Machen Sie es beim Vokabelnlernen ähnlich: Versuchen Sie, für ein französisches Wort eine französische Umschreibung zu finden. Mit diesem Vorgehen prägen Sie sich den neuen Begriff ein und lernen gleichzeitig, wie Sie sich weiterhelfen können, wenn Sie im Gespräch ein Wort nicht wissen und ihrem Gegenüber erklären wollen, was Sie meinen.

▶ S. 153, S. 161

Wie könnten Sie diese Begriffe anders ausdrücken?

l'oncle ....

une supérette ....

l'oncle – le frère de ma mère ou de mon père
une supérette – un petit supermarché

20 Kontexte erfinden

Wählen Sie 5–7 Vokabeln aus einer *Unité* aus, vorzugsweise diejenigen, die Sie besonders schwer behalten können. Schreiben Sie nun damit einen kleinen (sinnvollen oder verrückten) Text, z. B. einen Liebesbrief, eine Urlaubspostkarte oder den Tagesablauf einer Person. Durch den aktiven, kreativen Umgang mit den Wörtern prägen diese sich besser ein. Hier ein Beispiel für *Unité 9*:

▶ S. 159

un bateau
une boîte de nuit
une chaussure
un timbre
mystérieux/-euse

Une lettre d'amour

Ma chère,
vous êtes une femme mystérieuse et intéressante. Vous êtes très riche. J'aime votre grand bateau et j'adore vos chaussures italiennes. Vous venez avec moi en boîte de nuit ? Maintenant je vais à la poste pour acheter un timbre. Au revoir.

3 Eigene schriftliche oder mündliche Texte vorbereiten

21 Sich Notizen machen

Gehen Sie schrittweise vor, wenn Sie einen freien Text schreiben oder einen mündlichen Beitrag vorbereiten wollen. Fangen Sie damit an, sich ein paar stichwortartige Notizen zu machen. Damit entlasten Sie sich selbst, und die Aufgabe wird überschaubarer.

▶ S. 89, S. 101

4 Freies Sprechen üben

22 Lücken umschiffen

Scheuen Sie sich nicht, wenn Ihnen ein Wort nicht einfällt, mit „Händen und Füßen“ zu sprechen. Oder versuchen Sie, den Begriff zu umschreiben. Wissen Sie z. B. das Wort für „Apotheke“ gerade nicht, können Sie auch einfach sagen: *Dans ce magasin, on achète des médicaments*. Dieses Umschreiben können Sie bereits beim Vokabelnlernen einüben (siehe Lerntipp 19).

23 Interesse zeigen und Floskeln verwenden

Wenn Sie Ihrem Gesprächspartner gegenüber Interesse zeigen oder bei Verständnisschwierigkeiten nachfragen, tragen Sie selbst aktiv zur Aufrechterhaltung und Verbesserung der Kommunikation bei. Manchmal bieten sich auch ganz einfache Floskeln an, um das Gespräch in Gang zu halten.

▶ S. 109

Dabei können Sie z. B. folgende Sätze und Fragen verwenden:

C'est intéressant.
C'est bien.
C'est vrai ?
C'est une bonne idée !
Pardon ?
Je ne comprends pas.
C'est ça.
Ça dépend.
On va voir.

5 Das häusliche Lernen organisieren

24 Gelerntes hegen und pflegen

Sie kennen sicher das Sprichwort: „Steter Tropfen höhlt den Stein“. Das Erlernen einer Fremdsprache funktioniert ein bisschen nach diesem Prinzip. Wiederholen Sie daher in regelmäßigen Abständen immer wieder mit den unterschiedlichen Techniken, die Sie in den *Stratégies* kennen gelernt haben (Würfel, Karteikarten, Wortspinnen usw.).
Vielleicht haben Sie jetzt auch Lust bekommen, ein französisches Buch zu lesen. Versuchen Sie es doch einmal mit einer kleinen Lektüre. Im Französisch-Programm von Langenscheidt gibt es eine Reihe von Lektüren in Ihrer Niveaustufe. Da ist bestimmt auch etwas Passendes für Sie dabei! Sie werden stolz auf sich sein, wenn Sie Ihr erstes Buch auf Französisch gelesen haben. Und vergessen Sie nicht, dass Sie nicht unbedingt jedes einzelne Wort verstehen müssen.

Bon courage et à bientôt, avec…

Couleurs de France neu 2

1 **Willkommen im Kurs! Verbinden Sie die folgenden Satzteile sinnvoll miteinander.**

Je	tu es Fabien ?
Vous êtes	et toi ?
Et toi,	suis Henri Barrot.
Je suis	je m'appelle Luc Lorrain.
Moi, c'est Eléonore,	madame Legrand ?
Bonjour,	professeur.

2 **Ergänzen Sie die folgenden Dialoge.**

a ***Je*, *tu* oder *vous* ?**

1. ● .... êtes madame... ?
○ Lise Farré. Bonjour.
● Et moi, ... m'appelle Jean Martin.

2. ● .... es Marie ?
○ Oui, c'est ça.
● Salut. .... suis Pierre.

b ***Suis*, *es*, *est* oder *êtes* ?**

1. ● Catherine, c' .... toi ?
○ Oui. Et toi, tu .... Nadège ?
● Oui, c'.............. ça.

2. ● Vous .... Agnès Rolin ?
○ Oui, et vous .... monsieur... ?
● Je .... Olivier Monnet.

c ***Moi*, *toi* oder *vous* ?**

1. ● Monsieur Duval, c'est .... ?
○ Oui, c'est ça. Et .... ?
● .... , je m'appelle Robert Gouves.

2. ● ...., tu es Jacques. C'est ça ?
○ Non, ..., c'est Michel.
Et .... ? Elise ?
● Oui, Elise.

3 **a** **Pascal Orlan et Françoise Prisot treffen sich zum ersten Mal. Vervollständigen Sie den Dialog zwischen den beiden mit den folgenden Wörtern und Wendungen.**

vous êtes	c'est ça	Enchanté	monsieur	Bonsoir	Je m'appelle

● Bonsoir, ...
○ ...., madame. .... Pascal Orlan. Et vous,
.... madame Prisot ?
● Oui, ... ! Françoise Prisot.
○ ....

b **Überprüfen Sie nun mithilfe der CD, ob Sie den Dialog richtig vervollständigt haben.** 2

4 **Auch im Himmel geht es höflich zu. Wie begrüßen sich wohl Petrus *(Saint Pierre)* und Edith Piaf und wie Edith Piaf und ihr ehemaliger Geliebter Yves Montand?**

5 **a** **Erstellen Sie vier Mini-Dialoge, indem Sie die jeweils passende Antwort ankreuzen.**

1. Et toi, Marie, ça va ?
   a. Enchanté !
   b. Oui, ça va.
   c. Oui, c'est moi.

2. Bonjour, madame Rolin. Comment allez-vous ?
   a. Très bien, merci. Et vous ?
   b. Ça va, toi ?
   c. Merci et salut !

3. Madame Gibert ? Je suis monsieur Martin.
   a. Moi, c'est Paul.
   b. Enchantée !
   c. C'est bien.

4. Marc Duval, c'est toi ?
   a. Oui, c'est Marc Duval.
   b. Non, merci.
   c. Oui, c'est moi. Bonsoir !

b **In welchem der Mini-Dialoge duzen sich die Personen, in welchem siezen sie sich?**

6 **Welche Fragen gehören zu diesen Antworten? Kontrollieren Sie anschließend mit der CD.**

3

1. ● .... ?
   ○ Très bien, merci. Et vous ?

2. ● .... madame… ?
   ○ Jolie. Brigitte Jolie !

3. ● .... Rose Dupont ?
   ○ Oui, c'est ça. Et toi ?

4. ● Salut Jean ! .... ?
   ○ Oui, merci. Et toi ?

7 **Diese Wörter, die alle für etwas Ess- oder Trinkbares stehen, kennen Sie ganz bestimmt. Ergänzen Sie die fehlenden Vokale.**

une b __ n __ ne

une s __ l __ de

une __ l __ ve

une __ r __ nge

un __ n __ n __ s

un k __ w __

un c __ gn __ c

une t __ m __ te

8 **Was haben Sie heute eingekauft? Vervollständigen Sie die Liste mit *un*, *une* oder *des*.**

_______ baguette
_______ croissants
_______ cigarettes
_______ journal
_______ bonbons
_______ parfum
_______ rose
_______ salade
_______ cédérom
_______ tomates

9 **Kleines Wörterdiktat: Hören Sie die Wörter, die Ihnen buchstabiert werden, und schreiben Sie sie auf.**

4

1. ....
2. ....
3. ....
4. ....
5. ....
6. ....

10 **Hören Sie die zwei Dialoge und kreuzen Sie jeweils die richtige Antwort an.**

5

1. a. Wo findet das Gespräch statt?
- ☐ in einem Supermarkt
- ☐ in einem Gemüseladen

b. Was kauft die Dame?
- ☐ Orangen
- ☐ Tomaten
- ☐ Oliven
- ☐ einen Salat

2. a. Worum geht es in diesem Gespräch?
- ☐ Sie verabreden sich.
- ☐ Sie diskutieren über ein Filmfestival.

b. Wohin werden sie gehen?
- ☐ ins Theater
- ☐ ins Kino

11 **Welche Bedeutung haben diese Gruß- und Abschiedsausdrücke? Verbinden Sie.**

Bonjour !	Bis nächste Woche!
Bonsoir !	Auf Wiedersehen!
Au revoir !	Bis bald!
A demain !	Guten Tag!
A bientôt !	Guten Abend!
A la semaine prochaine !	Bis morgen!

Résumons !

R1

Finden Sie den Eindringling. Jeweils ein Wort passt inhaltlich nicht in die Reihe.

3 ▶ S.42

1. cinéma – musique – théâtre – kilomètre – festival
2. salade – nature – orange – tomate – olive
3. restaurant – hôtel – cinéma – bar – taxi

R2

Lernen Sie Wörter immer mit dem entsprechenden Artikel! Ordnen Sie die folgenden Wörter in die jeweils richtige Spalte ein: *un* oder *une*. Setzen Sie diese dann in den Plural und sortieren Sie sie alphabetisch.

cigarette • restaurant • mélodie • adresse • café • hôtel • orange • cinéma • taxi • idée • théâtre • rose • bar • photo

un	une
	cigarette

des	
....	....
....	....
....	....
cigarettes	....
....	....
....	....
....	....

R3

Was sagen Sie in diesen Situationen? Schreiben Sie weitere passende Ausdrücke dazu.

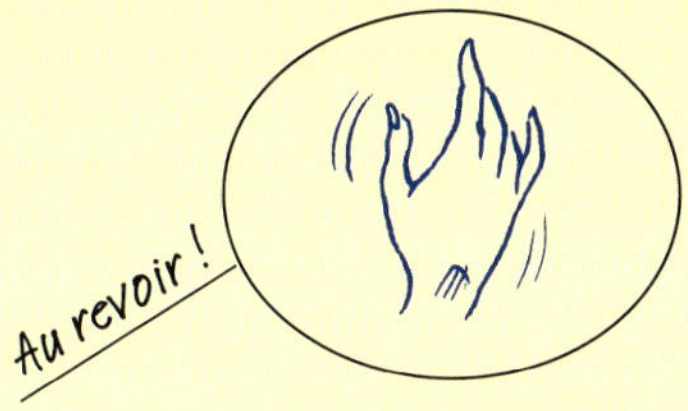

R4

***Savoir dire…* Sich kennen lernen: Bei der Arbeit treffen Sie zum ersten Mal eine neue französische Kollegin. Was sagen Sie?**

1. Sie begrüßen Ihre neue Kollegin und stellen sich mit Ihrem Namen vor.

....

2. Sie fragen sie, ob sie Frau Raimbault ist.

....

3. Sie möchten wissen, wie ihr Name geschrieben wird.

....

4. Sie fragen sie, wie es ihr geht.

....

1 **Buchstabensalat! Darin sind waagerecht und senkrecht insgesamt sieben männliche Nationalitäten versteckt. Tragen Sie sie in die Tabelle ein und ergänzen Sie jeweils die weibliche Form.**

f	r	a	e	c	m	t	ç
s	u	i	s	s	e	u	e
r	s	e	p	a	g	n	l
u	s	l	a	l	l	i	g
b	e	l	g	e	o	s	e
f	r	a	n	ç	a	i	s
d	a	n	o	u	l	e	p
i	t	a	l	i	e	n	a

männlich	weiblich
français	

2 ***Elle* oder *il* ? Bilden Sie Sätze wie im Beispiel angegeben.**

BEISPIEL: *française* : *Elle est française.*

1. allemand : ....
2. autrichienne : ....
3. suisse : ....
4. tunisien : ....
5. belge : ....
6. espagnole : ....

3 **Finden Sie die Formen des Verbs *être*. Sie müssen nur die fehlenden Vokale ergänzen. Schreiben Sie die vollständigen Formen zu den entsprechenden Personen.**

st snt ts s s~~s~~ smms

je	*suis*	nous	....
tu	....	vous	....
il/elle	....	ils/elles	....

4 **a** **Sie verstehen mehr Französisch, als Sie denken. Finden Sie die passende Definition.**

3 ▶ S. 42

1. El País
2. Kaiserschmarrn
3. Berne
4. Olympique Lyonnais
5. « Das Parfüm »

a. C'est un club de football français.
b. C'est un canton suisse.
c. C'est un roman allemand.
d. C'est un journal espagnol.
e. C'est une spécialité autrichienne.

b **Formulieren Sie Ihre Definitionen selbst, indem Sie die Sätze aus 4a als Modell nehmen.**

Mousse au chocolat :

....

....

Die Süddeutsche Zeitung :

....

....

Inter Mailand :

....

....

5 **Ergänzen Sie das Verb *parler* mit den richtigen Endungen und markieren Sie diese farbig. Achtung: Zwei der angegebenen Möglichkeiten sind falsch!**

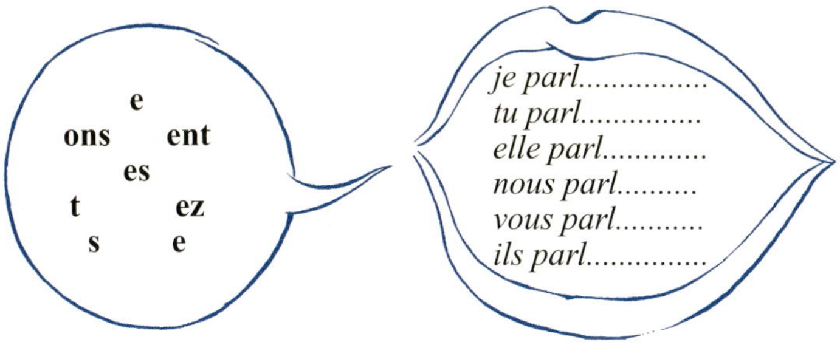

6 **Anastasia (A) und Marie (M) sprechen über ihre Sprachkenntnisse. Hören Sie und kreuzen Sie jeweils die entsprechenden Kästchen an.**

6

	très bien		un peu		ne… pas	
	A	M	A	M	A	M
anglais						
espagnol						
russe						
français						

7 **Das stimmt alles nicht! Beantworten Sie die Fragen mit *non* und stellen Sie anschließend die Aussagen mithilfe der Zeichnungen richtig.**

1. M. Bührer est belge ? *Non, il n'est pas belge. Il est suisse.*
2. Véronique parle allemand ? ....
3. Ute et Isabelle sont à Madrid ? ....
4. Roberto est espagnol ? ....
5. Et vous ? Vous êtes russe ? ....

8 **Wie heißen diese Städte auf Französisch? Finden Sie die richtige Entsprechung und geben Sie an, in welchem Land sich diese Städte befinden.**

Nice ~~Genève~~ Marrakech Montréal

Genf: *Genève, c'est en Suisse.* Nizza: ....

Marrakesch: .... Montreal: ....

9 **a** **Luc Perot und Carol Smith begegnen sich auf einem Kongress in Paris. Lesen Sie ihr Gespräch und bringen Sie es in die richtige Reihenfolge.**

- [1] Je m'appelle Luc Perot, et vous ?
- [ ] Et vous habitez à Bordeaux ?
- [ ] Et vous habitez où ?
- [ ] Je suis de Cambridge.
- [ ] Non, je suis de Bordeaux.
- [ ] J'habite à Londres.
- [2] Carol Smith. Vous êtes de Paris ?
- [ ] Ah non ! J'habite à Brest. Et vous, vous êtes d'où ?

7 **b** **Hören Sie den Dialog zur Kontrolle von der CD.**

10 **Luc Perot ist wirklich sehr neugierig. Er möchte auch noch die Herkunft bzw. den Wohnort weiterer Kongressteilnehmer wissen. Kreuzen Sie die jeweils passende Frage zur angegebenen Antwort an.**

1. a. Elle est où ?
   b. Elle est d'où ?
   Hanna ? Elle est de Vienne.
2. a. Et vous, vous êtes où ?
   b. Et vous, vous habitez où ?
   J'habite à Bruxelles.
3. a. Les Meyer, ils habitent où ?
   b. Les Meyer, ils sont d'où ?
   Les Meyer ? Ils habitent à Berlin.
4. a. Vous habitez à Marrakech ?
   b. Vous habitez où ?
   Non, nous habitons à Tunis.
5. a. Ils sont d'où ?
   b. Ils sont de New York ?
   Elise et Pierre ? Oui, ils sont de New York.
6. a. Vous aussi, vous êtes de New York ?
   b. Vous êtes de Cologne ?
   Non, nous sommes de Cologne.

11 8 **Janine möchte ein paar Freunde und Bekannte zu einem Fest einladen. Bei zwei Personen ist sie nicht sicher, ob Adresse und Telefonnummer stimmen. Geben Sie ihr mithilfe der Visitenkarten die nötigen Informationen. Oder hören Sie das Telefonat von der CD und ergänzen Sie so die Lücken.**

Alice et Bernard Dumarey
1, rue Gambetta
08200 Sedan
Tél. : 03 12 05 15 03

Paul Becquart
Informaticien
9, rue Lebleu
02200 Soissons
Tél. : 03 18 20 11 02

● Alors, Paul, il habite où ?
○ Il ....
● Ah oui ! Numéro de téléphone : zéro trois… dix-neuf… vingt… douze… zéro deux. C'est ça ?
○ Hum ! Non ! ....
● Bien ! Et Alice et Bernard Dumarey ? Sarrebourg ou… ?
○ Ils .... Numéro de téléphone ?
● Oui, s'il te plaît.
○ ....
● Merci. C'est sympa. Salut et à bientôt.

Résumons !

R1 **Wählen Sie weitere Länder und füllen Sie die folgenden Kärtchen aus.**

5 ▶ S.43

Pays : *France* ....
Nationalité :
français, française ....
Langue : ....

Pays : ....
Nationalité :
.................., ...
Langue : ....

Pays : ....
Nationalité :
.................., ...
Langue : ....

Pays : ....
Nationalité :
.................., ...
Langue : ....

la langue – *die Sprache*

R2 **a Vervollständigen Sie die Tabelle mit den jeweiligen Verbformen. Versuchen Sie sich auch an *discuter* (sich unterhalten) und konjugieren Sie es nach dem Muster von *parler*.**

	unregelmäßig	**regelmäßige Verben mit der Endung *-er***		
	être	parl**er**	habit**er**	discut**er**
je/j'		*parle*		
tu		*parles*		
il/elle/on		*parle*		
nous		*parlons*		
vous		*parlez*		
ils/elles		*parlent*		

b Unterstreichen Sie nun die Endungen der regelmäßigen Verben und merken Sie sich diese gut!

R3 **Setzen Sie folgende Verbformen in die negative Form.**

je suis ....
tu parles ....
j'habite ....
il est ....
vous êtes ....
nous habitons ....

R4 ***Savoir dire...* Über Herkunft und Sprache sprechen: Sie kommen mit einem Franzosen / einer Französin ins Gespräch und tauschen sich aus. Was sagen Sie?**

1. Sie antworten auf die Frage nach Ihrer Nationalität.

....

2. Sie sagen, wo Sie wohnen und woher Sie ursprünglich kommen.

....

3. Sie sagen, welche Sprache(n) Sie sprechen und wie gut Sie das tun.

....

4. Sie fragen Ihren Gesprächspartner nach seinem Herkunftsort.

....

1 **Finden Sie den Eindringling. Jeweils ein Wort passt inhaltlich nicht in die Reihe.**

1. le chocolat – la tomate – l'argent – l'orange
2. le voyage – l'erreur – le camping – l'hôtel
3. le chat – l'homme – la femme – l'enfant
4. le problème – le risque – le stress – la mer

2 **a** **Einzahl oder Mehrzahl? Unterstreichen Sie die Wörter in der Einzahl und kreisen Sie diejenigen in der Mehrzahl ein.**

chat problème — roses hommes — enfants campagne — jalousie familles — voyages hôtel — orange femmes

b **Ordnen Sie jetzt die Wörter jeweils mit dem bestimmten Artikel in die folgende Tabelle ein.**

männlich		**weiblich**	
Einzahl	**Mehrzahl**	**Einzahl**	**Mehrzahl**
le chat			*les roses*

3 **Wie finden Sie Georges? Begründen Sie Ihre Meinung, indem Sie mindestens vier Sätze mit *parce que* bilden. Wenn Sie mehr Begriffe verwenden wollen, können Sie auch im Wörterbuch nachschlagen.**

moderne ?

classique ?

dynamique ?

sympathique ?

Il aime… / Il n'aime pas…

le sport • l'aventure •
la mer • le stress •
les voyages • les enfants •
....

Georges est .... parce qu'il ....
....
....
....

4 **In dieser Familie macht jeder, was ihm gefällt! Ergänzen Sie die Sätze mit den folgenden Infinitiven: *faire* (2x), *regarder*, *écouter*, *lire*, *surfer*, *manger*.**

Marie aime .... des chansons. Catherine et Marc aiment beaucoup .... sur Internet. Pauline aime .... les courses, mais elle n'aime pas .... le ménage. Les enfants aiment .... la télévision et .... des frites. Jacques aime .... le journal.

5 ***Internet ou télévision ?* Hier das Ergebnis der Umfrage einer Internetzeitung zum Lieblingsmedium ihrer Leser. Stellen Sie jetzt Ihr eigenes Ranking auf und tragen Sie Ihre Platzierung von 1 (am wichtigsten) bis 4 (am unwichtigsten) in die Kästchen ein.**

Internet, média le plus populaire

La majorité des 1 451 personnes interrogées ont désigné le Web comme leur média préféré, devant la télévision.

57,3 %	Surfer sur Internet	☐
19,9 %	Regarder la télévision	☐
12,1 %	Lire la presse ou un livre*	☐
10,6 %	Ecouter la radio	☐

Total des votes* : 1451

Quelle: *Journal du Web*

* le livre – *das Buch*; le total des votes – *die Gesamtstimmen*

6 **Was machen Sie gern bzw. nicht gern? Was mögen Sie, was mögen Sie nicht?**

- ❤ J'aime ....
- ❤❤ J'aime beaucoup ....
- ❤❤❤ J'adore ....
- Je n'aime pas tellement ....
- Je n'aime pas ....
- Je déteste ....

7 **Beim folgenden Dialog handelt es sich um eine Befragung. Vervollständigen Sie das Interview, indem Sie Fragen mit *est-ce que* bilden. Hören Sie dann und überprüfen Sie.**

9

.... ?

Non, je ne suis pas monsieur Lempereur, mais monsieur Leroy !

.... ?

Français ? Non, je suis belge.

.... ?

Non, je n'habite pas à Paris, j'habite à Bruxelles.

.... ?

Oh oui, j'adore voyager.

8 **Mögen oder nicht mögen? Geben Sie jeweils eine Antwort und benutzen Sie dabei die Ausdrücke *moi aussi, moi si, moi non* oder *moi non plus*. Kontrollieren Sie anschließend mit der CD.**

10

- J'adore le champagne. Et toi ? ○ ...., j'adore ça.
- Je déteste le camping. Et toi ? ○ ...., j'aime beaucoup ça.
- Je n'aime pas beaucoup le jazz. Et vous ? ○ ...., je n'aime pas ça.
- Je n'aime pas la mer. Et vous ? ○ ...., j'aime beaucoup !

9 ***La journée de Cécile.*** **Wie sieht der Tag von Cécile aus?**

Le matin, Cécile ....

....

10 ***Micro-trottoir.*** **Eine Umfrage in der Fußgängerzone: Vier Personen erzählen, was sie am Samstag machen. Hören Sie und kreuzen Sie dann an, ob die folgenden Aussagen richtig oder falsch sind.**

11

	V	F
1. Elle n'aime pas faire la cuisine.	☐	☐
2. Ils font les courses l'après-midi.	☐	☐
3. Il surfe sur Internet l'après-midi.	☐	☐
4. Le matin, elle fait des promenades.	☐	☐

11 **Keno – auch in Frankreich ein beliebtes Glücksspiel. Füllen Sie den linken Schein aus, indem Sie zehn Zahlen auswählen. Hören Sie dann die Gewinnzahlen der Ziehung und kreuzen Sie diese auf dem rechten Schein an. Haben Sie gewonnen?**

12

Résumons !

R1 **Vervollständigen Sie die Tabelle.**

	faire	lire	manger
je	*fais*		
tu			
il/elle/on			
nous			*mangeons*
vous			
ils/elles		*lisent*	

R2 **In dieser *Unité* haben Sie Begriffe für vielerlei Aktivitäten kennen gelernt. Welche davon kann man drinnen machen und welche draußen? Ergänzen Sie das Bild mit weiteren Begriffen.**

R3 **Gedächtnistraining! Wie viele Nomen der *Unité* 3 können Sie – bei geschlossenem Buch! – in fünf Minuten aufschreiben? Ordnen Sie sie wie unten angedeutet an. Los geht's! Sie haben ein gutes Gedächtnis? Dann fallen Ihnen bestimmt noch weitere Nomen aus den *Unités* 1 und 2 ein!**

4 ▶ S. 43

le chat	la campagne
le soleil	
l'homme	

R4 ***Savoir dire...* Über alltägliche Beschäftigungen und persönliche Neigungen sprechen: Sie sagen, dass Sie ...**

1. vormittags einkaufen. ....
2. gerne am Nachmittag spazieren gehen. ....
3. nie fernsehen. ....
4. nicht besonders gern kochen. ....
5. Frankreich mögen, weil Sie gern essen. ....
6. Stress und Probleme hassen. ....

1 **a** **Silbensalat! Finden Sie die Berufe heraus und schreiben Sie den passenden unbestimmten Artikel dazu.**

BEISPIEL: decinmé : *un médecin*

1. langerbou : ....
2. intimacienfor : ....
3. seserveu : ....
4. emyéplo : ....
5. firinmière : ....
6. tanassiste : ....

b **Ergänzen Sie *elle est / il est* und die weibliche oder männliche Form der Berufsbezeichnung.**

1. Il est coiffeur. – ....
2. .... – Elle est boulangère.
3. Il est photographe. – ....
4. Il est ouvrier. – ....
5. .... – Elle est employée.
6. Il est informaticien. – ....

2 **a** **Definieren Sie die folgenden Berufe, indem Sie *faire* + *le / la / les / des* benutzen. Die Zeichnungen können Ihnen dabei helfen.**

BEISPIEL: le photographe : *Il fait des photos.*

1. les parfumeurs : ....
2. la femme au foyer : .... et ....
3. la journaliste : .... interviews.
4. les cuisiniers : ....
5. le boulanger : ....

13 **b** **Hören Sie nun die CD. Haben Sie die Berufe richtig definiert?**

3 **Was halten Sie von folgenden Berufen? Schreiben Sie Ihre Meinung auf.**

BEISPIEL: *Etre pianiste, c'est passionnant.*

pianiste	pilote
boulanger	médecin
ministre	footballeur
acrobate	secrétaire

monotone	intéressant
passionnant	tranquille
stressant	fatigant

4 Monsieur Richard, der Ehemann von Madame Richard, erzählt zuerst, wer er ist und was er macht, dann, warum er gern in Chabeuil wohnt und schließlich, was er mag und was nicht. Bringen Sie seine Aussagen in die richtige Reihenfolge. Kontrollieren Sie dann mithilfe der CD.

14

- ☐ Alors, je parle bien espagnol.
- ☐ J'aime jardiner et faire la cuisine.
- ☐ Etre ingénieur, c'est un travail stressant mais intéressant.
- ☐ Mais je déteste faire les courses.
- 1 Je m'appelle Guy Richard.
- 5 J'aime vivre à Chabeuil,
- ☐ Je suis ingénieur dans une entreprise espagnole.
- ☐ parce que c'est un village tranquille.

5 Julie zeigt Christine ein Foto von einem Freund. Christine ist neugierig. Sie möchte einiges über ihn erfahren. Formulieren Sie ihre Fragen.

Christine…	**Julie…**
Est-ce que c'est Stefan ?	Oui, c'est Stefan.
....	Il habite à Salzburg.
....	Il est informaticien.
....	Dans une entreprise anglaise.
....	Il aime la musique et le sport.
....	Oui, il est très sympathique.

6 ***Beaucoup ? Assez ? Pas trop ?*** Möchten Sie gern mehr über Julie wissen? Was gefällt ihr? Lesen Sie zuerst den Text. Stellen Sie dann Fragen an Julie zu ihren Vorlieben wie im Beispiel angegeben und beantworten Sie diese aus dem Text.

Je m'appelle Julie. Je suis employée. Je travaille beaucoup : j'aime ça. Je téléphone beaucoup, je ne déteste pas ça. Les voyages, pour moi, c'est passionnant, mais je n'aime pas trop l'aventure. J'adore la musique, le jazz. La musique classique ? Ah non, c'est monotone.

Le travail, ça vous plaît ?	*Oui, beaucoup.*
....	....
....	....
....	....
....	....

7 Die Teilnehmer eines Seminars zum Thema Beruf und Arbeit stellen sich vor. Hören Sie und machen Sie sich so viele Notizen wie möglich.

15

Monique Brun : ....

Yves Leroy : ....

Amélie Arthur : ....

8 **Wer hat die Adresse? Ergänzen Sie in dem folgenden Dialog die fehlenden Verbformen von *avoir*.**

Juliette : Claudine ! Le restaurant Boluse, c'est où ? Tu .... l'adresse ?

Claudine : Ah non ! Je n' .... pas l'adresse. Mais Julien et Christine .... une liste de restaurants avec les adresses.

Juliette : Alors, Julien et Christine, vous .... la liste ?

Julien et Christine : Oui, nous .... une liste, mais où ?

9 **Was fehlt den Personen auf den Bildern? Schreiben Sie auf wie im Beispiel angegeben.**

1. *Il n'a pas de portable.*
2. ....
3. ....
4. ....

10 **Sie rufen in einem Hotel in Paris an, um nach dessen Adresse und Telefonnummer zu fragen. Notieren Sie!**

16

Adresse : .... *rue de la République,* .... *Paris*
Numéro de téléphone : ....
Numéro de fax : ....

11 **a** **Sie haben folgende E-Mail von einem Arbeitskollegen bekommen. Lesen Sie.**

Réunion

Bonjour,

Nous avons rendez-vous mardi, mais je ne suis pas libre. Mercredi ou jeudi, ça va aussi pour vous ? Bonne journée.

Y. Messager

b **Beantworten Sie die E-Mail. Hier einige Angaben über Ihre Termine:**

Mittwoch	nicht im Büro
Donnerstag	vormittags Seminar, nachmittags noch kein Termin

Résumons !

R1 **Ergänzen Sie die Tabelle.**

un	une				
	-euse	*-ière*	*-e*	*-ienne*	*unverändert*
ouvrier					
infirmier					
employé			*employée*		
assistant					
serveur	*serveuse*				
coiffeur					
photographe					*photographe*
journaliste					
informaticien					

R2 **Verbinden Sie Anfang und Ende dieser Fragen.**

Où est-ce que	vous avez un portable ?
Qu'est-ce que	vous faites demain ?
Est-ce que	vous habitez ?

R3 **Sammeln und gruppieren Sie den Wortschatz dieser *Unité* rund um die Arbeitswelt: Berufe/Arbeitsorte/ Bürogegenstände.**

5 ▶ S.43

secrétaire, ...
....
....

bureau, ...
....
....

ordinateur, ...
....
....

R4 ***Savoir dire...*** **Über die Arbeit sprechen: Auf einer Messe kommen Sie mit einer Französin ins Gespräch. Wie beantworten Sie ihre Fragen? Sie möchte wissen,**

1. welchen Beruf Sie ausüben: ....
2. wo Sie arbeiten: ....
3. wie Ihre Arbeit ist (stressig, interessant, …): ....
4. ob Sie oft Termine haben: ....

Ecrire 1

1 **Lesen Sie die zwei E-Mails an eine Kontaktbörse und ergänzen Sie mit den darin erhaltenen Informationen die persönlichen Angaben der beiden Personen.**

Salut !

Je m'appelle Stéphanie Meunier. Je suis belge et j'habite à Liège. Je travaille dans un hôpital, je suis infirmière. Je parle anglais et un peu allemand. J'aime lire, surfer sur Internet et j'adore faire des promenades. Je n'aime pas faire le ménage et la cuisine. J'ai un chat. Je cherche une amie allemande.
s.meunier@yahoo.com

Nom : ....
Prénom : ....
Profession : ....
Nationalité : ....
Adresse e-mail : ....

Bonjour

Je m'appelle Vincent Gros. Je suis informaticien et je travaille dans une banque. J'aime beaucoup les voyages, le sport et les week-ends dans les hôtels de charme. Je déteste les problèmes.
Je suis suisse et j'habite à Luxembourg. Je parle anglais, italien et allemand. Vous êtes une femme moderne, vous n'avez pas de famille, vous aimez aussi les voyages ?
Ecrivez-moi :
Vincent.Gros@free.net

Nom : ....
Prénom : ....
Profession : ....
Nationalité : ....
Adresse e-mail : ....

2 **Schreiben Sie eine E-Mail, um sich vorzustellen.**

Schreiben Sie, wie Sie heißen, welche Nationalität Sie haben, wo Sie wohnen, welchen Beruf Sie haben, wo Sie arbeiten und was Sie mögen bzw. nicht mögen.

Autoévaluation 1

In den vorigen vier *Unités* haben Sie bereits eine Menge gelernt! Schätzen Sie sich nun selbst ein: Was können Sie schon? Und wie gut können Sie es?
Wenn Sie Ihre Kenntnisse zu einem bestimmten Thema auffrischen möchten, finden Sie über die Verweise auf Seitenzahl und Aufgabennummer schnell die entsprechende Stelle, an der Sie nachschauen können.

Der Gemeinsame europäische Referenzrahmen für Sprachen gliedert die Kannbeschreibungen in fünf verschiedene Kategorien:

1. Hören
2. An Gesprächen teilnehmen
3. Zusammenhängendes Sprechen
4. Lesen
5. Schreiben

1 Ich kann ...

- einfache Angaben zu Personen verstehen, wie z. B. Name, Nationalität oder Wohnort. ▶ S. 16: 1b — 1 2 3
- internationale Wörter aus einem Text heraushören und verstehen. ▶ S. 10: 4 — 1 2 3
- die französischen Buchstaben verstehen. ▶ S. 12: 8 — 1 2 3
- Zahlen bis 100 (z. B. Telefon-/Faxnummern oder Hausnummern) verstehen. ▶ S. 29: 14, S. 36: 13 — 1 2 3

2 Ich kann ...

- in der Du-Form und in der Sie-Form eine Person begrüßen, mich nach ihrem Befinden erkundigen und sie verabschieden sowie auf eine entsprechende Ansprache reagieren. ▶ S. 9: 3, S. 13: 13 — 1 2 3
- über Nationalität, Wohnort, Herkunft und Sprachkenntnisse sprechen. ▶ S. 17: 4, S. 19: 8, S. 20: 12 — 1 2 3
- mich in einfachen Worten über Vorlieben und Abneigungen austauschen. ▶ S. 24: 2b — 1 2 3
- einfache Fragen zu Beruf und Arbeit stellen und beantworten. ▶ S. 33: 3 — 1 2 3
- meinem Gesprächspartner mitteilen, wann (Wochentag, Tageszeit) ich etwas vorhabe. ▶ S. 37: 14b — 1 2 3
- Telefonnummern mitteilen. ▶ S. 36: 13c — 1 2 3

3 Ich kann ...

- mich oder andere Personen anhand von wichtigen Informationen beschreiben. ▶ S. 20: 12, S. 37: 16 — 1 2 3
- einige Dinge nennen, die ich habe bzw. nicht habe. ▶ S. 36: 12 — 1 2 3
- etwas in einfachen Wörtern begründen. ▶ S. 25: 3 — 1 2 3

4 Ich kann ...

- in Texten internationale Wörter erkennen und verstehen. ▶ S. 19: 9b — 1 2 3
- kurze einfache Texte lesen, wie einen Lebenslauf oder Werbetext. ▶ S. 18: 6, S. 28: 11 — 1 2 3
- einfache Notizen und E-Mails verstehen, in denen z. B. ein Termin vereinbart wird. ▶ S. 35: 9 — 1 2 3
- in kurzen Stellenanzeigen bestimmte Informationen suchen und verstehen. ▶ S. 38: 1 — 1 2 3

5 Ich kann ...

- Wörter oder Namen, die mir buchstabiert werden, notieren. ▶ S. 13: 12b — 1 2 3
- Termine und Verabredungen in einem Kalender notieren. ▶ S. 37: 14 — 1 2 3
- eine einfache E-Mail schreiben, um einen Termin auszumachen oder mich vorzustellen. ▶ S. 130: 11b, S. 132: 2 — 1 2 3
- einen kurzen Text über mich schreiben: was ich beruflich mache, was ich mag, … ▶ S. 37: 16 — 1 2 3

1 **Wörter raten! Welche Begriffe rund um das Thema Freizeit sind hier gemeint? Ergänzen Sie die fehlenden Buchstaben.**

1. __ x p __ __ __ __ i o n
2. r __ __ t a u __ __ __ __
3. c __ __ __ __ a
4. __ __ é __ t r __
5. c __ __ c __ __ t

2 ***Où est-ce qu'ils sont ? Au, à la, à l'... ?* Sehen Sie sich die Bilder an und schreiben Sie auf, wo diese Personen gerade sind.**

①

②

③

④

⑤

1. *Pierre et Carole sont au café.*
2. Christophe ....
3. Mélanie ....
4. Sébastien et Louise ....
5. Gilles ....

3 **a** ***Où aller ?* Bilden Sie aus den angegebenen Elementen mindestens fünf weitere Sätze mit jeweils einer anderen Person.**

		le théâtre
Moi, je		l'opéra
Anne, tu		le cinéma
La famille Castafiore		l'exposition Picasso
Jean et moi, nous	aller à	le travail
Elodie et Nicolas, vous		le jardin
Les enfants		la mer
		la campagne

1. *Moi, je vais au cinéma.*
2. ....
3. ....
4. ....
5. ....
6. ....

b **Und was machen Sie wie oft?**

....

....

4 **Delphine und Maxime wollen sich verabreden. Ergänzen Sie den Dialog mit den richtigen Formen von *aller* und *sortir*. Hören Sie dann und überprüfen Sie.**

17

Delphine : Allô Maxime ? Tu .... bien ?

Maxime : Salut Delphine. Oui, je .... bien, et toi ?

Delphine : Ça .... J'ai envie de .... ce soir. On .... à un concert ?

Maxime : Ah, désolé, pas ce soir. Je .... avec des amis.

Delphine : Où est-ce que vous .... ?

Maxime : Nous .... au restaurant.

Delphine : Et demain ?

Maxime : D'accord, on .... ensemble demain.

Delphine : Où est-ce qu'on .... ?

Maxime : Au concert des Bratsch ?

Delphine : C'est une bonne idée. Alors à demain !

5 **a** **An welchen Tagen und von wann bis wann sind diese Einrichtungen geöffnet bzw. geschlossen?**

Le restaurant La Marine : *Il est ouvert du lundi au samedi, de 11 heures à 15 heures et de 17 heures à 22 heures. Il est fermé le dimanche.*

Le musée archéologique : ....

....

La galerie d'art : ....

....

Le bar Manou : ....

....

b **Und in Ihrem Wohnort? Wann sind solche oder ähnliche Einrichtungen geöffnet bzw. geschlossen?**

6 **a** **Sie möchten am Dienstag mit einem Freund essen gehen und rufen bei drei Restaurants an. Hören Sie die Ansagen auf den Anrufbeantwortern und kreuzen Sie an, welche offen haben.**

18

☐ Café des Arts ☐ La Martinique ☐ Chez Ginette

18

b **Ihr Freund hat erst am Dienstagabend ab 20 Uhr Zeit. Hören Sie noch einmal und achten Sie auf die Öffnungszeiten. Unterstreichen Sie das Restaurant, in das Sie gehen können.**

7 ***Visite guidée de la ville* – Stadtführung. Beim *office de tourisme* wird das Programm der Stadtführung vorgestellt. Ergänzen Sie die Sätze mithilfe des Stadtplans.**

① l'office de tourisme
② le musée d'art moderne
③ la place de l'Etoile
④ l'église Saint-Jean
⑤ l'Hôtel de Ville
⑥ le jardin botanique

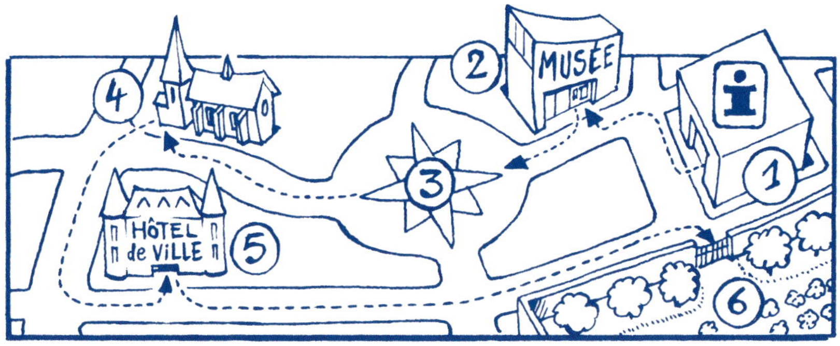

1. Nous allons d'abord *de l'office de tourisme au musée d'art moderne.*
2. Ensuite, nous allons *du musée à* ....
3. Après, nous allons ....
4. Ensuite, nous allons ....
5. Et enfin, nous allons ....

8 **Kerstin erzählt ihrer Kollegin von ihrem Wochenende in Paris. Ergänzen Sie den Dialog im *passé composé* mit den in Klammern angegebenen Verben.**

● Qu'est-ce que vous .... à Paris ? *(faire)*
○ Samedi matin, nous .... des courses. *(faire)*
● Et vous .... un musée ? *(visiter)*
○ Oui, le Louvre. Jean-Pierre .... la Joconde. *(adorer)*
● Où est-ce que vous .... ? *(dormir)*
○ Nous .... à l'hôtel du Nord. *(dormir)*
● Est-ce que vous .... français ? *(parler)*
○ Non, les gens* .... anglais avec nous. *(parler)*
● Vous .... Paris ? *(aimer)*
○ Oh oui, nous .... un très bon week-end. *(passer)*

* les gens – *die Leute*

9 **Ihre Freundin ist schlecht gelaunt. Sie antwortet auf alle Ihre Fragen mit *nein*.**

1. ● Tu as aimé le film de Claude Chabrol ? ○ *Non, je n'ai pas aimé le film.*
2. ● Michel a téléphoné ? ○ Non, ...
3. ● Tu as écouté la radio ? ○ Non, ...
4. ● Les enfants ont fait les courses ? ○ Non, ...
5. ● Tu as envie d'aller au cinéma ? ○ Non, ...

Résumons !

R1 **Was fällt Ihnen zu dem Begriff *sortir* ein?**

13 ▶ S. 79

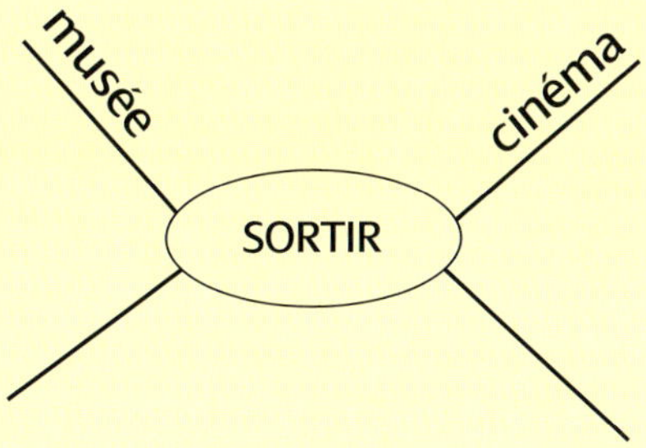

R2 **Ergänzen Sie die Tabelle.**

	aller	sortir	dormir
je	*vais*		*dors*
tu		*sors*	
il/elle/on	*va*		
nous		*sortons*	
vous	*allez*		*dormez*
ils/elles			

R3 **Bilden Sie zu jedem Infinitiv die entsprechende Form des *participe passé*.**

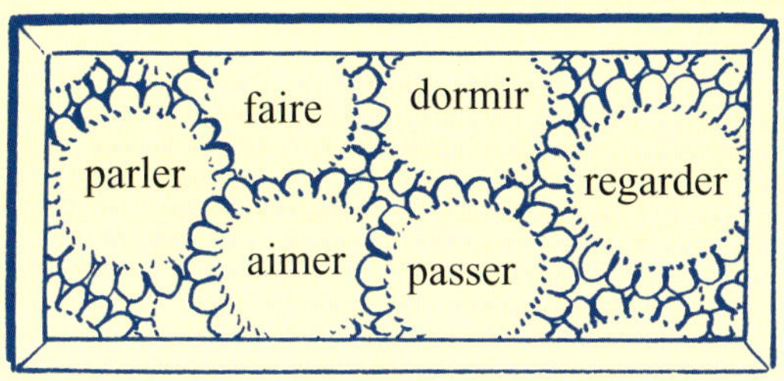

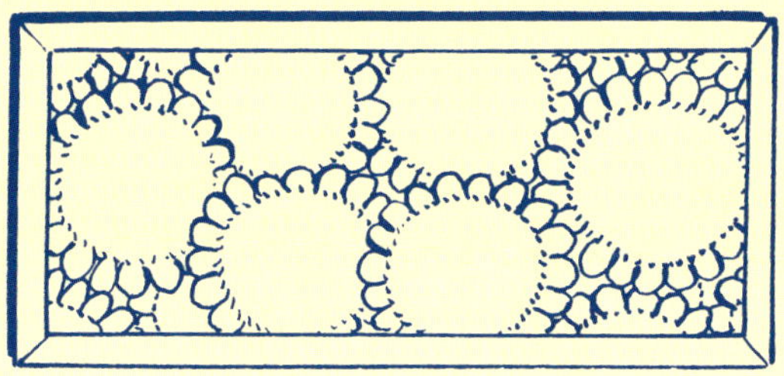

R4 ***Savoir dire...*** **Unternehmungen am Wochenende: Sie haben sich mit Freunden verabredet und möchten etwas zusammen unternehmen. Was sagen Sie?**

1. Sie sagen, dass Sie Lust haben auszugehen.

....

2. Sie stellen fest, dass es 11 Uhr ist.

....

3. Sie berichten, dass das Museum von 10 bis 17 Uhr geöffnet ist.

....

4. Sie schlagen vor, zuerst ins Museum und danach ins Café zu gehen.

....

5. Sie erzählen, dass Sie gestern eine Ausstellung von Picasso besucht haben.

....

1 **Fünf Getränke verstecken sich in diesem Kasten. Tragen Sie sie in die passenden Lücken ein. Aus den Lösungsbuchstaben können Sie ein Wort bilden, das ein Gefäß für Getränke bezeichnet.**

c	h	a	m	p	a	g	n	e
a	u	y	v	d	l	c	t	a
f	b	i	è	r	e	a	a	u
é	c	i	g	u	o	d	f	g
c	h	o	c	o	l	a	t	u

_ _ ☐ _ _ _ _ _ _

_ _ _ ☐ _ _ ☐ _

_ _ _ ☐ _

_ _ ☐ _

☐ _ _

Lösung: _ _ _ _ _ _

2 **Ein Journalist macht eine Umfrage in Paris und befragt einen Gast auf der Terrasse von *Les Deux Magots*. Formulieren Sie seine Fragen mit *est-ce que*. Hören Sie dann das Interview.**

19

être / d'où / vous

être / depuis quand / vous / à Paris

et / ici / être / pourquoi / vous

vous / par jour / travailler / combien d'heures

travailler / vous / quand

● .... ?
○ Je suis de Berlin.

● .... ?
○ Depuis quatre semaines.

● .... ?
○ Parce que j'écris un livre sur Paris. Je suis écrivain.

● .... ?
○ Par jour ? Cinq ou six heures.

● .... ?
○ Souvent le matin, de six heures à midi.

3 **Fragen über Fragen! Ergänzen Sie diese Minidialoge mit *est-ce que* oder *qu'est-ce que*.**

1. ● .... tu fais demain ? ○ Je ne sais pas.
2. ● .... tu as envie d'aller aux Deux Magots ? ○ Oui, pourquoi pas !
3. ● .... tu bois ? ○ Un café.

4 ***Apprendre le français !* Welche Fragen wurden Ihnen gestellt? Bilden Sie Fragen in der Sie-Form mit einem Fragewort + *est-ce que*. Die fett gedruckten Satzteile beziehen sich jeweils auf die entsprechenden Fragewörter. Überprüfen Sie dann mit der CD.**

20

1. ....
   J'apprends le français **parce que j'ai des amis français**.
2. ....
   Je vais au cours **le lundi**.
3. ....
   Le cours commence **à 18 heures**.
4. ....
   J'ai **deux heures de français** par semaine.

5 ***Boire*** **– ein unregelmäßiges Verb! Bilden Sie mithilfe der Buchstaben im Glas die Formen dieses Verbs.**

je .... nous ....

tu .... vous ....

il/elle .... ils/elles ....

6 **Was machen diese Personen? Suchen Sie zu den angegebenen Stichwörtern die passenden Zeichnungen. Bilden Sie dann Sätze mit *beaucoup de*.**

1. faire / sport : *Il fait beaucoup de sport.*
2. lire / roman : ....
3. boire / café : ....
4. visiter / musée : ....

7 **Marius ist ganz anders als Marielle. Schreiben Sie ihre Gegensätze auf.**

	Marielle	**Marius**
fumer des cigares	Oui, *elle fume des cigares.*	Non, *il ne fume pas de cigares.*
lire des romans d'amour	Non, ...	....
avoir des problèmes d'argent	Non, ...	....

8 **Ulrike ist in Sète (Südfrankreich). Sie schreibt einen kurzen Brief an ihre Freundin, in dem die Adjektive fehlen. Jedes Adjektiv kommt nur einmal vor.**

grand • grandes • petits • géniale • sympathiques • traditionnels • bonne

Chère* Giselle,
Un très .... bonjour de Sète ! C'est une ville .... Il y a beaucoup de .... bistrots avec des .... terrasses.
Les gens sont .... Le soir nous mangeons dans des restaurants .... La cuisine est très .... Et toi, ça va bien ?
A bientôt.
Ulrike

* Cher – *Lieber*, Chère – *Liebe*

9 ***Le week-end.* Sie haben Gäste. Was bieten Sie am Morgen und was am Abend zu trinken an? Und in welchen Mengen?**

Le matin : *deux tasses* .... Le soir : ....

....

....

....

10 **Drei Freunde sitzen im Café. Der Kellner nimmt die Bestellung entgegen. Hören Sie den Dialog und kreuzen Sie an, was sie bestellen.**

21

11 **Ergänzen Sie das Gespräch mit dem Verb *prendre*.**

● Qu'est-ce que vous .... ?

○ Moi je .... un pastis, et toi Camille, qu'est-ce que tu .... ?

△ Un jus de fruit.

● Et les enfants, qu'est-ce qu'ils .... ?

□ Nous .... un coca.

● Non, Léo, pas de coca pour les enfants. Tu .... un jus d'orange et Valentine .... un verre de lait froid.

12 **Was passt zusammen? Verbinden Sie.**

1. Vous désirez ?
2. Vous prenez aussi un demi ?
3. Et pour madame ?
4. Un café décaféiné, c'est possible ?
5. Ça fait combien ?

a. Non. Un jus de citron !
b. Oui, bien sûr, monsieur.
c. 6,50 euros.
d. Une pression, s'il vous plaît.
e. Pour moi, un chocolat chaud.

Résumons !

R1 **Bilden Sie Wortpaare, indem Sie die Wörter verbinden, die zueinander passen.**

14 ▶ S. 79

pluriel	bière
boire	café
artiste	comment
chaud	froid
combien	grand
petit	manger
thé	écrivain
vin	singulier

R2 a **Bilden Sie mithilfe der deutschen Stichwörter Fragen.**

1. *Où est-ce que vous travaillez ?* — wo / arbeiten
2. .... — wie / zur Arbeit
3. .... — wann / nach Paris
4. .... — wie viele / Kinder
5. .... — um wie viel Uhr / essen

b **Sehen Sie sich die Fragen noch einmal an und unterstreichen Sie die Fragewörter und die Verben.**

R3 **Konjugieren Sie die Verben.**

	boire	**prendre**
je		
tu		
il/elle/on		
nous		
vous		
ils/elles		

R4 ***Savoir dire...*** **Im Café: Sie sitzen zusammen mit französischen Freunden in einem Café. Was sagen Sie?**

1. Sie sagen, dass das Café groß und modern ist. ....

....

2. Sie fragen Ihre Freunde, ob die Franzosen viel Kaffee trinken. ....

....

3. Sie bestellen drei Gläser Wein. ....
4. Sie fragen nach der Rechnung. ....
5. Sie haben den Kellner nicht verstanden. ....

1 ***Cherchez l'intrus.*** **Jeweils ein Wort passt inhaltlich nicht in die Reihe.**

1. oncle – ami – cousine – frère
2. piano – musicien – liberté – concert
3. studio – maison – appartement – cinéma
4. tard – sympathique – petit – blond
5. fille – cousin – sœur – tante
6. chez – quelquefois – parfois – souvent

2 ***La biographie de Patricia.*** **Unterstreichen Sie zunächst alle Verben im *passé composé* und markieren Sie dann zusätzlich diejenigen, die das *passé composé* mit *être* bilden.**

Patricia a passé son enfance dans le Nord, à Lille. A 8 ans, elle a commencé le piano et à 11 ans elle est allée au Conservatoire national de musique de Lille. Elle a donné son premier concert en soliste à Amiens, près de Lille. A 19 ans, elle est entrée* à Lyon au Conservatoire national supérieur. Elle a habité deux ans dans un petit studio dans le centre de Lyon. Elle a rencontré Olivier, son grand amour, à un concert de musique rock. En tout*, elle est restée* quatre ans à Lyon. Maintenant, Patricia, Olivier et leur fille Chloé habitent à Grenoble.

* entrer – *eintreten*; en tout – *insgesamt*; rester – *bleiben*

3 **a** ***La famille Moreau.*** **Wer ist wie mit wem verwandt? Schreiben Sie die Verwandtschaftsbezeichnungen auf.**

1. Corinne est *la mère* de Julie.
2. Eric est .... d'Antoine.
3. Julie est .... de Cécile.
4. Antoine est .... de Kevin.
5. Valérie est .... de Pascal.

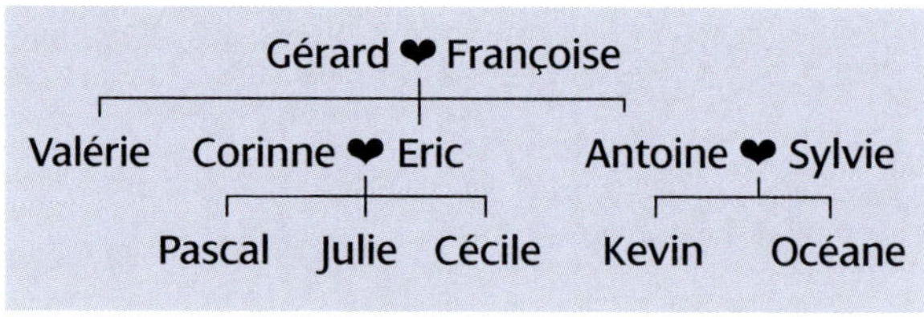

b **Das ist Pascal Moreau, 4 Jahre alt. Wie sind diese Familienmitglieder mit ihm verwandt?**

1. Eric, *c'est son père.*
2. Kevin et Océane, ...
3. Sylvie, ...
4. Cécile, ...
5. Antoine, ...
6. Corinne et Eric, ...

c **Zeichnen Sie nun den Stammbaum Ihrer Familie und notieren Sie jeweils die entsprechenden Verwandtschaftsverhältnisse.**

4 Robert fragt zwei Französinnen, die in Deutschland leben, wie sie Kontakt zu ihrer Familie halten. Welche Possessivbegleiter fehlen in den Dialogen? Überprüfen Sie anschließend mit der CD.

22

● Alors, madame Martin, vous allez souvent en France pour voir .... famille ?
○ Oh non ! Avec .... père et .... mère, c'est toujours très compliqué.
● Et vous n'avez pas de contact avec .... frères ?
○ Si, si, ... deux frères sont gentils et amusants et .... femmes et .... enfants aussi.

● Et toi, Sylvie, ... famille en France, c'est important ?
△ Très important. Je téléphone souvent à .... parents et à .... petite sœur.
● Tu as des contacts avec .... oncles ou .... tantes ?
△ Oui, avec .... oncle Emile et .... amie Yvonne. Et aussi avec .... cousins et cousines. Nous passons .... vacances* ensemble, dans .... maison familiale à La Baule. C'est super !

* les vacances *(wPl) – die Ferien*

5 Bilden Sie aus den angegebenen Elementen sechs sinnvolle Sätze.

je		de	notre ami Jacques un CD de Bach
tu	parler		l'exposition de Claude Monet
ma cousine			sa collègue suisse
nous			Monique un livre d'Albert Camus
vous	choisir		leur voyage en Autriche
mes parents		pour	mon amie un sac à dos

Je choisis pour mon amie un sac à dos. Tu ....

....

....

....

....

6 *Pluriels bizarres !* Sehen Sie sich die Beispiele an, setzen Sie dann die weiteren Substantive in die Mehrzahl und markieren Sie die Endungen.

un journal	*des journaux*	un cadeau	*des cadeaux*
un canal	....	un bureau	....
un hôpital	....	un plateau	....

7 *Quelle est votre couleur préférée ?* Was ist Ihre Lieblingsfarbe? Hören Sie vier Antworten auf diese Frage und ordnen Sie sie den Bildern zu. Um welche Farbe handelt es sich jeweils?

23

☐ .... ☐ .... [1] *rouge* ☐ ....

8 ***M. Lebleux aime le bleu.* Vervollständigen Sie die folgenden Sätze.**

M. Lebleux : Ses pulls sont bleus, son sac à dos est .... et il habite dans une maison ....

M. Blanchard : Il aime le chocolat ...., le vin .... et il adore les roses ....

Mme Noiret : Elle aime le café ...., ses chats sont .... et elle adore la magie ....

Mme Rougier : Sa voiture est ...., son vélo est .... et ses robes sont toujours ....

9 **a** ***Reconstituez le dialogue.* Versuchen Sie, den folgenden Dialog in die richtige Reihenfolge zu bringen. Hören Sie dann und kontrollieren Sie.**

24

☐ 100 euros.	☐ Il fait quel prix ?
1 Allô ?	☐ Bon, je prends le vélo pour 80 euros.
☐ D'accord pour 90 ?	☐ Mais c'est trop cher, monsieur.
☐ Ah oui, le vélo. C'est un très bon vélo et pas cher.	☐ Oui, bon, d'accord ! Quelle est votre adresse, s'il vous plaît ?
☐ Ecoutez madame, ce n'est pas trop cher. Le vélo est en très bon état !	2 Bonjour, je vous téléphone pour le vélo de l'annonce.

b **Lesen oder hören Sie nun den Dialog noch einmal und überprüfen Sie die folgenden Aussagen.**

24

	V	F
1. Un monsieur vend son vélo au marché.	☐	☐
2. Un monsieur téléphone à une dame pour acheter un vélo.	☐	☐
3. Le prix est à débattre.	☐	☐
4. La dame et le monsieur prennent rendez-vous.	☐	☐

10 **Erinnern Sie sich? Ergänzen Sie die Fragen mit *quel*, *quels*, *quelle* oder *quelles*. Wenn Ihnen die Antwort nicht mehr einfällt, schauen Sie einfach in den angegebenen *Unités* nach.**

1. .... langues est-ce qu'on parle en Suisse ? ....
.... **(U2)**
2. .... sont les jours de la semaine ? ....
.... **(U4)**
3. Dans .... ville travaille Raymond, le garçon des Deux Magots ? .... **(U6)**
4. .... est le mot français pour *Schwester* ? .... **(U7)**

Résumons !

R1 **a** **Ordnen Sie die folgenden Wörter den angegebenen Oberbegriffen zu. Fügen Sie bei den Substantiven den bestimmten Artikel hinzu. Es entstehen so genannte „Wortspinnen".**

13 ▶ S. 79

parents • marron • vélo • table • orange • tableau • frère • vert • vase • noir • robe • fille • mère • livre • gris • père • sac à dos • carte postale

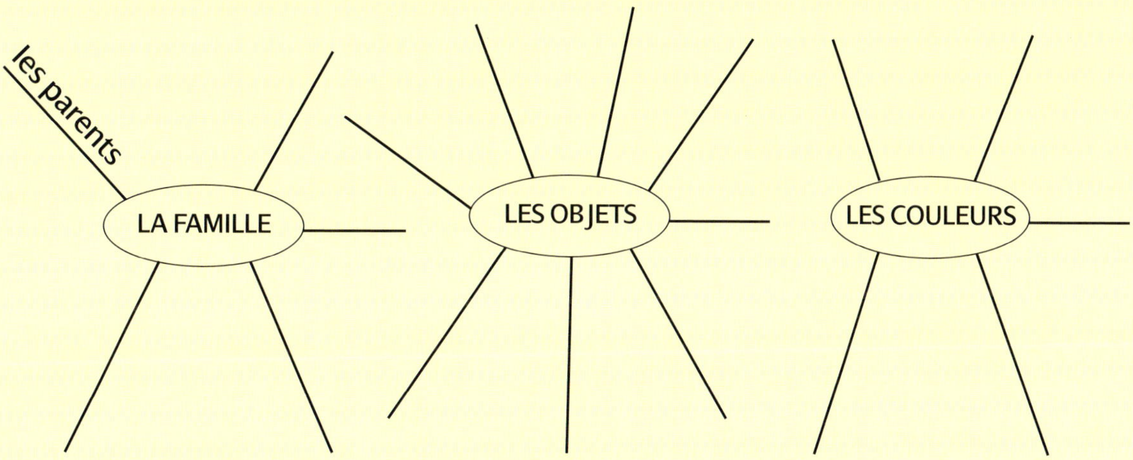

b **Erweitern Sie die drei Wortspinnen in Ihrem Heft mit weiteren Vokabeln aus dieser *Unité*.**

R2 **Vervollständigen Sie die folgende Verbentabelle und markieren Sie die Endungen farbig.**

	acheter	vendre	choisir
je/j'		*vends*	
tu			*choisis*
il/elle/on	*achète*	*vend*	
nous	*achetons*		
vous			*choisissez*
ils/elles		*vendent*	

R3 ***Savoir dire...* Über Einkäufe und Verkäufe sprechen: Sie stehen an der Kasse in einem französischen Geschäft und kommen mit einer Französin ins Gespräch.**

1. Sie erzählen, dass Sie Geschenke für Ihre Kinder suchen.

....

2. Sie sagen, dass Sie das blaue Kleid für Ihre Tochter kaufen.

....

3. Sie erzählen, dass Ihre Nachbarn ihr Auto über das Internet verkaufen.

....

4. (*Sie möchten der Dame von zu Hause eine Postkarte schreiben.*) Sie fragen sie nach ihrer Adresse.

....

1 a ***Menus de la semaine.*** **Ergänzen Sie diese Menüvorschläge mit *à, à l', au, aux* oder *des.* Einige Wörter kennen Sie noch nicht. Suchen Sie diese und den entsprechenden Artikel in Ihrem Wörterbuch.**

aux = *aus, mit* (Zutaten)
des = *von, aus* (Herkunft)

Lundi
Tarte .... tomates
Steak .... beurre de roquefort
Mousse .... chocolat blanc

Mardi
Soupe .... oignon
Tagliatelles vertes .... crème fraîche
Sorbet .... citron

Mercredi
Omelette .... champignons
Crêpes .... confiture

Jeudi
Canard .... orange
Salade verte
Ananas .... îles

Vendredi
Truite .... amandes
Riz blanc
Melon .... fruits

Samedi
Tomates .... mayonnaise
Poulet .... vin
Charlotte .... fraises
.... bois

b ***Et pour dimanche ?*** **Schlagen Sie doch ein Menü vor.**

....

2 ***Connaître ou ne pas connaître ?*** **Bilden Sie Sätze mit den angegebenen Wörtern und einer Form des Verbs *connaître*.**

1. la recette / tu / du canard à l'orange / est-ce que : ....
2. le chef / très bien / nous / de cuisine : ....
3. espagnol / vous / est-ce que / un restaurant : ....
4. de cuisine / je / de Bocuse / les livres : ....
5. ne / les spécialités / pas / elle / allemandes : ....

3 **Erinnern Sie sich an den Dialog 3a dieser *Unité*? Lesen Sie ihn erneut durch und vervollständigen Sie dann die folgenden Sätze.**

Monsieur Driss .... souvent à l' « Hôtel de France » parce que le restaurant est .... et la .... est bonne. Son collègue, Monsieur Berg, ... comme .... principal un cassoulet. Il ne .... pas encore cette spécialité. En ...., il choisit une salade parce que c'est .... et .... Comme boisson, il .... boire une eau minérale parce qu'il ....

4 25

Manches gefällt Ihnen an diesem Lokal, manches nicht. Ergänzen Sie die fehlenden Adjektive (eins bleibt übrig). Denken Sie dabei an deren Angleichung. Überprüfen Sie anschließend mit der CD.

agréable   cuit   bon   tranquille   froid   excellent   frais

1. Ah sous les platanes, c'est génial ! C'est un endroit .... et ....
2. Hum, cette quiche ! J'adore ! Elle est ....
3. Mais ces entrées ont une couleur un peu bizarre ! Elles ne sont pas ....
4. Ces steaks sont encore rouges ! Ils ne sont pas assez ....
5. J'aime beaucoup ces fraises à la crème. Elles sont très ....

5 **a** **Lesen Sie zuerst die drei Restaurantanzeigen und beantworten Sie dann die Fragen.**

Hôtel-Restaurant
LE BALMAIN***
Ouvert toute l'année
Cuisine régionale
Table de qualité
Repas d'affaires et séminaires

Réservation 04 99 79 18 15

Restaurant
La Belle Mer
Carte brasserie le midi
Carte de poissons variés
Carte gastronomique midi/soir
Ouvert à partir de 12h
Fermé le lundi
Tél. 03 79 86 75 45

Café Restaurant Crêperie
La Montagne
Le service restauration est assuré
de 12h à 23h non-stop
Grand choix de grillades et salades
Pour groupes sur réservation
Tél. 05 06 43 96 43

1. Vous aimez le poisson. Où allez-vous ? ....
2. Est-ce que le restaurant *La Montagne* est ouvert le dimanche ? ....
3. Où est-ce que vous allez pour un repas d'affaires ? ....

b 26 ***Où manger ce soir ?*** **Hören Sie drei Personen, die über die Restaurants sprechen, und lesen Sie die folgenden Sätze. Was ist richtig?**

	V	F
1. Elle aime beaucoup l'hôtel-restaurant *Le Balmain*.	☐	☐
2. Le restaurant *La Belle Mer* n'est pas cher.	☐	☐
3. La spécialité de *La Montagne* est la truite aux amandes.	☐	☐

6 27

Vervollständigen Sie die Fragen mit *ce, cet, cette* oder *ces*. Suchen Sie dann die passenden Antworten und schreiben Sie jeweils einen Satzanfang dazu. Kontrollieren Sie anschließend mit der CD.

1. *Cette*	mousse au chocolat ? → d.	a.	excellents.
2.	steak ?	b.	trop froide.
3.	melons ?	c.	très bonnes.
4.	endroit ?	d. *Elle est*	trop sucrée.
5.	soupe ?	e.	bien trop cuit.
6.	spécialités provençales ?	f.	très agréable.

7 ***Quel chef de cuisine êtes-vous ?* Kreuzen Sie jeweils die für Sie zutreffende Antwort an.**

1. Aimez-vous faire la cuisine ?
A. Je déteste ça. Je ne connais pas de recettes.
B. Je cuisine des plats rapides.
C. J'adore cuisiner mais souvent, je n'ai pas assez de temps.

2. Quel stock de recettes avez-vous ?
A. Des surgelés, des conserves : ce sont mes recettes.
B. J'ai un énorme stock mais c'est pour le plaisir.
C. J'ai peut-être 20 ou 30 recettes. J'aime les recettes faciles mais originales.

3. Comment faites-vous vos courses ?
A. Je fais les courses. Mais je n'aime pas ça.
B. Les courses, c'est toujours un problème.
C. J'ai une liste. Je fais les courses une fois par semaine.

4. Les vins ?
A. Mes amis apportent* toujours du vin.
B. C'est le problème de mon mari / ma femme.
C. J'ai un stock de vins de grande qualité.

* apporter – *mitbringen*

Vous avez
3 ou 4 A : Apprenez à faire la cuisine pour faire plaisir à votre famille ou à vos amis.
3 ou 4 B : Vous avez toujours le projet de faire une bonne cuisine. Mais il faut une bonne organisation !
3 ou 4 C : Bravo ! Vous êtes un très bon chef de cuisine !

8 ***Crêpes farcies. Du, de la, de l' ou des ?* Haben Sie alle Zutaten? Ergänzen Sie die fehlenden Artikel.**

J'ai .... farine, ... sel, ... œufs, ... lait, ... huile ou .... beurre, ... confiture ou .... amandes grillées ou encore .... fromage.

9 **Ihre französischen Freunde möchten unbedingt für Weihnachten Butterplätzchen backen. Sie übersetzen ihnen, was sie dafür brauchen.**

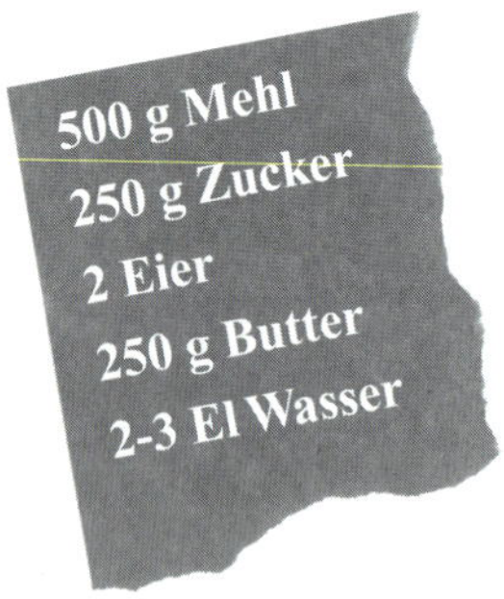

Il faut :

500 grammes de ....
....
....
....
....

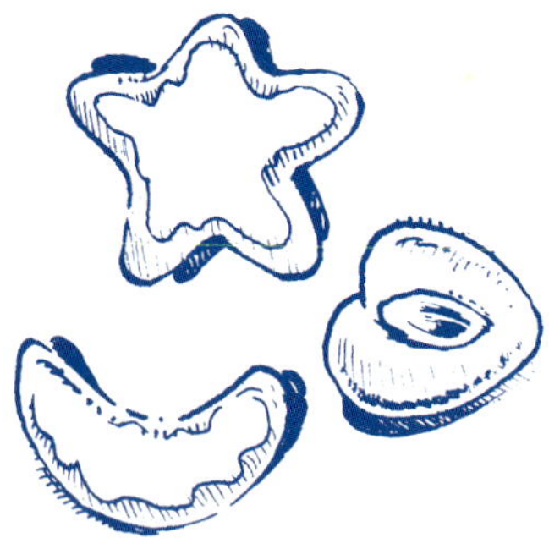

10 **Was braucht man wozu? Verbinden Sie und bilden Sie drei weitere Sätze wie im Beispiel.**

BEISPIEL: *Pour faire une cuisine rapide, il faut un stock de conserves.*

une cuisine rapide →	un peu de fantaisie
un menu de fête pas cher	un stock de conserves
des sorbets et des glaces	un bon livre de recettes
des bons plats	un congélateur

Résumons !

R1 **Welche Spezialitäten können Sie mit diesen Zutaten zubereiten? Es gibt oft mehrere Möglichkeiten. Lassen Sie Ihrer Phantasie freien Lauf.**

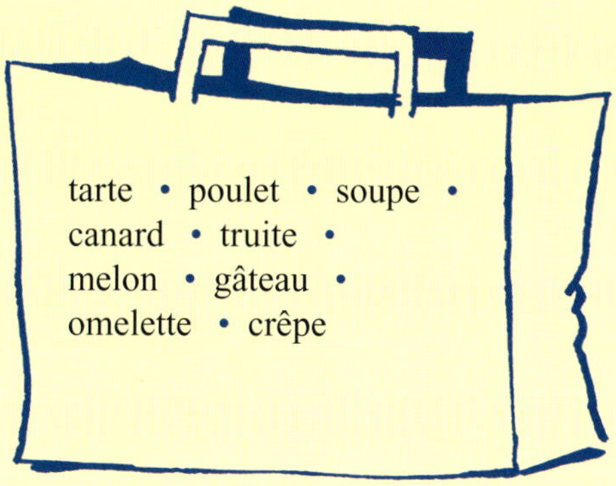

melon aux fruits

tarte au citron

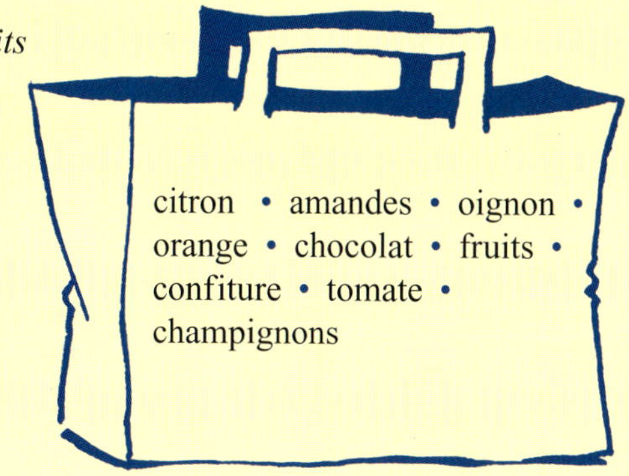

R2 **Schreiben Sie auf, was Sie normalerweise essen und trinken.**

morgens	mittags	abends

R3 **a** **Ergänzen Sie die Tabelle.**

masculin	bon		salé	frais		
féminin		chaude			légère	agréable

b **Sehen Sie sich die weiblichen Adjektive noch einmal an und markieren Sie die regelmäßigen Endungen und die unregelmäßigen Formen mit verschiedenen Farben.**

R4 ***Savoir dire...*** **Im Restaurant: Was sagen Sie in dieser Situation auf Französisch?**

1. Sie möchten wissen, ob im *cassoulet* Fleisch ist. ....

....

2. Sie bestellen als Vorspeise eine Zwiebelsuppe. ....

....

3. Sie sagen dem Kellner, dass die Suppe versalzen ist. ....

....

4. Sie sagen ihm, dass die Obsttorte hervorragend ist. ....

....

5. Sie fragen ihn, was man braucht, um eine Obsttorte zuzubereiten. ....

....

Ecrire 2

1 **Lesen Sie diese Notizzettel. Welche wurden Ihrer Meinung nach zu Hause und welche im Büro geschrieben?**

1

Maman,
Je suis au cinéma avec Adrien et Guillaume. Après, on va au Mac-Do. Je ne mange pas à la maison.
Greg

2

Salut !
Important : nous avons une réunion demain à 14 h dans le bureau de Blanchard.
Tu as le temps ?
A.

3

Mon chéri,
J'ai acheté des œufs, de la viande, du fromage et des légumes. Mais nous n'avons pas de pain. Tu achètes du pain, s'il te plaît ? ♡

4

Monsieur Dupond
Vous avez rendez-vous chez le médecin jeudi matin, à 9 heures.
J.F.

5

Bonjour Christian,

Caroline, Charlotte et moi, on va au café après le travail. Tu as envie de prendre l'apéritif avec nous ? Café du commerce à 19 h.
A bientôt.
Marc

	à la maison	au bureau
1		
2		
3		
4		
5		

2 **Schreiben Sie nun drei kurze Mitteilungen für die folgenden Situationen.**

1. Sie sind bei Freunden in Frankreich zu Besuch. Sie schreiben ihnen, dass Sie Brot, Butter, Käse und Wein gekauft haben, aber kein Mineralwasser.
2. Ein junger Franzose macht gerade einen Schüleraustausch bei Ihnen. Sie schreiben ihm, dass seine Eltern angerufen haben und dieses Wochenende in Paris sind.
3. Sie schlagen Ihrer französischen Kollegin vor, am Samstag ins Kino zu gehen.

Autoévaluation 2

Jetzt haben Sie wieder die Gelegenheit, sich selbst einzuschätzen:
Was haben Sie in den *Unités* 5–8 gelernt und wie gut beherrschen Sie die neuen Inhalte?
Wenn Sie sich in einem Bereich nicht mehr ganz sicher fühlen, schauen Sie einfach auf der angegebenen Seite nach und wiederholen Sie.

1 Ich kann …

- in kurzen Nachrichten oder Ansagen konkrete Informationen verstehen, wie z. B. Ankündigungen von kulturellen Veranstaltungen im Radio. ▶ S. 44: 1 [1 | 2 | 3]
- die wesentlichen Punkte eines kurzen Telefongesprächs erfassen. ▶ S. 64: 12 [1 | 2 | 3]
- einem Gespräch zwischen Gast und Bedienung folgen. ▶ S. 56: 12 [1 | 2 | 3]
- Informationen über Lebensmittel, Gerichte und Getränke verstehen. ▶ S. 68: 1a [1 | 2 | 3]

2 Ich kann …

- meinem Gegenüber gemeinsame Unternehmungen vorschlagen. ▶ S. 45: 6 [1 | 2 | 3]
- mit Fragewörtern einfache Fragen stellen. ▶ S. 53: 5 [1 | 2 | 3]
- in einem Café oder Restaurant etwas bestellen und bezahlen. ▶ S. 57: 14 [1 | 2 | 3]
- mich in einfachen Sätzen über Familie und Freunde austauschen. ▶ S. 62: 6 [1 | 2 | 3]
- ein einfaches Kaufgespräch führen und dabei Gegenstände näher beschreiben (Farbe, Zustand, Preis). ▶ S. 65: 15b [1 | 2 | 3]
- mich in einfachen Worten über Kochgewohnheiten und Speisen austauschen. ▶ S. 71: 8b [1 | 2 | 3]

3 Ich kann …

- von einigen Aktivitäten in der Vergangenheit berichten. ▶ S. 49: 13 [1 | 2 | 3]
- in einfachen Worten vertraute Orte beschreiben. ▶ S. 54: 9 [1 | 2 | 3]
- Speisen und Getränke beurteilen, d. h. loben oder kritisieren. ▶ S. 70: 5-6 [1 | 2 | 3]

4 Ich kann …

- Prospekten, Veranstaltungskalendern, Getränkekarten, Kleinanzeigen oder Rezepten konkrete Informationen entnehmen, wie z. B. Öffnungszeiten, Preise, Mengen. ▶ S. 46: 8b, S. 63: 11b, S. 73: 13b [1 | 2 | 3]
- einfache informierende Texte lesen und deren Hauptaussagen erfassen, wenn überwiegend bekannte Vokabeln bzw. internationale Wörter vorkommen. ▶ S. 52: 1 [1 | 2 | 3]
- einen einfachen Text über eine Person und ihr soziales Umfeld lesen. ▶ S. 60: 1 [1 | 2 | 3]

5 Ich kann …

- einen kurzen einfachen Text über meine Freizeitbeschäftigungen schreiben. ▶ S. 45: 4 [1 | 2 | 3]
- einen einfachen Text über eine Person und ihre Arbeit schreiben. ▶ S. 53: 7 [1 | 2 | 3]
- einen kleinen Bericht, z. B. über das letzte Wochenende, in der Vergangenheit schreiben. ▶ S. 49: 14b [1 | 2 | 3]
- ein Tagesprogramm für den Besuch eines Gasts in meiner Stadt/Region zusammenstellen und notieren. ▶ S. 47: 10b [1 | 2 | 3]
- typische Speisen meiner Heimatregion in einfachen Worten beschreiben. ▶ S. 70: 7 [1 | 2 | 3]
- eine einfache Verkaufsanzeige verfassen. ▶ S. 65: 15a [1 | 2 | 3]
- kurze Mitteilungen schreiben. ▶ S. 150: 2 [1 | 2 | 3]

1 Auf welche Geschäfte bzw. Einrichtungen weisen diese Bilder hin?

....

2 Lesen Sie noch einmal den Text 2a der *Unité* 9. Welche der drei folgenden Zusammenfassungen trifft zu? Kreuzen Sie an.

① Carnac est en Bretagne. Beaucoup de touristes viennent pour visiter le célèbre marché dans le centre-ville de Carnac.

② Carnac est une ville bretonne. Les touristes viennent seulement pour la mer et la plage. Il y a peu de commerces dans le centre-ville.

③ Carnac est une ville en Bretagne avec beaucoup d'attractions pour les touristes. La ville est aussi très agréable pour les habitants.

3 **a** *Les courses de Madame Le Corvec.* Hören Sie, was Madame Le Corvec heute Morgen alles erledigt hat. Welchen Einkaufszettel hatte sie dabei?

28

Ⓐ
pommes de terre
oranges
citrons
steaks
table (jardin)
aspirine

Ⓑ
pommes de terre
oranges
tomates
aspirine
steaks
table (jardin)

28

b Hören Sie den Text noch einmal und schreiben Sie auf, wo Madame Le Corvec ihre Einkäufe gemacht hat. Achten Sie dabei auf die richtige Präposition.

à la ....

....

4 **a** Bilden Sie zu jedem Infinitiv die entsprechende Form des *participe passé*.

infinitif	avoir	adorer	dormir	être	faire	prendre
participe passé						

b Vervollständigen Sie nun den Text dieser Urlaubspostkarte aus Carnac mit den in 4a aufgeführten Verben im *passé composé*.

Chère Yvette,

Nous voilà à Carnac. Enfin ! La première journée .... excellente. Nous .... longtemps et après le petit-déjeuner nous .... nos vélos pour aller voir les menhirs. Vraiment mystérieux ! Jean-Pierre .... l'idée d'acheter des fruits et des petits gâteaux bretons et nous .... notre pique-nique avec vue* sur un menhir de 4 mètres. Génial ! J' .... cet endroit et Jean-Pierre aussi.

Je t'embrasse.*

Christiane

Yvette Chesser

10, rue Edgar Faure

21000 Dijon

* la vue – *die Aussicht*; je t'embrasse – *ich küsse dich auf die Wange (Grußformel am Ende eines Briefs an eine vertraute Person)*

5 ***Jamais – toujours.*** **Behaupten Sie jeweils das glatte Gegenteil.**

1. Il a toujours fait le ménage. – *Ah non, il n'a jamais fait le ménage.*
2. Elle n'a jamais aimé le vin rouge. – *Mais si,* ....
3. Ils ont toujours vécu à Dijon. – ....
4. Elle a toujours voyagé seule. – ....
5. Il n'a jamais travaillé le week-end. – ....

6 **Hören Sie die vier Mini-Dialoge und ordnen Sie sie dann der jeweils passenden Uhr zu.**

29

A

☐

B

☐

C

☐

D

☐

7 ***Qu'est-ce qu'il faut ?*** **Was braucht man hier? Erraten Sie, was gemeint ist.**

19 ▶ S. 114

1. Pour envoyer (*verschicken*) une carte postale ou une lettre : *il faut un timbre.*
2. Pour trouver les musées ou les monuments de la région : ....
3. Pour payer sans argent : ....
4. Pour connaître la date d'aujourd'hui : ....
5. Pour trouver une ville en voiture : ....

8 ***Anne voudrait... Philippe préfère...*** **Anne und Philippe planen ihren ersten gemeinsamen Urlaub. Haben sie die gleichen Wünsche? Schreiben Sie jeweils mindestens zwei weitere Sätze.**

Anne voudrait aller à la montagne. Elle voudrait ....

....

....

Philippe préfère les activités sportives. Il ....

....

....

9 **Ordnen Sie zunächst die rechts stehenden Eigenschaften den Paaren zu und stellen Sie dann Vergleiche an.**

1. la vie à Hongkong – la vie à Carnac
2. le métro parisien (1896) – le métro anglais (1863)
3. 50 g de caviar (72 euros) – 50 g de truffes noires (72 euros)
4. un chat – un éléphant

cher
stressant
petit
ancien

1. *La vie à Hongkong est plus stressante que la vie à Carnac.*
2. ....
3. ....
4. ....

10 ***Des souvenirs de France qui riment.*** **Souvenirs mit Reim. Was hat Jean gekauft? Schreiben Sie das Gedicht mithilfe der Bilder fertig und überprüfen Sie dann mit der CD.**

30

Jean a acheté pour mademoiselle Tatin
un .... marin.
Il a pris pour Robert
un ....
Puis pour Chantal
quatre ....

Il a choisi pour Nicole
une belle tasse et un ....
Pour madame Dupuis
une ....
Et pour son ami Gaston
trois kilos de ....

Résumons !

R1 **Sammeln und ordnen Sie Ihren Wortschatz und ergänzen Sie soweit möglich diese Spalten. Fallen Ihnen noch andere Kategorien ein? Dann erweitern Sie die Liste in Ihrem Heft.**

catégorie	produit	commerce
• les vêtements	le pull, la robe, …	le magasin spécialisé, …
•	le steak, le canard, …	
•	le haricot, l'oignon, …	
•	la table, …	

R2 **In welchen Personen von *venir* im Präsens kommt *ie* vor? Kreuzen Sie an.**
Schreiben Sie dann alle Formen auf und markieren Sie jeweils das *ie* farbig.

je ☐ tu ☐ il/elle/on ☐ nous ☐ vous ☐ ils/elles ☐

…………………… …………………… …………………… …………………… …………………… ……………………

R3 **Vervollständigen Sie mit den entsprechenden Verbformen.**

verbe (infinitif)	**maintenant**	**hier**	**ne… jamais**
manger	*je mange*	*j'ai mangé*	*je n'ai jamais mangé*
		nous avons eu	
être			*vous n'avez jamais été*
	tu prends		
vivre	*elle vit*		

R4 ***Savoir dire…* Im Laden: Sie sind in einem kleinen Geschäft in Frankreich und möchten etwas kaufen. Was sagen Sie?**

1. Sie hätten gern Postkarten und Briefmarken. ……………………………………………………………

………

2. Sie erzählen der Verkäuferin, dass Sie in Paris gewesen sind, aber dass Sie keine Geschenke für Ihre Freunde gefunden haben. ……………………………………………………………

………

3. (*Die Verkäuferin zeigt Ihnen zwei Souvenirs.*) Sie finden die Trinkschale schöner als die Seife.

………

4. Sie fragen nach dem Preis. ……………………………………………………………

5. Sie fragen, ob Sie mit Karte bezahlen können. ……………………………………………………………

1 ***Nicole et Paul Brevet.*** **In jedem Satz ist ein inhaltlicher Fehler. Berichtigen Sie die Aussagen.**

1. Paul est informaticien. Nicole est professeur. ....
2. Maintenant, ils habitent à Paris. ....
3. Ils ont acheté un appartement. ....
4. Ils ont un petit balcon. ....

2 **a** ***Pendre la crémaillère !*** **Den Einzug feiern! Marie und Bruno haben ihre Freunde eingeladen und hören nun ihren Anrufbeantworter ab. Ergänzen Sie die Nachrichten mit einer Form des Verbs *pouvoir*.**

31

C'est la fête !
Nous pendons la crémaillère !
Quand ? le 10 novembre
Où ? Chez Marie et Bruno
Tél.: 03 88 41 09 32

1. Bonjour. Ici Chantal et Michel. Vraiment désolés mais le dix, nous ne .... pas venir. C'est l'anniversaire de grand-mère* : 90 ans ! Alors...
2. Euh, oui... C'est Micheline. Alors le dix, je ne .... pas. C'est un peu compliqué. Marie, tu .... me téléphoner ce soir ?
3. Pascal et Lise au téléphone ! Merci pour le dix. Pas de problème : les parents .... garder* les enfants. C'est super !
4. Euh… Merci pour votre carte. Le dix, je viens, mais Gaspard, il ne .... pas. Il est encore en voyage d'affaires. Bonne journée !

* l'anniversaire (*m*) de grand-mère – *Omas Geburtstag*; garder – *hüten*

b **Wie viele Personen sind eingeladen, wie viele können kommen?**

Marie et Bruno ont invité ....

3 **In dieser Buchstabenschlange sind insgesamt sieben Verben in der Grundform versteckt, die das *passé composé* mit *être* bilden. Schreiben Sie sie heraus und bilden Sie jeweils die entsprechende Form im *passé composé* mit der angegebenen Person.**

miersortirnevcoxrevenirdnaîtrekynikmiuerzpartirraswedrallermilaresterrteretourner

1. *sortir*	*je suis sorti, je suis sortie*
2.	tu ...., tu ....
3.	elle ....
4.	nous ...., nous ....
5.	vous* ....
6.	ils ....
7.	elles ....

* *Hinweis: Sie sprechen eine Frau an.*

4 ***Audrey Tautou : Une fille d'Auvergne à Hollywood. Notes biographiques.* Setzen Sie die in Klammern angegebenen Verben ins *passé composé*. Achten Sie dabei auf das richtige Hilfsverb *être* oder *avoir*!**

Audrey Tautou .... *(naître)* en 1978 à Beaumont près de Clermont-Ferrand. Elle .... *(passer)* son enfance en Auvergne. Elle .... *(toujours détester)* la vie normale. Après le lycée, elle .... *(partir)* pour Paris où elle .... *(aller)* à une école d'art dramatique. Elle .... *(avoir)* des petits rôles* dans des films. Le grand succès* international .... *(venir)* avec « Le fabuleux destin d'Amélie Poulain ». Des millions de personnes .... *(regarder)* ce film et aussi les autres, comme par exemple « Vénus beauté », « L'Auberge espagnole » et « Un long dimanche de fiançailles ».

* le rôle – *die Rolle*; le succès – *der Erfolg*

i Les grands films avec Audrey Tautou :

Le fabuleux destin d'Amélie Poulain	Die fabelhafte Welt der Amélie
Vénus beauté	Schöne Venus
L'Auberge espagnole	L'Auberge espagnole – Barcelona für ein Jahr
UN LONG DIMANCHE DE FIANÇAILLES	MATHILDE – EINE GROSSE LIEBE

5 32

Hören Sie das folgende Telefonat: Ein Interessent ruft bei einer Ferienhausagentur an, um Informationen über zwei Ferienhäuser aus einer Zeitungsannonce einzuholen. Welches Haus bietet was? Vervollständigen Sie die Tabelle. Welches Haus ist abgebildet?

		Le Magnolia	L'Eau blanche
chambre(s) pour	2 personnes	2	
	1 personne		
salle(s) de bain			
micro-ondes			
terrasse			

6 **Ergänzen Sie die folgenden Sätze mit den entsprechenden Formen von *beau* und *vieux*.**

1. Ma copine Isabelle est une .... femme !
2. Oui, j'ai acheté une .... ferme. Mais elle a du charme !
3. J'ai vendu mon .... ordinateur et mon .... fax parce que j'ai décidé d'acheter du .... matériel hypermoderne !
4. Quel .... homme ! Sportif, charmant... C'est l'homme de ma vie !

7 **Silbensalat: Welche fünf Einrichtungsgegenstände können Sie aus diesen Silben bilden? Schreiben Sie jeweils den unbestimmten Artikel dazu.**

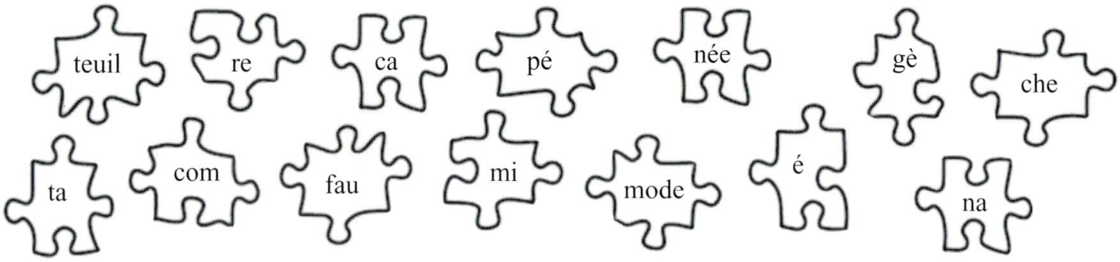

....

....

8 **Was ist im Bild rechts anders? Schreiben Sie die sechs Unterschiede auf.**

1. *La lampe est à côté de* ....
2. ....
3. ....
4. ....
5. ....
6. ....

Résumons !

R1 a Suchen Sie aus der folgenden Liste die anderen sieben Verben heraus, die das *passé composé* mit *être* bilden. Schreiben Sie Grundform und Partizip auf.

travailler • ~~rester~~ • faire • venir • préférer • aller • naître • manger • arriver • commencer • sortir • partir • retourner • prendre • jardiner • dormir

rester – resté(e) ....

....

20 ▶ S. 114

b Schreiben Sie jetzt eine kleine Geschichte mit diesen Verben. Auf diese Weise werden Sie sie leichter im Gedächtnis behalten. Folgenden Anfang schlagen wir Ihnen vor.

La fille de mon frère est née ce matin. A 10 heures et demie, je suis sorti(e) de la maison et je suis allé(e) à l'hôpital pour dire bonjour à la petite. ....

....

....

....

R2 Welche Gegenstände gehören in welchen Raum? Erstellen Sie eine Tabelle, wie unten angedeutet, und tragen Sie die Gegenstände mit dem entsprechenden Artikel ein. Einige Objekte passen in mehrere Räume.

réfrigérateur • ordinateur • commode • canapé • étagère • placard • bibliothèque • micro-ondes • table • chaise • tapis • lampe • fauteuil • cheminée

dans la cuisine	dans le salon	dans le bureau

R3 a *Savoir dire...* Über Haus und Wohnung sprechen: Ihr französischer Bekannter kommt Sie bald zum ersten Mal besuchen und möchte gern vorher etwas über Ihre Umgebung erfahren. Sie schreiben ihm z. B., dass ...

1. Sie in einem sehr schönen Haus in einem alten Dorf wohnen.

   ....
2. Ihr Haus neben der Bäckerei ist. ....
3. Sie auf der Terrasse essen können. ....
4. Sie heute morgen in die Stadt gefahren sind und ein Regal gekauft haben.

   ....

b Und wie sind Ihre eigenen Wohnverhältnisse? Beschreiben Sie Ihr Zuhause und Ihre Umgebung.

1 ***Connaissez-vous la Suisse ?*** **Schreiben Sie die Zahlen aus.**

La Suisse existe depuis le (13e) .... siècle. Lausanne est la (5e) .... ville de Suisse. Le grand architecte suisse Le Corbusier a vécu au (19e) .... et au (20e) .... siècle. Le Mont Cervin *(Matterhorn)* est avec ses 4478 mètres le (2e) .... sommet *(Gipfel)* des Alpes.

2 **a** **Schauen Sie den Stadtplan an. Welche Aussagen treffen zu?**

1. le musée des Beaux-Arts
2. l'office de tourisme
3. l'hôtel de ville
4. l'église Sainte-Marie
5. la poste
6. la bibliothèque
7. le théâtre

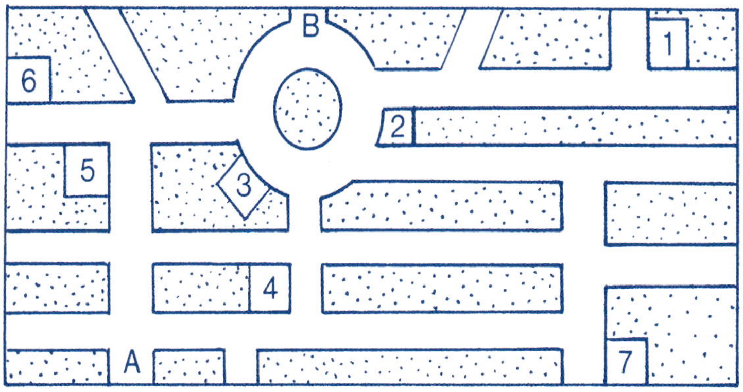

	V	F
1. La bibliothèque est loin du théâtre.	☐	☐
2. La poste est à côté de la bibliothèque.	☐	☐
3. Le musée est en face du théâtre.	☐	☐
4. L'église Sainte-Marie n'est pas loin de l'hôtel de ville.	☐	☐
5. L'hôtel de ville est loin de la place.	☐	☐

b **Berichtigen Sie nun die falschen Aussagen.**

....

....

....

3 (CD 33) **Sehen Sie den obigen Stadtplan an und folgen Sie der Wegbeschreibung von der CD. Ihr Ausgangspunkt ist A. Welches Gebäude erreichen Sie?**

....

4 (CD 34) **Schauen Sie den Stadtplan noch einmal an. Sie sind am Punkt B und wollen zum Theater. Beschreiben Sie den Ihrer Meinung nach kürzesten Weg dorthin. Hören Sie dann die Wegbeschreibung von der CD. Sind Sie den gleichen Weg gegangen?**

Je ....

....

....

5 CD 35

***Un peu de mathématiques.* Lösen Sie die Rechnungen, wie im Beispiel angegeben. Oder lassen Sie sich das Ergebnis von der CD diktieren.**

BEISPIEL: cent cinquante-deux + sept cent vingt-quatre = *152 + 724 = 876 (huit cent soixante-seize)*

1. quatre-vingt-quatorze + soixante et onze =

....

2. quatre cent soixante-dix-huit + mille huit cent trente-trois =

....

3. trois mille quatre cent quatre-vingt dix-neuf – deux mille deux cent soixante-dix-sept =

....

6 CD 36

***Un quiz sur la Suisse.* Welche Antwort ist richtig: A, B oder C? Hören Sie anschließend die Lösungen von der CD und überprüfen Sie.**

1. Combien de personnes habitent en Suisse ?

A 3 288 000
B 7 288 000
C 17 588 000

2. Combien de Suisses parlent français en première langue ?

A 1 485 000
B 1 895 000
C 2 285 000

3. Combien de Suisses parlent romanche en première langue ?

A 22 100
B 35 100
C 55 200

7 **a** ***Oui à la vie active !* Finden Sie sieben weitere Aktivitäten und notieren Sie sie mit dem passenden Artikel bei dem richtigen Verb.**

r	a	n	d	o	n	n	é	e
s	t	e	n	n	i	s	c	s
q	o	s	d	e	r	i	h	c
u	t	h	é	â	t	r	e	a
v	i	z	u	s	a	t	c	l
é	o	q	p	k	s	e	s	a
l	n	a	r	i	o	m	n	d
o	r	m	u	s	i	q	u	e

faire

du ski

....

....

....

....

....

jouer

....

....

b **Mit *faire* kann man viel machen. Welche Ausdrücke mit dem Verb *faire* kennen Sie noch?**

8 19 ▶ S. 114

Was ist mit diesen Umschreibungen gemeint? Ordnen Sie zu.

1. lire des textes russes, faire des exercices, écouter le CD etc. → c
2. regarder une exposition
3. aller au cinéma, aller danser, aller au restaurant etc.
4. faire de la musique sans instrument

a. sortir
b. chanter
c. apprendre
d. visiter

9 **a** **Was haben Colette und Julien diese Woche vor?**

1. *Lundi, Julien et Colette vont jouer au tennis.*
2. *Mardi, Julien* ....
3. ....
4. ....
5. ....
6. ....
7. ....

b ***Et vous ?*** *Cette semaine, je vais* ....

10 ***Chanter au bureau !*** **Lesen Sie zunächst den folgenden Text. Wählen Sie dann jeweils eine passende Überschrift für die drei Absätze.**

18 ▶ S. 114

Do, ré, mi, fa, sol ...* au bureau

Huit millions de Français ont adoré le film « Les Choristes »*. Depuis, un grand nombre de Français ont envie de chanter dans des chorales d'école, d'église, de quartier... et aussi d'entreprise.

Une chorale d'entreprise ? Mais qu'est-ce que c'est ? Une fois par semaine, les employés-choristes vont dans une salle de conférence, entre midi et 2 heures, pour chanter avec un chef de chorale – pour le plaisir et contre le stress au travail. Ils chantent de tout : des chansons populaires et folkloriques, des gospels etc. Quelquefois, ils donnent des petits concerts pour leurs collègues.

Dans ces chorales, il y a surtout des femmes. Les hommes pensent souvent que chanter, ça ne fait pas sérieux. « Je manque* de basses et j'ai trop d'altos* », explique Frank Hartmann, chef de chorale dans une grande banque. Et il y a encore un autre problème : les personnes qui ne viennent pas aux réunions parce qu'elles sont en voyage d'affaires ou parce qu'elles ont un rendez-vous important pour le travail. Mais malgré tout cela*, la chorale d'entreprise a encore de beaux jours devant elle.

* do, ré, mi, fa, sol... – *Beginn der Tonleiter im Französischen;* Les Choristes – *Die Chorsänger, dt. Titel des Films: Die Kinder des Monsieur Mathieu;* je manque de – *mir fehlen;* l'alto (m) – *die Altstimme;* malgré tout cela – *trotz allem*

D'après *Écoute 6/2005*

Paragraphe 1

a. Le film « Les Choristes »
b. Les loisirs des Français
c. Un film donne envie de chanter

Paragraphe 2

a. Les problèmes d'une chorale d'entreprise
b. Les activités d'une chorale d'entreprise
c. La chorale et le travail

Paragraphe 3

a. Les problèmes d'une chorale d'entreprise
b. Les hommes et la chanson
c. La chorale et la famille

Résumons !

R1 **Welche Angaben aus einer Wegbeschreibung sind durch die Pfeile dargestellt?**

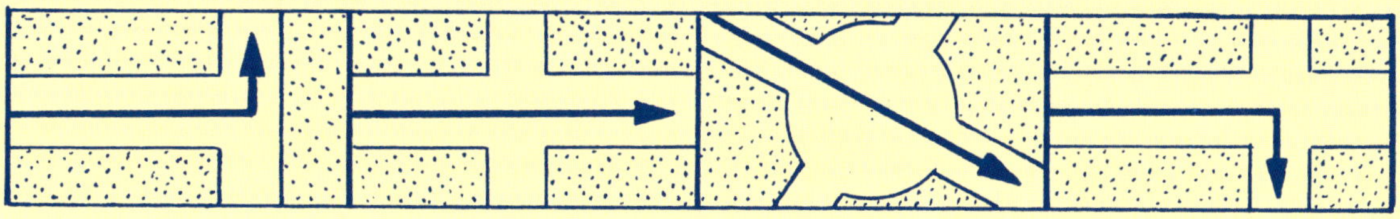

tourner.......................... ....

....

R2 **Ordnen Sie die folgenden Zeiträume vom kürzesten zum längsten und ergänzen Sie die Artikel.**

week-end • année • semaine • siècle •
minute • heure • journée • après-midi

une minute ▷ .... ▷ .... ▷ .... ▷

.... ▷ .... ▷ .... ▷ ....

R3 **Vervollständigen Sie die Tabelle mit den Verbformen im *passé composé*, *présent* und *futur proche*.**

	hier	maintenant	demain
je/j'			*vais travailler*
tu		*fais*	
il/elle/on	*a dormi*		
nous		*prenons*	
vous	*avez joué*		
ils/elles			*vont avoir*

R4 ***Savoir dire...* Den Weg beschreiben und über Freizeitaktivitäten sprechen: Sie sind zu Besuch in einer Stadt in Frankreich und möchten das Schloss besichtigen. Wie sagt man Folgendes?**

1. Sie fragen einen Passanten, wie man zum Schloss kommt.

....

2. Dieser erklärt Ihnen, dass man zuerst geradeaus geht und dann in die dritte Straße rechts.

....

3. Der Führer erzählt Ihnen, dass das Schloss aus dem 19. Jahrhundert ist.

....

4. Sie erzählen zwei anderen Schlossbesuchern, dass Sie gerne wandern und Schach spielen.

....

5. Die beiden Touristen erzählen Ihnen, dass sie am nächsten Sonntag eine Wanderung machen werden.

....

1 **Welche Sehenswürdigkeiten befinden sich in welchem Land? Bilden Sie Sätze, wie im Beispiel angegeben.**

la place Rouge • l'Acropole • le Pentagone • le Vatican • le Kremlin • Sainte-Sophie

La place Rouge est en Russie. ....

....

....

2 ***Les 15 à 17 ans et les vacances.*** **Was möchten diese jungen Leute in den Ferien machen? Vervollständigen Sie die Sätze mit einer Form des Verbs *vouloir*.**

● Est-ce que vous .... partir en vacances avec vos parents cette année ?

○ *Noémie (15 ans)* : Alors moi, je .... partir avec des copains. On .... faire du camping dans le Sud. Bien sûr, mes parents ne sont pas d'accord. Mais ça m'est égal ! Je ne suis pas un bébé !

△ *Laurent (16 ans)* : Passer des vacances avec les parents ? Non merci ! « Pourquoi est-ce que tu ne .... pas venir avec nous ? » C'est leur question préférée. Je .... ma liberté. Mais ils ne .... pas comprendre. Ils sont trop vieux !

□ *Delphine (17 ans)* : Cette année, je vais avec une amie en Autriche, dans une école de langue parce que nous .... avoir une bonne note en allemand au bac.

3 ***Comment aller en vacances ?*** **Wie fahren diese Leute in den Urlaub?**

1. *Ils partent en voiture.*
2. ....
3. ....
4. ....
5. ....

4 a ***Partir en voyage.* Lesen Sie zunächst, was diese Personen in ihrem Urlaub machen möchten. Sehen Sie sich dann die drei Angebote eines Reisebüros an. Welches Angebot passt zu wem?**

Valérie et Philippe veulent découvrir un pays lointain et faire du sport. ☐

Alexandra n'a pas beaucoup de vacances mais elle veut visiter une ville exotique. ☐

Eric est seul et il veut visiter une région de France en groupe. ☐

Offre 1 :
Week-end à Marrakech à l'hôtel Oasis ****

Vous pouvez découvrir la ville à pied, visiter ses monuments ou ne rien faire et bronzer au bord de la piscine. Le soir vous pouvez manger des spécialités marocaines sur la terrasse avec vue exceptionnelle sur la ville.

Offre 2 :
Une semaine en Alsace à vélo seul ou en groupe

A bicyclette sur les petites routes vous découvrez les vignobles et les charmants villages alsaciens. Vous dormez dans des petits hôtels typiques.
Vos bagages sont transportés en voiture.

Offre 3 :
Voyage multi-activités en Guadeloupe

Vous découvrez la Guadeloupe à vélo, à pied et en autobus. A midi, pique-nique dans la forêt ou sur la plage. Vous finissez le voyage au bord de la mer pour profiter de la plage et du soleil.

37 b **Hören Sie zu. Zu welchem Angebot passt das Gespräch im Reisebüro?** ☐

5 **Sie möchten ein Hotelzimmer reservieren. Füllen Sie dazu dieses Formular aus.**

Réservation

○ **M** ○ **Mme** ○ **Mlle**

Nom : ______
Prénom : ______
Adresse : ______
Code Postal : ______
Ville : ______
Etat* : ______
Pays : ______
Tél : ______
E-mail : ______

Disponibilité

Arrivée :	Jour ☐	Mois ☐	Année ☐
Départ :	Jour ☐	Mois ☐	Année ☐

Type de chambre :
(ex. : 1 chambre avec bain pour 2 personnes)

* l'Etat (m) – *der Staat*

6 ***Connaissez-vous ces dates ?* Kennen Sie diese Daten?**

- Fête nationale en France : *le* ....
- Fête du travail : ....
- Fête nationale en Allemagne : ....
- Début de l'été : ....

7 ***L'île de la Réunion.*** **Möchten Sie noch etwas mehr über diese Insel erfahren? Ergänzen Sie die passenden Präpositionen: *à, dans, de... à, en, sur.***

1. L'île de la Réunion, département français, est située .... l'océan Indien.
2. Le climat de l'île est tropical. La saison chaude va .... décembre .... avril et la saison fraîche .... mai .... novembre. La période des cyclones est en principe .... janvier .... mars.
3. La Réunion offre beaucoup d'activités : vacances .... la mer ou vacances sportives. On peut faire des randonnées .... montagne ou .... les forêts. On découvre alors des vues magnifiques par exemple .... la côte ou .... les volcans.

8 **a** ***Quel temps fait-il ?*** **Wie ist das Wetter in den angegebenen Städten?**

1. A Paris, ...
2. A Strasbourg, ...
3. A Grenoble, ...
4. A Nice, ...
5. A Bordeaux, ...
6. A Brest, ...

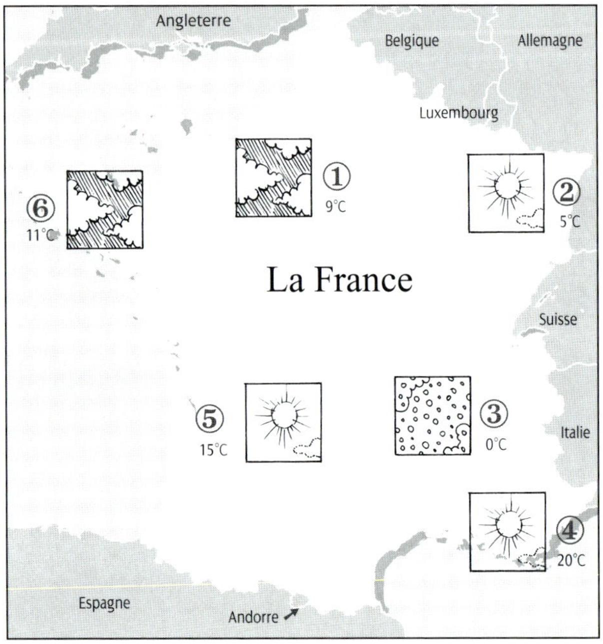

b **Und wie ist das Wetter heute bei Ihnen?**

....

38

c **Sehen Sie sich das Wetter in Nizza und in Paris noch einmal an. Hören Sie dann zwei Gespräche. Wo sind diese Leute gerade?**

1. *Ils sont à* ....
2. *Ils sont à* ....

9 ***Une carte postale.*** **Sie verbringen Ihren Urlaub in Frankreich und schreiben eine Postkarte an eine Freundin. Sie erzählen ...**

- wo Sie sind (Land, Meer, Berge ...);
- wie Sie reisen (Auto, Zug ...);
- wo Sie übernachten (Hotel, Campingplatz ...);
- was Sie machen (Sport, Besichtigungen ...);
- wie es Ihnen gefällt.

Résumons !

R1 **Schreiben Sie alle Wörter auf, die Ihnen zum Thema Urlaub einfallen.**

R2 **Welche Monate fehlen in diesem Kalender?**

janvier		mars		mai	
	août		octobre		

R3 **Ergänzen Sie jeweils die richtige Präposition und wenn nötig den bestimmten Artikel.**

1. partir en vacances .... voiture, ... pied, ... train, ... avion, ... moto, ... vélo
2. aller .... Australie, ... Chili, ... Russie, ... Asie, ... Danemark
3. passer ses vacances .... campagne, ... mer, ... montagne, ... ville, ... famille

R4 **Vervollständigen Sie die Tabelle.**

	vouloir	partir	découvrir
je/j'			
tu		*pars*	
il/elle/on			*découvre*
nous			
vous	*voulez*		
ils/elles			

R5 ***Savoir dire...* Über Urlaub und Reise sprechen: Sie erkundigen sich in einem Reisebüro nach einer Reise. Wie drücken Sie sich in dieser Situation auf Französisch aus?**

1. Sie sagen, dass Sie im September nach Frankreich reisen wollen.

   ....

2. Sie sagen, dass Sie mit dem Zug fahren möchten. ....

3. Sie erklären auch, dass Sie Ihren Urlaub am Meer verbringen möchten.

   ....

4. Sie möchten wissen, ob es im September an der Küste oft regnet.

   ....

5. Schließlich reservieren Sie ein Zimmer mit Bad und erkundigen sich nach dem Preis.

   ....

Ecrire 3

1 ***Réservation.*** **Sie haben einen Brief und einen Prospekt des *Hôtel Ermitage* erhalten. Sie möchten in diesem Hotel mit Ihrer Frau / Ihrem Mann eine Woche (1. bis 7. Juni) verbringen. Sie reservieren ein Zimmer (2 Betten, Dusche/WC, Meeresblick). Für Ihre Vorauszahlung (*les arrhes*) geben Sie die Nummer Ihrer Kreditkarte an. Ergänzen Sie diesen Musterbrief.**

(1)

____

____

____

(2)
Hôtel Ermitage
3, boulevard Montpellier
66700 Argelès/Mer
Frankreich

(3) ____________________, le ____________________

Madame, Monsieur,

.... beaucoup de .... réponse et de .... informations.

Je voudrais .... (4) __________ chambre(s) à deux .... , avec .... et .... et avec .... sur la mer pour la .... du (5) _______________ au (5) _______________ à (6) _______________ par jour.

Je vous communique, pour les arrhes, les coordonnées de ma .... de crédit : (7) ____________________________ .

Dans l'attente de votre confirmation, je vous prie d'agréer, Madame, Monsieur, ... meilleures salutations.

(8) ____________________________

(1) Ihr Name und Anschrift	(5) Anreise-/Abreisedatum
(2) Anschrift des Hotels	(6) Preis
(3) Datum	(7) Ihre Kreditkartennummer
(4) Anzahl der Zimmer	(8) Ihre Unterschrift

Autoévaluation 3

Nun sind Sie am Ende des ersten Bands von *Couleurs de France Neu* angekommen. In den *Unités* 9–12 haben Sie viel dazugelernt, und inzwischen können Sie sich schon in vielen Bereichen auf Französisch ausdrücken. Wie schätzen Sie selbst Ihre Kenntnisse ein?

1 Ich kann ...

- Uhrzeiten verstehen. ▶ S. 82: 6 — 1 2 3
- eine Wegbeschreibung verstehen. ▶ S. 97: 3 — 1 2 3
- verstehen, wenn jemand über seine Pläne spricht. ▶ S. 101: 12 — 1 2 3
- einem Gespräch an der Rezeption eines Hotels folgen. ▶ S. 107: 6b — 1 2 3
- einem Gespräch über eine Wohnung oder ein Zimmer konkrete Informationen entnehmen. ▶ S. 91: 8a — 1 2 3
- Zahlen über 1000 verstehen, wenn sie langsam und deutlich gesprochen werden. ▶ S. 98: 8 — 1 2 3

2 Ich kann ...

- jemandem die Uhrzeit mitteilen. ▶ S. 83: 7b — 1 2 3
- mit jemandem über Einkaufsgewohnheiten sprechen. ▶ S. 81: 3c — 1 2 3
- ein Einkaufsgespräch führen. ▶ S. 83: 9 — 1 2 3
- über Freizeitaktivitäten sprechen. ▶ S. 100: 11 — 1 2 3
- über Urlaubsreisen (Ziele, Beweggründe, Verkehrsmittel) sprechen. ▶ S. 105: 3-4 — 1 2 3
- ein Hotelzimmer reservieren. ▶ S. 107: 6a — 1 2 3
- über das Wetter sprechen. ▶ S. 109: 9 — 1 2 3

3 Ich kann ...

- über die wichtigsten Stationen meines Lebens berichten. ▶ S. 89: 4c — 1 2 3
- erzählen, was ich gestern oder am Wochenende gemacht habe. ▶ S. 90: 6c — 1 2 3
- meine Zukunftspläne vorstellen. ▶ S. 101: 13 — 1 2 3
- eine Stadt in einfachen Sätzen beschreiben. ▶ S. 98: 7d — 1 2 3
- einen Weg beschreiben. ▶ S. 97: 4 — 1 2 3
- eine Wohnung (Zimmer, Möbel) beschreiben. ▶ S. 91: 8c — 1 2 3
- Gegenstände miteinander vergleichen. ▶ S. 85: 13 — 1 2 3

4 Ich kann ...

- einen einfachen Informationstext über eine Stadt oder Region lesen. ▶ S. 80: 2, S. 98: 7a — 1 2 3
- eine Umfrage zu Urlaubsgewohnheiten lesen und verstehen. ▶ S. 104: 1 — 1 2 3
- einer Internetseite, z. B. eines Hotels, die wichtigsten Informationen entnehmen. ▶ S. 106: 5 — 1 2 3
- eine Annonce verstehen, in der eine Ferienwohnung angeboten wird. ▶ S. 93: 12a — 1 2 3
- einen einfachen literarischen Text lesen und die wichtigsten Aussagen verstehen. ▶ S. 94: 1 — 1 2 3

5 Ich kann ...

- mir Notizen machen, um damit z. B. einen mündlichen Beitrag vorzubereiten. ▶ S. 89: 4c — 1 2 3
- einen kurzen Text über meine Zukunftspläne schreiben. ▶ S.101: 13 — 1 2 3
- einen formalen Brief, z. B. eine Hotelreservierung, schreiben. ▶ S. 168: 1 — 1 2 3
- ein Formular ausfüllen. ▶ S. 165: 5 — 1 2 3
- eine Urlaubspostkarte schreiben. ▶ S. 166: 9 — 1 2 3

Abschlusstest

Informationen zum Abschlusstest Niveau A1

Niveau A1

Bravo! Sie haben den ersten Band von *Couleurs de France Neu* abgeschlossen!

Mit dem folgenden Test können Sie den derzeitigen Stand Ihrer Französischkenntnisse testen und feststellen, ob Sie das Kompetenzniveau A1 des Gemeinsamen europäischen Referenzrahmens erreicht haben.

Dieser Modelltest entspricht in Form und Inhalt der Prüfung zum Europäischen Sprachenzertifikat, Niveau A1, die z. B. an Volkshochschulen abgenommen wird. Damit haben Sie nun die Gelegenheit, sich konkret auf diese Prüfung vorzubereiten.

Die Prüfung besteht aus folgenden vier Teilen:

1. **Eléments langagiers** – *Wortschatz und Grammatik*
2. **Compréhension de textes oraux** – *Hörverstehen*
3. **Réponses en situations** – *Hören und Antworten*
4. **Compréhension de textes écrits** – *Leseverstehen*

Auch wenn Sie die Prüfung nicht ablegen möchten, gibt Ihnen der Test die Möglichkeit, Ihre Fähigkeiten in der französischen Sprache einzuschätzen. Mit dem zweiten Band von *Couleurs de France Neu* können Sie dann weiterlernen und auf dem bereits erreichten Niveau aufbauen.

Für die Durchführung des Tests sollten Sie einen Bearbeitungszeitraum von 60 Minuten nicht überschreiten.

Viel Spaß und viel Erfolg!

1. Eléments langagiers

Lisez cet e-mail. Choisissez le mot correct pour chaque numéro.

Vacances

Chère Barbara,
Comment vas-tu ? Moi, super bien. J'ai fini ....1.... études et j'ai enfin mon diplôme d'ingénieur. ....2.... trouvé un travail pour le premier septembre. Les dernières semaines ont vraiment été stressantes et maintenant, je voudrais partir en vacances : je ....3.... faire un voyage ....4.... Espagne ! C'est un ....5.... pays, il y a beaucoup de choses intéressantes à voir. J'ai ....6.... amis en Andalousie et je parle un peu espagnol. Hier, j'ai acheté un guide avec ....7.... photos : c'est une région magnifique. Et toi, tu ....8.... déjà allée en Andalousie ? Est-ce que tu as ....9.... de venir avec moi ? Mon père est d'accord, nous pouvons prendre ....10.... petite voiture. Alors, on part ensemble dans deux ou trois semaines ? J'attends ta réponse.
Bises.
Anne-Laure

1. a. mes
   b. mon
2. a. je suis
   b. j'ai
3. a. vais
   b. fais
4. a. au
   b. en
5. a. belle
   b. beau
6. a. les
   b. des
7. a. beaucoup de
   b. beaucoup
8. a. es
   b. as
9. a. envie
   b. aimes
10. a. son
    b. sa

2. Compréhension de textes oraux

Partie A

39

Lisez d'abord les situations et les phrases. Puis écoutez chaque texte deux fois. Indiquez la réponse correcte *OUI* (+) ou *NON* (–).

11. *Situation :*
    Votre amie Julie vous téléphone :
    Julie peut venir à votre anniversaire. ☐

12. *Situation :*
    Vous êtes touriste et vous cherchez une pharmacie. Vous avez demandé à une personne dans la rue. Elle répond :
    Il faut prendre la deuxième rue à droite. ☐

13. *Situation :*
    Vous discutez avec un Français. Il parle de ses habitudes :
    Il parle de son petit-déjeuner. ☐

14. *Situation :*
    Vous attendez à la réception d'un hôtel. Il y a un client devant vous. Vous écoutez la conversation :
    La cliente voudrait une chambre avec salle de bain. ☐

Abschlusstest

Partie B

40 **Lisez d'abord les questions et les réponses. Puis écoutez chaque dialogue deux fois.
Indiquez la bonne réponse : *a* ou *b*.**

15. ● A quelle heure ouvre le musée le jeudi, s'il vous plaît ?
○ Le jeudi ? Il ouvre à ....
a. 8 heures 30
b. 9 heures 30

16. ● Quel jour est-ce que tu vas arriver ?
○ Le .... juin.
a. 16
b. 6

17. ● Le village est à combien de kilomètres ?
○ A .... kilomètres.
a. 25
b. 35

18. ● Votre nom s'écrit comment, monsieur ?
○ ....
a. HUBERT
b. HUPPERT

19. ● Combien coûte cet ordinateur ?
○ Il coûte ....
a. 1849 euros
b. 849 euros

3. Réponses en situations

Partie A

41 **Lisez d'abord les phrases *a* à *d*, puis écoutez. Vous allez entendre trois phrases ou questions.
Marquez la bonne réponse *a*, *b*, *c* ou *d* pour chaque phrase ou question. Vous allez entendre chaque phrase ou question deux fois.**

20. ....
21. ....
22. ....

a. Je vais aller en Italie.
b. Non, je préfère une bière.
c. Désolé, je ne vends pas de tabac.
d. Je ne suis pas sorti. Trop fatigué.

Partie B

42 **Lisez d'abord les phrases *a* à e, puis écoutez. Vous allez entendre quatre phrases ou questions.
Marquez la bonne réponse *a*, *b*, *c*, *d* ou e pour chaque phrase ou question. Vous allez entendre chaque phrase ou question deux fois.**

23. ....
24. ....
25. ....
26. ....

a. D'accord. C'est une bonne idée.
b. Moi non plus.
c. Non, il est au premier étage.
d. Au revoir !
e. Bien sûr. J'adore l'art moderne.

4. Compréhension de textes écrits

Partie A

Lisez les titres *a* à *d* et les textes *27* à *29*. Trouvez le bon titre pour chaque texte.

a. Les risques de l'alcool

b. LA FÊTE DU PAIN

c. *Le monde du vin*

d. Les jeunes Européens et le tabac

(27) ☐

Oui, c'est vrai. Paris a son musée du Vin. Ouvert en 1984, il se trouve dans la rue des Eaux, pas loin de la tour Eiffel. Ce petit musée vous propose une exposition permanente et des séminaires intéressants sur le vin. Le musée du Vin est ouvert tous les jours de 10 h à 18 h sauf le lundi.

(28) ☐

Du 10 au 16 mai, partout en France, dans 33 000 boulangeries, on propose un programme intéressant pour enfants et adultes : visites de boulangeries, spectacles pour enfants, conférences et expositions sur la fabrication de la baguette et des croissants, loteries avec des prix magnifiques...

(29) ☐

Voici le triste résultat d'une enquête européenne : 53 % des Français âgés de 15 à 24 ans fument. Beaucoup commencent déjà très jeunes, à 13 ou 14 ans. Et dans les autres pays ? Seulement 21 % des jeunes Suédois et 24 % des jeunes Portugais de la même catégorie d'âge consomment du tabac.

Partie B

Lisez cette carte postale de votre sœur.

Salut ma petite sœur !
Olivier et moi, nous passons un week-end merveilleux dans le Jura : camping, randonnées, nature, nature... Il y a peu de gens, c'est idéal. Hier, on a fait 18 kilomètres à pied et aujourd'hui, on va encore marcher pour faire le tour du petit lac de Bonlieu. Nous rentrons ce soir à Lyon.
Bises.
Christiane

Lisez ensuite les phrases *30* à *32*. Marquez pour chaque phrase la bonne réponse *OUI* (+) ou *NON* (-).

30. Christiane et Olivier sont dans le Jura depuis quinze jours. ☐
31. Ils aiment la région parce qu'ils peuvent faire des grandes promenades. ☐
32. Ils découvrent la région en voiture. ☐

Partie C

Lisez ce prospectus d'une librairie.

La psychologie de l'enfant
d'Olivier Houdé

Psychologie – Un excellent livre sur la psychologie de l'enfant et des jeunes. Pour les parents, grands-parents et professeurs. Ce livre donne des réponses à vos questions. Agréable et facile à lire.

Idées de week-ends en Provence
Michelin

Guide – Vous avez envie de découvrir Marseille et sa région ? Ce guide propose des week-ends à la mer, à la montagne ou dans les villes avec leurs musées, restaurants, bars, etc.

Provence 2006
Lonely Planet

Guide – D'abord 80 pages de randonnées en Provence. Ensuite, des activités sportives de loisirs – escalade, canoë, planche à voile, surf etc. Vous trouvez aussi des adresses d'hôtels de charme, de pensions de famille et de terrains de camping. Tout pour passer des vacances loin des grands centres touristiques.

La Chambre des Dames
de Jeanne Bourin

Littérature – La vie d'une famille parisienne au 13e siècle. Mathilde Brunel, 34 ans, est la mère de la belle Florie, 15 ans. Florie aime le jeune troubadour Philippe.
Le jour d'une grande fête de famille, leur vie calme va trouver une fin abrupte.

Paris mon amour
de Jean-Claude Gautrand

Beau livre de grand format – Des photographes célèbres ont vécu et travaillé à Paris.
90 très belles photographies en noir et blanc : des parcs et des jardins, des boulevards et des petites rues, des bistrots et des cafés.

Lisez maintenant ces phrases et marquez la bonne réponse *a* ou *b*.

33. Votre fille a 15 ans et, en ce moment, elle a beaucoup de problèmes. Vous ne comprenez pas ses réactions. Vous voulez consulter un livre spécialisé.

    a. Vous achetez le livre *La psychologie de l'enfant.*
    b. Vous achetez le livre *La Chambre des Dames.*

34. Vous aimez lire des romans historiques et d'amour.

    a. Vous achetez le livre *La Chambre des Dames.*
    b. Vous achetez le livre *Paris mon amour.*

35. Vous voulez passer deux semaines de vacances dans le sud de la France. Vous aimez les vacances sportives.

    a. Vous achetez le guide *Idées de week-ends en Provence.*
    b. Vous achetez le guide *Provence 2006.*

Auswertung des Abschlusstests

Gleichen Sie Ihre Lösungen mit dem Lösungsschlüssel (siehe S. 183) ab und addieren Sie Ihre Punkte unten in der Tabelle.

Die Höchstpunktzahl für den gesamten Test beträgt 70 Punkte.
Zum Bestehen der Prüfung müssen Sie 80 % der möglichen Höchstpunktzahl, d. h. mindestens 56 Punkte erreichen.

Punktevergabe

1. Eléments langagiers		Aufgabe 1–10	je 1,5 Punkte
2. Compréhension de textes oraux			
	Partie A	Aufgabe 11–14	je 3 Punkte
	Partie B	Aufgabe 15–19	je 1 Punkt
3. Réponses en situations			
	Partie A	Aufgabe 20–22	je 2 Punkte
	Partie B	Aufgabe 23–26	je 2 Punkte
4. Compréhension de textes écrits			
	Partie A	Aufgabe 27–29	je 3 Punkte
	Partie B	Aufgabe 30–32	je 3 Punkte
	Partie C	Aufgabe 33–35	je 2 Punkte

Prüfungsteil	maximale Punktzahl	erreichte Punktzahl
Eléments langagiers (1–10)	15	
Compréhension de textes oraux		
Partie A (11–14)	12	
Partie B (15–19)	5	
Réponses en situations		
Partie A (20–22)	6	
Partie B (23–26)	8	
Compréhension de textes écrits		
Partie A (27–29)	9	
Partie B (30–32)	9	
Partie C (33–35)	6	
Nombre total de points	70	

Lösungen

Nachstehend finden Sie die Lösungen zu den Übungen, die Ihnen im Übungsteil (ab S. 116) angeboten werden. Manchmal sind mehrere Lösungen möglich. In diesen Fällen ist ein Lösungsvorschlag abgedruckt. Das heißt natürlich nicht, dass Ihre Lösung, sollte sie anders aussehen, falsch sein muss.
Nach den jeweiligen Übungen finden Sie auch die Hörtexte, die im Übungsteil nicht abgedruckt sind.

Unité 1

1 Vous êtes madame Legrand ? – Et toi, tu es Fabien ? – Je suis professeur. – Moi, c'est Eléonore, et toi ? – Bonjour, je m'appelle Luc Lorrain.

2a 1. Vous, je – 2. Tu, Je

2b 1. est, es, est – 2. êtes, êtes, suis

2c 1. vous, vous, Moi – 2. Toi, moi, toi

3a monsieur – Bonsoir – Je m'appelle – vous êtes – c'est ça – Enchanté

4 *Lösungsvorschlag*:
Saint Pierre : Bonjour, madame. Comment-allez vous ?
Edith Piaf : Bien, merci. Et vous ?
Saint Pierre : Très bien, merci.

Yves Montand : Salut Edith, ça va ?
Edith Piaf : Bonjour Yves ! Merci, ça va bien. Et toi ?
Yves Montand : Très bien, merci.

5a 1. b. – 2. a. – 3. b. – 4. c.

5b *duzen*: 1, 4 – *siezen*: 2, 3

6 1. Comment allez-vous – 2. Vous êtes – 3. Tu es (bien) – 4. Ça va

7 une banane – une salade – une olive – une orange – un ananas – un kiwi – un cognac – une tomate

8 une baguette – des croissants – des cigarettes – un journal – des bonbons – un parfum – une rose – une salade – un cédérom – des tomates

9 1. journal – 2. vase – 3. qualité – 4. cigarette – 5. hôtel – 6. Citroën

10 1. a. in einem Supermarkt – 1. b. Tomaten, einen Salat – 2. a. Sie verabreden sich. – 2. b. ins Kino

1.
● Bonjour, madame.
○ Bonjour, monsieur. Je voudrais des tomates.
● Oui, combien ?
○ Un kilo, s'il vous plaît.
● Un kilo de tomates. Et avec ça ?
○ Une salade.
● Une salade. Vous voulez des oranges ?
○ Non merci, pas d'oranges. C'est tout.
● Voilà, les tomates et la salade.
○ Merci.
● Merci et au revoir.

2.
● Allô, Sébastien ?
○ Ah, bonjour Carole.
● Tu as envie d'aller au théâtre demain ?
○ Euh… non.
● Alors au cinéma ?
○ Oh oui, c'est une bonne idée.
● Au Cinéstar on passe un film avec Depardieu et Catherine Deneuve.
○ Oui, pourquoi pas ?
● Alors à demain.
○ D'accord, à demain.

11 Bonsoir ! / Guten Abend! – Au revoir ! / Auf Wiedersehen! – A demain ! / Bis morgen! – A bientôt ! / Bis bald! – A la semaine prochaine ! / Bis nächste Woche!

R1 1. kilomètre – 2. nature – 3. taxi

R2 un restaurant, un café, un hôtel, un cinéma, un taxi, un théâtre, un bar – une cigarette, une mélodie, une adresse, une orange, une idée, une rose, une photo – des adresses, des bars, des cafés, des cigarettes, des cinémas, des hôtels, des idées, des mélodies, des oranges, des photos, des restaurants, des roses, des taxis, des théâtres

R3 *Sich begrüßen*: Salut ! – Bonsoir !
Sich verabschieden: A demain ! – A bientôt ! – A la semaine prochaine ! – Bonsoir !

R4 *Lösungsvorschlag*: 1. Bonjour (madame), je m'appelle… – 2. Vous êtes madame Raimbault ? – 3. Raimbault, ça s'écrit comment ? – 4. Comment allez-vous ?

Unité 2

1 *männlich*: français – suisse – belge – italien – russe – espagnol – tunisien ; *weiblich*: française – suisse – belge – italienne – russe – espagnole – tunisienne

2 1. il est allemand – 2. elle est autrichienne – 3. il/elle est suisse – 4. il est tunisien – 5. il/elle est belge – 6. elle est espagnole

3 tu es – il/elle est – nous sommes – vous êtes – ils/elles sont

4a 2. e. – 3. b. – 4. a. – 5. c.

4b *Mousse au chocolat :* C'est une spécialité française. – *Die Süddeutsche Zeitung :* C'est un journal allemand. – *Inter Mailand :* C'est un club de football italien.

5 je parle – tu parles – elle parle – nous parlons – vous parlez – ils parlent ; *falsch*: t – s

6 *Anastasia* : anglais / très bien – espagnol / un peu – russe / ne… pas – français / très bien
Marie : anglais / ne… pas – espagnol / ne… pas – russe / très bien – français / très bien

● Bonjour, je m'appelle Anastasia. Je suis française. Je parle très bien français, je parle très bien anglais et un peu espagnol. Je ne parle pas russe.
○ Et moi, je m'appelle Marie. Je ne parle pas anglais, je ne parle pas espagnol, mais je parle très bien russe. Et puis aussi français !

7 2. Non, elle ne parle pas allemand. Elle parle français. – 3. Non, elles ne sont pas à Madrid. Elles sont à Paris. – 4. Non, il n'est pas espagnol. Il est italien. – 5. *Lösungsvorschlag*: Non, je ne suis pas russe. Je suis allemand(e) / autrichien(ne) / suisse…

8 Marrakech, c'est au Maroc. – Nice, c'est en France. – Montréal, c'est au Canada.

9a 3. Non, je suis de Bordeaux. – 4. Et vous habitez à Bordeaux ? – 5. Ah non ! J'habite... – 6. Je suis de Cambridge. – 7. Et vous habitez où ? – 8. J'habite à Londres.

10 1. b. – 2. b. – 3. a. – 4. a. – 5. b. – 6. a.

11 Il habite à Soissons, 9 (neuf), rue Lebleu. – Hum ! Non ! Zéro trois... dix-huit... vingt... onze... zéro deux. – Ils habitent à Sedan, 1 (un), rue Gambetta. – Zéro trois... douze... zéro cinq... quinze... zéro trois.

R1 France – français/française – français ; *Lösungsvorschlag*: Allemagne – allemand/allemande – allemand ; Autriche – autrichien/autrichienne – allemand ; Suisse – suisse – français, italien, allemand

R2 *être* : je suis – tu es – il/elle est – nous sommes – vous êtes – ils/elles sont ; *habiter* : j'habite – tu habites – il/elle habite – nous habitons – vous habitez – ils/elles habitent ; *discuter* : je discute – tu discutes – il/elle discute – nous discutons – vous discutez – ils/elles discutent

R3 je ne suis pas – tu ne parles pas – je n'habite pas – il n'est pas – vous n'êtes pas – nous n'habitons pas

R4 *Lösungsvorschlag*: 1. Je suis autrichien(ne). – 2. J'habite à Dortmund. Je suis de Graz. – 3. Je parle très bien allemand. Je parle un peu italien, mais je ne parle pas espagnol. – 4. Vous êtes d'où ?

Unité 3

1 1. l'argent – 2. l'erreur – 3. le chat – 4. la mer

2a *Einzahl*: chat – problème – campagne – jalousie – hôtel – orange ; *Mehrzahl*: roses – hommes – enfants – familles – voyages – femmes

2b *männlich/Einzahl*: le problème – l'hôtel ; *männlich/Mehrzahl*: les hommes – les enfants – les voyages ; *weiblich/Einzahl*: la campagne – la jalousie – l'orange ; *weiblich/Mehrzahl*: les familles – les femmes

3 *Lösungsvorschlag*: Georges est moderne parce qu'il aime l'aventure. Il est sympathique parce qu'il n'aime pas le stress. Il est dynamique parce qu'il aime le sport. Il n'est pas classique parce qu'il aime le risque.

4 écouter – surfer – faire – faire – regarder – manger – lire

6 *Lösungsvorschlag*: J'aime lire et j'aime la poésie. J'aime beaucoup écouter la radio et j'aime beaucoup les enfants. J'adore surfer sur Internet et j'adore la mer. Je n'aime pas tellement regarder la télévision et je n'aime pas tellement le sport. Je n'aime pas jardiner et je n'aime pas l'aventure. Je déteste faire le ménage et je déteste le stress.

7 Est-ce que vous êtes monsieur Lempereur ? – Est-ce que vous êtes français? – Est-ce que vous habitez à Paris ? – Est-ce que vous aimez voyager ?

8 Moi aussi – Moi non – Moi non plus – Moi si

9 Le matin, Cécile fait les courses. – A midi, elle fait la cuisine. – L'après-midi, elle fait le ménage. – Le soir, elle regarde la télé.

10 1. vrai – 2. faux – 3. vrai – 4. faux

11
1. Oh, c'est le stress. Le matin, je fais les courses. L'après-midi, je fais le ménage, je fais la cuisine et j'écoute la radio parce que... je déteste faire la cuisine et le ménage !

2. Le matin nous faisons les courses. L'après-midi nous faisons des promenades dans les dunes : nous adorons la mer et le soleil. Et le soir nous mangeons et nous regardons la télévision.

3. Ah, moi, j'aime beaucoup surfer sur Internet, le matin, l'après-midi et le soir. La télévision ? Non, je n'aime pas tellement.

4. Bof, ... j'aime beaucoup lire le journal, et le soir je regarde la télévision. Non, je ne fais pas de promenades, je n'aime pas marcher.

11 *S. Hörtext:*

12
Et maintenant, le tirage des numéros gagnants. Attention ! ... le 5, le 9, le 12, le 15, le 16, le 19, le 20, le 22, le 27, le 29, le 34, le 39, le 46, le 49, le 51, le 55, le 57, le 60, le 63 et le 67. Je répète : le 5, (etc.)

R1 *faire* : tu fais – il/elle fait – nous faisons – vous faites – ils/elles font ; *lire* : je lis – tu lis – il/elle lit – nous lisons – vous lisez ; *manger* : je mange – tu manges – il/elle mange – vous mangez – ils/elles mangent

R2 *Lösungsvorschlag*: *drinnen*: manger – surfer sur Internet – faire le ménage – regarder la télévision – faire la cuisine – lire le journal – écouter la radio ; *draußen*: voyager – faire les courses – manger – jardiner – surfer sur Internet – lire le journal – faire des promenades

R3 *Lösungsvorschlag*: *männlich*: le taxi – le journal – le matin – le voyage – le travail – le sport – l'argent ; *weiblich*: la cigarette – la tradition – la nationalité – la baguette – la radio – la liberté – la télévision – l'aventure

R4 *Lösungsvorschlag*: 1. Je fais les courses le matin. – 2. J'aime faire des promenades l'après-midi. – 3. Je ne regarde jamais la télévision. – 4. Je n'aime pas beaucoup faire la cuisine. – 5. J'aime la France parce que j'aime manger. – 6. Je déteste le stress et les problèmes.

Unité 4

1a 1. un boulanger – 2. un informaticien – 3. une serveuse – 4. un employé – 5. une infirmière – 6. une assistante

1b 1. Elle est coiffeuse. – 2. Il est boulanger. – 3. Elle est photographe. – 4. Elle est ouvrière. – 5. Il est employé. – 6. Elle est informaticienne.

2a 1. ils font des parfums – 2. elle fait les courses et le ménage – 3. elle fait des interviews – 4. ils font la cuisine – 5. il fait des baguettes

3 *Lösungsvorschlag*: Etre ministre, c'est stressant. – Etre pilote, c'est intéressant.

4 2. Je suis ingénieur... – 3. Alors, je parle... – 4. Etre ingénieur, c'est... – 5. J'aime vivre à Chabeuil... – 6. parce que c'est... – 7. J'aime jardiner... – 8. Mais je déteste...

5 Où est-ce qu'il habite ? – Qu'est-ce qu'il fait ? – Où est-ce qu'il travaille ? – Qu'est-ce qu'il aime ? – Est-ce qu'il est sympathique ?

6 Téléphoner, ça vous plaît ? Oui, assez. – Les voyages, ça vous plaît ? Oui, beaucoup. – L'aventure, ça vous plaît ? Non, pas trop. – Le jazz, ça vous plaît ? Oui, beaucoup. – La musique classique, ça vous plaît ? Non, pas du tout.

7 *Lösungsvorschlag*: Monique Brun est médecin. Elle travaille dans un hôpital. Le travail est stressant. – Yves Leroy est serveur. Il travaille dans un restaurant. Le travail est fatigant. – Amélie Arthur est secrétaire. Elle travaille dans un bureau. Le travail est monotone.

15

- ● Comment est-ce que vous vous appelez ?
- ○ Je m'appelle Monique Brun.
- ● Qu'est-ce que vous faites ?
- ○ Je suis médecin et je travaille dans un hôpital.
- ● Est-ce que ça vous plaît ?
- ○ Oui beaucoup, mais c'est stressant !

- ● Et vous ?
- ○ Je m'appelle Yves Leroy et je suis serveur.
- ● Dans un café ?
- ○ Non, dans un restaurant.
- ● Et le travail, ça vous plaît ?
- ○ Non, pas tellement. C'est fatigant.

- ● Et mademoiselle ?
- ○ Je m'appelle Amélie Arthur et je suis secrétaire. Je travaille dans un bureau.
- ● Est-ce que le travail vous plaît ?
- ○ C'est monotone.

8 as – ai – ont – avez – avons

9 2. Ils n'ont pas de jardin. – 3. Elle n'a pas de voiture. – 4. Ils n'ont pas d'ordinateur.

10 *Adresse* : 81 rue de la République, 75011 Paris – *Numéro de téléphone* : 0033-1-45-54-98-27 – *Numéro de fax* : 0033-1-45-54-73-16

16

Alors l'adresse de l'hôtel, c'est 81 rue de la République. Et le code postal, c'est le 75011, Paris. Et le numéro de téléphone, c'est le 0033-1-45-54-98-27. Je répète. L'adresse, c'est 81 rue de la République, 75011 Paris et le numéro de téléphone, c'est le 0033-1-45-54-98-27. Je vous donne aussi le numéro de fax : c'est le 0033-1-45-54-73-16. Au revoir et bonne journée !

11b *Lösungsvorschlag*:
Cher monsieur,
Mercredi, je ne suis pas au bureau. Jeudi matin, j'ai un séminaire. Jeudi après-midi, ça va.
A jeudi !

R1 ouvrière – infirmière – assistante – coiffeuse – journaliste (*unverändert*) – informaticienne

R2 Où est-ce que vous habitez ? – Qu'est-ce que vous faites demain ? – Est-ce que vous avez un portable ?

R3 *Lösungsvorschlag*: *Berufe*: ingénieur, architecte, employé, parfumeur, journaliste… ; *Arbeitsorte*: maison, café, restaurant, hôpital, entreprise… ; *Bürogegenstände*: stylo, téléphone, livre, bureau, chaise…

R4 *Lösungsvorschlag*: 1. Je suis employé(e). – 2. Je travaille dans une entreprise internationale. – 3. C'est un travail passionnant. – 4. J'ai souvent des rendez-vous.

Ecrire 1

1 Nom : Meunier
Prénom : Stéphanie
Profession : infirmière
Nationalité : belge
Adresse e-mail : s.meunier@yahoo.com

Nom : Gros
Prénom : Vincent
Profession : informaticien
Nationalité : suisse
Adresse e-mail : Vincent.Gros@free.net

2 *Lösungsvorschlag*: Je m'appelle Julia Weiler. Je suis allemande et j'habite à Potsdam. Je suis secrétaire et je travaille dans une entreprise. J'aime le sport et j'adore la mer. Je n'aime pas beaucoup jardiner.

Unité 5

1 1. exposition – 2. restaurant – 3. cinéma – 4. théâtre – 5. concert

2 2. Christophe est à l'opéra. – 3. Mélanie est à la mer. – 4. Sébastien et Louise sont au restaurant. – 5. Gilles est à la campagne.

3a *Lösungsvorschlag*: 2. Anne, tu vas au travail ? – 3. La famille Castafiore va à l'opéra. – 4. Jean et moi, nous allons au théâtre. – 5. Elodie et Nicolas, vous allez à la mer. – 6. Les enfants vont au jardin.

3b *Lösungsvorschlag*: Je vais souvent au cinéma. – Nous allons quelquefois à la campagne.

4 vas – vais – va – sortir – va – sors – allez – allons – sort – va

5a *Le musée archéologique* : Il est ouvert du mardi au dimanche, de 9 heures à 18 heures. Il est fermé le lundi. – *La galerie d'art* : Elle est ouverte du mardi au dimanche, de 10 heures 30 à 13 heures et de 15 heures 30 à 20 heures. Elle est fermée le lundi. – *Le bar Manou* :
Il est ouvert du mercredi au dimanche, de 21 heures à 2 heures. Il est fermé le lundi et le mardi.

6a Am Dienstag haben offen: *Café des Arts* und *Chez Ginette*

18

1. Le Café des Arts est ouvert du mardi au vendredi de 11 heures à 18 heures et le samedi et le dimanche de 10 heures à 18 heures. Il est fermé le lundi.
2. Bar La Martinique, bonjour. Nous sommes ouverts le samedi et le dimanche soir de 17 heures à 1 heure du matin. Pour les réservations, vous pouvez appeler du mardi au dimanche de 10 heures à 21 heures. Merci pour votre appel.
3. Bonjour. Le restaurant Chez Ginette est ouvert de 11 heures à 23 heures. Il est fermé le mercredi. A bientôt !

6b *Chez Ginette*

7 2. Ensuite, nous allons du musée à la place de l'Etoile. – 3. Après, nous allons de la place de l'Etoile à l'église Saint-Jean. – 4. Ensuite, nous allons de l'église Saint-Jean à l'Hôtel de Ville. – 5. Et enfin, nous allons de l'Hôtel de Ville au jardin botanique.

8 avez fait – avons fait – avez visité – a adoré – avez dormi – avons dormi – avez parlé – ont parlé – avez aimé – avons passé

9 2. Non, il n'a pas téléphoné. – 3. Non, je n'ai pas écouté la radio. – 4. Non, ils n'ont pas fait les courses. – 5. Non, je n'ai pas envie d'aller au cinéma.

R1 *Lösungsvorschlag*: *sortir* : restaurant, café, exposition, opéra, concert, soir…

R2 *aller* : tu vas – nous allons – ils/elles vont ; *sortir* : je sors – il/elle/on sort – vous sortez – ils/elles sortent ; *dormir* : tu dors – il/elle/on dort – nous dormons – ils/elles dorment

R3 parlé –fait – dormi – aimé – passé – regardé

R4 *Lösungsvorschlag*: 1. J'ai envie de sortir. – 2. Il est onze heures. – 3. Le musée est ouvert de dix à dix-sept heures. – 4. D'abord, on va au musée, ensuite on va au café. – 5. Hier, j'ai visité une exposition de Picasso.

Unité 6

1 champagne – chocolat – bière – café – eau ; *Lösungswort*: carafe

2 D'où est-ce que vous êtes ? – Depuis quand est-ce que vous êtes à Paris ? – Et pourquoi est-ce que vous êtes ici ? – Combien d'heures est-ce que vous travaillez par jour ? – Quand est-ce que vous travaillez ?

19
- ● Bonjour, mademoiselle. Je suis journaliste. Je voudrais vous poser quelques questions.
- ○ Oui, bien sûr.
- ● D'où est-ce que vous êtes ?
- ○ Je suis de Berlin. (*usw., s. oben*)

3 1. Qu'est-ce que – 2. Est-ce que – 3. Qu'est-ce que

4 1. Pourquoi est-ce que vous apprenez le français ? – 2. Quand est-ce que vous allez au cours de français ? – 3. A quelle heure est-ce que le cours commence ? – 4. Combien d'heures de français est-ce que vous avez par semaine ?

5 je bois – tu bois – il/elle boit – nous buvons – vous buvez – ils/elles boivent

6 2. Elle lit beaucoup de romans. – 3. Elle boit beaucoup de café. – 4. Il visite beaucoup de musées.

7 Non, elle ne lit pas de romans d'amour. Oui, il lit des romans d'amour. – Non, elle n'a pas de problèmes d'argent. Oui, il a des problèmes d'argent.

8 (Un très) grand (bonjour) – (une ville) géniale – petits (bistrots) – grandes (terrasses) – (les gens sont) sympathiques – (des restaurants) traditionnels – (La cuisine est très) bonne

9 *Lösungsvorschlag*: *Le matin* : deux tasses de café, deux tasses de thé, un jus d'orange – *Le soir* : une carafe d'eau, une bouteille de champagne, deux bouteilles de vin

10 une bière pression – un jus d'orange – une glace – une carafe d'eau

21
- ● Monsieur, s'il vous plaît !
- ○ Oui, qu'est-ce vous prenez ?
- ● Moi, je voudrais une bière.
- ○ Bouteille ou pression ?
- ● Pression, s'il vous plaît.
- ○ Et pour madame ?
- □ Vous avez du citron pressé ?
- ○ Non, je regrette…
- □ Alors, je prends un jus de fruit : un jus d'orange.
- △ Et pour moi, une glace et une carafe d'eau, s'il vous plaît.

11 prenez – prends – prends – prennent – prenons – prends – prend

12 1. d. – 2. a. – 3. e. – 4. b. – 5. c.

R1 boire / manger – artiste / écrivain – chaud / froid – combien / comment – petit / grand – thé / café – vin / bière

R2 1. Où est-ce que vous travaillez ? – 2. Comment est-ce que vous allez au travail ? – 3. Quand est-ce que vous allez à Paris ? – 4. Combien d'enfants est-ce que vous avez ? – 5. A quelle heure est-ce que vous mangez ?

R3 *boire* : je bois – tu bois – il/elle/on boit – nous buvons – vous buvez – ils/elles boivent ; *prendre* : je prends – tu prends – il/elle/on prend – nous prenons – vous prenez – ils/elles prennent

R4 *Lösungsvorschlag*: 1. Le café est grand et moderne. – 2. Est-ce que les Français boivent beaucoup de café ? – 3. Je voudrais trois verres de vin. – 4. L'addition, s'il vous plaît ! – 5. Pardon ! Je n'ai pas compris.

Unité 7

1 1. ami – 2. liberté – 3. cinéma – 4. tard – 5. cousin – 6. chez

2 (elle) a passé – (elle) a commencé – (elle) est allée – (elle) a donné – (elle) est entrée – (elle) a habité – (elle) a rencontré – (elle) est restée

3a 2. le frère – 3. la sœur – 4. le père – 5. la tante

3b 2. ce sont ses cousins – 3. c'est sa tante – 4. c'est sa sœur – 5. c'est son oncle – 6. ce sont ses parents

4 votre – mon – ma – vos – mes – leurs – leurs – ta – mes – ma – tes – tes – mon – mon – mes – nos – notre

5 *Lösungsvorschlag*: Tu parles de l'exposition de Claude Monet. – Ma cousine parle de sa collègue suisse. – Nous choisissons pour notre ami Jacques un CD de Bach. – Vous choisissez pour Monique un livre d'Albert Camus. – Mes parents parlent de leur voyage en Autriche.

6 des canaux – des hôpitaux – des bureaux – des plateaux

7 A 3 / bleu – B 2 / jaune – D 4 / vert

23
1. C'est la couleur de l'amour. Et aussi des grands vins de Bordeaux.
2. Ma couleur préférée ? Ah ! J'aime le soleil et j'adore la couleur du soleil. C'est aussi la couleur du maïs et des citrons.
3. Oh ! J'adore la Côte d'Azur et j'adore la couleur de la mer.
4. J'aime faire des promenades dans le parc ou à la campagne. Ma couleur préférée, c'est la couleur de la nature.

8 bleu – bleue – blanc – blanc – blanches – noir – noirs – noire – rouge – rouge – rouges

9a 3. Ah oui, le vélo. C'est un très bon vélo et pas cher. – 4. Il fait quel prix ? – 5. 100 euros. – 6. Mais c'est trop cher, monsieur. – 7. Ecoutez madame, ce n'est pas trop cher. Le vélo est en très bon état ! – 8. Bon, je prends le vélo pour 80 euros. – 9. D'accord pour 90 ? – 10. Oui, bon, d'accord ! Quelle est votre adresse, s'il vous plaît ?

9b 1. faux – 2. faux – 3. vrai – 4. vrai

10 1. Quelles / On parle français, allemand, italien et romanche. – 2. Quels / Ce sont lundi, mardi, mercredi, jeudi, vendredi, samedi et dimanche. – 3. quelle / Il travaille à Paris. – 4. Quel / C'est *la sœur*.

R1a *la famille* : le frère, la fille, la mère, le père ; *les objets* : le vélo, la table, (l'orange), le tableau, le vase, la robe, le livre, le sac à dos, la carte postale ; *les couleurs* : marron, orange, vert, noir, gris

R1b *Lösungsvorschlag*:
la famille : l'oncle, la tante, le cousin, la cousine, la sœur, les parents ; *les objets* : le pull, le CD, l'appareil photo, la photo, le journal, la voiture ; *les couleurs* : rouge, jaune, bleu, blanc, rose

R2 *acheter* : j'achète – tu achètes – vous achetez – ils/elles achètent ; *vendre* : tu vends – nous vendons – vous vendez ; *choisir* : je choisis – il/elle/on choisit – nous choisissons – ils/elles choisissent

R3 *Lösungsvorschlag*: 1. Je cherche des cadeaux pour mes enfants. – 2. J'achète la robe bleue pour ma fille. – 3. Mes voisins vendent leur voiture sur Internet. – 4. Quelle est votre adresse ?

Unité 8

1a *Lundi* : aux – au – au ; *Mardi* : à l' – à la – au ; *Mercredi* : aux – à la ; *Jeudi* : à l' – des ; *Vendredi* : aux – aux ; *Samedi* : à la – au – aux – des

1b *Lösungsvorschlag*: salade au roquefort – steak – mousse au chocolat

2 1. Est-ce que tu connais la recette du canard à l'orange ? – 2. Nous connaissons très bien le chef de cuisine. – 3. Est-ce que vous connaissez un restaurant espagnol ? – 4. Je connais les livres de cuisine de Bocuse. – 5. Elle ne connaît pas les spécialités allemandes.

3 mange – agréable – cuisine – prend – plat – connaît – entrée – frais – léger – préfère – a soif

4 1. agréable, tranquille – 2. excellente – 3. fraîches – 4. cuits – 5. bonnes ; *übrig*: froid

5a 1. Je vais au restaurant *La Belle Mer*. – 2. Oui, il est ouvert du lundi au dimanche. – 3. Je vais au restaurant *Le Balmain*.

5b 1. vrai – 2. faux – 3. faux

26
1. Je fais souvent des séminaires à l'hôtel-restaurant Le Balmain. C'est très tranquille et agréable. Ils font une cuisine régionale excellente. J'ai mangé un très bon cassoulet.
2. Je vous conseille le restaurant La Belle Mer. Ils ont une carte de poissons variée et une carte gastronomique. C'est très bon, mais c'est aussi très cher.
3. Nous avons mangé hier au restaurant La Montagne. Ma femme a pris comme entrée une salade et puis un poulet rôti. Moi, j'ai mangé un canard à l'orange, pas mal. Je n'aime pas trop la viande, et ils n'ont pas de poisson, malheureusement.

6 2. Ce steak ? e. Il est bien trop cuit. – 3. Ces melons ? a. Ils sont excellents. – 4. Cet endroit ? f. Il est très agréable. – 5. Cette soupe ? b. Elle est trop froide. – 6. Ces spécialités provençales ? c. Elles sont très bonnes.

8 de la – du – des – du – de l' – du – de la – des – du

9 500 grammes de farine – 250 grammes de sucre – 2 œufs – 250 grammes de beurre – 2 ou 3 cuillères à soupe d'eau

10 *Lösungsvorschlag*: Pour faire un menu de fête pas cher, il faut un peu de fantaisie. – Pour faire des sorbets et des glaces, il faut un congélateur. – Pour faire des bons plats, il faut un bon livre de recettes.

R1 *Lösungsvorschlag*: poulet au citron, poulet à la tomate, soupe à l'oignon, canard à l'orange, truite aux amandes, melon aux fruits, gâteau au chocolat, omelette aux champignons, crêpe à la confiture, crêpe au chocolat…

R2 *Lösungsvorschlag*: *morgens*: du café, du jus d'orange, du pain, de la confiture… ; *mittags*: de l'eau, de la viande, des légumes… ; *abends*: de l'eau minérale, du pain, du fromage…

R3 bonne – chaud – salée – fraîche – léger – agréable

R4 *Lösungsvorschlag*: 1. Il y a de la viande dans le cassoulet ? – 2. En entrée, je prends une soupe à l'oignon. – 3. La soupe est trop salée. – 4. La tarte aux fruits est excellente. – 5. Qu'est-ce qu'il faut pour faire une tarte aux fruits ?

Ecrire 2

1 1. à la maison – 2. au bureau – 3. à la maison – 4. au bureau – 5. au bureau

2 *Lösungsvorschlag*: 1. Bonjour ! J'ai acheté du pain, du beurre, du fromage et du vin, mais je n'ai pas acheté d'eau minérale. – 2. Salut ! Tes parents ont téléphoné. Ils sont à Paris ce week-end. – 3. Salut ! Tu as envie d'aller au cinéma samedi ?

Unité 9

1 (une) banque – (une) pharmacie – (une) boulangerie – (une) boucherie – (un) supermarché

2 3

3a B

28
« Ouf ! Quel stress ! Je suis fatiguée. Ce matin, j'ai fait des courses pendant trois heures. D'abord, j'ai acheté de l'aspirine pour ma fille à la pharmacie, elle a un travail stressant, ma fille ! Après, au marché, j'ai acheté des pommes de terre, des tomates, des oranges. Regarde les oranges. Elles sont belles, hein ? Ensuite, à la boucherie, tu sais, chez Pennac, j'ai acheté quatre steaks pour le dîner de ce soir. Chez monsieur Pennac, on a toujours de la bonne qualité. Et dans une grande surface, j'ai enfin trouvé une jolie petite table de jardin. Elle est sympa, hein ? »

3b à la pharmacie – au marché – à la boucherie – dans une grande surface

4a eu – adoré – dormi – été – fait – pris

4b a été – avons dormi – avons pris – a eu – avons fait – ai adoré

5 2. Mais si, elle a toujours aimé le vin rouge. – 3. Ah non, ils n'ont jamais vécu à Dijon. – 4. Ah non, elle n'a jamais voyagé seule. – 5. Mais si, il a toujours travaillé le week-end.

6 A 2 – B 1 – C 4 – D 3

29 1.
- J'ai envie de regarder le film *Titanic*, ce soir, à la télé. Et toi ?
- *Titanic* ? Il commence à quelle heure ?
- Attends, je regarde dans le journal. A 9 heures moins le quart.

2.
- Pardon, madame. La boulangerie ouvre à quelle heure ?
- A 6 heures et quart.
- Merci.

3.
- Pardon, monsieur. Vous avez l'heure, s'il vous plaît ?
- Attendez. Il est 1 heure 25.

4.
- Pardon, madame. Le bus numéro 14 arrive à quelle heure ?
- Dans 10 minutes, à 3 heures moins 10.
- Merci.

7 2. il faut un guide – 3. il faut une carte (de crédit) – 4. il faut un calendrier – 5. il faut une carte routière

8 *Lösungsvorschlag*: Elle voudrait faire des promenades. Elle voudrait manger au restaurant... – Il préfère aller à la plage. Il préfère les bars...

9 2. Le métro anglais est plus ancien que le métro parisien. – 3. 50 grammes de caviar sont aussi chers que 50 grammes de truffes noires. – 4. Un chat est plus petit qu'un éléphant.

10 pull – camembert – cartes postales – bol – boîte de biscuits – poisson

R1 *Lösungsvorschlag*: *les vêtements* : les chaussures – le marché, la grande surface ; *la viande* : le poulet, l'oie – la boucherie, le marché, le supermarché, la grande surface ; *les légumes* : la salade verte, les pommes de terre – le marché, le supermarché, la grande surface ; *les meubles* : la chaise, le bureau, la lampe – le magasin spécialisé, le marché, la grande surface ; *les fruits* : l'orange, le melon, la fraise, le citron – le marché, le supermarché, la grande surface ; *les médicaments* : l'aspirine – la pharmacie

R2 je viens – tu viens – il/elle/on vient – nous venons – vous venez – ils/elles viennent

R3 *avoir* : nous avons – nous n'avons jamais eu ; *être* : vous êtes – vous avez été ; *prendre* : tu as pris – tu n'as jamais pris ; *vivre* : elle a vécu – elle n'a jamais vécu

R4 *Lösungsvorschlag*: 1. Je voudrais des cartes postales et des timbres. – 2. J'ai été à Paris, mais je n'ai pas trouvé de cadeaux pour mes amis. – 3. Le bol est plus beau que le savon. – 4. Il fait combien ? – 5. Je peux payer par carte ?

Unité 10

1 1. Nicole est informaticienne. – 2. Ils habitent à Channat. – 3. Ils ont rénové la vieille ferme des grands-parents. – 4. Ils ont un grand jardin.

2a 1. pouvons – 2. peux, peux – 3. peuvent – 4. peut

2b ... sept personnes. Trois personnes peuvent venir.

3 2. revenir / tu es revenu, tu es revenue – 3. naître / elle est née – 4. partir / nous sommes partis, nous sommes parties – 5. aller / vous êtes allée – 6. rester / ils sont restés – 7. retourner / elles sont retournées

4 (elle) est née – (elle) a passé – (elle) a toujours détesté – (elle) est partie – (elle) est allée – (elle) a eu – (il) est venu – (ils) ont regardé

5 *Le Magnolia* : (2) – 1 – 1 – oui – non
L'Eau blanche : 3 – 1 – 2 – non – oui
Abgebildet ist Le Magnolia.

32
- Locations Auvergne-Vacances, bonjour !
- Bonjour, madame. C'est pour une maison de vacances. Je voudrais des informations sur les maisons de votre annonce dans le journal d'aujourd'hui. Je voudrais passer trois semaines en Auvergne, avec un groupe d'amis ; nous sommes 5 personnes. Par exemple la maison « Le Magnolia », c'est bien pour 5 personnes ?
- Oui, bien sûr. Il y a 2 chambres pour 2 personnes et une chambre pour 1 personne. Il y a aussi un salon, une petite cuisine avec micro-ondes et une salle de bain.
- Très bien. Et l'autre ?
- « L'Eau blanche » est pour 7 personnes : 3 chambres pour deux personnes et une chambre pour une personne. Grand salon, terrasse, cuisine, mais sans micro-ondes. Il y a aussi deux salles de bain, c'est l'idéal pour un groupe.
- Et, au « Magnolia », il y a aussi une terrasse ?
- Ah non, je regrette, mais il y a un grand jardin, c'est très vert.
- Merci beaucoup pour vos informations. Au revoir, madame.
- Au revoir, et bonne journée !

6 1. belle – 2. vieille – 3. vieil, vieux, beau – 4. bel

7 un fauteuil – une commode – un canapé – une étagère – une cheminée

8 1. La lampe est à côté de l'ordinateur. – 2. Le tapis est sous la table / le bureau. – 3. La tasse est à côté de l'appareil photo. – 4. Le livre est sur la chaise. – 5. Le téléphone est devant la lampe. – 6. Le chat est derrière la table / le bureau.

R1a venir / venu(e) – aller / allé(e) – naître / né(e) – arriver / arrivé(e) – sortir / sorti(e) – partir / parti(e) – retourner / retourné(e)

R1b *Lösungsvorschlag*: J'ai acheté des fleurs pour la jeune maman. Je suis resté(e) 30 minutes et nous avons discuté un peu. Ensuite, mon frère est venu et je suis parti(e).

R2 *dans la cuisine* : le réfrigérateur, le placard, le micro-ondes, la table, la chaise, la lampe ; *dans le salon* : la commode, le canapé, l'étagère, la bibliothèque, la table, la chaise, le tapis, la lampe, le fauteuil, la cheminée ; *dans le bureau* : l'ordinateur, l'étagère, le placard, la chaise, le tapis, la lampe

R3a *Lösungsvorschlag*: 1. J'habite dans une très belle maison dans un vieux village. – 2. Ma maison est à côté de la boulangerie. – 3. Nous pouvons manger sur la terrasse. – 4. Ce matin, je suis allé(e) en ville et j'ai acheté une étagère.

R3b *Lösungsvorschlag*: Avec ma famille, j'habite au centre-ville dans un appartement de 4 pièces. Nous avons un grand salon et trois chambres. La cuisine n'est pas grande, mais ça va. L'appartement est au rez-de-chaussée. Nous n'avons pas de jardin.

Lösungen

Unité 11

1 treizième – cinquième – dix-neuvième – vingtième – deuxième

2a 1. vrai – 2. faux – 3. faux – 4. vrai – 5. faux

2b 2. La poste est en face de la bibliothèque. – 3. Le musée est loin du théâtre. – 5. L'hôtel de ville est sur la place.

3 l'hôtel de ville

33 Alors, vous allez tout droit, vous prenez la deuxième rue à droite et ensuite la première rue à gauche. Vous arrivez sur une place. Tournez à gauche, c'est là.

4 *Lösungsvorschlag*: Je vais tout droit, je traverse la place. Puis, je continue tout droit. Je prends la deuxième rue à gauche. Je continue tout droit. Je prends la première rue à droite. Le théâtre est à gauche.

5 1. 94 + 71 = 165 (cent soixante-cinq) – 2. 478 + 1833 = 2311 (deux mille trois cent onze) – 3. 3499 – 2277 = 1222 (mille deux cent vingt-deux)

6 1. B – 2. A – 3. B

7a *faire* de la randonnée, du théâtre, de la musique, du vélo, de l'escalade – *jouer* au tennis, aux échecs

7b *Lösungsvorschlag*: faire de la planche à voile, faire la cuisine, faire le ménage

8 2. d. – 3. a. – 4. b.

9a 2. Mardi, Julien va apprendre l'allemand. – 3. Mercredi, Colette va chanter dans une chorale. – 4. Jeudi, Julien va jouer aux échecs. – 5. Vendredi, Colette va faire de la musique. – 6. Samedi, ils vont visiter une exposition. – 7. Dimanche, ils vont aller au cinéma.

9b *Lösungsvorschlag*: Cette semaine, je vais manger au restaurant avec mon amie Sophie.

10 Paragraphe 1 : c. – Paragraphe 2 : b. – Paragraphe 3 : a.

R1 tourner à gauche – aller tout droit – traverser la place – tourner à droite

R2 (une minute) – une heure – un après-midi – une journée – un week-end – une semaine – une année – un siècle

R3 j'ai travaillé – je travaille – tu as fait – tu vas faire – il/elle/on dort – il/elle/on va dormir – nous avons pris – nous allons prendre – vous jouez – vous allez jouer – ils/elles ont eu – ils/elles ont

R4 *Lösungsvorschlag*: 1. Pardon, monsieur/madame, le château, s'il vous plaît ? – 2. Vous allez d'abord tout droit, ensuite, vous prenez la troisième rue à droite. – 3. Le château date du dix-neuvième siècle. – 4. J'aime faire de la randonnée et jouer aux échecs. – 5. Dimanche prochain, nous allons faire une randonnée.

Unité 12

1 L'Acropole est en Grèce. – Le Pentagone est aux Etats-Unis. – Le Vatican est en Italie. – Le Kremlin est en Russie. – Sainte-Sophie est en Turquie.

2 voulez – veux – veut – veux – veux – veulent – voulons

3 2. Il part à moto. – 3. Ils partent en autobus. – 4. Ils partent à pied. – 5. Elle part en avion.

4a Valérie et Philippe : Offre 3 – Alexandra : Offre 1 – Eric : Offre 2

4b Offre 1

37
- ● Vous cherchez l'exotisme mais aussi le calme ? Alors je vous propose ce voyage. C'est en demi-pension ; vous pouvez manger à l'hôtel, une très bonne cuisine locale.
- ○ Est-ce que l'hôtel a tout le confort ?
- ● Oh oui, c'est un quatre étoiles.
- ○ Et quelles sont les activités possibles ?
- ● Vous pouvez découvrir la ville à pied, l'hôtel est bien situé. Vous pouvez aussi profiter de la piscine ou bien lire tranquillement sur la terrasse.
- ○ Le voyage est compris dans le prix ?
- ● Oui. Vous partez en avion de Paris et vous allez à l'hôtel en taxi.

6 le 14 juillet – le 3 octobre – le 1er (premier) mai – le 21 juin

7 1. dans ; 2. de – à – de – à – de – à ; 3. à la – en – dans – sur – sur

8a *Lösungsvorschlag*: 1. il pleut – 2. il y a du soleil – 3. il neige et il fait froid – 4. il fait beau – 5. il fait beau – 6. il pleut

8c 1. Ils sont à Paris. – 2. Ils sont à Nice.

38
1.
- ● Quel temps aujourd'hui ! Qu'est-ce qu'on peut faire ?
- ○ J'aimerais bien faire une promenade, mais ce n'est pas possible avec ce temps. Il pleut trop et il fait un peu froid.
- ● Tu as envie d'aller au musée ?
- ○ Oui, pourquoi pas ? On prend un parapluie.

2.
- ● Il fait un temps super. On peut manger sur la terrasse.
- ○ Et cet après-midi, on va à la plage.
- ● Oui, on peut faire une promenade au bord de la mer. Mais tu ne vas pas dans l'eau, il fait encore trop froid.

9 *Lösungsvorschlag*: Chère…, Nous sommes à la campagne / à la mer / à la montagne. Nous sommes venus en voiture / en train. Nous dormons à l'hôtel / au camping. Nous faisons du vélo / des randonnées et nous visitons des musées. C'est très joli ici et nous aimons beaucoup la région. A bientôt !

R1 *Lösungsvorschlag*: la mer – la plage – le ski – l'avion – visiter – bronzer – le camping…

R2 février – avril – juin – juillet – septembre – novembre – décembre

R3 1. en – à – en – en – à – à ; 2. en – au– en – en – au ; 3. à la – à la – en– en – en

R4 *vouloir* : je veux – tu veux – il/elle/on veut – nous voulons – ils/elles veulent ; *partir* : je pars – il/elle/on part – nous partons – vous partez – ils/elles partent ; *découvrir*: je découvre – tu découvres – nous découvrons – vous découvrez – ils/elles découvrent

R5 *Lösungsvorschlag*: 1. Je veux aller en France en septembre. – 2. Je voudrais partir en train. – 3. Je voudrais passer mes vacances à la mer. 4. Est-ce qu'il pleut souvent sur la côte en septembre ? – 5. Je voudrais réserver une chambre avec salle de bain. Quel est le prix ?

Ecrire 3

1 *Lösungsvorschlag*:
Madame, Monsieur,
Merci beaucoup de votre réponse et de vos informations. Je voudrais réserver une chambre à deux lits, avec douche et W.-C. et avec vue sur la mer pour la période du premier au sept juin à 60 euros par jour. Je vous communique, pour les arrhes, les coordonnées de ma carte de crédit. Dans l'attente de votre confirmation, je vous prie d'agréer, Madame, Monsieur, mes meilleures salutations.

Abschlusstest

1 Eléments langagiers
1. a. – 2. b. – 3. a. – 4. b. – 5. b. – 6. b. – 7. a. – 8. a. – 9. a. – 10. b.

2 A Compréhension de textes oraux
11. oui – 12. non – 13. oui – 14. non.

39

11. Allô ? C'est Julie. Merci pour l'invitation à ton anniversaire. Mais je ne peux pas venir à 8 heures. Je travaille jusqu'à 9 heures. Alors... à 9 heures et demie, ca va ?
12. Une pharmacie ? Attendez. Oui, dans la rue Voltaire. Alors, d'abord, vous continuez tout droit, et ensuite, vous prenez la deuxième rue à gauche. C'est dans cette rue-là, à droite, après 50 mètres.
13. Je ne mange pas beaucoup le matin. Je prends un café au lait, un toast ou un croissant avec de la confiture, c'est tout.
14. Non, je voudrais une chambre avec douche seulement. Ça suffit. Avec deux lits, oui, mais pas avec salle de bain, s'il vous plaît. C'est possible ?

2 B Compréhension de textes oraux
15. a. – 16. a. – 17. b. – 18. a. – 19. b.

40

15. ● A quelle heure ouvre le musée le jeudi, s'il vous plaît ?
○ Le jeudi ? Il ouvre à 8 heures 30.

16. ● Quel jour est-ce que tu vas arriver ?
○ Le 16 juin.

17. ● Le village est à combien de kilomètres ?
○ A 35 kilomètres.

18. ● Votre nom s'écrit comment, monsieur ?
○ Hubert : H – U – B – E – R – T.

19. ● Combien coûte cet ordinateur ?
○ 849 euros.

3 A Réponses en situations
20. c. – 21. d. – 22. b.

41

20. Bonjour. Un paquet de cigarettes, s'il vous plaît !
21. Et toi, qu'est-ce que tu as fait hier ?
22. Et comme boisson, on prend du rouge ?

3 B Réponses en situations
23. b. – 24. c. – 25. e. – 26. a.

42

23. Cette année, je ne peux pas partir en vacances.
24. Ton nouvel appartement se trouve au rez-de-chaussée ?
25. Vous avez visité le musée Picasso à Paris ?
26. On va au cinéma ce soir ?

4 A Compréhension de textes écrits
27. c. – 28. b. – 29. d.

4 B Compréhension de textes écrits
30. non – 31. oui – 32. non.

4 C Compréhension de textes écrits
33. a. – 34. a. – 35. b.

Transkription der Hörtexte

Nachstehend finden Sie die Hörtexte aus dem Lektionsteil, die dort nicht abgedruckt sind. Die entsprechenden Aufgaben im Lehrbuch sind reine Hörübungen, und Sie können sie im Prinzip lösen, ohne die Texte gedruckt vor Augen zu haben. Sollten dennoch einmal alle Stricke reißen, so können Sie sich mit diesen Transkriptionen helfen. Aber bitte wirklich nur im äußersten Notfall! Denn es geht bei den meisten Hörübungen nicht darum, jedes einzelne Wort zu verstehen. Mit dem Heraushören bestimmter wichtiger Informationen haben Sie die gestellte Aufgabe ja bereits gelöst.

Vous comprenez ?

café – baguette – journal – lavande – Citroën – cigarette – Paris – parfum – Bonjour ! – champagne – cathédrale – robe – révolution – Le Mont Saint-Michel – Je t'aime !

Unité 1

4

● Maman, maman ! Regarde ! J'ai trouvé un porte-monnaie !
○ Un porte-monnaie ? Et où ça ?
● Là-bas, sur le trottoir, devant le théâtre !
○ Euh… attends… Donne-le-moi… Merci ma chérie. Voyons. Ah ! Très bien, il y a aussi une adresse : monsieur Michel Pertout, 3, boulevard du général de Gaulle. Ah ! Et aussi un numéro de téléphone. Bravo, Juliette ! Allez, on téléphone !

12

● Allô ?
○ Allô. Bonjour. Je voudrais réserver deux billets pour le concert des « Lieder de Schubert », s'il vous plaît.
● Oui, vous êtes madame… ? (*usw. s. Lektionsteil S. 13*)

Unité 2

1b

● Monsieur Goepp, vous connaissez les origines des noms de vos voisins ?
○ Euh, attendez… Allez-y !
● D'accord ! … Mayer… ?
○ C'est allemand.
● Lopez ?
○ Espagnol.
● Moulin ?
○ Euh… Moulin ? C'est un nom français !
● Ivanov ?
○ Ivanov, c'est… je ne sais pas, euh, … oui, c'est russe !
● Et Ben Saïd ?
○ Ben Saïd, Ben Saïd, c'est…, c'est tunisien.
● Et Goepp, c'est un nom français ?
○ … Euh, oui, enfin… alsacien !
● Bravo, monsieur Goepp.

10

● Mademoiselle, s'il vous plaît… Vous êtes parisienne ?
○ Parisienne ? Euh… Je ne sais pas… Je suis provençale et parisienne.
● Comment ça ?
○ Et oui ! Je suis de Marseille, alors je suis de Provence, mais j'habite à Paris, alors… je suis parisienne, non ?
● Et vous êtes mademoiselle… ?
○ Madame. Madame Arlette Soubeyran.
● Merci !

● Pardon, monsieur, s'il vous plaît… une question…
○ … Oui… ?
● Vous êtes de Paris ?
○ Ah oui… !
● Et vous habitez où ?
○ Euh, à Paris !
● Et vous êtes monsieur… ?
○ Perrec. Yves Perrec. P – E – deux R – E – C. C'est tout ?
● Oui, merci beaucoup. Et excusez-moi !

14

10, 9, 8, 7, 6, 5, 4, 3, 2, 1 … zéro ! Mais non ! Pas comme ça ! … 1, 2, 3 – 4, 5, 6 – 7, 8, 9 et 10 ! 11, 12, 13, – 14, 15, 16 – 17, 18, 19 et 20 ! Bravo !

15b

11 – 13 – 4 – 20 – 5 – 19 – 6 – 3 – 2 – 10 – 16 – 12 – 1 – 14 – 0 – 9 – 18 – 8 – 7 – 15 – 17 – Bingo, Bingo !

Unité 3

15

● Bonsoir, monsieur, vous êtes monsieur ?
○ Ben Saïd.
● Voilà votre clé, chambre numéro 68.
○ Merci.

● Madame… ?
○ Deneuve, Julie Deneuve.
● Chambre numéro 27.
○ Merci, monsieur.

● Bonsoir, madame, vous êtes madame… ?
○ Valère. Patricia Valère de Sud-Commerce.
● Voilà, chambre 33. Bonne soirée madame.
○ Merci.

● Madame, votre nom s'il vous plaît… ?
○ Lopez. Mademoiselle Lopez.
● Oh pardon, mademoiselle, voilà votre clé, chambre 45. Euh, non, pardon, 44.
○ Merci, monsieur.

● Bonsoir, monsieur, vous êtes… ?
○ Monsieur Cinquante-Trois.

- ● Pardon ?
- ○ Cinquante-Trois, monsieur Cinquante-Trois.
- ● Ah, monsieur Cinquante-Trois, voilà votre clé, chambre 54 !

- ● Mademoiselle, bonsoir.
- ○ Bonsoir, monsieur, Laurence Fornoni.
- ● Fornoni, Fornoni, c'est un nom italien ça, non ?
- ○ Oui, c'est exact.
- ● Mademoiselle Fornoni, chambre 67.
- ○ Merci beaucoup !

Unité 4

6

A

- ● Le travail, ça vous plaît ?
- ○ Oh oui, j'aime beaucoup, c'est génial. Je suis ingénieur agronome, et je suis tout le temps dans la nature, j'adore ça.

B

- ● Tu travailles dans une usine, je crois. Ça te plaît ?
- ○ Ah non, pas du tout. Je déteste ça. C'est monotone, c'est stressant, c'est… ah !

Intermède 1 Pour la profession

1

1. Allô ? Ici Sophie Belloy, de l'entreprise Léault, à Lille. Je voudrais des renseignements sur votre société. Vous pouvez me rappeler, s'il vous plaît ? Je répète : Sophie Belloy : B, E, deux L, O, Y. Au numéro zéro deux, ...
2. Allô ? Ici Dominique Bertrand, de la société Bertrand et Fils, à Bordeaux. C'est un message pour Eric, votre ingénieur. Eric : tu peux me rappeler, s'il te plaît ? C'est Dominique Bertrand…
3. C'est vraiment incroyable, c'est pratiquement impossible de vous joindre. Pas moyen. Bon alors : je m'appelle Jamil Benziane B, E, N, Z, I, A, N, E des cartes postales « Azur France », à Nice. Mon numéro de téléphone, c'est le…
4. Allô ? Ici les Editions Legendre, Jacques Goepp à l'appareil. Jacques, comme Jacques, et Goepp, G, O, E, deux P, à Strasbourg. J'ai un problème d'ordinateur.

Unité 5

1

Et ce week-end, vous avez envie de sortir ? Alors, vous pouvez aller au musée d'Art moderne admirer les peintures monochromes d'Yves Klein, une exposition exceptionnelle. Si vous aimez le cinéma, allez voir ou revoir le film de Kieslowski, Bleu. De la trilogie « Bleu, Blanc, Rouge ». Il passe au MK2 Odéon. Vous aimez la musique d'Europe Centrale et le jazz ? Allez au concert du groupe Bratsch dans le parc de l'Orangerie.

Unité 6

14c

Situation 1 :

- Je voudrais un café, s'il vous plaît.
- Je voudrais une bière, s'il vous plaît.
- Une bière pression, s'il vous plaît.

Situation 2 :

- Monsieur, s'il vous plaît.
- L'addition, s'il vous plaît.
- Pardon ? Vous pouvez répéter, s'il vous plaît ?

Unité 7

7a

« Alors, pour Olivier, je choisis un sac à dos pour les promenades, pour Chloé une robe rose, elle adore le rose, pour mes parents un grand vase en porcelaine bleue pour leur salon, pour mon frère les œuvres de Simenon, pour Suzanne un pull en laine rouge, le rouge lui va bien, et pour Elise et Thibaud, euh… je prends un CD de Youssou N'Dour, ils aiment beaucoup la musique africaine. »

Unité 8

1a

- ● Monsieur Dupas, quels sont à votre avis les plats typiques de la cuisine française ?
- ○ Ouh ! C'est difficile de répondre. Il y a tellement de spécialités différentes ! Vous voulez dire… des spécialités régionales ?
- ● Non, pas nécessairement, je pense à des plats vraiment typiques, des plats simples et typiques, qu'on trouve très souvent sur les cartes des restaurants. Ou par exemple sur la carte de votre restaurant, ici, à l'Hôtel de France.
- ○ Oui, je vois. D'accord ! Mais c'est quand même difficile ! Alors disons… dans les entrées, je dirais peut-être la soupe à l'oignon, la salade niçoise, et bien sûr toutes les terrines, la terrine de saumon en particulier, qui est bien appréciée. Et comme viandes, eh bien nous, ici, nous proposons souvent le poulet rôti, ou bien le canard à l'orange, euh… oui, des… des steaks bien sûr, et puis en poissons, nous avons évidemment de la truite… la truite aux amandes, souvent…
- ● Et les desserts ?
- ○ Alors là pour les desserts, le choix est énorme, immense, bien entendu. Avec toutes les glaces, les entremets… Nous, à l'Hôtel de France, nous faisons souvent des desserts avec des fruits, comme le melon aux fruits, ou les charlottes : la charlotte aux fraises des bois, la charlotte au chocolat… mmmmh ! Un délice ! Mais vous savez, ici, pour les plats chauds, la spécialité, c'est vraiment le cassoulet, encore le cassoulet, toujours le cassoulet. Vous aimez ?

9

« En principe, j'ai toujours les produits de base à la maison : du sucre, euh… de l'huile, euh des œufs… oui… et puis du lait, bien sûr, de la farine etc. Mais les produits frais, non : j'achète toujours les produits frais au marché… euh… moi, les surgelés, je n'aime pas beaucoup. Aujourd'hui, attendez… voilà… sur ma liste, il y a de la viande, des pommes de terre pour faire une bonne soupe, du fromage – chez nous, on adore le fromage, on mange beaucoup de fromage ! – et puis des fruits. Et après le marché, je passe à la boulangerie, pour prendre du pain, une bonne baguette bien fraîche… »

11b
cuisine – choisir – oie – produit – cuit – puis – froid – huile – fruits

Unité 9

4
- ● A la boutique Loulou, j'achète de la mousse au chocolat, du poulet et du cassoulet.
- ● Au supermarché Mumu, j'achète du jus d'orange, des légumes et du sucre.
- ● A l'épicerie Kyri, j'achète des citrons, des haricots et de la quiche.
- ● Et j'achète de la confiture chez Mumu… et chez Kyri !

6
- ● A quelle heure ouvre votre magasin ?
- ○ Le matin, je vais au magasin à 7 heures, j'ouvre à 7 heures et quart et je ferme à une heure.
- ● Vous mangez à la maison à midi ?
- ○ Bien sûr, j'ai le temps. L'après-midi, le magasin est ouvert de 3 heures et quart à 7 heures et quart. Je rentre à la maison à 8 heures.
- ● Et le week-end ?
- ○ Je travaille le samedi et le dimanche matin. Le lundi, le magasin est fermé.

7c
- ○ Il est une heure moins vingt.

- ● Le magasin ferme à quelle heure, s'il vous plaît ?
- ○ A sept heures et demie.

- ○ On va manger ? Il est midi et quart. J'ai faim !

- ● Pardon, s'il vous plaît, il est quelle heure ?
- ○ Il est dix heures cinq.

10c
A Nous habitons à Orléans. Nous venons souvent à Carnac. La Bretagne, c'est moins cher que le sud de la France et c'est plus intéressant : il y a beaucoup de choses à visiter, les menhirs, les petits villages… Nous venons pour nos filles, elles adorent la mer. Nous, nous préférons la montagne. Nous n'allons pas à l'hôtel, c'est trop cher pour une famille, nous préférons louer un gîte.

B Nous, on vient de Reims. Ici, c'est génial, il y a beaucoup de jeunes de notre âge. Et puis, il y a la plage. Mais on préfère les activités sportives, le vélo, le kayak de mer, c'est plus rigolo. On est dans un camping au bord de la mer.

Unité 10

7
- ● Alors au rez-de-chaussée, il y a bien sûr la cuisine, … Et puis là, c'est le salon et la salle à manger avec une porte-fenêtre pour aller dans le jardin. On peut manger sur la terrasse, c'est super sympa. Là, c'est le bureau de papa, et à côté le bureau de maman, parce qu'ils travaillent à la maison, tu sais ? Il y a aussi une petite chambre d'amis… tu dors là. C'est mignon, hein ? Viens, on va au premier étage. … C'est les chambres, ici. La porte, là, c'est la chambre de mes parents.
- ○ Qu'est-ce qu'il y a, là ?
- ● Là, c'est la douche. Mais il y a aussi une salle de bain au rez-de-chaussée. C'est pratique, le matin. Regarde, ça, c'est ma chambre, pour moi toute seule. C'est génial, non ? Je peux écouter de la musique, lire, téléphoner. J'ai même un ordinateur pour moi. Tu aimes ma chambre ?
- ○ Oui, c'est très joli, mais… Charlotte… ça te plaît d'habiter à la campagne ?
- ● Bof, c'est vrai, des fois, je voudrais bien être à Paris, … les cinémas, et surtout les copines, ça me manque. Mais ici, à la campagne, j'ai ma chambre, je peux faire du vélo, du roller. Oui, finalement, c'est pas mal.

8
- ● Oui, ça y est, on a enfin trouvé un appartement. C'est un deux-pièces.
- ○ Génial… ! Il est bien ?
- ● Euh, oui, oui, très bien !
- ○ Raconte… !
- ● C'est grand, c'est clair, très clair ; on a du soleil dans l'après-midi et le soir, et il y a une fenêtre dans la cuisine, et aussi une dans la salle de bain ! Il y a même des placards dans la chambre. Il y a aussi un petit balcon, c'est bien, hein ? Mais il y a un petit problème : C'est assez cher.

10c
« Alors nous, on a un grand salon, très clair, avec une très grande fenêtre qui donne sur le jardin. Et on a acheté deux canapés blancs… parce que moi, j'adore le blanc. Et puis c'est plus clair. Quoi d'autre ? Oui, on a des tableaux assez modernes, aux murs, et puis deux lampes : une à gauche du grand canapé, et une à droite. Euh… Ah oui ! Une table de salon, aussi. Une belle table en verre. Et un tapis ! Mais on n'a pas de télé. Et les livres sont dans la chambre. Comme ça, il y a plus de place dans le salon ! »

Unité 11

3
- ● Allô ? Madame Chézelle ? Bonjour, ici monsieur Perdu. Je n'ai pas trouvé où vous habitez, je suis désolé… Je suis devant l'Hôtel de Ville… vous pouvez m'expliquer le chemin ?
- ○ Oui, ce n'est pas compliqué, vous allez voir… Donc, vous

êtes… devant l'Hôtel de Ville… Attendez, je réfléchis… Oui, alors, d'abord, vous allez à droite dans la rue Mercerie et… et après vous tournez à gauche. Vous continuez tout droit jusqu'à la cathédrale. Là, vous tournez à droite, puis à gauche jusqu'à l'avenue Robert-de-Menton. Là, vous traversez l'avenue et vous prenez la deuxième rue à gauche, vous allez tout droit, et nous habitons là, dans un immeuble moderne, au coin de la prochaine rue.

8

1773 ; 105 000 ; 360 000 ; 10 000 615

12a

Fatou : Je suis de Lyon, en France. J'ai passé le bac cette année et dans quelques mois, je vais entrer à l'Ecole hôtelière. Je vais continuer l'anglais mais je vais aussi apprendre l'italien, ça va être super. Et puis, je vais chercher un job de serveuse dans un bistro sympa pour gagner un peu d'argent. Après les examens, je vais faire un stage dans un grand hôtel au bord du lac. Super, non ?

Allison : Mon copain Laurent et moi, on va finir nos études de médecine cette année. Entre deux examens, on va continuer à faire de la rando et de l'escalade ensemble parce qu'on adore ça, hein, Laurent ?

Laurent : Oui, et moi, je vais aussi profiter du lac et faire de la planche à voile après les examens cet été.

Allison : Mais ce week-end, on va rester à la maison et on va travailler pour les examens !

Roberto : Je fais des études d'allemand à l'université. Comme cette année je vais passer six mois à Innsbruck en Autriche pour un stage, je vais acheter une voiture pour rentrer à Lausanne le week-end. Mais, deux chambres d'étudiant, la voiture, les sorties et l'école à payer, ça coûte cher, alors avant mon stage en Autriche, je vais travailler dans une usine près de Lausanne pour gagner un peu d'argent. Dur dur les études !

Unité 12

2a

- ● Pardon, monsieur, c'est pour une enquête sur les Français et les vacances. Vous pouvez répondre à quelques questions ?
- ○ Oui, bien sûr.
- ● Où passez-vous vos vacances, à la campagne, en ville, à la mer ou en montagne ?
- ○ Je vais à la campagne.
- ● Partez-vous en vacances en France ou à l'étranger ?
- ○ Ah, je passe toujours mes vacances en France.
- ● Quel moyen de transport utilisez-vous ?
- ○ Nous partons en voiture, c'est plus pratique avec les enfants.
- ● Où logez-vous ?
- ○ Chez mes parents, ils ont une maison en Provence.
- ● Pourquoi partez-vous en vacances ?
- ○ D'abord, pour voir mes parents et ma famille. Mais pendant les vacances je fais beaucoup de sport, du vélo, de la randonnée.
- ● Merci, monsieur.

6b

- ○ Hôtel de la Plage, bonjour.
- ● Bonjour, monsieur, je voudrais réserver une chambre.
- ○ Pour quelle date ?
- ● Pour la nuit du 6 au 7 avril.
- ○ Et pour combien de personnes ?
- ● Deux.
- ○ Vous désirez une chambre avec un grand lit ou avec deux lits ?
- ● Un grand lit.
- ○ Vous voulez une chambre avec douche ou avec salle de bain ?
- ● Avec une salle de bain, si possible. Vous avez encore des chambres avec vue sur la mer ?
- ○ Non je regrette. Mais nous avons une belle chambre avec vue sur le jardin.
- ● Bon, d'accord.
- ○ C'est à quel nom ?
- ● Madame Schwartz. S – C – H – W – A – R – T – Z.
- ○ Très bien, madame, c'est noté.
- ● Merci, monsieur, au revoir.
- ○ Au revoir, madame, et bonne journée.

Grammatikindex

Nachstehend finden Sie, alphabetisch geordnet, die wichtigsten Grammatikpunkte, die in *Couleurs de France Neu Band 1* behandelt werden, mit ihren deutschen Entsprechungen. Daneben sind die *Unités*, z. B. **U 7** angegeben, in denen die Phänomene schwerpunktmäßig beschrieben und erarbeitet werden.

Grammatikübersicht

1. Der Satz – La phrase

1.1 Der Aussagesatz – La phrase affirmative

▶ U1, 3, 5, 6, 9, 10, 11, 12

Im französischen Aussagesatz geht das Subjekt dem Verb immer voran.

Subjekt + Verb	Je comprends.
Subjekt + Verb + **Nomen** (= **direktes Objekt**)	Marianne aime **Michel**.
Subjekt + Verb + **Präposition** + **Nomen** (= **indirektes Objekt**)	Michel parle **de Marianne**, Marianne pense **à Michel**.
Subjekt + Verb + **Infinitiv**	Marianne aime **rencontrer Michel**. Ils veulent **sortir ensemble**.
Subjekt + **être** + **Adjektiv**	Marianne **est contente**.
Subjekt + Verb + **Umstandsergänzung (Zeitangabe, Ortsangabe ...)**	Michel arrive **à huit heures**. Il fait beau **sur la place du village**. Michel et Marianne sont mari et femme **depuis le 1er juillet**.

⚠ Verben wie ***aimer, adorer, détester, préférer*** können mit einem Nomen oder mit einem Infinitiv ergänzt werden: *Elle aime **le chocolat**. Elle aime **manger** du chocolat.*

⚠ Als **Modalverben** werden ***pouvoir*** und ***vouloir*** immer mit einem Infinitiv ergänzt. Als **Vollverb** kann ***vouloir*** auch ein Nomen bei sich haben: *Je voudrais un café*. Vgl. 9.4.

1.2. Der Fragesatz – La phrase interrogative

Im Französischen gibt es bei der Gesamtfrage (ohne Fragewort) und der Teilfrage (mit Fragewort) **drei Formen des Fragesatzes**; je nach Situation (mündlich, schriftlich) und Sprachregister (umgangssprachlich, Standard, gehoben) werden sie unterschiedlich häufig verwendet:
Während die ***est-ce que*-Frage** sowohl in der gesprochenen als auch z. T. in der geschriebenen Sprache verwendet wird, gehört die **Intonationsfrage** ausschließlich der gesprochenen Sprache bzw. der Umgangssprache an.
Die so genannte **Inversionsfrage** (das Verb geht dem Subjekt voran: ***Parlez-vous anglais ?***) wird dagegen meist in der geschriebenen bzw. der gehobenen Sprache benutzt. Mehr dazu in Band 2.

1.2.1. Die Gesamtfrage – L'interrogation totale

▶ U1, 3

Die Gesamtfrage bezieht sich auf den ganzen Satz; sie wird mit ***oui*** (*ja*) bzw. ***si*** (*doch*) oder ***non*** (*nein*) beantwortet.

Die **Intonationsfrage** ist nur durch das Anheben der Stimme gekennzeichnet. Die Satzstellung des Aussagesatzes bleibt erhalten.
Vous parlez anglais ?
Sprechen Sie Englisch?

Bei der ***est-ce que*-Frage** wird dem Aussagesatz die Fragepartikel ***est-ce que*** vorangestellt. Die Satzstellung verändert sich nicht.
Est-ce que vous parlez anglais ?
Sprechen Sie Englisch?

1.2.2. Die Teilfrage – L'interrogation partielle

▶ U2, 4, 6, 7

Bei der Teilfrage wird durch ein Fragewort nach einer einzelnen Information gefragt.

	Intonationsfrage	***est-ce que*-Frage**
où – *wo / wohin*	Tu habites **où** ?	**Où** est-ce que tu habites ?
d'où – *woher*	Vous êtes **d'où** ?	**D'où** est-ce que vous êtes ?
comment – *wie*	Il danse **comment** ?	**Comment** est-ce qu'il danse ?
pourquoi – *warum / wieso*	**Pourquoi** vous téléphonez ?	**Pourquoi** est-ce que vous téléphonez ?
quand – *wann*	Tu téléphones **quand** ?	**Quand** est-ce que tu téléphones ?
à quelle heure – *um wie viel Uhr*	Elle travaille **à quelle heure** ?	**A quelle heure** est-ce qu'elle travaille ?
combien – *wie viel*	Ça coûte **combien** ?	**Combien** est-ce que ça coûte ?
que – *was*		**Qu'est-ce qu**'on fait ?
quel(s) / quelle(s) – *welche/r/s*	Tu aimes **quelle musique** ?	**Quelle musique** est-ce que tu aimes ?

⚠ ***pourquoi*** steht meist am Satzanfang.

⚠ Für die Frage mit ***quel*** wird die Fragepartikel ***est-ce que*** vermieden und je nach Sprachregister die Inversionsfrage oder die Intonationsfrage gebraucht: *Quelle heure est-il ? Il est quelle heure ?*
Insgesamt ist die Inversionsfrage auch bei der Teilfrage überwiegend der geschriebenen bzw. gehobenen Sprache vorbehalten. Vgl. Band 2.

⚠ Zur Frage mit ***qui*** (*Qui est de Marseille ?* – Wer ist aus Marseille?) vgl. Band 2.

⚠ Das Fragewort kann manchmal in der mündlichen Sprache auch mitten im Satz stehen: *Il commence **à quelle heure**, ce film ? Tu vas où **en** vacances ?* In diesen Fällen wird die Stimme mit dem Fragewort angehoben.

1.3. Der verneinte Aussagesatz – La phrase négative

1.3.1. Die Verneinung des Verbs – La négation du verbe

▶ U2, 3, 6

Die Verneinung im Französischen besteht im Allgemeinen aus zwei Teilen (z. B. ***ne … pas***), die das konjugierte Verb umschließen.

ne … pas	*nicht, kein*	Elle **ne** parle **pas** italien.
ne … pas tellement	*nicht so sehr*	Il **n'**aime **pas tellement** le sport.
ne … pas de + **Nomen**	*kein/e/n*	Il **ne** boit **pas** d'alcool.
ne … jamais	*nie*	Elle **ne** surfe **jamais** sur Internet.

⚠ Vor Vokalen und stummem h wird ***ne*** zu ***n'***: *Ce **n'**est **pas** intéressant.*

⚠ In der gesprochenen Sprache entfällt oft der erste Teil der Verneinung, das ***ne***: **Je comprends pas.*

1.3.2. Die Verneinung ohne Verb – La négation sans verbe

▶ U3, 4

In Sätzen ohne Verb entfällt das ***ne***:

non	*nein*	Vous parlez anglais ? **Non.**
non, pas du tout	*nein, überhaupt nicht*	Tu aimes la bière ? **Non, pas du tout.**
non, pas trop	*nicht so sehr*	Elle aime le sport ? **Non, pas trop.**
… non plus	*… auch nicht*	Il n'aime pas les chats. Eric **non plus.**

2. Das Nomen – Le nom

Das französische Nomen ist nach Geschlecht und Zahl gekennzeichnet und steht in der Regel mit einem Begleiter. Anders als im Deutschen werden die französischen Nomen **klein** geschrieben, **außer**

- bei Eigennamen: ***P**ierre **D**uval.*
- bei Nationalitätsbezeichnungen (Nomen): *un **A**méricain*, aber: *Il est américain.* (Adjektiv).
- bei Länder- und Städtenamen: *Il habite en **A**llemagne, à **M**unich.*

2.1. Das Geschlecht des Nomens – Le genre du nom

▶ U1, 2, 4, 12

Die französischen Nomen sind entweder männlich oder weiblich. Ein sächliches Geschlecht wie im Deutschen (z. B. das Hotel) gibt es nicht.

männlich	**weiblich**
le théâtre	la musique

⚠ Ein Nomen kann im Französischen ein anderes Geschlecht als im Deutschen haben: ***le** chocolat* (m) – **die** Schokolade (w).

Ländernamen

▶ U2, 12

männlich	**weiblich**
le Pérou	la Suisse
l'Iran	l'Italie
le Canada	
les‿Etats-Unis	

Die meisten Ländernamen sind weiblich und enden auf ***-e***. Dagegen sind Länderbezeichnungen, die auf einen anderen Vokal oder einen Konsonanten enden oder im Plural stehen, meist männlich.

⚠ Dies gilt nicht immer für Inselnamen, wie z. B. ***la Réunion***.

Personenbezeichnungen

▶ U4, 6

männlich	weiblich
l'ami	l'amie
le Français	la Française
le voisin	la voisine
l'employé	l'employée

Bei Personenbezeichnungen kennzeichnet die Endung auf ***-e*** oft die weibliche Form.

männlich		weiblich	
-ier	l'ouvr**ier**	**-ière**	l'ouvr**ière**
-er	le boulang**er**	**-ère**	la boulang**ère**
-ien	l'informatic**ien**	**-ienne**	l'informatic**ienne**
-eur	le serv**eur**	**-euse**	la serv**euse**

Manche Nomen werden im Maskulinum und im Femininum durch besondere Endungen gekennzeichnet.

⚠ Manche Nomen haben identische männliche und weibliche Formen: ***un*** *secrétaire*; ***une*** *secrétaire*.

⚠ Für einige Berufsbezeichnungen gibt es keine weibliche Form. Es sind meist Berufe, die ursprünglich vorwiegend von Männern ausgeübt wurden: *une femme ingénieur* – eine Ingenieurin; *un ingénieur* (m) – ein Ingenieur; *un médecin* – ein Arzt; *une femme médecin* – eine Ärztin.

2.2. Der Plural des Nomens – Le pluriel du nom

▶ U1, 3, 7

Der Plural mit -s

▶ U1, 3

Häufigstes Kennzeichen für den Plural ist die Endung ***-s***. In der Aussprache bleibt dieses ***-s*** stumm.

	Singular	Plural
männlich	le taxi	les taxis
weiblich	la radio	les radios

Wie im Deutschen gibt es auch Nomen, die **keinen Plural** haben: *le luxe, la solitude, l'intolérance*, oder Nomen, die **nur im Plural** verwendet werden: *les gens*.

Der Plural auf -x

Einige Nomen bilden den Plural auf ***-x***. In der Aussprache bleibt dieses ***-x*** stumm.

▶ U7

Singular		Plural	
-al	le journ**al**	**-aux**	les journ**aux**
-eau	le cad**eau**	**-eaux**	les cad**eaux**

3. Der Artikel – L'article

Das Französische ist eine „Artikelsprache“: Im Gegensatz zum Deutschen hat das Nomen fast immer einen Artikel bei sich, der sich in Geschlecht und Zahl nach ihm richtet.
Annie adore ***le*** *Canada.* – Annie liebt Kanada. (→ bestimmter Artikel)
Elle achète ***des*** *livres.* – Sie kauft Bücher. (→ unbestimmter Artikel)
Elle boit ***du*** *thé.* – Sie trinkt Tee. (→ Teilungsartikel)

Ein Nomen kann im Französischen ein anderes Geschlecht und somit einen anderen Artikel als im Deutschen haben: ***le*** *chat* – **die** Katze; ***une*** *salade* – **ein** Salat. Da der Artikel nicht abzuleiten ist, sollten Sie ihn als „festen Wortbestandteil“ immer mitlernen.

3.1. Der bestimmte Artikel – L'article défini

▶ U2, 3, 4, 5, 8, 9, 12

	Singular	**Plural**
männlich	**le** problème **l'**homme	**les** problèmes **les**‿hommes
weiblich	**la** famille **l'**erreur	**les** familles **les**‿erreurs

⚠ Beachten Sie die ***liaison*** des bestimmten Artikels mit dem vorangehenden Wort vor Vokalen oder stummem h: *les‿hommes, les‿erreurs.*

⚠ Vor Vokalen oder stummem h wird ***le*** oder ***la*** zu ***l'***.

Anders als im Deutschen steht im Französischen der bestimmte Artikel

- vor Ländernamen: ***la*** *France* (Frankreich), ***l'****Allemagne* (Deutschland), ***le*** *Pérou* (Peru), ***les*** *Etats-Unis* (die Vereinigten Staaten).
- nach den Verben ***aimer, adorer, détester, préférer***: *Elle aime* ***les*** *enfants.* – Sie mag Kinder.
- vor den Wochentagen, wenn eine regelmäßige Wiederholung ausgedrückt werden soll: ***le*** *lundi* – montags, jeden Montag; dagegen: ***lundi*** – (am) Montag.
- vor den Tageszeiten: ***le*** *matin* – morgens, am Morgen.

Die bestimmten Artikel ***le*** und ***les*** verschmelzen mit den Präpositionen ***à*** und ***de***.

▶ U5, 8, 12

Il va	**au** travail.	à + le = **au**
Elle va	**aux** Etats-Unis.	à + les = **aux**

Il parle	**du** travail.	de + le = **du**
Elle parle	**des** vacances.	de + les = **des**

⚠ ***la*** und ***l'*** bleiben nach den Präpositionen ***à*** und ***de*** erhalten: *le canard à l'orange; l'adresse de la brasserie.*

3.2. Der unbestimmte Artikel – L'article indéfini

▶ U1

Im Gegensatz zum Deutschen hat das Französische eine Pluralform des unbestimmten Artikels: ***des*** *baguettes* – Baguettes.

	Singular	**Plural**
männlich	**un** café **un** hôtel	**des** cafés **des**‿hôtels
weiblich	**une** fleur **une** orange	**des** fleurs **des**‿oranges

⚠ Beachten Sie die ***liaison*** des unbestimmten Artikels mit dem vorangehenden Wort vor einem Vokal oder stummem h: *des‿hôtels, des‿oranges.*

3.3. Der Teilungsartikel – L'article partitif

▶ U8

	Singular	
männlich	**du** fromage	*Käse*
	de l'argent	*Geld*
weiblich	**de la** viande	*Fleisch*
	de l'huile	*Öl*

Der Teilungsartikel (***du, de la, de l'***) bezeichnet eine unbestimmte Menge von Dingen, die nicht zählbar sind.

Le matin, les Français prennent ***du*** *café au lait,* ***du*** *pain avec* ***du*** *beurre et* ***de la*** *confiture, et parfois* ***des*** *croissants. C'est tout !*

	Plural	
männlich	**des** citrons	*Zitronen*
weiblich	**des** tomates	*Tomaten*

Im Plural steht der unbestimmte Artikel ***des.*** Er bezeichnet eine unbestimmte Menge zählbarer Dinge.

Besonderheit

▶ U4, 6, 8

Il faut **de la** farine. Elle achète **des** livres.	Il faut **un kilo de** farine. Elle achète **beaucoup de** livres.	*Mengenangaben*
Nous buvons **du** vin. Il a **une** voiture. Elle mange **des** croissants.	Nous **ne** buvons **pas de** vin. Il **n'**a **pas de** voiture. Elle **ne** mange **pas de** croissants.	*Verneinung*

Nach den **Mengenangaben** und bei der **Verneinung** entfallen sowohl Teilungsartikel wie unbestimmter Artikel (Singular und Plural). Es steht nur ***de***.

4. Der Possessivbegleiter – L'adjectif possessif

▶ U7

Der Possessivbegleiter (besitzanzeigendes Fürwort) richtet sich im Französischen in Geschlecht und Zahl nach dem Nomen, vor dem er steht („Besitzgegenstand"), und nicht nach dem „Besitzer", wie im Deutschen.

„Besitzer"	Singular (ein „Besitzgegenstand")		
	männlich	weiblich	
je	**mon** cousin	**ma** maison	**mon**‿amie
tu	**ton** cousin	**ta** maison	**ton**‿amie
il	**son** cousin	**sa** maison	**son**‿amie
elle	**son** cousin	**sa** maison	**son**‿amie
nous	**notre** cousin	**notre** maison	
vous	**votre** cousin	**votre** maison	
ils	**leur** cousin	**leur** maison	
elles	**leur** cousin	**leur** maison	

⚠ Beachten Sie, dass vor weiblichen Nomen, die mit Vokalen oder stummem h beginnen, ***mon, ton, son*** benutzt werden: ***mon****‿école*, ***ton****‿adresse*, ***son****‿hôtel*.

⚠ ***votre*** steht für die 2. Person Plural wie auch für die Höflichkeitsform: *Monsieur Jacquet, votre cousin est déjà arrivé.* – Monsieur Jacquet, Ihr Cousin ist bereits angekommen.

⚠ Im Gegensatz zum Deutschen ist der Possessivbegleiter im Französischen unabhängig von dem Geschlecht des so genannten „Besitzers". Achten Sie deshalb besonders auf die 3. Person Singular.

Elle parle de **sa** maison.
*Sie spricht über **sein** Haus. (das Haus eines Freundes)*
*Sie spricht über **ihr** Haus. (ihr eigenes oder das einer Freundin)*

Il parle de **sa** maison.
*Er spricht über **sein** Haus. (sein eigenes oder das eines Freundes)*
*Er spricht über **ihr** Haus. (das Haus einer Freundin)*

„Besitzer"	Plural (mehrere „Besitzgegenstände")	
	männlich	**weiblich**
je	**mes** livres	**mes** cousines
tu	**tes** livres	**tes** cousines
il	**ses** livres	**ses** cousines
elle	**ses** livres	**ses** cousines
nous	**nos** livres	**nos** cousines
vous	**vos** livres	**vos** cousines
ils	**leurs** livres	**leurs** cousines
elles	**leurs** livres	**leurs** cousines

⚠ ***vos*** steht für die 2. Person Plural wie auch für die Höflichkeitsform (vgl. ***votre***).

⚠ Der deutsche Possessivbegleiter „ihr/e, Ihr/e" hat im Französischen sehr viele Formen:

ihr/e	**son, sa, ses** **leur, leurs** **votre, vos**	**son** cousin, **sa** maison, **ses**‿amis **leur** cousin, **leur** maison, **leurs**‿amis **votre** cousin, **votre** maison, **vos**‿amis
Ihr/e	**votre, vos**	**votre** cousin, **votre** maison, **vos**‿amis

Gehen Sie, wenn Sie den korrekten Possessivbegleiter suchen, also nicht wie im Deutschen vom Besitzer aus, sondern immer von dem französischen Nomen, das näher bestimmt werden soll.

5. Der Demonstrativbegleiter – L'adjectif démonstratif

▶ Ü8, 11

Der Demonstrativbegleiter (hinweisendes Fürwort) richtet sich in Geschlecht und Zahl nach dem Nomen, das er begleitet: *Tu aimes **cette** glace ?* – Magst du dieses Eis?

	Singular	Plural
männlich	**ce** plat **cet**‿endroit	**ces** plats **ces**‿endroits
weiblich	**cette** salade **cette** entreé	**ces** salades **ces**‿entreés

⚠ Vor männlichen Nomen, die mit einem Vokal oder stummem h beginnen, wird ***ce*** zu ***cet***.

Der Demonstrativbegleiter kann auch für Zeitangaben verwendet werden: *cette semaine* – diese Woche; *ce week-end* – dieses Wochenende.

6. Der Fragebegleiter – L'adjectif interrogatif

▶ U7

Der Fragebegleiter ***quel*** richtet sich in Geschlecht und Zahl nach dem Nomen, das er begleitet.
Mit ***quel*** wird eine Frage nach dem Bezugswort gestellt, eine Auskunft über das betreffende Nomen erfragt.
quel kann unmittelbar vor dem Nomen oder vor dem Verb ***être*** stehen.

	Singular	**Plural**
männlich	**Quel** est votre numéro de téléphone ?	**Quels** objets est-ce que vous vendez ?
weiblich	**Quelle** musique est-ce que tu écoutes ?	**Quelles** sont ses idées ?

quel entspricht dem deutschen „welcher“. In bestimmten Wendungen kann ***quel*** allerdings auch anders wiedergegeben werden: *A quelle heure ?* – Um wie viel Uhr?; *Quel est votre numéro de téléphone ?* – Wie lautet Ihre Telefonnummer?

7. Das Adjektiv – L'adjectif qualificatif

7.1. Die Form des Adjektivs – La forme de l'adjectif

▶ U2, 6, 7, 8, 10

Das Adjektiv richtet sich in Geschlecht und Zahl nach dem Nomen, das es näher bestimmt.

Müller, c'est un nom **allemand**. — *Müller ist ein deutscher Name.*
Michelin, c'est une entreprise **française**. — *Michelin ist eine französische Firma.*
A Paris, il y a des cafés **mythiques**. — *In Paris gibt es legendäre Bars.*

⚠ Anders als im Deutschen richtet sich das Adjektiv auch dann nach dem Nomen, das es näher bestimmt, wenn es von ihm getrennt steht.

J'ai une voiture bleu[e]. – *Ich habe ein blau[es] Auto.*
Ma voiture est bleu[e]. – *Mein Auto ist blau[ ].*

⚠ Nach **c'est** bleibt das Adjektiv unverändert:

▶ U4

C'est intéressant. – *Das ist interessant.*
Passer des vacances à la Martinique, c'est assez cher. – *Einen Urlaub auf Martinique zu verbringen, ist ziemlich teuer.*

	Singular	**Plural**
männlich	grand espagnol bleu sucré	grand**s** espagnol**s** bleu**s** sucré**s**
weiblich	grand**e** espagnol**e** bleu**e** sucré**e**	grand**es** espagnol**es** bleu**es** sucré**es**

Das **Femininum** des Adjektivs wird oft durch Anhängen von ***-e*** an die männliche Form gebildet. Der **Plural** wird meist durch Anhängen von ***-s*** gekennzeichnet.

Besonderheiten

männlich		weiblich	
-e	tranquille	-e	tranquille
-e	suisse	-e	suisse

Adjektive auf *-e* haben in der Regel nur eine Form für Maskulinum und Femininum.

männlich		weiblich	
-ien	italien	**-ienne**	ital**ienne**
-el	traditionnel	**-elle**	tradition**nelle**
-on	bon	**-onne**	bo**nne**
-er	léger	**-ère**	lég**ère**

Manche Adjektive haben im Femininum besondere Endungen.

Manche Adjektive haben ein unregelmäßiges Femininum: *frais* – ***fraîche***; *blanc* – *blan****che***; ***vieux*** – ***vieille***; ***beau*** – ***belle***.

▶ U10

⚠ ***vieux / vieille*** und ***beau / belle*** haben eine weitere Besonderheit: Vor männlichen Nomen, die mit Vokal oder stummem h beginnen, wird ***vieux*** zu ***vieil*** und ***beau*** zu ***bel***: *un* ***vieil*** *hôtel*; *un* ***bel*** *appartement*.

Die **Farbadjektive** verhalten sich wie andere Adjektive. Nomen, die als **Farbadjektive** verwendet werden, sind **unveränderlich**: *La famille Coloris a deux voitures* ***marron*** *et trois vélos* ***orange***.

▶ U7

des voitures bleues	*blaue Autos*
des voitures **marron**	*braune / kastanienfarbene Autos*

7.2. Die Stellung des Adjektivs – La place de l'adjectif

▶ U2, 6, 7, 8, 10

Anders als im Deutschen stehen die französischen Adjektive meist **nach** dem Nomen, das sie begleiten.

2 Silben oder mehr	un café **traditionnel** un endroit **tranquille**	*eine traditionelle Bar* *ein ruhiger Ort*
Farbadjektive	un vélo **rouge**	*ein rotes Fahrrad*
Nationalitätsadjektive	un restaurant **français**	*ein französisches Restaurant*

Einige **kurze** und **gebräuchliche Adjektive** stehen jedoch **vor** dem Nomen:

petit	une **petite** entreprise	*ein kleines Unternehmen*
grand	un **grand** bureau	*ein großes Büro*
vieux	un **vieux** village	*ein altes Dorf*
beau	une **belle** ferme	*ein schöner Bauernhof*
bon	une **bonne** soupe	*eine gute Suppe*

Ein Nomen kann auch von mehreren Adjektiven bestimmt sein: *une jolie* ***petite*** *ville* ***alsacienne***.

7.3. Die Steigerung des Adjektivs – Le comparatif

▶ U9

Der Komparativ (der Vergleich) wird wie folgt gebildet:

+	**plus** + Adjektiv + **que**	Un verre de vin, c'est **plus** cher **qu'**une bière. *Ein Glas Wein ist teur***er als** *ein Bier.*
=	**aussi** + Adjektiv + **que**	Le fax, c'est **aussi** rapide **que** le téléphone. *Fax(en) ist* **genauso** *schnell* **wie** *Telefon(ieren).*
–	**moins** + Adjektiv + **que**	La Bretagne, c'est **moins** cher **que** la Côte d'Azur. *Die Bretagne ist* **weniger** *teuer* **als** *die Côte d'Azur.*

⚠ Vor Vokalen oder stummem h wird ***que*** zu ***qu'***.

Bei einem Vergleich ohne das neutrale ***ce*** wird das Adjektiv in Geschlecht und Zahl angeglichen:
Une *bière* ***est*** *moins chèr****e*** *qu'un verre de vin.* ***Deux*** *verres de vin* ***sont*** *plus cher****s*** *que deux bières.*

8. Das Pronomen – Le pronom

8.1. Das Personalpronomen – Le pronom personnel

Wie die Nomen sind die Personalpronomen (persönliche Fürwörter) im Französischen entweder männlich oder weiblich. Ein sächliches Geschlecht (es) gibt es nicht.

8.1.1. Das Personalpronomen als Subjekt – Le pronom personnel sujet

▶ U1, 2

Im Aussagesatz steht das unbetonte Personalpronomen als Subjekt immer **vor** dem Verb.

je	*ich*	**j'**	habite à Strasbourg
tu	*du*	**tu**	parles français
il	*er*	**il**	va à l'école
elle	*sie*	**elle**	comprend
nous	*wir*	**nous**‿	adorons la quiche
vous	*ihr/Sie*	**vous**	travaillez
ils	*sie (m)*	**ils**	sont de Paris
elles	*sie (w)*	**elles**	visitent le musée

⚠ *je* wird vor einem Vokal oder stummem h zu ***j'***.

⚠ ***il*** ist auch Subjekt unpersönlicher Verben: ***il*** *pleut* (es regnet) / ***il*** *faut* (man braucht, man muss).

⚠ ***vous*** kennzeichnet gleichzeitig die Höflichkeitsform „*Sie*" und das deutsche „ihr".

⚠ ***ils*** kann sowohl ein männliches Nomen im Plural als auch mehrere Nomen verschiedenen Geschlechts bezeichnen: ***Ils*** *(Jean et Isabelle) habitent à Valence.*

8.1.2. Das betonte Personalpronomen – Le pronom personnel tonique

▶ U1, 3

Im Französischen gibt es auch betonte Personalpronomen. Sie stehen

- im Satz ohne Verb: *Tu aimes le sport ?* ***Moi*** *non.* – Magst du Sport? **Ich** nicht.
  Je suis Julie. Et ***vous*** *?* – Ich bin Julie. Und **Sie / Ihr**?
- am Satzbeginn (Hervorhebung): ***Moi****, c'est Catherine. Bonjour !* – **Ich** bin Catherine. Guten Tag!

8.2. Das Indefinitpronomen on – Le pronom indéfini on

▶ U2, 5

Das Indefinitpronomen ist unveränderlich und kann nur Subjekt sein. Mit ihm steht das Verb immer in der 3. Person Singular. ***on*** entspricht im Deutschen „man" oder „wir".

On parle français.	*Man spricht Französisch.*	**on** – *man*
On va manger ?	*Gehen wir essen?*	**on** – *wir* (sehr häufig in der gesprochenen Sprache)

9. Das Verb – Le verbe

Im Französischen besteht jedes Verb aus einem Stamm und einer Endung, die Person und Zeit angibt, z. B. ***(nous) parlons*** → ***parl-*** (Stamm) + ***-ons*** (Endung für 1. Person Plural Präsens).

Man unterscheidet zwischen drei Verbgruppen:
– die 1. Gruppe mit den Verben auf ***-er***,
– die 2. Gruppe mit den Verben auf ***-ir*** mit Stammerweiterung und
– die 3. Gruppe mit den übrigen Verben, die unterschiedliche Infinitivendungen aufweisen.

- **Gruppe I**: Die Verben auf ***-er*** sind alle regelmäßig (***aller*** ist die einzige Ausnahme und gehört deshalb in die 3. Gruppe). Sie umfassen ca. 90 % aller französischen Verben! Manche von ihnen weisen aussprache- oder rechtschreibbedingte Besonderheiten auf: *nous mangeons, j'achète* … Zur 1. Gruppe gehören z. B. ***parler, habiter, acheter, préférer, manger*** …
- **Gruppe II**: Die Verben auf ***-ir*** mit Stammerweiterung sind ebenfalls regelmäßig, doch sind sie nicht sehr zahlreich. Beispiele für diese Gruppe sind ***choisir, finir*** …
- **Gruppe III**: Die Gemeinsamkeit zwischen allen Verben der 3. Gruppe ist die Tatsache, dass alle auf irgendeine Art und Weise unregelmäßig sind! Mal mehr, mal weniger. Dennoch kann man „Untergruppen" bilden, mit denen sich ihre Konjugationen leichter lernen lassen: Verben auf ***-dre*** (***vendre, attendre, entendre*** …) und Verben auf ***-ir*** (ohne Stammerweiterung: ***sortir, partir, dormir*** …). Weitere Verben dieser Gruppe sind z. B. ***aller, connaître, faire, pouvoir*** …

Siehe auch Verbtabelle auf S. 206!

9.1. Das Präsens – Le présent

9.1.1. Die regelmäßigen Verben auf -er – Les verbes réguliers en -er

▶ U2, 3, 6, 7, 9

aimer	
j'	aime
tu	aimes
il/elle	aime
nous‿	aim**ons**
vous‿	aim**ez**
ils/elles‿	aim**ent**

⚠ Bei vielen Verben auf ***-érer*** und ***-eter*** werden ***-é-*** bzw. ***-e-*** vor einer Silbe mit stummem ***-e*** zu ***-è-***. Hier zwei Beispiele:
préférer:
je préfère, tu préfères, il/elle préfère, nous préférons, vous préférez, ils/elles préfèrent
acheter:
j'achète, tu achètes, il/elle achète, nous achetons, vous achetez, ils/elles achètent

⚠ Beachten Sie das aussprachebedingte ***e*** bzw. das ***ç*** in der 1. Person Plural der Verben auf ***-ger*** bzw. auf ***-cer***: *nous mangeons, nous commençons.*

9.1.2. Die regelmäßigen Verben auf -ir – Les verbes réguliers en -ir

▶ U7

choisir	
je	choisis
tu	choisis
il/elle	choisit
nous	choisi**ssons**
vous	choisi**ssez**
ils/elles	choisi**ssent**

⚠ Achten Sie auf die Stammerweiterung mit *-ss-* im Plural.

⚠ Ebenso: *finir, réfléchir.*

9.1.3. Die unregelmäßigen Verben – Les verbes irréguliers

Hier zwei „Untergruppen", die gewisse Regelmäßigkeiten aufweisen:

Verben auf *-dre* ▶ U7

vendre	
je	vends
tu	vends
il/elle	ven**d**
nous	ven**dons**
vous	ven**dez**
ils/elles	ven**dent**

⚠ Die Endungen im Präsens lauten in der Regel ***-s, -s, -d, -ons, -ez, -ent.***

Verben auf *-ir* (ohne Stammerweiterung) ▶ U5

sortir	
je	sors
tu	sors
il/elle	sor**t**
nous	sor**tons**
vous	sor**tez**
ils/elles	sor**tent**

⚠ Die Endungen im Präsens lautet in der Regel ***-s, -s, -t, -ons, -ez, -ent.***

⚠ Besonderheit: Im Singular entfällt der letzte Konsonant des Stammes; im Plural bleibt er erhalten, z. B. ***dormir*** (*je dors, nous dor**mons***).

9.1.4. Die Verben être und avoir – Les verbes être et avoir

▶ U2, 4

être und ***avoir*** können als **Vollverb** und als **Hilfsverb** zur Bildung zusammengesetzter Zeiten, wie das *passé composé*, verwendet werden.

être	
je	suis
tu	es
il/elle	est
nous	sommes
vous	êtes
ils/elles	sont

avoir	
j'	ai
tu	as
il/elle	a
nous	avons
vous	avez
ils/elles	ont

- Als Vollverb:
  *Je **suis** autrichienne. J'**ai** deux enfants.*
- Als Hilfsverb:
  *Nous **sommes** allés à Lausanne. Nous **avons** visité la cathédrale.*

9.2. Das passé composé – Le passé composé

▶ U5, 9, 10

Das französische *passé composé* wird zum Ausdruck der Vergangenheit verwendet. Wie beim deutschen Perfekt wird diese Zeitform aus einem **Hilfsverb**, ***être*** oder ***avoir***, und dem **Partizip Perfekt** (*participe passé*) des jeweiligen Verbs zusammengesetzt.

⚠ Achten Sie auf die Wortstellung:

Elle	a		regardé	un documentaire.
Sie	***hat***	*einen Dokumentarfilm*	***angeschaut***	.
Il	a	**toujours**	**aimé**	la mer.
Er	***hat***	*das Meer*	***immer geliebt***	.

Elle	n'	a	pas	aimé	l'exposition.
Sie		***hat***	*die Ausstellung*	***nicht gemocht***	.
Il	n'	a	jamais	quitté	la Bretagne.
Er		***hat***	*die Bretagne*	***nie verlassen***	.

9.2.1. Das Partizip Perfekt – Le participe passé

▶ U5, 9, 10

Die Verben auf *-er* und die Verben auf *-ir* (mit Stammerweiterung) bilden immer das Partizip Perfekt auf ***-é*** und ***-i***.
Die Verben auf *-dre* bilden in der Regel das Partizip Perfekt auf ***-du***.

Infinitiv	Partizip Perfekt
aimer	aim**é**
chois**ir**	chois**i**
ven**dre**	ven**du**

Die unregelmäßigen Verben
bilden das Partizip Perfekt unterschiedlich.
Sie kennen bereits:

Infinitiv	Partizip Perfekt	Infinitiv	Partizip Perfekt
avoir	**eu**	naître	**né**
boire	**bu**	prendre	**pris**
dormir	**dormi**	sortir	**sorti**
être	**été**	venir	**venu**
faire	**fait**	vivre	**vécu**

9.2.2. Das passé composé mit avoir – Le passé composé avec avoir

▶ U5, 9

Die meisten Verben bilden das *passé composé* mit ***avoir***. Das Partizip Perfekt bleibt in der Regel **unverändert**.

weibl./männl. Subjekt	Hilfsverb avoir	+ Partizip Perfekt
j'	**ai**	acheté
tu	**as**	acheté
il/elle	**a**	acheté
nous	**avons**	acheté
vous	**avez**	acheté
ils/elles	**ont**	acheté

Nous avons passé nos dernières vacances en France : Nous avons trouvé un petit hôtel sympathique en Bourgogne, puis nous avons visité Paris et nous avons fait du tourisme en Bretagne.

9.2.3. Das passé composé mit être – Le passé composé avec être

▶ U10

Manche Verben bilden das passé composé mit ***être***, insbesondere einige Verben, die eine Bewegung oder einen (veränderten) Zustand ausdrücken: ***venir*** (kommen), ***partir*** (weggehen), ***aller*** (gehen), ***rester*** (bleiben), ***naître*** (geboren werden) usw. Das Partizip Perfekt ist dann **veränderlich**; es richtet sich in Geschlecht und Zahl nach dem Subjekt.

Subjekt (m)	Hilfsverb être	+ Partizip Perfekt	Subjekt (w)	Hilfsverb être	+ Partizip Perfekt
je	**suis**	venu	je	**suis**	venue
tu	**es**	venu	tu	**es**	venue
il	**est**	venu	elle	**est**	venue
nous	**sommes**	venus	nous	**sommes**	venues
vous	**êtes**	venu(s)	vous	**êtes**	venue(s)
ils	**sont**	venus	elles	**sont**	venues

⚠ Bei ***vous*** können alle Formen des Partizip Perfekt auftreten, je nachdem wer mit ***vous*** gemeint ist: ***vous êtes venu*** (ein Mann, den Sie siezen); ***vous êtes venus*** (mehrere Männer); ***vous êtes venue*** (eine Frau, die Sie siezen); ***vous êtes venues*** (mehrere Frauen).

9.3. Das futur proche – Le futur proche

▶ U11

Mit dem ***futur proche*** (nahe Zukunft) kann die Zukunft ausgedrückt werden. Diese Zeitform wird wie folgt gebildet:

***aller* + Infinitiv**

Demain,	on	**va jouer** au tennis.	*Morgen spielen wir Tennis.*
L'année prochaine,	je	**vais apprendre** l'espagnol.	*Nächstes Jahr werde ich Spanisch lernen.*

9.4. Die Verbergänzungen – Les compléments du verbe

▶ U3, 6, 9, 10, 12

Manche Verben können mit einem Nomen (direktes/indirektes Objekt) **oder** mit einem Infinitiv ergänzt werden.

	Verb + Nomen	Verb + Infinitiv
aimer	Claudine aime les voyages.	Claudine aime voyager.
vouloir	Je voudrais un café.	Je veux aller en vacances.
pouvoir		Ils peuvent travailler à leur compte.

⚠ Auch die anderen Verben zum Ausdruck von Vorlieben oder Abneigung (***adorer, détester, préférer***) können mit einem Nomen oder einem Infinitiv ergänzt werden.

⚠ ***vouloir*** kann **Vollverb** sein und mit einem Nomen ergänzt werden oder als **Modalverb** einen Infinitiv bei sich haben; das **Modalverb** ***pouvoir*** kann nur mit einem Infinitiv ergänzt werden.

9.5. Die unpersönlichen Verben – Les verbes impersonnels

▶ U8, 9, 12

Unpersönliche Verben werden mit dem unpersönlichen Subjekt ***il*** verwendet.

il faut + Nomen ▶ U8	**Il faut** un congélateur. **Il faut** du temps.	*Man braucht einen Gefrierschrank.* *Man braucht Zeit.*
il y a + Nomen ▶ U9	**Il y a** beaucoup de touristes ici. **Il y a** une boulangerie dans le village.	*Es gibt viele Touristen hier.* *Es gibt eine Bäckerei im Dorf.*
Verben der Wetterangabe ▶ U12	**Il fait froid. / Il fait chaud.** **Il pleut. / Il neige.**	*Es ist kalt. / Es ist warm.* *Es regnet. / Es schneit.*

10. Das Adverb – L'adverbe

▶ U2, 3, 4, 5, 6, 8, 10

Wie im Deutschen sind die französischen Adverbien unveränderlich. Sie stehen meist **nach** dem konjugierten Verb.

Ça me plaît **beaucoup**. — *Das gefällt mir sehr.*
Moi, je sors **souvent** le soir. — *Ich gehe abends oft weg.*

Dies gilt auch bei zusammengesetzten Verbformen:

Tu as **assez** dormi ! – *Du hast genug geschlafen!* (passé composé)
On peut **enfin** profiter de nos vacances. – *Wir können endlich von unseren Ferien profitieren.* (Modalverb + Infinitiv)

Folgende Adverbien werden zur **Angabe der Menge** verwendet.

▶ U2, 6, 8

beaucoup	*viel*
un peu	*ein bisschen*

⚠ Beachten Sie, dass ***beaucoup*** und ***un peu*** als Mengenangaben mit der Präposition ***de*** verwendet werden: *Ils font* ***beaucoup de*** *sport.* – Sie machen viel Sport. *Il faut ajouter* ***un peu de*** *sel.* – Man muss ein bisschen Salz hinzufügen.

Folgende Adverbien werden zur **Angabe des Grades** verwendet.

▶ U2, 3, 4, 8

beaucoup	*sehr*	**(très) bien**	*(sehr) gut*
un peu	*ein bisschen*	**assez**	*ziemlich (gut)*
pas tellement	*nicht so sehr*	**plus ou moins**	*mehr oder weniger*
pas du tout	*überhaupt nicht*	**trop**	*zu sehr*
		pas trop	*nicht so sehr*

Folgende Adverbien werden zur **Angabe der Zeit** verwendet.

▶ U3, 5, 6, 9, 10, 11

(très) souvent	*(sehr) oft*	**hier**	*gestern*	**d'abord**	*zunächst, zuerst*
quelquefois	*manchmal*	**aujourd'hui**	*heute*	**ensuite**	*dann*
toujours	*immer (noch)*	**demain**	*morgen*	**après**	*danach*
ne … jamais	*nie*			**enfin**	*zuletzt, schließlich, endlich*

11. Die Präpositionen – Les prépositions

Die Präpositionen sind unveränderlich.

▶ U5, 8

à + le = **au**	de + le = **du**
à + les = **aux**	de + les = **des**

⚠ Beachten Sie jedoch die Verschmelzung der Präpositionen ***à*** und ***de*** mit den bestimmten Artikeln ***le*** und ***les***.

Die Artikel ***la*** und ***l'*** bleiben erhalten (vgl. 3.1.): ***de la*** *poste* ***à l'****hôtel de ville.*

11.1. Die Ortsangaben – Les indications de lieu

▶ U2, 4, 5, 9, 10, 11, 12

Folgende Präpositionen werden zur **Angabe des Ortes** verwendet:

à + Städtenamen	**à** Lille **à** Vienne	*in / nach Lille* *in / nach Wien*
à + Ort	**au** théâtre **à l'**opéra	*im / ins Theater* *in der / in die Oper*
à + männliche Ländernamen, die mit Konsonant beginnen / Ländernamen im Plural	**au** Canada (le Canada) **aux** Etats-Unis (les Etats-Unis)	*in / nach Kanada* *in den / die Vereinigten Staaten*
chez	**chez** Renault	*bei Renault*
de + Herkunft	Vous êtes **d'où** ? Je suis **de** Nice.	*Woher sind Sie? Ich bin aus Nizza.*
de … à (Strecke)	Ils vont à pied **du** Louvre **au** Jardin des Plantes.	*Sie gehen zu Fuß vom Louvre* *zum Jardin des Plantes.*
en + weibliche Ländernamen / männliche Ländernamen, die mit Vokal beginnen / Kontinente	**en** France (la France) **en** Iran (l'Iran) (m) **en** Europe	*in / nach Frankreich* *im / in den Iran* *in / nach Europa*
jusqu'à + Ort	**jusqu'au** feu **jusqu'à la** place	*bis zur Ampel* *bis zum Platz*

Weitere Präpositionen des Ortes:

dans	*in*	**à côté de**	*neben*
sur	*auf*	**loin de**	*weit von*
sous	*unter*	**en face de**	*gegenüber*
devant	*vor*	**au coin de**	*an der Ecke von*
derrière	*hinter*	**au bout de**	*am Ende von*

Paul travaille **dans** un hôpital. — *Paul arbeitet in einem Krankenhaus.*

L'ordinateur est **sur** la table. — *Der Computer steht auf dem Tisch.*

J'habite **à côté de** la boulangerie. — *Ich wohne neben der Bäckerei.*

⚠ ***dans*** *la rue* – auf der Straße; ***en*** *montagne* – in den Bergen; ***sur*** *la côte* – an der Küste; ***sur*** *Internet* – im Internet

Anders als im Deutschen gibt es im Französischen keinen Unterschied bei der Antwort auf die Frage **wo** bzw. **wohin**. Die Präpositionen ***à, chez, dans*** und ***en*** können sowohl einen Aufenthaltsort als auch einen Zielort bezeichnen.

à	*nach / zu*	Je vais **à** Strasbourg.	*Ich fahre nach Straßburg.*
	in / im	J'habite **à** Bordeaux.	*Ich wohne in Bordeaux.*
chez	*zu*	Il va **chez** Marianne.	*Er fährt zu Marianne.*
	bei	Il est **chez** Marianne.	*Er ist bei Marianne.*
dans	*nach*	Elle part **dans** le sud de la France.	*Sie fährt nach Südfrankreich.*
	in / im	Il travaille **dans** une usine.	*Er arbeitet in einer Fabrik.*
en	*nach*	Ils vont **en** Espagne.	*Sie fahren nach Spanien.*
	in / im	Vous habitez **en** Allemagne ?	*Wohnen Sie in Deutschland?*

11.2. Die Zeitangaben – Les indications de temps

▶ U3, 5, 6, 10, 12

Folgende Präpositionen werden zur **Angabe der Zeit** verwendet.

à + Uhrzeit	Le bus arrive **à** huit heures. **A** midi, elle fait la cuisine.	*Der Bus kommt um acht Uhr an.* *Mittags kocht sie.*
à + Alter	En France, les enfants vont à l'école **à** trois ans.	*In Frankreich gehen die Kinder mit drei Jahren zur Schule.*
de ... à (Zeitraum)	**de** janvier **à** mars **du** trente août **au** trois septembre **de** dix heures **à** onze heures **du** lundi **au** vendredi	*von Januar bis März* *vom dreißigsten August bis zum dritten September* *von zehn bis elf Uhr* *von montags bis freitags*
en + Monat	**en** février	*im Februar*
en + Jahr	**en** 1492	*im Jahr 1492*

11.3. Weitere Angaben – Autres indications

▶ U8, 12

Angabe des **Zwecks**: ***pour*** + Infinitiv
Pour faire *des crêpes, il faut de la farine.* – Um Crêpes zu machen, braucht man Mehl.

Angabe des **Fortbewegungsmittels**: ***en/à*** + Fortbewegungsmittel
en *avion* – mit dem Flugzeug
en *voiture* – mit dem Auto
à *vélo* – mit dem Fahrrad
à *pied* – zu Fuß

12. Die Konjunktionen – Les conjonctions

Die Konjunktionen sind **unveränderliche Bindewörter**, die zur Verknüpfung mehrerer Wörter oder Sätze (Haupt- und Nebensätze) verwendet werden.

- Verbindung von Wörtern
  un tableau cher, ***mais*** *original*
  Tu es française ***ou*** *belge ?*
  Il faut un téléphone ***et*** *un fax.*
- Verbindung von Sätzen
  David est français, ***mais*** *il habite en Italie.*
  Tu restes ici ***ou*** *tu pars en vacances ?*
  J'aime rencontrer des amis ***et*** *je déteste la solitude.*
  J'apprends le français ***parce que*** *je vais travailler à Genève.*

⚠ Anders als im Deutschen steht im Französischen das Verb im Nebensatz hinter dem Subjekt:
*Alice va en Chine parce qu'****elle veut*** *découvrir une autre culture.*
Alice fährt nach China, weil **sie** eine andere Kultur entdecken **will**.

13. Die Zahlen – Les nombres

13.1. Die Grundzahlen – Les nombres cardinaux

▶ U2, 3, 4, 11

0	zéro	**17**	dix-sept	**41**	quarante **et** un	**100**	cent
1	un	**18**	dix-huit	**42**	quarante-deux	**101**	cent un
2	deux	**19**	dix-neuf	**50**	cinquante	**102**	cent deux
3	trois	**20**	vingt	**51**	cinquante **et** un	**200**	deux **cents**
4	quatre	**21**	vingt **et** un	**52**	cinquante-deux	**201**	deux **cent** un
5	cinq	**22**	vingt-deux	**60**	soixante	**202**	deux **cent** deux
6	six	**23**	vingt-trois	**61**	soixante **et** un	**203**	deux **cent** trois
7	sept	**24**	vingt-quatre	**62**	soixante-deux	…	
8	huit	**25**	vingt-cinq	**70**	soixante-dix	**300**	trois cents
9	neuf	**26**	vingt-six	**71**	soixante **et** onze	**400**	quatre cents
10	dix	**27**	vingt-sept	**72**	soixante-douze	**500**	cinq cents
11	onze	**28**	vingt-huit	**80**	quatre-**vingts**	**1 000**	mille
12	douze	**29**	vingt-neuf	**81**	quatre-**vingt**-un	**2 000**	deux mille
13	treize	**30**	trente	**82**	quatre-**vingt**-deux		
14	quatorze	**31**	trente **et** un	**90**	quatre-**vingt**-dix	**1 000 000**	un million
15	quinze	**32**	trente-deux	**91**	quatre-**vingt**-onze	**2 000 000**	deux millions
16	seize	**40**	quarante	**92**	quatre-**vingt**-douze		

⚠ Zehnerzahlen und Einerzahlen werden durch einen Bindestrich verbunden, außer wenn **et** dazwischen steht: 31: *trente **et** un*; 32: *trente-deux*.

⚠ Folgt eine weitere Zahl nach ***quatre-vingts*** (80) und nach den vollen Hundertern (***deux, trois, quatre… cents***), so entfällt das **-*s***: *quatre-**vingt**-trois* (83); *cinq **cent** vingt-deux* (522).

⚠ ***mille*** ist unveränderlich: *quatre **mille** habitants*.

⚠ Die Jahreszahlen kann man in Tausendern oder in Hunderten angeben:

1975 *mille neuf cent soixante-quinze*
dix-neuf cent soixante-quinze

13.2. Die Ordnungszahlen – Les nombres ordinaux

▶ U11

Zur Bildung der Ordnungszahlen wird die Endung ***-ième*** an die Grundzahlen angehängt.
Ausnahme: *le premier, la première* – der / die Erste.

1er	premier	2e	deuxième	10e	dixième	21e	vingt-et-unième
1ère	première	3e	troisième	11e	onzième	22e	vingt-deuxième
		4e	quatrième	12e	douzième		
		5e	cinquième	13e	treizième		
		6e	sixième	14e	quatorzième		
		7e	septième	15e	quinzième		
		8e	huitième	16e	seizième		
		9e	neuvième	17e	dix-septième		
				18e	dix-huitième		
				19e	dix-neuvième		
				20e	vingtième		

Verbtabelle

aimer [1]		**aller**		**avoir**		**boire**	
j'	aime	je	vais	j'	ai	je	bois
tu	aimes	tu	vas	tu	as	tu	bois
il/elle	aime	il/elle	va	il/elle	a	il/elle	boit
nous	aimons	nous	allons	nous	avons	nous	buvons
vous	aimez	vous	allez	vous	avez	vous	buvez
ils/elles	aiment	ils/elles	vont	ils/elles	ont	ils/elles	boivent
j'ai aimé		je suis allé/e		j'ai eu		j'ai bu	
choisir [2]		**connaître**		**découvrir**		**dire**	
je	choisis	je	connais	je	découvre	je	dis
tu	choisis	tu	connais	tu	découvres	tu	dis
il/elle	choisit	il/elle	connaît	il/elle	découvre	il/elle	dit
nous	choisissons	nous	connaissons	nous	découvrons	nous	disons
vous	choisissez	vous	connaissez	vous	découvrez	vous	dites
ils/elles	choisissent	ils/elles	connaissent	ils/elles	découvrent	ils/elles	disent
j'ai choisi		j'ai connu		j'ai découvert		j'ai dit	
dormir		**écrire** [3]		**être**		**faire**	
je	dors	j'	écris	je	suis	je	fais
tu	dors	tu	écris	tu	es	tu	fais
il/elle	dort	il/elle	écrit	il/elle	est	il/elle	fait
nous	dormons	nous	écrivons	nous	sommes	nous	faisons
vous	dormez	vous	écrivez	vous	êtes	vous	faites
ils/elles	dorment	ils/elles	écrivent	ils/elles	sont	ils/elles	font
j'ai dormi		j'ai écrit		j'ai été		j'ai fait	
lire		**naître**		**prendre** [4]		**pouvoir**	
je	lis	je suis né/e		je	prends	je	peux
tu	lis			tu	prends	tu	peux
il/elle	lit			il/elle	prend	il/elle	peut
nous	lisons			nous	prenons	nous	pouvons
vous	lisez			vous	prenez	vous	pouvez
ils/elles	lisent			ils/elles	prennent	ils/elles	peuvent
j'ai lu				j'ai pris		j'ai pu	
savoir		**sortir** [5]		**vendre** [6]		**venir** [7]	
je	sais	je	sors	je	vends	je	viens
tu	sais	tu	sors	tu	vends	tu	viens
il/elle	sait	il/elle	sort	il/elle	vend	il/elle	vient
nous	savons	nous	sortons	nous	vendons	nous	venons
vous	savez	vous	sortez	vous	vendez	vous	venez
ils/elles	savent	ils/elles	sortent	ils/elles	vendent	ils/elles	viennent
j'ai su		je suis sorti/e		j'ai vendu		je suis venu/e	
vivre		**voir**		**vouloir**			
je	vis	je	vois	je	veux		
tu	vis	tu	vois	tu	veux		
il/elle	vit	il/elle	voit	il/elle	veut		
nous	vivons	nous	voyons	nous	voulons		
vous	vivez	vous	voyez	vous	voulez		
ils/elles	vivent	ils/elles	voient	ils/elles	veulent		
j'ai vécu		j'ai vu		j'ai voulu			

[1] Die regelmäßigen Verben auf ***-er*** umfassen ca. 90 % aller französischen Verben! Dazu gehören z. B. ***habiter*** oder ***parler***. Manche von ihnen weisen Besonderheiten auf:
acheter *: j'ach**è**te, tu ach**è**tes, il/elle ach**è**te, nous achetons, vous achetez, ils/elles ach**è**tent*
préférer *: je préf**è**re, tu préf**è**res, il/elle préf**è**re, nous préférons, vous préférez, ils/elles préf**è**rent*
commencer *: nous commen**ç**ons ;* ***manger*** *: nous mang**e**ons*

[2] Ebenso: ***finir***, ***réfléchir***
[3] Ebenso: ***décrire***
[4] Ebenso: ***apprendre***, ***comprendre***
[5] Ebenso: ***partir***
[6] Ebenso: ***attendre***, ***entendre***
[7] Ebenso: ***revenir***

Wortschatz nach Lektionen

- Alle **neuen Wörter** einer *Unité* werden in chronologischer Reihenfolge und mit ihrer deutschen Übersetzung im jeweiligen Zusammenhang angegeben.
- Keine Angst vor dem neuen Vokabular! Nur die **fett gedruckten Wörter** sollten aktiv gelernt werden. Mager gedruckte Wörter werden in den nachfolgenden *Unités* nicht als bekannt vorausgesetzt.
- Grammatische Fachausdrücke (z.B. *passé composé*) und Zahlen werden nicht aufgeführt (s. dazu S. 188).
- Folgende **Abkürzungen** werden verwendet:

Abk	Abkürzung	*jdn*	jemanden	*qc*	quelque chose (etwas)
Adj	Adjektiv	*jdm*	jemandem	*qn*	quelqu'un (jemand)
etw	etwas	*m*	männlich	*Sg*	Singular
f	für	*Pers*	Person	*ugs*	umgangssprachlich
Inf	Infinitiv	*Pl*	Plural	*w*	weiblich

- Adjektive und Nomen (z. B. Berufsbezeichnungen), bei denen sich **männliche und weibliche Form** unterscheiden, werden erst in der männlichen und dann in der weiblichen Form angegeben.
- Die **weibliche Form** wird auf zwei Arten gebildet:

1. indem an die männliche Form ein einfaches *e* angehängt oder der letzte Buchstabe verdoppelt und zusätzlich ein *e* angehängt wird:
   le/la cousin/e = le cousin, la cousine
   italien/ne = italien, italienne
2. indem die männliche Endung durch eine weibliche ersetzt wird:
   le/la serveur/-euse = le serveur, la serveuse
   positif/-ive = positif, positive

- Die **phonetische Umschrift** wird bis zur 8. *Unité* durchgängig angegeben; ab der 9. *Unité* wird sie bei längeren Wendungen nicht einzeln angegeben.

Phonetische Umschrift

Französisches Beispiel		Ähnliches deutsches Beispiel
Vokale:		
[a]	ami, tard	Name
[e]	écouter, lisez, j'ai	Schnee
[ɛ]	être, mais, lettre	gern
[ə]	je, le	—
[i]	il, lycée	ich
[o]	vélo, beau	so
[ɔ]	alors, école	doch
[ø]	jeu, il pleut	böse
[œ]	heure, sœur	Töchter
[u]	jour, goût	gut
[y]	tu, musique	süß
Nasalvokale:		
[ɑ̃]	danser, entendre	—
[ɛ̃]	train, vin	—
[ɔ̃]	bon, nom	—

Französisches Beispiel		Ähnliches deutsches Beispiel
Halbvokale:		
[j]	bien, métier, travail	ja, Detail
[w]	oui, moi	Soiree
[ɥ]	puis, nuit, je suis	Suite
Konsonanten:		
[v]	vous, inventer	Welle
[z]	rose, magasin, ils ont	Reise
[ʒ]	bonjour, génial	Garage
[ʃ]	chat, architecte	schön
[ɲ]	magnifique, Allemagne	Kognak
[ŋ]	camping	Camping, Gong

Alle übrigen Konsonanten sind den deutschen Entsprechungen sehr ähnlich. Zu beachten ist allerdings bei [p], [t], [k] und [b], [d], [g], dass sie im Französischen nicht aspiriert (behaucht) werden.

Wortschatz nach Lektionen

Vous comprenez ?

Vous comprenez ? [vukõpʀəne]	Verstehen Sie?

1 Vous êtes madame... ?

Vous êtes madame... ? [vuzɛtmadam]	Sind Sie Frau ...?

1

Bonjour. [bõʒuʀ]	Guten Tag.
je m'appelle... [ʒəmapɛl]	Ich heiße ...
je [ʒə]	ich
je suis [ʒəsɥi]	ich bin
professeur de français *m* [pʀɔfɛsœʀdəfʀɑ̃sɛ]	Französischlehrer/-lehrerin
et [e]	und
vous [vu]	Sie
vous êtes [vuzɛt]	Sie sind
madame [madam]	Frau (*Anrede*)
non [nõ]	nein
voilà... [vwala]	das ist/sind ...
Pardon ! [paʀdõ]	Verzeihung!
Bienvenue ! [bjɛ̃vny]	Willkommen!
Salut ! *ugs* [saly]	Hallo!, Tag!
toi [twa]	du (*betonte Form*)
moi, c'est... *ugs* [mwa, sɛ]	ich bin ...
moi [mwa]	ich (*betonte Form*)
c'est [sɛ]	das ist
tu es [tyɛ]	du bist
tu [ty]	du
oui [wi]	ja
C'est ça. [sɛsa]	So ist es., Das stimmt.
ça *ugs* [sa]	das

3b

Bonsoir. [bõswaʀ]	Guten Abend.
monsieur [məsjø]	Herr
Enchanté. (*männlich*) **Enchantée.** (*weiblich*) [ɑ̃ʃɑ̃te]	Angenehm., Sehr erfreut.
Entrez. [ɑ̃tʀe]	Treten Sie ein.
Ça va ? *ugs* [sava]	Wie geht's?, Geht's gut?
merci [mɛʀsi]	danke
Ça va. *ugs* [sava]	Es geht (gut).
mademoiselle [madmwazɛl]	Fräulein (*Anrede*)
Comment allez-vous ? [kɔmɑ̃talevu]	Wie geht es Ihnen?
comment ? [kɔmɑ̃]	wie?
très bien [tʀɛbjɛ̃]	sehr gut
très [tʀɛ]	sehr
bien [bjɛ̃]	gut

5

presse *w* [pʀɛs]	Presse
gastronomie *w* [gastʀɔnɔmi]	Gastronomie
café *m* [kafe]	Kaffee; Café
taxi *m* [taksi]	Taxi
tabac *m* [taba]	Tabak
théâtre *m* [teatʀ]	Theater
cédérom *m* (*Artikel!*) [sedeʀɔm]	CD-Rom
journal *m* (*Artikel!*) [ʒuʀnal]	Zeitung
bar *m* (*Artikel!*) [baʀ]	Bar, Kneipe
Je t'aime ! [ʒətɛm]	Ich liebe dich!
Festival *m* **(de Cannes)** [fɛstival(dəkan)]	Festival (in Cannes)
film *m* [film]	Film
restaurant *m* [ʀɛstɔʀɑ̃]	Restaurant
hôtel *m* [otɛl]	Hotel
baguette *w* [bagɛt]	Baguette
adresse *w* [adʀɛs]	Adresse
camembert *m* **de Normandie** [kamɑ̃bɛʀdnɔʀmɑ̃di]	Camembert aus der Normandie
cinéma *m* [sinema]	Kino
musique *w* [myzik]	Musik
croissant *m* [kʀwasɑ̃]	Croissant
cigarette *w* [sigaʀɛt]	Zigarette

6a

un parfum [ɛ̃paʀfɛ̃]	ein Parfum
des Gauloises *wPl* [degolwaz]	*frz. Zigarettenmarke*
une mélodie [ynmelodi]	eine Melodie
génial [ʒenjal]	toll

6b

un, une [ɛ̃, yn]	ein, eine (*unbest Artikel Sg*)
des [de]	*unbest Artikel Pl*

Gr

une rose [ynʀoz]	eine Rose
une chanson [ynʃɑ̃sõ]	ein Lied

7

une flamme [ynflam]	eine Flamme
un sandwich [ɛ̃sɑ̃dwitʃ]	ein Sandwich
une cabine téléphonique [ynkabintelefɔnik]	eine Telefonzelle
une terrasse [yntɛʀas]	eine Terrasse
une girafe [ynʒiʀaf]	eine Giraffe
une radio (*Artikel!*) [ynʀadjo]	ein Radio
des fleurs *wPl* [deflœʀ]	Blumen

10a

dame *w* [dam]	Dame
Europe *w* [øʀɔp]	Europa
idée *w* [ide]	Idee
kilomètre *m* [kilɔmɛtʀ]	Kilometer
loto *m* [lɔto]	Lotto
nature *w* [natyʀ]	Natur
olive *w* [ɔliv]	Olive
qualité *w* [kalite]	Qualität
salade *w* (*Artikel!*) [salad]	Salat
uniforme *m* (*Artikel!*) [ynifɔʀm]	Uniform
vase *m* (*Artikel!*) [vaz]	Vase
western *m* [wɛstɛʀn]	Western
xylophone *m* [gzilɔfɔn]	Xylophon
yoga *m* [jɔga]	Yoga
zoo *m* [zo]	Zoo

11

Je ne comprends pas. [ʒənkõpʀɑ̃pa]	Ich verstehe nicht.
Vous pouvez répéter ? [vupuveʀepete]	Können Sie (das) wiederholen?
s'il vous plaît (*Sie-Form*) [silvuplɛ]	bitte
plus lentement [plylɑ̃tmɑ̃]	langsamer
s'il te plaît (*Du-Form*) [siltəplɛ]	bitte
Pardon ? [paʀdõ]	Wie bitte?
Ça s'écrit comment ? [sasekʀikɔmɑ̃]	Wie schreibt man das?

12a

deux [dø]	zwei
alors [alɔʀ]	also

13

A demain ! [adəmɛ̃]	Bis morgen!
Au revoir ! [ɔʀəvwaʀ]	Auf Wiedersehen!
Bonsoir ! [bõswaʀ]	Auf Wiedersehen! (*abends*)
A bientôt ! [abjɛ̃to]	Bis bald!
A la semaine prochaine ! [alasmɛnpʀɔʃɛn]	Bis nächste Woche!
à [a]	bis

Sur le vif

sur le vif [syʀləvif]	*etwa*: aus dem Leben gegriffen, hautnah
en voyage [ɑ̃vwajaʒ]	unterwegs, auf Reisen
avec [avɛk]	mit
Couleurs *wPl* de France [kulœʀdəfʀɑ̃s]	*Titel des Lehrwerks* = Farben Frankreichs
une ville [ynvil]	eine Stadt
la basilique de Fourvière [labazilikdəfuʀvjɛʀ]	*Basilika in Lyon*
au bord de [obɔʀd(ə)]	am Ufer von
le canal du Midi [ləkanaldymidi]	*Kanal in Südfrankreich*
la capitale [lakapital]	die Hauptstadt
le cassoulet [ləkasulɛ]	*Eintopf aus Fleisch, Wurst und weißen Bohnen*
en Bretagne [ɑ̃bʀətaɲ]	in der Bretagne
un site [ɛ̃sit]	eine Stätte, ein Standort
de [də]	von
un mégalithe [ɛ̃megalit]	ein Megalith
préhistorique [pʀeistɔʀik]	prähistorisch
mystérieux [misteʀjø]	geheimnisvoll
attire (*Inf*: attirer) [atiʀ]	lockt an, zieht an
des touristes *m/wPl* [detuʀist]	Touristen
du monde entier [dymõdɑ̃tje]	aus der ganzen Welt
la petite France [laptitfʀɑ̃s]	das kleine Frankreich
un quartier [ɛ̃kaʀtje]	ein Stadtviertel
charmant [ʃaʀmɑ̃]	reizend, charmant
l'Auvergne *w* [lovɛʀɲ]	*Region in Zentralfrankreich*
ses paysages *mPl* [sepeizaʒ]	ihre Landschaften
sauvage [sovaʒ]	wild
romantique [ʀɔmɑ̃tik]	romantisch
le musée d'Orsay [ləmyzedɔʀsɛ]	*Museum in Paris*
mondialement [mõdjalmɑ̃]	weltweit
connu [kɔny]	bekannt
situé [sitɥe]	gelegen
dans [dɑ̃]	in
ancienne (*weiblich*) [ɑ̃sjɛn]	*hier*: ehemalig
une gare (*Artikel!*) [yngaʀ]	ein Bahnhof
européenne (*weiblich*) [øʀɔpeɛn]	europäisch
accueillante (*weiblich*) [akœjɑ̃t]	einladend
une cité universitaire [ynsiteynivɛʀsitɛʀ]	eine Universitätsstadt
le lac Léman [ləlaklemɑ̃]	der Genfer See
en Suisse [ɑ̃sɥis]	in der Schweiz
un résumé [ɛ̃ʀezyme]	eine Zusammenfassung

2 Vous êtes d'où ?

Vous êtes d'où ? [vuzɛtdu]	Woher sind Sie ?

1a

c'est un nom français [sɛ(t)ɛ̃nõfʀɑ̃sɛ]	das ist ein französischer Name
un nom [ɛ̃nõ]	ein Name
français [fʀɑ̃sɛ]	französisch
italien [italjɛ̃]	italienisch
espagnol [ɛspaɲɔl]	spanisch
allemand [almɑ̃]	deutsch
russe [ʀys]	russisch
tunisien [tynizjɛ̃]	tunesisch

Info

la capitale européenne [lakapitaløʀɔpeɛn]	die europäische Hauptstadt

3a

un pays [ɛ̃pei]	ein Land
une nationalité [ynnasjɔnalite]	eine Staatsangehörigkeit
la France [lafʀɑ̃s]	Frankreich
il est français [ilɛfʀɑ̃sɛ]	er ist Franzose
elle est française [ɛlɛfʀɑ̃sɛz]	sie ist Französin
il [il]; **elle** [ɛl]	er; sie
il/elle est [(il/ɛlɛ]	er/sie ist
être [ɛtʀ]	sein (*Verb*)
français, française [fʀɑ̃sɛ, fʀɑ̃sɛz]	Franzose, Französin; französisch
l'Allemagne *w* [lalmaɲ]	Deutschland
allemand, allemande [almɑ̃, almɑ̃d]	Deutscher, Deutsche; deutsch
l'Espagne *w* [lɛspaɲ]	Spanien
espagnol, espagnole [ɛspaɲɔl]	Spanier, Spanierin; spanisch
l'Italie *w* [litali]	Italien
italien, italienne [italjɛ̃, italjɛn]	Italiener, Italienerin; italienisch
l'Autriche *w* [lotʀiʃ]	Österreich
autrichien, autrichienne [otʀiʃjɛ̃, otʀiʃjɛn]	Österreicher, Österreicherin; österreichisch
la Tunisie [latynizi]	Tunesien
tunisien, tunisienne [tynizjɛ̃, tynizjɛn]	Tunesier, Tunesierin; tunesisch
la Russie [laʀysi]	Russland
russe [ʀys]	Russe, Russin; russisch

Wortschatz nach Lektionen

la Belgique [labɛlʒik]	Belgien
belge [bɛlʒ]	Belgier, Belgierin; belgisch
la Suisse [lasɥis]	die Schweiz
suisse [sɥis]	Schweizer, Schweizerin; schweizerisch

4a

aussi [osi]	auch

5

une entreprise [ynɑtʀəpʀiz]	ein Unternehmen, eine Firma

6

né, née [ne]	geboren
en Argentine [ɑ̃naʀʒɑ̃tin]	in Argentinien
l'Argentine *w* [laʀʒɑ̃tin]	Argentinien
une mère [ynmɛʀ]	eine Mutter
un père [ɛ̃pɛʀ]	ein Vater
elle parle espagnol [ɛlpaʀlɛspaɲɔl]	sie spricht Spanisch
parler [paʀle]	sprechen
un peu [ɛ̃pø]	ein wenig, etwas
mais [mɛ]	aber
elle ne parle pas italien [ɛlnəpaʀlpaitaljɛ̃]	sie spricht kein Italienisch
ne + *Verb* + **pas** [nəpa]	nicht, kein
des études *wPl* [dezetyd]	Studium
à [a]	in
anglais, anglaise [ɑ̃glɛ, ɑ̃glɛz]	Engländer, Engländerin; englisch
un travail [ɛ̃tʀavaj]	eine Arbeit
pour [puʀ]	für
une société de bio-chimie [ynsɔsjetedəbjoʃimi]	ein Biochemie-Unternehmen

7a

avec [avɛk]	mit
alsacien, alsacienne [alzasjɛ̃, alzasjɛn]	Elsässer, Elsässerin; aus dem Elsass
vrai, vraie [vʀɛ]	richtig, wahr
..., non ? [nɔ̃]	..., nicht?
Ah bon ? *ugs* [abɔ̃]	Tatsächlich?, Ach ja?
bon, bonne [bɔ̃, bɔn]	gut
bravo [bʀavo]	bravo, toll!
excusez-moi [ɛkskyzemwa]	entschuldigen Sie mich/bitte
pressé, pressée [pʀɛse]	in Eile
Bonne journée ! [bɔnʒuʀne]	Schönen Tag (noch)!
A vous aussi ! [avu(z)osi]	Ebenfalls!, Gleichfalls!

Gr

vous [vu]	ihr; Sie
nous [nu]	wir
ils [il]	sie (*männlich oder beide Geschlechter*)
elles [ɛl]	sie (*weiblich*)

8a

je vous présente... [ʒvupʀezɑ̃t]	ich stelle Ihnen ... vor
présenter [pʀezɑ̃te]	vorstellen

9a

ou [u]	oder
faux, fausse [fo, fos]	falsch
on [ɔ̃]	man
en + *weibl. Land* [ɑ̃]	in, nach
au + *männl. Land* [o]	in, nach
plus de 100 millions de personnes [plydsɑ̃miljɔ̃dpɛʀsɔn]	mehr als 100 Mio. Personen
un million (*Artikel!*) [ɛ̃miljɔ̃]	eine Million
une personne [ynpɛʀsɔn]	eine Person
dans [dɑ̃]	in
le monde [ləmɔ̃d]	die Welt
basque (*Sprache*) [bask]	Baskisch
breton (*Sprache*) [bʀətɔ̃]	Bretonisch
romanche (*Sprache*) [ʀɔmɑ̃ʃ]	Rätoromanisch
le Canada [ləkanada]	Kanada
le Mali [ləmali]	Mali

9b

le français [ləfʀɑ̃sɛ]	Französisch (*Sprache*)
une langue [ynlɑ̃g]	eine Sprache
officiel, officielle [ɔfisjɛl]	offiziell; *hier*: Landes-
occitan (*Sprache*) [ɔksitɑ̃]	Okzitanisch
quatre [katʀ]	vier
différent, différente [difeʀɑ̃, difeʀɑ̃t]	verschieden
wallon (*Sprache*) [walɔ̃]	Wallonisch
flamand (*Sprache*) [flamɑ̃]	Flämisch
beaucoup de pays [bokudpei]	viele Länder
africain, africaine [afʀikɛ̃, afʀikɛn]	afrikanisch; Afrikaner/in
enfin [ɑ̃fɛ̃]	schließlich
il y a [ilja]	es gibt
francophone [fʀɑ̃kɔfɔn]	französischsprachig
par exemple [paʀɛgzɑ̃pl]	zum Beispiel
au total [otɔtal]	insgesamt

10a

Vous êtes d'où ? *ugs* [vuzɛtdu]	Woher sind Sie?
d'où ? [du]	woher?
Vous habitez où ? *ugs* [vuzabiteu]	Wo wohnen Sie?
où ? [u]	wo?
habiter [abite]	wohnen
M., Mme	*Abk f* Monsieur, Madame
provençal, provençale [pʀɔvɑ̃sal]	aus der Provence, provenzalisch
d'Aix-en-Provence [dɛksɑ̃pʀɔvɑ̃s]	aus Aix-en Provence
d' *bzw.* **de** + *Stadt* [d, də]	aus, von
à Marseille [amaʀsɛj]	in Marseille
à + *Stadt* [a]	in, nach
d', j', n' [d, ʒ, n]	de, je *und* ne *vor* Vokalen *und vor stummem* h

11b

la liaison [laljɛzɔ̃]	die Bindung (*zwischen Wörtern*)

13

Nice [nis]	Nizza
doux, douce [du, dus]	weich

Sur le vif

de tous les pays [dətulepei]	aus allen Ländern
Munich [mynik]	München
sénégalais, sénégalaise [senegalɛ, senegalɛz]	Senegalese, Senegalesin; senegalesisch
wolof [wɔlɔf]	*Sprache in Westafrika*
canadien, canadienne [kanadjɛ̃, kanadjɛn]	Kanadier, Kanadierin; kanadisch

3 Est-ce que vous aimez les chats ?

Est-ce que vous aimez les chats ? [ɛskəvuzemeleʃa]	Mögen Sie Katzen?
aimer [eme]	lieben, mögen
le chat [ləʃa]	Katze

1

l'aventure *w* [lavɑ̃tyʀ]	Abenteuer
le camping [ləkɑ̃piŋ]	Campingplatz; Zelten
l'enfant *m* [lɑ̃fɑ̃]	Kind
la famille [lafamij]	Familie
la femme [lafam]	Frau
la mer [lamɛʀ]	Meer
l'orange *w* [lɔʀɑ̃ʒ]	Apfelsine
le problème [ləpʀɔblɛm]	Problem
le risque [ləʀisk]	Risiko
le stress [ləstʀɛs]	Stress
la tomate [latɔmat]	Tomate
la vitesse [lavitɛs]	Geschwindigkeit
le voyage [ləvwajaʒ]	Reise
l'argent *m* [laʀʒɑ̃]	Geld
la campagne [lakɑ̃paɲ]	Land (*im Gegensatz zu Stadt*)
le chocolat [ləʃɔkɔla]	Schokolade
l'erreur *w* [lɛʀœʀ]	Irrtum, Fehler
le football [ləfutbol]	Fußball
l'homme *m* [lɔm]	Mann
l'intolérance *w* [lɛ̃tɔleʀɑ̃s]	Intoleranz
la jalousie [laʒaluzi]	Eifersucht
la liberté [libɛʀte]	Freiheit
le luxe [ləlyks]	Luxus
la mousse au chocolat [lamusoʃɔkɔla]	*Schokoladendessert*
le sport [ləspɔʀ]	Sport
le, la, l'; les [lə, la, l, le]	der, die, das; die (*best Artikel*)
elle aime le sport [ɛlɛmləspɔʀ]	sie mag Sport
elle n'aime pas la jalousie [ɛlnɛmpalaʒaluzi]	sie mag keine Eifersucht

3

moderne [mɔdɛʀn]	modern
classique [klasik]	klassisch
dynamique [dinamik]	dynamisch
sympathique [sɛ̃patik]	sympathisch, nett
pourquoi ? [puʀkwa]	warum?
parce qu'elle aime... [paʀskɛlɛm]	weil sie ... mag
parce que, parce qu' [paʀskə, paʀsk]	weil

4

le dictionnaire [lədiksjɔnɛʀ]	Wörterbuch

5a

manger [mɑ̃ʒe]	essen
surfer sur Internet [sœʀfesyʀɛ̃tɛʀnɛt]	im Internet surfen
sur Internet [syʀɛ̃tɛʀnɛt]	im Internet
sur [syʀ]	auf, in
voyager [vwajaʒe]	reisen
faire le ménage [fɛʀləmenaʒ]	putzen, aufräumen
le ménage [ləmenaʒ]	Haushalt
faire [fɛʀ]	machen, erledigen
faire les courses [fɛʀlekuʀs]	einkaufen
les courses *wPl* [lekuʀs]	Einkäufe
faire la cuisine [fɛʀlakɥizin]	kochen
la cuisine [lakɥizin]	Kochen; Küche
regarder la télévision [ʀəgaʀdelatelevizjɔ̃]	fernsehen
regarder [ʀəgaʀde]	(an)schauen
la télévision [latelevizjɔ̃]	Fernsehen
jardiner [ʒaʀdine]	im Garten arbeiten
lire le journal [liʀləʒuʀnal]	Zeitung lesen
lire [liʀ]	lesen
le journal (*Pl*: journaux) [ləʒuʀnal]	Zeitung
écouter la radio [ekutelaʀadjo]	Radio hören
écouter [ekute]	zuhören; hören

6a

adorer [adɔʀe]	über alles lieben, sehr gern haben
est-ce que, est-ce qu' [ɛskə, ɛsk]	*Frageeinleitung*
puis [pɥi]	dann
beaucoup + *Verb* [boku]	sehr
le travail [lətʀavaj]	Arbeit
la tradition [latʀadisjɔ̃]	Tradition
le soleil [ləsɔlɛj]	Sonne
je n'aime pas tellement... [ʒənɛmpatɛlmɑ̃]	ich mag nicht so sehr ...
ne... pas tellement [nə...patɛlmɑ̃]	nicht (so) sehr, nicht besonders
la mode [lamɔd]	Mode
détester [detɛste]	verabscheuen
aimer, adorer, détester + *Inf* [ɛme, adɔʀe, detɛste]	etwas gern, sehr gern, sehr ungern tun
la vie [lavi]	Leben
voilà [vwala]	das ist es (*hervorhebend*)
vivre [vivʀ]	leben
danser [dɑ̃se]	tanzen
discuter [diskyte]	sich unterhalten, diskutieren
même [mɛm]	sogar
comme moi [kɔmmwa]	wie ich
comme [kɔm]	wie
alors [alɔʀ]	also; dann
Contactez-moi ! [kɔ̃taktemwa]	Nehmen Sie Kontakt mit mir auf!
contacter [kɔ̃takte]	Kontakt aufnehmen mit

Wortschatz nach Lektionen

8a

la rencontre [laʀɑ̃kɔ̃tʀ]	Treffen, Begegnung
positif, positive [pɔzitif, pɔzitiv]	positiv
négatif, négative [negatif, negativ]	negativ
Moi non plus ! [mwanɔ̃ply]	Ich auch nicht!
non plus [nɔ̃ply]	auch nicht
le thé citron [lətesitʀɔ̃]	schwarzer Tee mit Zitrone
le thé [ləte]	schwarzer Tee
le citron [ləsitʀɔ̃]	Zitrone
Moi aussi ! [mwaosi]	Ich auch!
Monsieur, s'il vous plaît ! [məsjøsilvuplɛ]	*Ruf nach dem Kellner*
Aïe ! [ai]	Au!
Je te présente... [ʒətəpʀezɑ̃t]	Ich stelle dir ... vor.
Moi non ! [mwanɔ̃]	Ich nicht!
pas vraiment *ugs* [pavʀɛmɑ̃]	nicht wirklich, nicht besonders
Moi si ! [mwasi]	Ich schon!
le chien [ləʃjɛ̃]	Hund
Bon... [bɔ̃]	Also, ..., Naja, ...
tous les deux [tuledø]	(alle) beide

10

en général [ɑ̃ʒeneʀal]	im Allgemeinen

11a

le week-end [ləwikɛnd]	Wochenende
au paradis [opaʀadi]	im Paradies
le paradis [ləpaʀadi]	Paradies
le charme [ləʃaʀm]	Reiz, Charme
le séminaire [ləseminɛʀ]	Seminar, Tagung
stressé, stressée [stʀese]	gestresst
le matin [ləmatɛ̃]	der Morgen; morgens
à midi [amidi]	mittags
à [a]	um
midi [midi]	12 Uhr mittags
le soir [ləswaʀ]	der Abend; abends
la solitude [lasɔlityd]	Einsamkeit
la promenade [lapʀɔmnad]	Spaziergang
la dune [ladyn]	Düne
dans [dɑ̃]	in
l'après-midi *m/w* [lapʀɛmidi]	der Nachmittag; nachmittags
marcher [maʀʃe]	(zu Fuß) gehen, laufen
bref, ... [bʀɛf]	kurzum, ...
passer [pase]	verbringen
un hôtel de charme sans soucis [ɛ̃nɔtɛldəʃaʀm sɑ̃susi]	ein bezauberndes Hotel ohne Sorgen
Visitez notre site Internet. [vizitenɔtʀəsitɛ̃tɛʀnɛt]	Besuchen Sie unsere Internetseite.

12a

ne... jamais [nəʒamɛ]	nie(mals)

13a

la poésie [lapɔezi]	Poesie, Lyrik
le/la collègue *m/w* [lə/lakɔlɛg]	Kollege, Kollegin

Sur le vif

le personnage [ləpɛʀsɔnaʒ]	Persönlichkeit
hier [jɛʀ]	gestern
aujourd'hui [oʒuʀdɥi]	heute
la Lorraine [lalɔʀɛn]	Lothringen
Charles VII [ʃaʀlsɛt]	Karl VII. (*frz. König, 15. Jh*)
l'Anglais, l'Anglaise [lɑ̃glɛ, lɑ̃glɛz]	Engländer, Engländerin
la Gaule [lagol]	Gallien
la bière [labjɛʀ]	Bier
Jules César [ʒylsezaʀ]	Julius Cäsar
Aix-la-Chapelle [ɛkslaʃapɛl]	Aachen
vaincu [vɛ̃ky]	besiegt
il jette (*Inf*: jeter) [ilʒɛt]	er wirft
ses armes *wPl* [sezaʀm]	seine Waffen
aux pieds de [opjed(ə)]	zu Füßen von
officiellement [ɔfisjɛlmɑ̃]	offiziell
Vercingétorix [vɛʀsɛ̃ʒetɔʀiks]	*gallischer Fürst*
Louis XIV [lwikatɔʀz]	Ludwig XIV.
Jeanne d'Arc [ʒandaʀk]	Johanna von Orléans
Charlemagne [ʃaʀləmaɲ]	Karl der Große

4 Qu'est-ce que vous faites dans la vie ?

Qu'est-ce que vous faites dans la vie ? [kɛskəvufɛtdɑ̃lavi]	Was machen Sie beruflich?

1a

l'assistante *w* **médicale** [lasistɑ̃tmedikal]	Arzthelferin
médical, médicale [medikal]	medizinisch
le professeur [ləpʀɔfɛsœʀ]	Lehrer/in
le médecin [ləmedsɛ̃]	Arzt, Ärztin
le boulanger, la boulangère [ləbulɑ̃ʒe, labulɑ̃ʒɛʀ]	Bäcker/in
le secrétaire, la secrétaire [ləsəkʀetɛʀ, la səkʀetɛʀ]	Sekretär/in
l'informaticien, l'informaticienne [lɛ̃fɔʀmatisjɛ̃, lɛ̃fɔʀmatisjɛn]	Informatiker/in

1b

l'infirmier, l'infirmière [lɛ̃fiʀmje, lɛ̃fiʀmjɛʀ]	Krankenpfleger, -schwester
le coiffeur, la coiffeuse [ləkwafœʀ, la kwaføz]	Friseur/in
le photographe, la photographe [ləfɔtɔgʀaf, lafɔtɔgʀaf]	Fotograf/in

2

l'ouvrier, l'ouvrière [luvʀje, luvʀjɛʀ]	Arbeiter/in
travailler [tʀavaje]	arbeiten
l'usine *w* [lyzin]	Fabrik
l'hôpital (*Pl*: hôpitaux) *m* [lɔpital]	Krankenhaus
le supermarché [ləsypɛʀmaʀʃe]	Supermarkt
le bureau (*Pl*: bureaux) [ləbyʀo]	Büro
l'école *w* [lekɔl]	Schule
la boulangerie [labulɑ̃ʒʀi]	Bäckerei
à la maison [alamɛzɔ̃]	zu Hause

la maison [lamɛzõ]	Haus
chez + *Eigenname* [ʃe]	bei + *Eigenname*

Gr

l'employé, l'employée [lɑ̃plwaje, lɑ̃plwaje]	Angestellte/r
le serveur, la serveuse [ləsɛʀvœʀ, lasɛʀvøz]	Kellner/in
l'ingénieur [lɛ̃ʒenjœʀ]	Ingenieur/in
l'homme *m* **au foyer** [lɔmofwaje]	Hausmann
la femme au foyer [lafamofwaje]	Hausfrau

4a

l'office *m* **de tourisme** [lɔfisdətuʀism]	Fremdenverkehrsamt
le contact [ləkɑ̃takt]	Kontakt
stressant, stressante [stʀɛsɑ̃, stʀɛsɑ̃t]	stressig
ici [isi]	hier
à l'office de tourisme [alɔfisdətuʀism]	im Fremdenverkehrsamt
à [a]	in, bei
qu'est-ce que... ? [kɛskə]	was ...?
exactement [ɛgzaktəmɑ̃]	genau
là [la]	da
le touriste, la touriste [lətuʀist, latuʀist]	Tourist/in
donner [dɔne]	geben
la brochure [labʀɔʃyʀ]	Broschüre
le numéro de téléphone [lənymeʀodətelefɔn]	Telefonnummer
le numéro [lənymeʀo]	Nummer
le téléphone [lətelefɔn]	Telefon
Ça vous plaît ? *ugs* (*Inf*: plaire) [savuplɛ]	Gefällt Ihnen das?
passionnant, passionnante [pasjɔnɑ̃, pasjɔnɑ̃t]	spannend, begeisternd
téléphoner [telefɔne]	telefonieren
facile [fasil]	leicht
le job *ugs* [lədʒɔb]	Job
parfait, parfaite [paʀfɛ, paʀfɛt]	perfekt, ausgezeichnet
tranquille [tʀɑ̃kij]	ruhig
quelles langues ? [kɛllɑ̃g]	welche Sprachen?
eh bien... *ugs* [ebjɛ̃]	nun gut, ..., also, ...
surtout [syʀtu]	vor allem
souvent [suvɑ̃]	oft
comme ça [kɔmsa]	so, auf diese Weise
le village [ləvilaʒ]	Dorf
à... km d'ici [a...kilɔmɛtʀdisi]	... km von hier entfernt

4c

trouver [tʀuve]	finden
que [kə]	dass
monotone [mɔnɔtɔn]	eintönig
intéressant, intéressante [ɛ̃teʀɛsɑ̃, ɛ̃teʀɛsɑ̃t]	interessant
fatigant, fatigante [fatigɑ̃, fatigɑ̃t]	anstrengend

6b

plus ou moins [plyzumwɛ̃]	mehr oder weniger
plus [plys]	mehr
moins [mwɛ̃]	weniger
pas du tout [padytu]	gar nicht, überhaupt nicht
assez [ase]	ziemlich

7

pas trop [patʀo]	nicht allzu sehr, nicht besonders
l'art *m* [laʀ]	Kunst
Ça te plaît ? *ugs* [satəplɛ]	Gefällt dir das?

9a

le rendez-vous [ləʀɑ̃devu]	Verabredung, Termin
la réunion [laʀeynjɔ̃]	Treffen, Sitzung
le congrès [ləkɔ̃gʀɛ]	Kongress
lundi [lɛ̃di]	Montag
lundi matin [lɛ̃dimatɛ̃]	Montagmorgen
avoir [avwaʀ]	haben
important, importante [ɛ̃pɔʀtɑ̃, ɛ̃pɔʀtɑ̃t]	wichtig
l'architecte *m/w* [laʀʃitɛkt]	Architekt/in
mardi [maʀdi]	Dienstag
Tu es libre ? [tyɛlibʀ]	Hast du Zeit?
libre [libʀ]	frei
seulement [sœlmɑ̃]	nur
l'adresse *w* **e-mail** [ladʀɛsimɛl]	E-Mail-Adresse
jeudi [ʒødi]	Donnerstag
vraiment [vʀɛmɑ̃]	wirklich
N° (= **numéro**) [nymeʀo]	Nr.
le portable [ləpɔʀtabl]	Handy, Mobiltelefon
... , tu sais ! (*Inf*: savoir) [tysɛ]	..., weißt du!
mais bon... *ugs* [mɛbɔ̃]	aber naja ...; gut, aber ...
le jardin [ləʒaʀdɛ̃]	Garten
en réalité [ɑ̃ʀealite]	in Wirklichkeit, eigentlich
en [ɑ̃]	in
la réalité [laʀealite]	Wirklichkeit
tu n'as pas de problèmes [tynapadpʀɔblɛm]	du hast keine Probleme
ne/n'... pas de [nə...pad(ə)]	kein/e
mercredi [mɛʀkʀədi]	Mittwoch

10b

la voiture [lavwatyʀ]	Auto
l'ami, l'amie *m/w* [lami, lami]	Freund/in

11a

le stylo [ləstilo]	Kugelschreiber
le livre [ləlivʀ]	Buch
l'ordinateur *m* [lɔʀdinatœʀ]	Computer
la chaise [laʃɛz]	Stuhl
le bureau [ləbyʀo]	*hier*: Schreibtisch
la table [latabl]	Tisch
la lampe [lalɑ̃p]	Lampe

11b

la classe [laklas]	Klasse; Klassenraum

13b

plus [plys]	*hier*: plus, und
fois [fwa]	*hier*: multipliziert mit, mal
font (*Inf*: faire) [fɔ̃]	*hier*: gleich, das macht

Wortschatz nach Lektionen

14a

vendredi [vɑ̃dʀədi]	Freitag
samedi [samdi]	Samstag
dimanche [dimɑ̃ʃ]	Sonntag
la fête de famille [lafɛtdəfamij]	Familienfest
la fête [lafɛt]	Fest

Sur le vif

les petites annonces *wPl* [leptitzanɔ̃s]	Kleinanzeigen
l'offre *w* d'emploi [lɔfʀədɑ̃plwa]	Stellenangebot
chercher [ʃɛʀʃe]	suchen
l'an *m* [lɑ̃]	Jahr
envoyer [ɑ̃vwaje]	schicken
le CV (= curriculum vitae) [ləseve]	Lebenslauf
bd (= boulevard)	Boulevard
pour [puʀ]	*hier*: wegen
RDV (= rendez-vous)	Termin
H/F (= homme/femme)	Mann/Frau
à temps plein [atɑ̃plɛ̃]	Vollzeit-
l'accueil *m* [lakœj]	Empfang
le standard [ləstɑ̃daʀ]	*hier*: Telefonzentrale
env. (= envoyer)	schicken
la rue [laʀy]	Straße
à mi-temps [amitɑ̃]	Teilzeit-
le centre commercial [ləsɑ̃tʀəkɔmɛʀsjal]	Einkaufszentrum
l'Ardèche *w* [laʀdɛʃ]	*südfrz. Département*
la publicité [lapyblisite]	Werbung
Paris 18ème [paʀidizɥitjɛm]	18. Arrondissement in Paris
de suite [dəsɥit]	*hier*: gleich, sofort
la vendeuse [lavɑ̃døz]	Verkäuferin
la boucherie [labuʃʀi]	Metzgerei
qualifié, qualifiée [kalifje]	qualifiziert, ausgebildet
l'expérience *w* [lɛkspeʀjɑ̃s]	Erfahrung
la bonne présentation [labɔnpʀezɑ̃tasjɔ̃]	angenehme Erscheinung

Intermède 1

l'intermède *m* [lɛ̃tɛʀmɛd]	Zwischenspiel, Intermezzo

1

la profession [lapʀɔfɛsjɔ̃]	Beruf
le répondeur [ləʀepɔ̃dœʀ]	Anrufbeantworter
le spécialiste [ləspesjalist]	Spezialist
le service après-vente [ləsɛʀvisapʀɛvɑ̃t]	Kundendienst
la fourniture [lafuʀnityʀ]	Lieferung
le logiciel [ləlɔʒisjɛl]	Software
actuellement [aktɥɛlmɑ̃]	zurzeit
fermé/e [fɛʀme]	geschlossen
laisser [lɛse]	lassen; hinterlassen
le message [ləmɛsaʒ]	Nachricht, Botschaft
le bip sonore [ləbipsɔnɔʀ]	Pfeifton
rappeler [ʀaple]	*hier*: zurückrufen
dès que possible [dɛkəpɔsibl]	so bald wie möglich
oublier [ublije]	vergessen
la raison [laʀɛzɔ̃]	Grund
l'appel *m* [lapɛl]	Anruf
retenir [ʀətniʀ]	sich merken, behalten
Allô ? [alo]	Hallo? (*am Telefon*)

3

le jeu de société [ləʒødəsɔsjete]	Gesellschaftsspiel
l'immeuble *m* [limœbl]	Mehrfamilienhaus
le départ [ləlepaʀ]	Start (*Spiel*)
l'arrivée *w* [laʀive]	Ankunft; Ziel (*Spiel*)

Stratégies 1

la stratégie [lastʀateʒi]	Strategie
l'unité *w* [lynite]	Einheit; Lektion

5 Sortir

sortir [sɔʀtiʀ]	ausgehen; hinausgehen

1

l'annonce *w* [lanɔ̃s]	Ankündigung, Annonce
l'exposition *w* [lɛkspɔzisjɔ̃]	Ausstellung
le concert [ləkɔ̃sɛʀ]	Konzert

2

on va... ? *ugs* [ɔ̃va]	gehen wir ...?
on + *3. Pers Sg ugs* [ɔ̃]	wir
aller [ale]	gehen, fahren
au [o]	*Zusammenziehung von* à + le
d'accord [dakɔʀ]	einverstanden
J'ai envie d'aller au cinéma. [ʒeɑ̃vidaleosinema]	Ich habe Lust, ins Kino zu gehen.
avoir envie de + *Inf* [avwaʀɑ̃vid(ə)]	Lust haben zu + *Inf*
fatigué/e [fatige]	müde
dormir [dɔʀmiʀ]	schlafen
à la télé (*Abk f* télévision) *ugs* [alatele]	im Fernsehen

3

l'opéra *m* (*Artikel!*) [lɔpeʀa]	Oper

Info

l'apéritif *m* [lapeʀitif]	Aperitif
le dîner [ladine]	Abendessen

4

beaucoup [boku]	viel; sehr
quelquefois [kɛlkəfwa]	manchmal

5a

compléter [kɔ̃plete]	vervollständigen, ergänzen
le dialogue [lədjalɔg]	Dialog
A ce soir. [asəswaʀ]	Bis heute Abend.
ce soir, ce matin *etc.* [səswaʀ, səmatɛ̃]	heute Abend, Morgen usw.
Allô ? [alo]	Hallo? (*am Telefon*)
C'est Delphine. [sɛdɛlfin]	Delphine am Apparat.
après [apʀɛ]	danach; nach
ensemble [ɑ̃sɑ̃bl]	zusammen

6

à deux [adø]	zu zweit
le cirque [ləsiʀk]	Zirkus
plus tard [plytaʀ]	später
tard [taʀ]	spät

7a

ce week-end [səwikɛnd]	dieses Wochenende
le coup *m* **de cœur** [ləkudkœʀ]	Liebe auf den ersten Blick; *hier etwa*: unsere Empfehlungen
le coup [ləku]	Schlag
le cœur [ləkœʀ]	Herz
la semaine [lasmɛn]	Woche
la brasserie [labʀasʀi]	Brauerei; Restaurant
le décor [lədekɔʀ]	Dekor, Ausstattung
unique [ynik]	einzigartig
traditionnel/le [tʀadisjɔnɛl]	traditionell
de... à... [də…a]	von ... bis ...
12 h (= heures) [duzœʀ]	12 Uhr
le marché [ləmaʀʃe]	(Wochen)Markt
réputé/e pour [ʀepytepuʀ]	bekannt für
ses fruits *mPl* [sefʀɥi]	seine Früchte, sein Obst
ses légumes *mPl* [selegym]	sein Gemüse
son accordéoniste [sõnakɔʀdeɔnist]	sein Akkordeonspieler
pour + *Inf* [puʀ]	um zu + *Inf*
prendre le petit-déjeuner [pʀɑ̃dʀələptideʒœne]	frühstücken
prendre [pʀɑ̃dʀ]	(ein)nehmen
le petit-déjeuner [ləptideʒœne]	Frühstück
l'apéritif *m* [lapeʀitif]	Aperitif
le musée [ləmyze]	Museum
l'œuvre *w* [lœvʀ]	(künstlerisches) Werk
impressionniste [ɛ̃pʀɛsjɔnist]	impressionistisch
la production [lapʀɔdyksjõ]	Produktion, Schaffen
artistique [aʀtistik]	künstlerisch
fermé/e [fɛʀme]	geschlossen
le lundi, le mardi etc. [ləlɛ̃di, ləmaʀdi]	montags, dienstags usw.
souligner [suliɲe]	unterstreichen

7b

d'abord [dabɔʀ]	zuerst, zunächst
visiter [vizite]	besichtigen; besuchen
ensuite [ɑ̃sɥit]	anschließend, dann
enfin [ɑ̃fɛ̃]	schließlich, zuletzt

8a

Quelle heure est-il ? [kɛlœʀɛtil]	Wie spät ist es?
Il est une heure / deux heures etc. [ilɛynœʀ]	Es ist ein Uhr / zwei Uhr usw.
Il est + *Uhrzeit* [ilɛ]	Es ist + *Uhrzeit*
l'heure *w* [lœʀ]	Stunde; Uhr (*als Zeitangabe*)

8b

ouvert/e [uvɛʀ, uvɛʀt]	geöffnet
du lundi au dimanche [dylɛ̃diodimɑ̃ʃ]	von Montag bis Sonntag; montags bis sonntags
du [dy]	*Zusammenziehung aus* de + le

9a

grand/e [gʀɑ̃, gʀɑ̃d]	groß
le centre [ləsɑ̃tʀ]	Zentrum, Mitte
l'hôtel *m* **de ville** [lɔtɛldəvil]	Rathaus
la plante [laplɑ̃t]	Pflanze
l'église *w* [legliz]	Kirche
saint/e [sɛ̃, sɛ̃t]	heilig; Sankt ...
le marché aux fleurs [ləmaʀʃeoflœʀ]	Blumenmarkt
aux [o]	*Zusammenziehung aus* à *und* les
la fleur [laflœʀ]	Blume
la cathédrale [lakatedʀal]	Kathedrale, Dom
la rue [laʀy]	Straße
l'institut *m* [lɛ̃stity]	Institut
le monde [ləmõd]	Welt
arabe [aʀab]	arabisch

9c

classer [klase]	ein-, zuordnen

10a

chez vous [ʃevu]	bei Ihnen (zu Hause)

11a

si [si]	doch
j'ai dormi (*Inf*: dormir) [ʒɛdɔʀmi]	ich habe geschlafen
assez [ase]	*hier*: genug
tu as fait (*Inf*: faire) [tyafɛ]	du hast gemacht
raconter [ʀakõte]	erzählen
faire du shopping [fɛʀdyʃɔpiŋ]	Shoppen gehen; einen Einkaufsbummel machen
sur [syʀ]	über; auf
petit/e [pti, ptit]	klein
sympa (*Abk f* sympathique) *ugs* [sɛ̃pa]	sympathisch, nett
téléphoner à quelqu'un (*Abk*: qn) [telefɔneakɛlkɛ̃]	mit jemandem (*Abk*: jdm) telefonieren; jemanden (*Abk*: jdn) anrufen
pendant [pɑ̃dɑ̃]	während
hier soir, hier matin etc. [jɛʀswaʀ, jɛʀmatɛ̃]	gestern Abend, Morgen usw.
hier [jɛʀ]	gestern
le documentaire [lədɔkymɑ̃tɛʀ]	Dokumentarfilm
le Maroc [ləmaʀɔk]	Marokko
On va manger ? *ugs* [õvamɑ̃ʒe]	Gehen wir essen?
avoir faim [avwaʀfɛ̃]	Hunger haben
la faim [lafɛ̃]	Hunger

11b

chercher [ʃɛʀʃe]	suchen
repérer [ʀəpeʀe]	finden, ausfindig machen

12a

retrouver [ʀətʀuve]	wiederfinden, wiederherstellen
la chronologie [lakʀɔnɔlɔʒi]	Chronologie, zeitl. Abfolge

12b

seul/e [sœl]	allein

13

acheter [aʃte]	kaufen
le pull [ləpyl]	Pullover, Pulli

Sur le vif

rép. (*Abk f* répondeur *m*) [ʀepõdœʀ]	Anrufbeantworter
2e (*Abk f* deuxième) [døzjɛm]	zweite/r/s; *hier*: 2. Arrondissement von Lyon
M (*Abk f* métro *m*) [metʀo]	Metro, U-Bahn
P (*Abk f* parking *m*) [paʀkiŋ]	Parkplatz
la station [lastasjõ]	Haltestelle
le mariage [ləmaʀjaʒ]	Heirat; Ehe
le drame [lədʀam]	Drama
se marier [səmaʀje]	heiraten
avant [avɑ̃]	vor (*zeitlich*)
le départ [lədepaʀ]	Abfahrt
le front [ləfʀõ]	Front
trouver [tʀuve]	finden, vorfinden
la dispute [ladispyt]	Streit
tuer [tɥe]	töten
s'accuser (de) [sakyze]	sich bezichtigen, beschuldigen
le meurtre [ləmœʀtʀ]	Mord
tlj. (*Abk f* tous les jours) [tuleʒuʀ]	täglich, jeden Tag
contre [kõtʀ]	gegen
la comédie [lakomedi]	Komödie
le commissaire [ləkɔmisɛʀ]	Kommissar
beau, bel, belle [bo, bɛl]	schön
double [dubl]	doppelt, Doppel-
le personnage [ləpɛʀsɔnaʒ]	Person, Persönlichkeit
masqué/e [maske]	maskiert
VO (*Abk f* version originale *w*) [vɛʀsjõɔʀiʒinal]	Originalversion
la comédie musicale [lakɔmedimyzikal]	Musical
inspiré/e de [ɛ̃spiʀed(ə)]	nach; angeregt durch
le quartier [ləkaʀtje]	Stadtviertel
pauvre [povʀ]	arm
la bande [labɑ̃d]	Bande, Clique
rival/e [ʀival]	rivalisierend
le/la Portoricain/e [ləpɔʀtɔʀikɛ̃, lapɔʀtɔʀikɛn]	Puertoricaner/in
s'affronter [safʀõte]	*hier*: sich bekämpfen
tomber amoureux/-euse [tõbeamuʀø, amuʀøz]	sich verlieben
sf (*Abk f* sauf) [sof]	außer
l'oncle *m* [lõkl]	Onkel
la mise en scène [lamizɑ̃sɛn]	Regie
ts (*Abk f* tous) les soirs [tuleswaʀ]	jeden Abend
le guignol [ləgiɲɔl]	Kasper(le)
le spectacle [ləspɛktakl]	Veranstaltung, Vorführung
jeune [ʒœn]	jung
le public [ləpyblik]	Publikum
6 à 14 ans [sizakatɔʀzɑ̃]	6 bis 14 Jahre
le pot [ləpo]	Topf
la confiture [lakõfityʀ]	Marmelade
la danse [ladɑ̃s]	Tanz
le classique (*Artikel!*) [ləklasik]	Klassik
l'orchestre *m* [lɔʀkɛstʀ]	Orchester
national/e [nasjɔnal]	national, National-
symphonique [sɛ̃fɔnik]	sinfonisch, Sinfonie-
dir. (*Abk f* direction *w*) [diʀɛksjõ]	Leitung
relier [ʀəlje]	verbinden
si possible [sipɔsibl]	wenn möglich, möglichst
drôle [dʀol]	lustig, witzig

6 Prendre un verre

prendre un verre [pʀɑ̃dʀɛ̃vɛʀ]	etwas trinken gehen
prendre [pʀɑ̃dʀ]	nehmen; *hier*: trinken
le verre [ləvɛʀ]	Glas

1

mythique [mitik]	legendär
Saint-Germain-des-Prés [sɛ̃ʒɛʀmɛ̃depʀe]	*Pariser Stadtviertel*
Les Deux Magots [ledømago]	*berühmtes Café in Paris*
exister [ɛgziste]	existieren
depuis [dəpɥi]	seit
toujours [tuʒuʀ]	immer
jouer [ʒwe]	spielen
le rôle [ləʀol]	Rolle
culturel/le [kyltyʀɛl]	kulturell
beaucoup de [bokud(ə)]	viel, viele
l'artiste *m/w* [laʀtist]	Künstler/in
célèbre [selɛbʀ]	berühmt
fréquenter [fʀekɑ̃te]	(häufig) besuchen
l'homme *m* **politique** [lɔmpɔlitik]	Politiker
politique [pɔlitik]	politisch
le prix littéraire [ləpʀiliteʀɛʀ]	Literaturpreis
le prix [ləpʀi]	Preis
littéraire [liteʀɛʀ]	literarisch, Literatur-
récompenser [ʀekõpɑ̃se]	belohnen
chaque [ʃak]	jede/r/s
l'année *w* [lane]	Jahr
jeune [ʒœn]	jung
l'écrivain/e *m/w* [lekʀivɛ̃, lekʀivɛn]	Schriftsteller/in
en habit noir et blanc [ɑ̃nabinwaʀeblɑ̃]	in schwarz-weißer Berufskleidung
servir [sɛʀviʀ]	servieren; bedienen
le vin [ləvɛ̃]	Wein
le champagne [ləʃɑ̃paɲ]	Champagner
l'alcool *m* [lalkɔl]	Alkohol, alkoholisches Getränk
la présentation [lapʀezɑ̃tasjõ]	*hier*: Präsentation, Vorzeigen
la bouteille [labutɛj]	Flasche
le chocolat chaud [ləʃɔkolaʃo]	heißer Kakao
chaud/e [ʃo, ʃod]	heiß, warm
le texte [lətɛkst]	Text
cocher [kɔʃe]	ankreuzen
réservé/e à qn [ʀezɛʀveakɛlkɛ̃]	jdm vorbehalten

2a

quand ? [kɑ̃]	wann?
déjà [deʒa]	schon

l'an *m* [lɑ̃]	Jahr
combien d'heures ? [kɔ̃bjɛ̃dœʀ]	wie viele Stunden?
combien de... ? [kɔ̃bjɛ̃d(ə)]	wie viel/e ...?
par semaine [paʀsmɛn]	pro Woche, in der Woche
par + *Zeitraum* [paʀ]	pro + *Zeitraum*
je ne sais pas [ʒən(ə)sɛpa]	ich weiß nicht
savoir [savwaʀ]	wissen
35 à 40 heures [tʀɑ̃tsɛ̃kakaʀɑ̃tœʀ]	35 bis 40 Stunden
Ça dépend. [sadepɑ̃]	Das kommt darauf an.
dépendre de [depɑ̃dʀəd(ə)]	ankommen auf
commencer [kɔmɑ̃se]	anfangen
à quelle heure ? [akɛlœʀ]	um wie viel Uhr?
à... heure/s [a…œʀ]	um ... Uhr
votre [vɔtʀ]	Ihr, Ihre; euer, eure
rester en forme [ʀɛsteɑ̃fɔʀm]	in Form bleiben, fit bleiben
rester [ʀɛste]	bleiben
l'eau *w* [lo]	Wasser
porter [pɔʀte]	tragen
la boisson [labwasɔ̃]	Getränk
sur [syʀ]	auf
le plateau [ləplato] (*Pl*: plateaux)	Tablett
le maximum [ləmaksimɔm]	Höchstmaß, Maximum
peut-être [pøtɛtʀ]	vielleicht
la bière [labjɛʀ]	Bier
la tasse [latas]	Tasse
la carafe [lakaʀaf]	Karaffe
rencontrer [ʀɑ̃kɔ̃tʀe]	treffen; kennen lernen
le/la client/e [ləklijɑ̃, laklijɑ̃t]	Kunde/Kundin
j'aime bien [ʒɛmbjɛ̃]	das mag ich gern
Vous vous appelez comment ? [vuvuzaplekɔmɑ̃]	Wie heißen Sie?

2b

la question [lakɛstjɔ̃]	Frage

4

écrire [ekʀiʀ]	schreiben
poser une question [pozeynkɛstjɔ̃]	eine Frage stellen

5

le/la voisin/e [ləvwazɛ̃, lavwazin]	Nachbar/in

6a

boire [bwaʀ]	trinken
fumer [fyme]	rauchen

7

de [d(ə)]	über
prendre des notes [pʀɑ̃dʀədenɔt]	sich Notizen machen
les notes *wPl* [lenɔt]	Notizen

8

le bistrot [ləbistʀo]	Bistro, Kneipe
le quartier [ləkaʀtje]	Stadtviertel
parisien/ne [paʀizjɛ̃, paʀizjɛn]	pariserisch; aus Paris
le bar-tabac [ləbaʀtaba]	*Kneipe mit Tabakladen*
imaginer quelque chose [imaʒinekɛlkəʃoz]	sich etwas vorstellen, ausmalen
sans [sɑ̃]	ohne
premier/-ière [pʀəmje, pʀəmjɛʀ]	erste/r/s
ouvert/e [uvɛʀ, uvɛʀt]	*hier*: eröffnet
en + *Jahreszahl* [ɑ̃]	im Jahr ...
toujours [tuʒuʀ]	*hier*: immer noch
l'endroit *m* [lɑ̃dʀwa]	Ort
idéal/e [ideal]	ideal
discuter politique [diskytepɔlitik]	über Politik diskutieren
la politique [lapɔlitik]	Politik
le spectacle [ləspɛktakl]	Schauspiel; *hier*: Anblick
flirter [flœʀte]	flirten
bien sûr [bjɛ̃syʀ]	natürlich
écrit (*Inf*: écrire) [ekʀi]	geschrieben
d'après [dapʀɛ]	nach, laut
l'Américain/e *m/w* [lameʀikɛ̃, lameʀikɛn]	Amerikaner/in

8a

la photo [lafɔto]	Foto

8b

commander [kɔmɑ̃de]	bestellen
le petit café noir [ləptikafenwaʀ]	kleiner schwarzer Kaffee
noir [nwaʀ]	schwarz
le comptoir [ləkɔ̃twaʀ]	Tresen
le café crème [ləkafekʀɛm]	Milchkaffee
la crème [lakʀɛm]	Sahne
l'étudiant/e *m/w* [letydjɑ̃, letydjɑ̃t]	Student/in
la bière blonde [labjɛʀblɔ̃d]	helles Bier
blond/e [blɔ̃, blɔ̃d]	blond; hell (*Bier, Zigaretten*)
les gens *mPl* [leʒɑ̃]	Leute
dans la rue [dɑ̃laʀy]	auf der Straße

8d

l'expression *w* [lɛkspʀɛsjɔ̃]	Ausdruck

10a

froid/e [fʀwa, fʀwad]	kalt
alcoolisé/e [alkɔlize]	alkoholhaltig
la carte des consommations [lakaʀtdekɔ̃sɔmasjɔ̃]	*hier*: Getränkekarte
la consommation [lakɔ̃sɔmasjɔ̃]	Getränk (*das man bestellt*)
divers/e [divɛʀ, divɛʀs]	verschieden(artig); unterschiedlich
l'express *m* [lɛkspʀɛs]	Espresso
le petit crème [ləptikʀɛm]	kleiner Milchkaffee
l'infusion *w* [lɛ̃fyzjɔ̃]	Kräutertee
le lait [ləlɛ]	Milch
le citron pressé [ləsitʀɔ̃pʀese]	frisch gepresster Zitronensaft (mit Wasser)
le jus de fruit [ləʒydfʀɥi]	Fruchtsaft
le jus [ləʒy]	Saft
le fruit [ləfʀɥi]	Frucht
l'eau *w* **minérale** [lomineʀal]	Mineralwasser
la bière pression [labjɛʀpʀɛsjɔ̃]	Fassbier
le vin de table [ləvɛ̃dətabl]	Tafelwein
le vin de pays [ləvɛ̃dpei]	Landwein
blanc, blanche [blɑ̃, blɑ̃ʃ]	weiß
rouge [ʀuʒ]	rot

le rosé [ləʀoze]	Roséwein
Pastis, Ricard, Pernod, Suze [pastis, ʀikaʀ, pɛʀno, syz]	*Marken beliebter Aperitivs*
le cocktail [ləkɔktɛl]	Cocktail
la glace [laglas]	Eis(krem)
demander quelque chose (*Abk*: qc) [dəmɑ̃dekɛlkəʃoz]	um etwas (*Abk*: etw) bitten
la carte spéciale [lakaʀtspesjal]	Spezialkarte
spécial/e [spesjal]	besondere/r/s, Spezial-, Sonder-

11b

au petit-déjeuner [optideʒœne]	zum/beim Frühstück
le dîner [ladine]	Abendessen
devant [dəvɑ̃]	vor (*örtlich*)

12a

bon/ne [bɔ̃, bɔn]	gut; richtig
la réponse [laʀepɔ̃s]	Antwort
la salle [lasal]	*hier*: Innenraum eines Cafés
la menthe à l'eau [lamɑ̃talo]	*Pfefferminzsirup mit Wasser*
la menthe [lamɑ̃t]	Pfefferminze

12b

vérifier [veʀifje]	überprüfen, kontrollieren
le garçon [ləgaʀsɔ̃]	Junge; Kellner
arriver [aʀive]	(an)kommen
je voudrais [ʒəvudʀɛ]	ich möchte, ich hätte gerne
... hein ? *ugs* [ɛ̃]	... ne?, ... nicht wahr?
sous [su]	unter
le platane (*Artikel!*) [ləplatan]	Platane
il fait beau [ilfɛbo]	es ist schönes Wetter
il fait chaud, froid [ilfɛʃo, fʀwa]	es ist warm, kalt
on est bien [ɔ̃nɛbjɛ̃]	man fühlt sich wohl
le décaféiné (*Abk*: déca) [dekafeine]	koffeinfreier Kaffee
possible [pɔsibl]	möglich
je suis désolé/e [ʒəsɥidezɔle]	es tut mir leid
regretter [ʀəgʀɛte]	bedauern
trop [tʀo]	zu, zu sehr
maintenant [mɛ̃tnɑ̃]	jetzt
la seconde [lasgɔ̃d]	Sekunde

14a

mettre [mɛtʀ]	*hier*: setzen
l'ordre *m* [lɔʀdʀ]	Ordnung, Reihenfolge
le jus d'orange [ləʒydɔʀɑ̃ʒ]	Orangensaft
on voudrait (*Inf*: vouloir) [ɔ̃vudʀɛ]	wir möchten, wir hätten gern
désirer [deziʀe]	wünschen
payer [peje]	bezahlen
Ça fait combien ? *ugs* [safɛkɔ̃bjɛ̃]	Wie viel macht das?
faire + *Geldbetrag* [fɛʀ]	machen, betragen
voici... [vwasi]	hier ist ..., hier sind ...
le ticket [lətikɛ]	Beleg, Bon
l'addition *w* [ladisjɔ̃]	Rechnung

14c

réagir [ʀeaʒiʀ]	reagieren

15

relier [ʀəlje]	verbinden
le dessin [lədɛsɛ̃]	Zeichnung
la phrase [lafʀaz]	Satz
Qu'est ce que vous dites ? [kɛskəvudit]	Was sagen Sie?
dire [diʀ]	sagen
Je n'ai pas compris. [ʒənɛpakɔ̃pʀi]	Ich habe nicht verstanden.
comprendre [kɔ̃pʀɑ̃dʀ]	verstehen
plus fort [plyfɔʀ]	lauter
fort [fɔʀ]	stark; laut
les toilettes *wPl* [letwalɛt]	Toilette
lentement [lɑ̃tmɑ̃]	langsam

16

jouer [ʒwe]	(nach)spielen
la scène [lasɛn]	Szene

Sur le vif

typique [tipik]	typisch
venir [vəniʀ]	kommen
le nombre [lənɔ̃bʀ]	Zahl; Anzahl
diminuer [diminɥe]	abnehmen, sich verringern
proposer [pʀɔpoze]	vorschlagen, anbieten
la solution [lasɔlysjɔ̃]	Lösung
plus de [plysd(ə)]	mehr als
fermer [fɛʀme]	schließen
disparaître [dispaʀɛtʀ]	verschwinden
survivre [syʀvivʀ]	überleben
il faut + *Nomen* [ilfo]	man braucht + *Nomen*
nouveau, nouvel, nouvelle [nuvo, nuvɛl]	neu
le thème [lətɛm]	Thema, Motto
le rhum [ləʀɔm]	Rum
la philo [lafilo] (*Abk f* philosophie)	Philosophie
l'exotisme *m* [lɛgzɔtism]	Exotik
le cyber [ləsibɛʀ]	Cyberspace, Welt des Internet
le genre [ləʒɑ̃ʀ]	Art, Gattung
s'agir de [saʒiʀd(ə)]	handeln von
la musette [lamyzɛt]	Musettewalzer
le mot [ləmo]	Wort
comparer [kɔ̃paʀe]	vergleichen
les autres [lezotʀ]	die anderen
le plus grand nombre de [ləplygʀɑ̃nɔ̃bʀəd(ə)]	die meisten
le pinard *ugs* [ləpinaʀ]	Wein
fleuri/e [fløʀi]	*hier*: blumig
la nappe à carreaux [lanapakaʀo]	karierte Tischdecke
le bifteck [ləbiftɛk]	Beefsteak
garni/e [gaʀni]	*hier*: mit Beilage
l'on (= on) [lɔ̃]	man
goûter [gute]	probieren (*Nahrungsmittel*)
le perco(lateur) [ləpɛʀkɔ(latœʀ)]	Kaffeemaschine (*für Restaurants*)
qui [ki]	*hier*: die, welche

le juke-box [ləʒukbɔks]	Musikbox
suivre [sɥivʀ]	(ver)folgen
la boxe [labɔks]	Boxsport
le/la patron/ne [ləpatʀõ, lapatʀɔn]	Wirt/in
derrière [dɛʀjɛʀ]	hinter
le Tour (de France) [lətuʀ(dəfʀɑ̃s)]	*Tour de France*
le Racing [ləʀasiŋ]	Motorsport
le rouge [ləʀuʒ]	Rotwein
loin d'ici [lwɛ̃disi]	weit weg von hier
j'en rêve [ʒɑ̃ʀɛv]	davon träume ich
j'les r'verrai bientôt [ʒleʀvɛʀɛbjɛ̃to]	ich werde sie bald wiedersehen
au poêle à charbon [opwalaʃaʀbõ]	mit Kohleofen
l'apéro (*Abk f* apéritif *m*) *ugs* [lapeʀo]	Aperitif
la belote [labəlɔt]	*doppelkopfähnliches Kartenspiel*
au fond [ofõ]	*hier*: hinten, im Hintergrund
le béguin *ugs* [ləbegɛ̃]	Liebschaft
on y revient [õniʀəvjɛ̃]	man kommt dorthin zurück

7 Faire des cadeaux

le cadeau [ləkado] (*Pl*: cadeaux)	Geschenk

1

le modèle [ləmɔdɛl]	Modell; Muster
Elle a 25 ans. [ɛlavɛ̃tsɛ̃kɑ̃]	Sie ist 25 Jahre alt.
avoir... ans [avwaʀ...ɑ̃]	... Jahre alt sein
le/la musicien/ne [ləmyzisjɛ̃, lamyzisjɛn]	Musiker/in
son, sa [sõ, sa]	sein/e, ihr/e
le piano [ləpjano]	Klavier
la fille [lafij]	Tochter; Mädchen
le/la petit/e [ləpti, laptit]	der/die Kleine
leur; leurs [lœʀ, lœʀ]	ihr/e; ihre *Pl*
la relation [laʀəlasjõ]	Beziehung
marcher [maʀʃe]	*hier*: funktionieren, laufen
garder [gaʀde]	behalten
mon, ma [mõ, ma]	mein, meine
l'appartement *m* [lapaʀtmɑ̃]	Wohnung
le studio [ləstydjo]	Einzimmerwohnung
la chose [laʃoz]	Ding, Sache
par exemple [paʀɛgzɑ̃pl]	zum Beispiel
l'exemple *m* [lɛgzɑ̃pl]	Beispiel
il/elle est allé/e (*Inf*: aller) [ilɛtale, ɛlɛtale]	er/sie ist gegangen
ses [se]	seine, ihre *Pl*
parfois [paʀfwa]	manchmal
chez [ʃe]	*hier*: zu
les parents *mPl* [lepaʀɑ̃]	Eltern
la sœur [lasœʀ]	Schwester
le Nord [lənɔʀ]	*nordfrz. Departement*
l'enfance *w* [lɑ̃fɑ̃s]	Kindheit
toute ma famille [tutmafamij]	meine ganze Familie
tout le, toute la [tulə, tutla]	der/die/das ganze
elle vit (*Inf*: vivre) [ɛlvi]	sie lebt
encore [ɑ̃kɔʀ]	noch
l'oncle *m* [lõkl]	Onkel
la tante [latɑ̃t]	Tante
le/la cousin/e [ləkuzɛ̃, lakuzin]	Cousin/Cousine
habiter loin [abitelwɛ̃]	weit weg wohnen
loin [lwɛ̃]	weit entfernt, weit weg
distant/e [distɑ̃, distɑ̃t]	distanziert
voir [vwaʀ]	sehen
le frère [ləfʀɛʀ]	Bruder
tout près [tupʀɛ]	ganz in der Nähe
tout [tu]	ganz
près [pʀɛ]	nah
l'ami/e d'enfance [lamidɑ̃fɑ̃s]	Kindheitsfreund/in
Ça suffit. [sasyfi]	Das genügt.
suffire [syfiʀ]	genügen

1a

l'article *m* [laʀtikl]	Artikel
autre [otʀ]	andere/r/s
le titre [lətitʀ]	Titel

1b

une fois [ynfwa]	einmal
la fois [lafwa]	Mal

1c

penser [pɑ̃se]	denken
heureux/-euse [øʀø, øʀøz]	glücklich
justifier [ʒystifje]	begründen, rechtfertigen
le choix [ləʃwa]	Wahl
le mot [ləmo]	Wort

2

Comment dit-on... ? [kɔmɑ̃ditõ]	Wie sagt man ...?
en (allemand, français etc.) [ɑ̃nalmɑ̃, fʀɑ̃sɛ]	auf (Deutsch, Französisch usw.)

3b

compter [kõte]	zählen
qu'est-ce qui... ? [kɛski]	was ...? (*Subjekt*)
frapper qn [fʀapekɛlkɛ̃]	jdm auffallen, jdn wundern

Gr

mon, ma; mes [mõ, ma; me]	mein/e; meine *Pl*
ton, ta; tes [tõ, ta; te]	dein/e; deine *Pl*
son, sa; ses [sõ, sa; se]	sein/e, ihr/e; ihre *Pl*
notre; nos [notʀ; no]	unser/e; unsere *Pl*
votre; vos [vɔtʀ; vo]	euer/eure, Ihr/e; eure, Ihre *Pl*
leur; leurs [lœʀ; lœʀ]	ihr/e; ihre *Pl*
les frères et sœurs *mPl* [lefʀɛʀesœʀ]	Geschwister
le vélo [ləvelo]	Fahrrad

4

relire [ʀəliʀ]	noch einmal lesen
identifier [idɑ̃tifje]	identifizieren, erkennen
ce sont [səsõ]	das sind

Wortschatz nach Lektionen

5a

triste [tʀist]	traurig
dire (qc à qn) [diʀkɛlkəʃozakɛlkɛ̃]	(jdm etw) sagen
maman [mamɑ̃]	Mama
les autres *m/wPl* [lezotʀ]	die anderen
papa [papa]	Papa
le/la copain/copine *ugs* [ləkɔpɛ̃, lakɔpin]	Freund/in
répondre [ʀepɔ̃dʀ]	antworten
le/la chéri/e [ləʃeʀi, laʃeʀi]	Schatz, Liebling

5b

trouver *m* [tʀuve]	finden
l'argument *m* [laʀgymɑ̃]	Argument
contre [kɔ̃tʀ]	gegen
le style de vie [ləstildəvi]	Lebensstil
le style [ləstil]	Stil

6

A vous. [avu]	Sie sind an der Reihe.
le/la partenaire [ləpaʀtənɛʀ, lapaʀtənɛʀ]	Partner/in

7a

elle veut (*Inf*: vouloir) [ɛlvø]	sie will
faire un cadeau à qn [fɛʀɛ̃kadoakɛlkɛ̃]	jdm ein Geschenk machen
son petit monde [sɔ̃ptimɔ̃d]	*hier*: ihre Familie und ihre Freunde
quel, quelle ? [kɛl]	welche/r/s ?
choisir [ʃwaziʀ]	(aus)wählen
noter [note]	notieren, aufschreiben
comparer [kɔ̃paʀe]	vergleichen
le résultat [ləʀezylta]	Ergebnis
le sac à dos [ləsakado]	Rucksack
la porcelaine [lapɔʀslɛn]	Porzellan
l'œuvre *w* [lœvʀ]	(künstlerisches) Werk
la robe [laʀɔb]	Kleid
le CD (*Pl*: CD) *(Artikel!)* [ləsede]	CD

7b

l'objet *m* [lɔbʒɛ]	Gegenstand, Objekt
pour qui ? [puʀki]	für wen?
pour [puʀ]	für
qui ? [ki]	wer?; wen?

8

la différence [ladifeʀɑ̃s]	Unterschied
la prononciation [lapʀɔnɔ̃sjasjɔ̃]	Aussprache
bleu/e [blø]	blau
jaune [ʒon]	gelb
vert/e [vɛʀ, vɛʀt]	grün
gris/e [gʀi, gʀiz]	grau
rose [ʀoz]	rosa
marron [maʀɔ̃]	braun
orange [ɔʀɑ̃ʒ]	orange(farben)

9

la couleur [lakulœʀ]	Farbe

10

deviner [dəvine]	(er)raten
le sac [ləsak]	Tasche

11a

le mari [ləmaʀi]	Ehemann
la femme [lafam]	Frau; Ehefrau
intéresser [ɛ̃teʀɛse]	interessieren
vendre [vɑ̃dʀ]	verkaufen
le vélo dame [ləvelodam]	Damenfahrrad
l'état *m* **neuf** [letanœf]	Neuzustand
l'état *m* [leta]	Zustand
neuf, neuve [nœf, nøv]	neu
prix à débattre [pʀiadebatʀ]	Preis ist Verhandlungssache
le prix [ləpʀi]	Preis
débattre [debatʀ]	aushandeln
apr. (= après)	nach *(zeitl.)*
l'appareil *m* **photo** [lapaʀɛjfɔto]	Fotoapparat
l'appareil *m* [lapaʀɛj]	Apparat
numérique [nymeʀik]	digital, Digital-
acheter [aʃte]	kaufen
la carte postale [lakaʀtpɔstal]	Postkarte
ancien/ne [ɑ̃sjɛ̃, ɑ̃sjɛn]	alt, antik
super [sypɛʀ]	super, Super-
l'affaire *w* [lafɛʀ]	Geschäft, *hier*: Schnäppchen
la table de salon [latablədəsalɔ̃]	Couchtisch
le salon [ləsalɔ̃]	Wohnzimmer; Salon
le dessus (de table) [lədəsy(dətabl)]	Tischplatte
le marbre [ləmaʀbʀ]	Marmor
le tableau (*Pl*: tableaux) [lətablo]	Gemälde, Bild
l'imitation *w* [limitasjɔ̃]	Kopie, Nachahmung

12a

la conversation téléphonique [lakɔ̃vɛʀsasjɔ̃telefɔnik]	Telefongespräch
la conversation [lakɔ̃vɛʀsasjɔ̃]	Gespräch, Unterhaltung
la fin [lafɛ̃]	Ende
juste [ʒyst]	richtig, zutreffend
prendre rendez-vous [pʀɑ̃dʀəʀɑ̃devu]	ein Treffen vereinbaren, sich verabreden
demander qc [dəmɑ̃dekɛlkəʃoz]	um etw bitten, nach etw fragen
intéressé/e [ɛ̃teʀɛse]	interessiert
pour [puʀ]	wegen
Je suis bien au... ? [ʒəsɥibjɛ̃o...]	Bin ich mit der Nummer ... verbunden?
c'est pour... [sɛpuʀ]	es geht um ...
Il/Elle fait quel prix ? [il/ɛlfɛkɛlpʀi]	Wie viel kostet er/sie/es?
cher, chère [ʃɛʀ, ʃɛʀ]	teuer
attendre [atɑ̃dʀ]	warten
on peut discuter *ugs* [ɔ̃pødiskyte]	wir können verhandeln
Venez voir... [vənevwaʀ]	Kommen Sie doch vorbei ...
unique [ynik]	einzigartig, einmalig
artistique [aʀtistik]	künstlerisch

12b

l'original *m* (*Pl*: originaux) [lɔʀiʒinal]	Original

13

apprendre à + *Inf* [apʀɑ̃dʀa]	lernen, zu + *Inf*
vite [vit]	schnell
répéter [ʀepete]	wiederholen
l'activité *w* [laktivite]	Aufgabe (im Lehrbuch)
au même rythme que... [omɛmʀitməkə]	im gleichen Rhythmus wie ...
le rythme [ləʀitm]	Rhythmus
le/la même (...) que [lə/lamɛm…kə]	der-/die-/dasselbe (...) wie

14a

encore une fois [ɑ̃kɔʀynfwa]	noch einmal
commun/e [kɔmɛ̃, komyn]	gemeinsam

14b

quel, quelle ?; quels, quelles ? [kɛl, kɛl; kɛl, kɛl]	welche/r/s?; welche?

15a

avoir qc à vendre [avwaʀkɛlkəʃozavɑ̃dʀ]	etw zu verkaufen haben
le carton [ləkaʀtõ]	Karte; Karton, Pappe

15b

élégant/e [elegɑ̃, elegɑ̃t]	elegant

15c

vendu (*Inf*: vendre) [vɑ̃dy]	verkauft
le site Internet [ləsitɛ̃tɛʀnɛt]	Website
l'offre *w* **spéciale** [lɔfʀəspesjal]	Sonderangebot
l'offre *w* [lɔfʀ]	Angebot

16

entraînez-vous [ɑ̃tʀɛnevu]	üben Sie, trainieren Sie
s'entraîner à + *Inf* [sɑ̃tʀɛnea]	etw trainieren; üben, zu ...
prononcer [pʀɔnõse]	aussprechen
aubergine [obɛʀʒin]	auberginefarben
joli/e [ʒɔli]	hübsch
la souris [lasuʀi]	Maus
gentil/le [ʒɑ̃ti, ʒɑ̃tij]	freundlich, lieb

17

le groupe (*Artikel!*) [ləgʀup]	Gruppe
vous allez habiter... [vuzaleabite]	Sie werden ... wohnen
le garçon [ləgaʀsõ]	Junge
la région [laʀeʒjõ]	Gegend

Info

la bonne affaire [labɔnafɛʀ]	Schnäppchen
le journal local [ləʒuʀnallɔkal]	Lokalzeitung
régional/e [ʀeʒjɔnal]	regional
concernant [kõsɛʀnɑ̃]	betreffend

Sur le vif

vieux, vieil, vieille [vjø, vjɛj, vjɛj]	alt
le marché aux puces [ləmaʀʃeopys]	Flohmarkt
la place [laplas]	Platz
le jeu de balle [ləʒødbal]	Ballspiel
tous les jours [tuleʒuʀ]	täglich, jeden Tag
toute l'année [tutlane]	das ganze Jahr
appelé/e [aple]	genannt
se trouver [sətʀuve]	sich befinden
historique [istɔʀik]	historisch
le quartier populaire [ləkaʀtjepɔpylɛʀ]	Arbeiterviertel
le/la professionnel/le [ləpʀɔfɛsjɔnɛl, lapʀɔfɛsjɔnɛl]	Profi; Fachmann/-frau
avoir lieu [avwaʀljø]	stattfinden
le brocanteur [ləbʀɔkɑ̃tœʀ]	Trödler
autour de... [otuʀd(ə)]	um ... herum
garantir [gaʀɑ̃tiʀ]	garantieren
excellent/e [ɛksɛlɑ̃, ɛksɛlɑ̃t]	ausgezeichnet, hervorragend
l'ambiance *w* [lɑ̃bjɑ̃s]	Stimmung
Venez goûter... [vənegute]	Kommen und genießen Sie ...
populaire [pɔpylɛʀ]	volkstümlich, Volks-
bruxellois/e [bʀy(k)sɛlwa/z]	aus Brüssel
c'est-à-dire que... [sɛtadiʀ]	das heißt, dass ...
la carte officielle [lakaʀtɔfisjɛl]	*hier*: Lizenz
les taxes *wPl* [letaks]	Steuern
au fond [ofõ]	*hier*: eigentlich, im Grunde
tous [tus]	alle
l'amateur *m* [lamatœʀ]	Liebhaber (*einer Sache*), Hobby-
l'immigré/e *m/w* [limigʀe]	Einwanderer/-in
gagner sa vie [gaɲesavi]	sich seinen Lebensunterhalt verdienen
absolument [apsɔlymɑ̃]	absolut
tout ce que [tuskə]	alles, was
le grenier [ləgʀənje]	Dachboden
la valise [lavaliz]	Koffer
le miroir [ləmiʀwaʀ]	Spiegel
bien sûr [bjɛ̃syʀ]	natürlich, selbstverständlich
la rue principale [laʀypʀɛ̃sipal]	Hauptstraße
chic (*unveränderlich*) [ʃik]	schick
branché/e *ugs* [bʀɑ̃ʃe]	angesagt, 'in'
la soupe [lasup]	Suppe
la tartine [lataʀtin]	belegtes Brot
retrouver [ʀətʀuve]	*hier*: treffen
le/la plus vivant/e [ləplyvivɑ̃, laplyvivɑ̃t]	der/die/das belebteste, lebendigste
préféré/e [pʀefeʀe]	bevorzugt, Lieblings-
quand [kɑ̃]	wenn
plus calme [plykalm]	ruhiger
faire correspondre [fɛʀkɔʀɛspõdʀ]	zuordnen
suivant/e [sɥivɑ̃, sɥivɑ̃t]	folgende/r/s
le genre [ləʒɑ̃ʀ]	Art, Sorte
dites-nous... (*Inf*: dire) [ditnu]	sagen Sie uns ...
aujourd'hui [oʒuʀdɥi]	heute
vous voulez (*Inf*: vouloir) [vuvule]	Sie wollen
organiser qc [ɔʀganizekɛlkəʃoz]	etw organisieren, veranstalten
le débat [lədeba]	Debatte, Diskussion

8 Faire la cuisine

1

le cassoulet [ləkasulɛ]	*Eintopf aus Fleisch, Wurst und weißen Bohnen*
la spécialité [laspesjalite]	Spezialität
Castelnaudary [kastɛlnodaʀi]	*Stadt im Südwesten Frankreichs*
le/la cuisinier/-ière [ləkɥizinje, lakɥizinjɛʀ]	Koch, Köchin
présenter [pʀezɑ̃te]	vorstellen, präsentieren
le plat [ləpla]	Gericht, Speise
typique [tipik]	typisch

1a

connaître [kɔnɛtʀ]	kennen
citer [site]	zitieren
le melon aux fruits [ləməlõofʀɥi]	Honigmelone mit Früchten
le melon [ləməlõ]	Melone, Honigmelone
le canard à l'orange [ləkanaʀalɔʀɑ̃ʒ]	Ente mit Orangensauce
le canard [ləkanaʀ]	Ente
la soupe à l'oignon [lasupalɔɲõ]	Zwiebelsuppe
la soupe [lasup]	Suppe
l'oignon *m* [lɔɲõ]	Zwiebel
la tarte au citron [lataʀtositʀõ]	Obstkuchen mit Zitronen
la charlotte aux fraises des bois [laʃaʀlɔtofʀɛzdebwa]	Charlotte mit Walderdbeeren
la charlotte [laʃaʀlɔt]	Charlotte (*Süßspeise*)
la fraise [lafʀɛz]	Erdbeere
des [de]	*Zusammenziehung von* de + les
le bois [ləbwa]	Wald; Holz
la terrine de saumon [latɛʀindəsomõ]	Lachspastete
la terrine [latɛʀin]	Pastete (ohne Teig)
le saumon [ləsomõ]	Lachs
la truite aux amandes [latʀɥitozamɑ̃d]	Forelle mit Mandeln
la truite [latʀɥit]	Forelle
l'amande *w* [lamɑ̃d]	Mandel
le poulet [ləpulɛ]	Hühnchen
rôti/e [ʀoti]	gebraten, gegrillt
la salade niçoise [lasaladniswaz]	Nizza-Salat
niçois/e [niswa, niswaz]	aus Nizza

1b

le menu [ləməny]	Speisekarte; Menü
la catégorie [lakategɔʀi]	Kategorie
correspondant/e [kɔʀɛspõdɑ̃/t]	entsprechende/r/s
le hors-d'œuvre [ləɔʀdœvʀ]	Vorspeise
l'entrée *w* [lɑ̃tʀe]	erster Gang, Vorspeise
le plat principal [ləplapʀɛ̃sipal]	Hauptgericht
principal/e [pʀɛ̃sipal]	Haupt-
la viande [lavjɑ̃d]	Fleisch
le poisson [ləpwasõ]	Fisch
le dessert [lədɛsɛʀ]	Nachspeise

2

végétarien/ne [veʒetaʀjɛ̃, veʒetaʀjɛn]	vegetarisch; Vegetarier/in
vous pouvez (*Inf*: pouvoir) [vupuve]	Sie können

Info

au minimum [ominimɔm]	mindestens
la restauration rapide [laʀɛstɔʀasjõʀapid]	Fast-food(-Gastronomie)
être en progression [ɛtʀɑ̃pʀɔgʀɛsjõ]	auf dem Vormarsch sein
le déjeuner [ládeʒœne]	Mittagessen
un plat unique [ɛ̃playnik]	ein einziges Gericht
la salade composée [lasaladkõpoze]	gemischter Salat
le potage [ləpɔtaʒ]	Suppe
en famille [ɑ̃famij]	in/mit der Familie
le fromage [ləfʀɔmaʒ]	Käse

3a

le repas d'affaires [ləʀəpadafɛʀ]	Geschäftsessen
le repas [ləʀəpa]	Mahlzeit, Essen
les affaires *wPl* [lezafɛʀ]	Geschäfte, geschäftliche Dinge
parler affaires [paʀleafɛʀ]	geschäftliche Dinge besprechen
la journée de travail [laʒuʀnedətʀavaj]	Arbeitstag
la journée [laʒuʀne]	Tag; Tagesablauf
agréable [agʀeabl]	angenehm
rapide [ʀapid]	schnell
conseiller [kõsɛje]	raten; beraten
il faut [ilfo]	man muss, es ist nötig; *hier*: Sie müssen
absolument [apsɔlymɑ̃]	unbedingt; absolut
excellent/e [ɛksɛlɑ̃, ɛksɛlɑ̃t]	ausgezeichnet
le haricot [ləaʀiko]	Bohne
un peu de + *Nomen* [ɛ̃pød(ə)]	ein bisschen + *Nomen*
l'oie *w* [lwa]	Gans
le steak [ləstɛk]	Steak
en entrée [ɑ̃nɑ̃tʀe]	als Vorspeise
en [ɑ̃]	als
je pourrais (*Inf*: pouvoir) [ʒəpuʀɛ]	ich könnte
avant [avɑ̃]	vor (*zeitlich*)
léger, légère [leʒe, leʒɛʀ]	leicht
frais, fraîche [fʀɛ, fʀɛʃ]	frisch
comme boisson [kɔmbwasõ]	als Getränk
comme [kɔm]	als
le bordeaux [ləbɔʀdo]	Bordeaux(wein)
long, longue [lõ, lõg]	lang
la discussion [ladiskysjõ]	Gespräch, Diskussion
ce matin [səmatɛ̃]	heute Morgen
avoir soif [avwaʀswaf]	Durst haben
la soif [laswaf]	Durst
préférer [pʀefeʀe]	vorziehen, lieber mögen
Vienne [vjɛn]	Wien
le Danube (*Artikel!*) [lədanyb]	Donau
la valse (*Artikel!*) [lavals]	Walzer

3b

deuxième [døzjɛm]	zweite/r/s

3d

demander qc à qn [dəmɑ̃dekɛlkəʃozakɛlkɛ̃]	jdn etw fragen; jdn um etw bitten

4

semblable [sɑ̃blabl]	ähnlich

5b

de manière positive [dəmanjɛʀpozitiv]	auf positive Weise; positiv
la manière [lamanjɛʀ]	Art und Weise
ce, cet, cette; ces [sə, sɛt, sɛt; se]	diese/r/s; diese *Pl*

6

Ce n'est pas bon ! [snɛpabõ]	Das schmeckt nicht!
faire une réclamation [fɛʀynʀeklamasjõ]	etw reklamieren, sich beschweren
la réclamation [laʀeklamasjõ]	Reklamation, Beschwerde
pas assez chaud [pa(z)aseʃo]	nicht heiß genug
salé/e [sale]	gesalzen
trop [tʀo]	zu sehr; zu + *Adj*
cuit/e [kɥi, kɥit]	gekocht
sucré/e [sykʀe]	süß
vachement *ugs* [vaʃmɑ̃]	sehr, ganz schön

7

l'aide *w* [lɛd]	Hilfe
décrivez-les [dekʀivele]	beschreiben Sie sie
décrire [dekʀiʀ]	beschreiben
par écrit [paʀekʀi]	schriftlich
le/la visiteur/-euse [ləvizitœʀ, lavizitøz]	Besucher/in

8a

avoir le temps [avwaʀlətɑ̃]	Zeit haben
le temps [lətɑ̃]	Zeit
Vive... ! [viv]	Es lebe ...!
il faut + *Nomen* [ilfo]	man braucht + *Nomen*
le congélateur [ləkõʒelatœʀ]	Gefrierschrank, -truhe
le micro-ondes [ləmikʀɔõd]	Mikrowellengerät
le stock (de) [ləstɔk(də)]	Vorrat (an)
les produits surgelés *mPl* [lepʀɔdɥisyʀʒəle]	Tiefkühlprodukte, -kost
le produit [ləpʀɔdɥi]	Produkt, Erzeugnis
la boîte de conserves [labwatdəkõsɛʀv]	Konservendose
la boîte [labwat]	Dose; Kasten, Kiste
les conserves *wPl* [lekõsɛʀv]	Konserven
les épices *wPl* [lezepis]	Gewürze
tout [tu]	alles
le mois [ləmwa]	Monat

8b

le conseil [ləkõsɛj]	Rat(schlag)

9

les produits que... [lepʀɔdɥikə]	die Produkte, die ...
entendre [ɑ̃tɑ̃dʀ]	hören
le produit de base [ləpʀɔdɥidəbaz]	Grundnahrungsmittel
le pain [ləpɛ̃]	Brot
la farine [lafaʀin]	Mehl
la pomme de terre [lapɔmdətɛʀ]	Kartoffel
le sucre [ləsykʀ]	Zucker
l'huile *w* [lɥil]	Öl
l'œuf (*Pl*: Aussprache!) *m* [lœf (lezø)]	Ei
le beurre [ləbœʀ]	Butter
le fromage [ləfʀɔmaʒ]	Käse

10a

à gauche [agoʃ]	links
à droite [adʀwat]	rechts
à acheter [aaʃte]	*hier*: die gekauft werden müssen
du, de l', de la [dy, dəl, dəla]	*Teilungsartikel*

10b

le gâteau (*Pl*: gâteaux) [ləgɑto]	Kuchen
l'omelette *w* [lɔmlɛt]	Omelette, Rührei
la purée [lapyʀe]	Püree

11a

la page [lapaʒ]	Seite
les mots qui... [lemoki]	die Wörter, die ...
contenir [kõtniʀ]	enthalten
la lettre [lalɛtʀ]	Buchstabe

11b

ci-dessus [sidsy]	weiter oben; *hier*: in den obigen Zeichnungen
lesquels/lesquelles ? [lekɛl]	welche? *Pl*
le poison [ləpwazo]	Gift

12a

le pique-nique [ləpiknik]	Picknick
se passer [səpase]	sich abspielen, passieren
à votre avis [avotʀavi]	Ihrer Meinung nach
l'avis *m* [lavi]	Meinung

12b

en vacances [ɑ̃vakɑ̃s]	in den Ferien
les vacances *wPl* [levakɑ̃s]	Ferien, Urlaub
en famille [ɑ̃famij]	in/mit der Familie

13a

le taboulé [lətabule]	*kaltes Kuskus-Gericht libanesischen Usprungs*
l'information *w* [lɛ̃fɔʀmasjõ]	Information, Auskunft
chinois/e [ʃinwa/z]	Chinese/-in; chinesisch
arabe [aʀab]	Araber/in; arabisch
le plat cuisiné [ləplakɥizine]	Fertiggericht
la préparation [lapʀepaʀasjõ]	Zubereitung
en + *Zeitraum* [ɑ̃]	in, innerhalb von
verser [vɛʀse]	schütten, gießen
le sachet [ləsaʃɛ]	Tüte, Beutel
la garniture [lagaʀnityʀ]	Beilage
le saladier [ləsaladje]	Salatschüssel
ajouter [aʒute]	hinzufügen, -geben

le couscous [ləkuskus]	*eine Art Hartweizengries*
la cuillère à soupe [lakɥijɛʀasup]	Esslöffel, Suppenlöffel
la cuillère [lakɥijɛʀ]	Löffel
l'huile *w* **d'olive** [lɥildɔliv]	Olivenöl
le réfrigérateur [ləʀefʀiʒeʀatœʀ]	Kühlschrank
mn (*Abk f* minutes) [minyt]	Min.
la minute [laminyt]	Minute
mélanger [melɑ̃ʒe]	vermischen
la fourchette [lafuʀʃɛt]	Gabel
éventuellement [evɑ̃tɥɛlmɑ̃]	eventuell
la feuille [lafœj]	Blatt
le sel [ləsɛl]	Salz

13b

la quantité [lakɑ̃tite]	Menge
l'ingrédient *m* [lɛ̃gʀedjɛ̃]	Zutat
pour + *Inf* [puʀ]	um zu + *Inf*
il faut + *Nomen* [ilfo]	man braucht + *Nomen*

13c

avoir bonne mémoire [avwaʀbɔnmemwaʀ]	ein gutes Gedächtnis haben
la mémoire [lamemwaʀ]	Gedächtnis
préparer [pʀepaʀe]	zubereiten, vorbereiten

13d

la crêpe [lakʀɛp]	*frz. Pfannkuchenart*
le gratin dauphinois [ləgʀatɛ̃dofinwa]	Kartoffelgratin
le gramme [ləgʀam]	Gramm
un demi-litre [ɛ̃dəmilitʀ]	ein halber Liter
le litre [ləlitʀ]	Liter
le kilo [ləkilo]	Kilo(gramm)
le poivre [ləpwavʀ]	Pfeffer

14

la consigne [lakɔ̃siɲ]	*hier*: Arbeitsanweisung
la formulation [lafɔʀmylasjɔ̃]	Formulierung
ci-dessous [sidsu]	unten stehend
noter [nɔte]	beachten

15

vous voulez (*Inf*: vouloir) [vuvule]	Sie wollen
tous [tus]	alle
organiser [ɔʀganize]	organisieren, veranstalten
le semestre [ləsəmɛstʀ]	Semester
apporter [apɔʀte]	(mit)bringen
se mettre d'accord [səmɛtʀədakɔʀ]	sich einigen

Sur le vif

le navarin [lənavaʀɛ̃]	*Ragout mit Gemüse*
l'agneau (*Pl*: agneaux) *m* [laɲo]	Lamm
l'épaule *w* [lepol]	Schulter
le petit pois [ləptipwa]	Erbse
la carotte [lakaʀɔt]	Karotte, Möhre
une cuillerée à soupe (de)... [ynkɥijʀeasup]	ein Esslöffel (voll) ...
la cuillerée [lakɥijʀe]	(Ess)Löffel (*Maßeinheit*)
la muscade [lamyskad]	Muskatnuss
le bouquet garni [ləbukɛgaʀni]	Gewürzsträußchen
le persil (*Artikel!*) [ləpɛʀsi]	Petersilie
le thym [lətɛ̃]	Thymian
le laurier [ləlɔʀje]	Lorbeer
l'estragon *m* [lɛstʀagɔ̃]	Estragon
haché/e [aʃe]	gehackt
couper [kupe]	schneiden
le morceau (*Pl*: morceaux) [ləmɔʀso]	Stück
la cocotte [lakɔkɔt]	Schmortopf
faire revenir [fɛʀʀəvniʀ]	anbraten, dünsten
verser [vɛʀse]	gießen
couvrir (de) [kuvʀiʀ(də)]	abdecken (mit); aufgießen (mit)
saler [sale]	salzen
poivrer [pwavʀe]	pfeffern
laisser cuire [lɛsekɥiʀ]	kochen lassen
faire blanchir [fɛʀblɑ̃ʃiʀ]	blanchieren
séparément [sepaʀemɑ̃]	getrennt
accompagner (de) [akɔ̃paɲe (də)]	*hier*: als Beilage servieren
la recette [laʀəsɛt]	Kochrezept
le crayon de couleur [ləkʀɛjɔ̃dkulœʀ]	Buntstift
différent/e [difeʀɑ̃, difeʀɑ̃t]	verschieden
la signification [lasiɲifikasjɔ̃]	Bedeutung
quelques [kɛlkə]	einige

Intermède 2

le/la stagiaire [ləstaʒjɛʀ, lastaʒjɛʀ]	Praktikant/in
le/la directeur/-trice [lədiʀɛktœʀ, la diʀɛktʀis]	Direktor/in, Leiter/in
le marketing [ləmaʀkətiŋ]	Marketing
s'occuper de qc [sɔkypedəkɛlkəʃoz]	sich um etw kümmern
la publicité [lapyblisite]	Werbung
la distribution [ladistʀibysjɔ̃]	Vertrieb, Absatz
la vente [lavɑ̃t]	Verkauf
l'assistant/e [lasistɑ̃, lasistɑ̃t]	Assitent/in
la photocopieuse [lafɔtɔkɔpjøz]	Fotokopiergerät
le fax [ləfaks]	Fax(gerät)
là-bas [laba]	dort
chargé/e de [ʃaʀʒed(ə)]	beauftragt mit
l'informatique *w* [lɛ̃fɔʀmatik]	Informatik
se dire tu [sədiʀty]	sich duzen
la brocante [labʀɔkɑ̃t]	Trödelmarkt; -laden
afficher [afiʃe]	aushängen

Stratégies 2

content/e [kɔ̃tɑ̃, kɔ̃tɑ̃t]	zufrieden
malheureux/-euse [malœʀø/z]	unglücklich
en colère [ɑ̃kɔlɛʀ]	wütend

9 Au bord de la mer

au bord de la mer	am Meer
le bord [ləbɔʀ]	Rand, Ufer

1

la plage [laplaʒ]	Strand
Carnac [kaʀnak]	*Stadt in der Bretagne*
le traiteur [lətʀɛtœʀ]	Feinkostladen; Partyservice
la rôtisserie [laʀotisʀi]	Grillmetzgerei
la volaille [lavɔlaj]	Geflügel
le/la patissier/-ière [ləpatisje, lapatisjɛʀ]	Konditor/in
pratique [pʀatik]	praktisch
le commerce [ləkɔmɛʀs]	Geschäft, Laden; Handel
le service [ləsɛʀvis]	Dienstleistung
la pâtisserie [lapɑtisʀi]	Konditorei
la boucherie [labuʃʀi]	Metzgerei, Fleischerei (*nur Fleisch*)
la charcuterie [laʃaʀkytʀi]	Metzgerei (*Fleisch und Aufschnitt*)
la maison de la presse [lamɛzõdlapʀɛs]	Zeitungs- und Papierwarengeschäft
la pharmacie [lafaʀmasi]	Apotheke
la banque [labɑ̃k]	Bank
les loisirs *mPl* [lelwaziʀ]	Freizeit(beschäftigungen)
la location [lalɔkasjõ]	Verleih, Vermietung
le bateau (*Pl*: bateaux) [ləbato]	Boot, Schiff
la bibliothèque [labiblijɔtɛk]	Bücherei
la boîte de nuit *ugs* [labwatdənɥi]	Disko
la nuit [lanɥi]	Nacht
le prospectus [ləpʀɔspɛktys]	Prospekt, Flyer
Qu'est-ce qu'il y a d'intéressant? [kɛskiljadɛ̃teʀɛsɑ̃]	Was gibt es Interessantes?
l'habitant/e *m/w* [labitɑ̃, labitɑ̃t]	Einwohner/in

2a

cité/e [site]	zitiert
situé/e [sitɥe]	gelegen
connu/e (pour) [kɔny(puʀ)]	bekannt (für)
le menhir [ləmeniʀ]	Menhir, Hinkelstein
le mégalithe [ləmegalit]	Megalith
spectaculaire [spɛktakylɛʀ]	spektakulär, Aufsehen erregend
mystérieux/-euse [misteʀjø, misteʀjøz]	geheimnisvoll
étranger/-ère [etʀɑ̃ʒe, etʀɑ̃ʒɛʀ]	ausländisch; fremd
le sable [ləsabl]	Sand
le centre [ləsɑ̃tʀ]	*hier*: Einrichtung, Zentrum
la thalassothérapie [latalasɔteʀapi]	Thalassotherapie
le/la commerçant/e [ləkɔmɛʀsɑ̃, lakɔmɛʀsɑ̃t]	Händler/in, Geschäftsmann/-frau
le centre-ville [ləsɑ̃tʀəvil]	Stadtzentrum
la ville [lavil]	Stadt
vivre [vivʀ]	leben
le centre-ville [ləsɑ̃tʀəvil]	Stadtzentrum
tous les commerces [tulekɔmɛʀs]	alle Geschäfte
tous/toutes les + *Nomen* [tu, tut]	alle + *Nomen*
le magasin [ləmagazɛ̃]	Geschäft, Laden
bien sûr [bjɛ̃syʀ]	natürlich
presque [pʀɛsk]	fast
les légumes *mPl* [lelegym]	Gemüse
les vêtements *mPl* [levɛtmɑ̃]	Kleidung
le vêtement [ləvɛtmɑ̃]	Kleidungsstück
la chaussure [laʃosyʀ]	Schuh
le meuble [ləmœbl]	Möbel(stück)
les personnes âgées *wPl* [lepɛʀsɔnɑʒe]	Senioren; ältere Menschen
âgé/e [ɑʒe]	alt, älter (*Person*)

2b

la vérité [laveʀite]	Wahrheit

3a

Qu'est-ce qu'il y a comme... ?	Was gibt es für ...?
le remue-méninges [ʀəmymenɛ̃ʒ]	Brainstorming

3b

faire correspondre [fɛʀkɔʀɛspõdʀ]	einander zuordnen
le médicament [ləmedikamɑ̃]	Medikament
le DVD (*Pl*: DVD) (*Artikel!*) [lədevede]	DVD
la supérette [lasypeʀɛt]	(kleiner) Supermarkt
la grande surface [lagʀɑ̃dsyʀfas]	(großer) Supermarkt
le magasin spécialisé [ləmagazɛ̃spesjalize]	Fachgeschäft

4

la proposition [lapʀɔpozisjõ]	Vorschlag
phonétique [fɔnetik]	phonetisch
l'aliment *m* [lalimɑ̃]	Lebensmittel
le son [ləsõ]	Laut, Ton
que [kə]	wie, als (*in Vergleichen*)
aller avec qc [aleavɛkkɛlkəʃoz]	zu etw passen
la confiture [lakõfityʀ]	Marmelade
la quiche [lakiʃ]	Speckkuchen
la boutique [labutik]	Geschäft, Laden
l'épicerie *w* [lepisʀi]	Lebensmittelgeschäft

Info

le magasin de maxidiscompte [ləmagazɛ̃dmaksidiskõt]	Discountmarkt
la vente [lavɑ̃t]	Verkauf
progresser [pʀɔgʀese]	*hier*: zunehmen
le billet [ləbijɛ]	Fahrkarte, Flugticket
le train [lətʀɛ̃]	Zug
l'avion *m* [lavjõ]	Flugzeug

5a

le portrait [ləpɔʀtʀɛ]	Porträt
le/la Breton/ne [ləbʀətõ, labʀətɔn]	Bretone/-in
le/la Carnacois/e [ləkaʀnakwa, lakaʀnakwaz]	*Einwohner/in von Carnac*
fêter [fete]	feiern
aujourd'hui [oʒuʀdɥi]	heute
l'amoureux/-euse de qc *m/w*	Liebhaber/in einer Sache
amoureux/-euse (de) [amuʀø/amuʀøz(də)]	verliebt (in)
quitter [kite]	verlassen
le/la pêcheur/-euse [ləpɛʃœʀ, lapɛʃøz]	Fischer/in; Angler/in

Wortschatz nach Lektionen

arrêter qc [aʀɛtekɛlkəʃoz]	etw aufgeben, mit etw aufhören
la pêche [lapɛʃ]	Fischerei; Angeln
grave [ɡʀav]	ernst
l'accident *m* [laksidɑ̃]	Unfall
pourtant [puʀtɑ̃]	trotzdem; dennoch
le courage [ləkuʀaʒ]	Mut
retravailler [ʀətʀavaje]	wieder arbeiten
reprendre [ʀəpʀɑ̃dʀ]	*hier*: übernehmen
pêcher [peʃe]	fischen, angeln
le temps libre [lətɑ̃libʀ]	Freizeit
Félicitations ! [felisitasjɔ̃]	Glückwunsch!
Bon anniversaire ! [bɔnanivɛʀsɛʀ]	Herzlichen Glückwunsch zum Geburtstag!
l'anniversaire *m* [lanivɛʀsɛʀ]	Geburtstag
en utilisant [ɑ̃nytilizɑ̃]	indem Sie ... benutzen
suivant/e [sɥivɑ̃, sɥivɑ̃t]	folgende/r/s
l'interview *w* (*Artikel!*) [lɛ̃tɛʀvju]	Interview
le/la journaliste [ləʒuʀnalist, laʒuʀnalist]	Journalist/in

Gr

irrégulier/-ière [iʀegylje, iʀegyljɛʀ]	unregelmäßig
la formation [lafɔʀmasjɔ̃]	Bildung

6

les horaires *mPl* **d'ouverture**	Öffnungszeiten
l'horaire *m* [lɔʀɛʀ]	Zeitplan
l'ouverture *w* [luvɛʀtyʀ]	Öffnung

7

une heure et quart [ynœʀekaʀ]	Viertel nach eins
le quart [ləkaʀ]	das Viertel
une heure et demie [ynœʀedmi]	halb zwei
demi/e [dmi]	halb
deux heures moins le quart [døzœʀmwɛ̃lkaʀ]	Viertel vor zwei
moins [mwɛ̃]	weniger; minus

Gr

minuit *m* [minɥi]	Mitternacht

8a

le calendrier [ləkalɑ̃dʀije]	Kalender
le guide [ləɡid]	(Reise)Führer
le timbre [lətɛ̃bʀ]	Briefmarke
la carte routière [lakaʀtʀutjɛʀ]	Straßenkarte
la poste [lapɔst]	Post(amt)
dommage [dɔmaʒ]	schade
touristique [tuʀistik]	touristisch
faire guide [fɛʀɡid]	als Reiseführer dienen
coûter [kute]	kosten
Et avec ça ? [eavɛksa]	Kommt noch etwas dazu?
je crois (*Inf*: croire) [ʒəkʀwa]	ich glaube
il me reste... [ilməʀɛst]	ich habe noch ...
rester [ʀɛste]	übrig sein/bleiben
je peux (*Inf*: pouvoir) [ʒəpø]	ich kann
payer par carte [pɛjepaʀkaʀt]	mit Karte bezahlen
la carte [lakaʀt]	Karte, Kreditkarte
la librairie [lalibʀɛʀi]	Buchhandlung
la papeterie [lapapɛtʀi]	Schreibwarenhandlung

8b

numéroter [nymeʀɔte]	nummerieren

10a

venir [vəniʀ]	kommen
à [a]	nach, zu
l'opinion *w* [lɔpinjɔ̃]	Meinung
le/la jeune [ləʒœn, laʒœn]	Jugendliche/r
en visite à [ɑ̃vizita]	zu Besuch in
la visite [lavizit]	Besuch
la bande [labɑ̃d]	Gruppe, Clique
faire du camping [fɛʀdykɑ̃piŋ]	zelten
aussi... que [osikə]	genauso ... wie
beau, bel, belle; beaux, belles [bo, bɛl]	schön
moins... que [mwɛ̃...kə]	weniger ... als
bof... *ugs* [bɔf]	naja..., pah!
nul/le *ugs* [nyl]	blöd, langweilig
préférer [pʀefeʀe]	vorziehen, lieber mögen
plus rigolo que	lustiger als
plus + *Adj* **que** [ply...kə]	*Adj* + -er als
rigolo/te *ugs* [ʀiɡɔlo, ʀiɡɔlɔt]	lustig

10b

relire [ʀəliʀ]	noch einmal lesen
utiliser [ytilize]	benutzen
faire une comparaison	einen Vergleich anstellen
la comparaison [lakɔ̃paʀɛzɔ̃]	Vergleich

10c

plusieurs [plyzjœʀ]	mehrere
se concentrer sur qc [səkɔ̃sɑ̃tʀesyʀkɛlkəʃoz]	sich auf etw konzentrieren
à chaque fois [aʃakfwa]	jedes Mal
les activités *wPl* **sportives**	sportliche Aktivitäten
l'activité *w* [laktivite]	Aktivität, Betätigung
sportif/-ive [spɔʀtif, spɔʀtiv]	sportlich, Sport-
la montagne [lamɔ̃taɲ]	Berg; Gebirge

10d

interviewer [ɛ̃tɛʀvjuve]	interviewen
je voudrais (*Inf*: vouloir) [ʒəvudʀɛ]	ich möchte, ich würde gerne
vous voudriez (*Inf*: vouloir) [vuvudʀije]	Sie würden gern, Sie möchten
passer les vacances [paselevakɑ̃s]	den Urlaub verbringen

Gr

je préfère rester chez moi [ʒəpʀefɛʀʀɛsteʃemwa]	ich bleibe lieber zu Hause

12a

le souvenir [ləsuvniʀ]	(Reise)Andenken; Erinnerung
le pull marin [ləpylmaʀɛ̃]	Seemannspullover
le savon [ləsavɔ̃]	Seife

l'algue *w* [lalg]	Alge
le caramel [ləkaʀamɛl]	Karamellbonbon
le bol [ləbɔl]	Trinkschale
le biscuit [ləbiskɥi]	Keks
la fleur de sel [laflœʀdsɛl]	*seltenes und kostbares Meersalz*

12c

l'avantage *m* [lavɑ̃taʒ]	Vorteil
original/e [ɔʀiʒinal]	*hier*: originell
fragile [fʀaʒil]	zerbrechlich
banal/e [banal]	banal
gros/se [gʀo, gʀɔs]	groß, dick

13

l'échange *m* **d'idées** [leʃɑ̃ʒdide]	Ideenaustausch
l'autre *m/w* [lotʀ]	der/die/das andere
le paquet [ləpakɛ]	Paket
le flacon [ləflakɔ̃]	Flakon

14

dernier/-ière [dɛʀnje, dɛʀnjɛʀ]	letzte/r/s
le papier [ləpapje]	Papier; Zettel

15

le jeu de rôle [ləʒødʀol]	Rollenspiel
le/la participant/e [ləpaʀtisipɑ̃, lapaʀtisipɑ̃t]	Teilnehmer/in
représenter [ʀəpʀezɑ̃te]	darstellen
... quoi acheter [kwaaʃte]	*hier*: ... , was er kaufen soll
quoi [kwa]	was (*betonte Form*)
le/la vendeur/-euse [ləvɑ̃dœʀ, lavɑ̃døz]	Verkäufer/in
content/e (de qc/qn) [kɔ̃tɑ̃, kɔ̃tɑ̃t]	zufrieden (mit etw/jdm)

Sur le vif

le site [ləsit]	Stätte, Ort
mégalithique [megalitik]	megalithisch
vieux, vieil, vieille [vjø, vjɛj, vjɛj]	alt
le haut lieu (*Pl*: hauts lieux) [ləoljø]	berühmte Stätte, Hochburg
la préhistoire [lapʀeistwaʀ]	Vorgeschichte
européen/ne [øʀɔpeɛ̃, øʀɔpeɛn]	europäisch; Europäer/in
être réparti/e sur [ɛtʀəʀepaʀtisyʀ]	verteilt sein auf
l'hectare *m* [lɛktaʀ]	Hektar
la longueur [lalɔ̃gœʀ]	Länge
selon [səlɔ̃]	gemäß, nach
l'organisation *w* architecturée [lɔʀganizasjɔ̃aʀʃitɛktyʀe]	architektonische Anordnung
l'alignement *m* [laliɲmɑ̃]	Reihe, Linie
former [fɔʀme]	bilden
l'ensemble *m* [lɑ̃sɑ̃bl]	Komplex, Gesamtheit
constituer [kɔ̃stitɥe]	bilden, darstellen
le/la plus grand/e	der/die/das größte
le public [ləpyblik]	Öffentlichkeit
l'hiver *m* [livɛʀ]	Winter; im Winter
octobre *m* [ɔktɔbʀ]	Oktober
mars *m* [maʀs]	März
accessible [aksesibl]	zugänglich
l'été *m* [lete]	Sommer; im Sommer
sous la forme exclusive de... [ɛksklyziv]	ausschließlich in Form von ...
la visite conférence [lavizitkɔ̃feʀɑ̃s]	geführte Besichtigung
passionné/e (de) [pasjɔne(də)]	leidenschaftlich interessiert (an)
la civilisation disparue [lasivilizasjɔ̃dispaʀy]	untergegangene Zivilisation
partir [paʀtiʀ]	gehen, reisen
sur les traces *wPl* [syʀletʀas]	auf den Spuren
le plan [ləplɑ̃]	Plan
merci à tous [mɛʀsiatus]	danke an alle
le Morbihan [ləmɔʀbiɑ̃]	*Gegend in der Bretagne*
à côté de [akoted(ə)]	neben
le tumulus [lətymylys]	Hügelgrab
le dolmen [lədɔlmɛn]	Dolmen
fréquenté/e [fʀekɑ̃te]	besucht
en tout cas [ɑ̃tuka]	auf alle Fälle, auf jeden Fall
oublier [ublije]	vergessen
la lampe de poche [lalɑ̃pdəpɔʃ]	Taschenlampe
les fouilles *wPl* archéologiques [lefujaʀʃeɔlɔʒik]	archäologische Ausgrabungen
c'est pourquoi [sɛpuʀkwa]	deshalb
la commune [lakɔmyn]	Kommune, Gemeinde
splendide [splɑ̃did]	prächtig, wunderschön
moins de monde [mwɛ̃dmɔ̃d]	weniger Leute
le séjour [ləseʒuʀ]	Aufenthalt
entre [ɑ̃tʀ]	zwischen
le forum [ləfɔʀɔm]	(Internet)Forum
les plus importants/-tes	die wichtigsten
chatter [tʃate]	chatten

10 A la maison

1a

l'âge *m* [lɑʒ]	Alter
la profession [lapʀɔfɛsjɔ̃]	Beruf

1b

l'hypothèse *w* [lipɔtɛz]	Vermutung
tous deux [tudø]	alle beide
décider (de faire qc) [deside]	beschließen (etw zu tun)
retourner [ʀətuʀne]	zurückkehren
le village natal [ləvilaʒnatal]	Geburtsdorf
natal [natal]	Geburts-
travailler à son compte [tʀavajeasɔ̃kɔ̃t]	selbständig sein (*beruflich*)
propre *(vorangestellt)* [pʀɔpʀ]	eigene/r/s
le/la patron/ne [ləpatʀɔ̃, lapatʀɔn]	Chef/in
vieux, vieil, vieille [vjø, vjɛj, vjɛj]	alt
l'Auvergne *w* [lovɛʀɲ]	*Gegend in Zentralfrankreich*
revenir [ʀəvniʀ]	zurückkommen
chez qn [ʃekɛlkɛ̃]	bei jdm (zu Hause); zu jdm (nach Hause)
partir [paʀtiʀ]	weggehen, losgehen
le cœur léger [ləkœʀleʒe]	leichten Herzens
le chômage [ləʃomaʒ]	Arbeitslosigkeit
le petit boulot *ugs* [ləptibulo]	Job
le boulot *ugs* [ləbulo]	Arbeit; Job

Wortschatz nach Lektionen

rénover [ʀenove]	renovieren
la ferme [lafɛʀm]	Bauernhof
les grands-parents *mPl* [legʀɑ̃paʀɑ̃]	Großeltern
le fax [ləfaks]	Fax(gerät)
pouvoir [puvwaʀ]	können
réaliser [ʀealize]	verwirklichen
le rêve [ləʀɛv]	Traum
l'emploi *m* **du temps** [lɑ̃plwadytɑ̃]	Zeitplan
la place [laplas]	Platz
avoir le temps de...	Zeit haben, zu ...
profiter de qc/qn [pʀɔfited(ə)]	etw/jdn genießen

1c

la grille [lagʀij]	Tabelle
l'habitation *w* [labitasjɔ̃]	Wohnen; Wohnung

2b

indiquer [ɛ̃dike]	angeben, zeigen
faire un bon choix [fɛʀɛ̃bɔ̃ʃwa]	eine gute Wahl treffen

3a

entourer [ɑ̃tuʀe]	*hier*: einkreisen
la marque [lamaʀk]	Kennzeichen, Zeichen

3b

formuler [fɔʀmyle]	formulieren
la règle [laʀɛgl]	Regel

4a

sortir [sɔʀtiʀ]	hinausgehen; ausgehen
naître [nɛtʀ]	geboren werden
l'école *w* **primaire** [lekɔlpʀimɛʀ]	Grundschule
le lycée [ləlise]	*gymnasiale Oberstufe*
le cocon [ləkokɔ̃]	Kokon, *bildlich*: Nest
l'université *w* [lynivɛʀsite]	Universität
faire une visite dans qc [fɛʀynvizit]	etw besichtigen
faire une visite à qn	jdn besuchen
le couple [ləkupl]	Paar

4b

la formation [lafɔʀmasjɔ̃]	Ausbildung
l'informatique *w* [lɛ̃fɔʀmatik]	Informatik

4c

entier/-ière [ɑ̃tje, ɑ̃tjɛʀ]	ganze/r/s
essayer [eseje]	versuchen

5a

le collège [ləkɔlɛʒ]	*frz. Mittelstufenschule (6. bis 9. Klasse)*
à pied [apje]	zu Fuß
le pied [ləpje]	Fuß
l'arrêt *m* **de bus** [laʀɛdəbys]	Bushaltestelle
mettre + *Zeitraum* [mɛtʀ]	brauchen + *Zeitraum*
jusqu'à [ʒyska]	bis
le début [lədeby]	Anfang
les cours *mPl* [lekuʀ]	Unterricht
le cours [ləkuʀ]	Unterrichtsstunde, Kurs
finir [finiʀ]	enden
rentrer à la maison [ʀɑ̃tʀealamɛzɔ̃]	nach Hause zurückgehen, -kommen, -fahren
au moins [omwɛ̃]	mindestens
le lendemain [ləlɑ̃dmɛ̃]	der nächste Tag

5c

penser (de) [pɑ̃se]	denken (über)
l'élève *m/w* [lelɛv]	Schüler/in

6a

former [fɔʀme]	bilden, formen

Info

sauf [sof]	außer
la pause [lapoz]	Pause
durer [dyʀe]	dauern
entre [ɑ̃tʀ]	zwischen
déjeuner [deʒœne]	zu Mittag essen
la cantine [lakɑ̃tin]	Kantine
l'école *w* maternelle [lekɔlmatɛʀnɛl]	*staatliche Vorschule, Kindergarten*
facultatif/-ive [fakyltatif, fakyltativ]	nicht verpflichtend, freiwillig
gratuit/e [gʀatɥi, gʀatɥit]	kostenlos
passer [pase]	*hier*: ablegen (*Prüfung*)
le baccalauréat [ləbakaloʀea]	Abitur
le bac *ugs* [ləbak]	Abi
à... ans [a...ɑ̃]	mit ... Jahren

7a

faire visiter la maison à qn	jdm das Haus zeigen

7b

se trouver [sətʀuve]	sich befinden
la pièce [lapjɛs]	Zimmer, Raum
le rez-de-chaussée [ləʀedʃose]	Erdgeschoss
l'étage *m* [letaʒ]	Etage, Stock(werk)
la salle à manger [lasalamɑ̃ʒe]	Esszimmer
la salle [lasal]	Raum; Saal
la salle de bain [lasaldəbɛ̃]	Badezimmer
la douche [laduʃ]	Dusche
le bureau (*Pl*: bureaux) [ləbyʀo]	*hier*: Arbeitszimmer
la chambre [laʃɑ̃bʀ]	(Schlaf)Zimmer
la chambre d'amis [laʃɑ̃bʀədami]	Gästezimmer

7c

étudier qc [etydje]	etw eingehend betrachten
le plan [ləplɑ̃]	Plan, Grundriss

8a

partager qc [paʀtaʒe]	(sich) etw teilen
la fenêtre [lafənɛtʀ]	Fenster
le placard [ləplakaʀ]	Wand-, Einbauschrank
le balcon [ləbalkɔ̃]	Balkon

8b

l'élément *m* [lelemɑ̃]	Element

8c

expliquer [ɛksplike]	erklären

9a

confortable [kɔ̃fɔʀtabl]	bequem
clair/e [klɛʀ]	hell, klar

9b

l'étagère *w* [letaʒɛʀ]	Regal
le fauteuil [ləfotœj]	Sessel
le miroir [ləmiʀwaʀ]	Spiegel
la cheminée [laʃmine]	Kamin
la statue [lastaty]	Statue, Standfigur
le canapé [ləkanape]	Sofa, Couch
la commode [lakɔmɔd]	Kommode
le tapis [lətapi]	Teppich

10a

manquer [mɑ̃ke]	fehlen
à côté de [akoted(ə)]	neben
derrière [dɛʀjɛʀ]	hinter

10c

la description [ladeskʀipsjɔ̃]	Beschreibung
être question de qc	um etw gehen

11a

le confort [ləkɔ̃fɔʀ]	Komfort
l'élégance *w* [lelegɑ̃s]	Eleganz

11b

se prononcer [səpʀɔnɔ̃se]	ausgesprochen werden
contrôler [kɔ̃tʀole]	kontrollieren
d'autres [dotʀ]	andere
le cabaret [ləkabaʀɛ]	Nachtlokal, -bar
le certificat [ləsɛʀtifika]	Zertifikat, Bescheinigung
le climat [ləklima]	Klima
la crise [lakʀiz]	Krise
le commentaire [ləkɔmɑ̃tɛʀ]	Kommentar
le silence [ləsilɑ̃s]	Stille
le cyprès (*Artikel!*) [ləsipʀɛ]	Zypresse
l'accordéon *m* [lakɔʀdeɔ̃]	Akkordeon
la culture [lakyltyʀ]	Kultur
le principe [ləpʀɛ̃sip]	Prinzip
acrylique [akʀilik]	aus Acryl

12a

le gîte [ləʒit]	(einfaches) Ferienhaus, Ferienwohnung
quelques [kɛlkə]	einige
de chez les + *Familienname* [dəʃele]	von den + *Familienname* entfernt
la maison indépendante	freistehendes Haus
indépendant/e [ɛ̃depɑ̃dɑ̃, ɛ̃depɑ̃dɑ̃t]	unabhängig; *hier*: freistehend
le séjour [ləseʒuʀ] (*oder*: **la salle de séjour**)	Wohnzimmer
la salle d'eau [lasaldo]	Waschraum
le lit [ləli]	Bett
le chauffage central	Zentralheizung
le chauffage [ləʃofaʒ]	Heizung
central [sɑ̃tʀal]	zentral, Zentral-
le lit enfant [ləliɑ̃fɑ̃]	Kinderbett
le forfait [ləfɔʀfɛ]	Pauschale
la cour [lakuʀ]	Hof
le salon de jardin [ləsalɔ̃dəʒaʀdɛ̃]	Gartenmöbel
l'abri *m* **voiture** [labʀivwatyʀ]	Carport
l'équipement *m* [lekipmɑ̃]	Ausstattung
le bébé [ləbebe]	Baby
la centrale [lasɑ̃tʀal]	Zentrale
la réservation [laʀesɛʀvasjɔ̃]	Reservierung, Buchung
l'accueil *m* [lakœj]	Empfang, Aufnahme
la Haute-Loire [laotlwaʀ]	*frz. Département*

12b

louer [lwe]	vermieten; *auch*: mieten
la maison de vacances	Ferienhaus

13

dessiner [desine]	zeichnen
le reste [ləʀest]	Rest

Sur le vif

le cadre de vie [ləkadʀədəvi]	Umgebung, Umfeld
le commandant [ləkɔmɑ̃dɑ̃]	Kommandant
le fils [ləfis]	Sohn
nouveau, nouvel, nouvelle [nuvo, nuvɛl]	neu
déménager [demenaʒe]	umziehen
le pavillon [ləpavijɔ̃]	Einfamilienhaus; kleines Häuschen
le bout de jardin [ləbudʒaʀdɛ̃]	Stückchen Garten
le lapin [ləlapɛ̃]	Kaninchen
terminé/e [tɛʀmine]	abgeschlossen, zu Ende
la chambre à coucher [laʃɑ̃bʀakuʃe]	Schlafzimmer
le living [ləliviŋ]	Wohnzimmer
le mètre carré [ləmɛtʀəkaʀe]	Quadratmeter
la moquette [lamɔkɛt]	Teppichboden
les installations *wPl* sanitaires [lezɛ̃stalasjɔ̃sanitɛʀ]	sanitäre Einrichtungen
l'éclairage *m* au néon [leklɛʀaʒoneɔ̃]	Neonbeleuchtung
le truc *ugs* [lətʀyk]	Ding, Sache
inespéré/e [inɛspeʀe]	unverhofft
vingt-troisième [vɛtʀwazjɛm]	dreiundzwanzigste/r/s
la tour [latuʀ]	Turm; Hochhaus
se rendre compte (de qc) [səʀɑ̃dʀəkɔ̃t]	sich (etw) klar machen
la fugue [lafyg]	Ausreißen
le Petit Poucet [ləptipusɛ]	Däumling (*Märchenfigur*)
l'essai *m* [lesɛ]	Aufsatz; Essay
la nouvelle [lanuvɛl]	Kurzgeschichte
le conte [ləkɔ̃t]	Erzählung

reçu (*Inf*: recevoir) [ʀəsy]	erhalten
l'extrait *m* [lɛkstʀɛ]	Auszug
caractériser [kaʀakteʀize]	charakterisieren
attentif/-ive [atɑ̃tif, atɑ̃tiv]	aufmerksam
décidé/e [deside]	entschlossen
communicatif/-ive [kɔmynikatif, kɔmynikativ]	kommunikativ, mitteilsam
l'inconvénient *m* [lɛ̃kɔ̃venjɛ̃]	Nachteil
être contre [ɛtʀəkɔ̃tʀ]	dagegen sein
complémentaire [kɔ̃plemɑ̃tɛʀ]	zusätzlich

11 En ville

en ville [ɑ̃vil]	in der Stadt
la capitale [lakapital]	Hauptstadt
olympique [ɔlɛ̃pik]	olympisch
le lac Léman [ləlaklemɑ̃]	Genfer See
le lac [ləlak]	See
les escaliers *mPl* [lezɛskalje]	Treppe/n
l'avenue *w* [lavny]	breite Straße, Prachtstraße
le 18e siècle [lədizɥitjɛmsjɛkl]	18. Jahrhundert
le siècle [ləsjɛkl]	Jahrhundert
historique [istɔʀik]	historisch
le musée des Beaux-Arts	Kunstmuseum
les beaux-arts *mPl* [lebozaʀ]	schöne Künste, bildende Kunst
le château (*Pl*: châteaux) [ləʃato]	Schloss
seulement [sœlmɑ̃]	*hier*: erst

1a

la liste [lalist]	Liste
le bâtiment [ləbɑtimɑ̃]	Gebäude

1b

à nouveau [anuvo]	wieder, von neuem
le lieu (*Pl*: lieux) [ləljø]	Ort
religieux/-euse [ʀəliʒjø, ʀəliʒjøz]	religiös
administratif/-ive [administʀatif, administʀativ]	Verwaltungs-
dater de + *Zeitangabe* [dated(ə)]	stammen, datieren aus/von ...

2

au bout de [obud(ə)]	am Ende von
le bout [ləbu]	Ende

Gr

(pas) loin de [(pa)lwɛ̃d(ə)]	(nicht) weit entfernt von
en face de [ɑ̃fasd(ə)]	gegenüber von
au coin de [okwɛ̃d(ə)]	an der Ecke von
le coin [ləkwɛ̃]	Ecke
dans la rue [dɑ̃laʀy]	in/auf/an der Straße
sur la place [syʀlaplas]	an/auf dem Platz

3a

perdu (*Inf*: perdre) [pɛʀdy]	verloren
tout droit [tudʀwa]	geradeaus
le feu (*Pl*: feux) [ləfø]	Feuer; *hier*: Ampel
traverser [tʀavɛʀse]	überqueren
continuer [kɔ̃tinɥe]	weitermachen, -gehen, -fahren usw.
tourner [tuʀne]	abbiegen
à droite [adʀwat]	(nach) rechts
à gauche [agoʃ]	(nach) links
prendre la première rue... [lapʀəmjɛʀʀy]	die erste Straße ... nehmen

3b

le chemin [ləʃmɛ̃]	Weg
à prendre [apʀɑ̃dʀ]	*hier*: den man nehmen muss

4

la gare [lagaʀ]	Bahnhof
le cybercafé [ləsibɛʀkafe]	Internetcafé

5

proposer [pʀɔpoze]	vorschlagen
le circuit [ləsiʀkɥi]	Rundgang, -fahrt
le monument [ləmɔnymɑ̃]	Monument; Sehenswürdigkeit

7a

le paragraphe [ləpaʀagʀaf]	Absatz, Abschnitt
l'économie *w* [lekɔnɔmi]	Wirtschaft
le tourisme [lətuʀism]	Tourismus
la Suisse romande [lasɥisʀɔmɑ̃d]	Französische Schweiz
dominer [dɔmine]	*hier*: überwiegen, vorherrschen
bâtir [bɑtiʀ]	erbauen, errichten
la colline [lakɔlin]	Hügel
la forêt [lafɔʀɛ]	Wald
les vignes *wPl* [leviɲ]	Weinberge
il fait bon vivre [ilfɛbɔ̃vivʀ]	es lässt sich gut leben
nombreux/-euse [nɔ̃bʀø, nɔ̃bʀøz]	zahlreich
l'industrie *w* [lɛ̃dystʀi]	Industrie
apprécié/e [apʀesje]	geschätzt, gewürdigt
le siège [ləsjɛʒ]	Sitz
le comité [ləkɔmite]	Komitee
international/e [ɛ̃tɛʀnasjɔnal]	international
la fédération [lafedeʀasjɔ̃]	Verband, Bund
accueillir [akœjiʀ]	aufnehmen, beherbergen
également [egalmɑ̃]	ebenso, ebenfalls
le ballet [ləbalɛ]	Ballett
pour tous les plaisirs	für jeden Geschmack
le plaisir [ləplɛziʀ]	Vergnügen

7b

l'aspect *m* [laspɛ]	Aspekt, Gesichtspunkt

7c

industriel/le [ɛ̃dystʀijɛl]	industriell, Industrie-
économique [ekɔnɔmik]	wirtschaftlich, Wirtschafts-
actuel/le [aktɥɛl]	aktuell

Gr

mille (*unveränderlich*) [mil]	tausend

8a

le nombre [lənõbʀ]	Zahl; Anzahl

8b

dicter qc à qn [dikte]	jdm etw diktieren
à l'envers [alɑ̃vɛʀ]	verkehrt herum

9a

découvrir [dekuvʀiʀ]	entdecken
chacun/e [ʃakɛ̃, ʃakyn]	jede/r Einzelne
la fiche [lafiʃ]	Blatt, Bogen
vice versa [visvɛʀsa]	umgekehrt
en bas [ɑ̃bas]	unten
la date [ladat]	Datum
le genre [ləʒɑ̃ʀ]	Art
le jeu (*Pl*: jeux) [ləʒø]	Spiel
le vélo de course [ləvelodkuʀs]	Rennrad
la course [lakuʀs]	Wettrennen, -fahrt
le costume [ləkɔstym]	Anzug; Uniform; Kostüm
la cérémonie [laseʀemɔni]	Zeremonie
l'ouverture *w* [luvɛʀtyʀ]	*hier*: Eröffnung
la photographie [lafɔtɔgʀafi]	Fotografie
plus de [ply(s)d(ə)]	mehr als

10

faire attention (à)	aufpassen, achten (auf)
l'attention *w* [latɑ̃sjõ]	Achtung, Aufmerksamkeit
les environs *mPl* [lezɑ̃viʀõ]	Umgebung
flâner [flɑne]	bummeln, flanieren
le parc [ləpaʀk]	Park
le/la sportif/-ive [ləspɔʀtif, laspɔʀtiv]	Sportler/in
courir [kuʀiʀ]	laufen, rennen
le port [ləpɔʀ]	Hafen
le vent [ləvɑ̃]	Wind

11a

la possibilité [lapɔsibilite]	Möglichkeit
faire du vélo	Fahrrad fahren
faire de la musique	musizieren, Musik machen
faire de l'escalade	klettern
l'escalade *w* [lɛskalad]	Klettern
faire du théâtre	Theater spielen
faire de la randonnée	wandern
la randonnée [laʀɑ̃dɔne]	Wanderung, Ausflug
faire du ski [fɛʀdyski]	Ski laufen
le ski [ləski]	Ski; Skilaufen
faire de la planche à voile	(wind)surfen
la planche à voile [laplɑ̃ʃavwal]	Surfen; Surfbrett
la planche [laplɑ̃ʃ]	Brett
la voile [lavwal]	Segel
jouer aux échecs [ʒweozeʃɛk]	Schach spielen
les échecs *mPl* [lezeʃɛk]	Schachspiel
jouer au tennis	Tennis spielen
le tennis [lətenis]	Tennis
chanter [ʃɑ̃te]	singen
la chorale [lakɔʀal]	Chor
apprendre [apʀɑ̃dʀ]	lernen

11b

individuel/le [ɛ̃dividɥɛl]	individuell
se faire [səfɛʀ]	gemacht werden
en [ɑ̃]	*hier*: davon

11c

les moments *mPl* **de loisir**	Freizeit
le moment [ləmɔmɑ̃]	Augenblick, Moment

12a

le projet [ləpʀɔʒɛ]	Plan, Projekt
l'année à venir [laneavniʀ]	kommendes Jahr
motivé/e [mɔtive]	motiviert
je vais entrer [ʒəveɑ̃tʀe]	ich werde eintreten
aller + *Inf* [ale]	*Ausdruck der Zukunft*
entrer (à) [ɑ̃tʀe(a)]	eintreten; beginnen (*Ausbildung*)
l'école *w* **hôtelière**	Hotelfachschule
hôtelier/-ière [otəlje, otəljɛʀ]	Hotel-
le stage [ləstaʒ]	Praktikum
continuer qc / à faire qc [kõtinɥe]	etw weitermachen
la rando (*Abk f* randonnée) *ugs* [laʀɑ̃do]	Wanderung, Ausflug
finir [finiʀ]	beenden
les études *wPl* [lezetyd]	Studium
l'examen *m* [lɛgzamɛ̃]	Examen, Prüfung
le sens pratique [ləsɑ̃spʀatik]	praktische Veranlagung, Sinn fürs Praktische
le sens [ləsɑ̃s]	Sinn (für etw)

12b

énumérer [enymeʀe]	aufzählen

13

demain [dəmɛ̃]	morgen
l'année *w* **prochaine**	nächstes Jahr
prochain/e [pʀɔʃɛ̃, pʀɔʃɛn]	nächste/r/s

14

le rallye [ləʀali]	Rallye
réfléchir [ʀefleʃiʀ]	nachdenken

Info

environ [ɑ̃viʀõ]	ungefähr
faire des études (de)	(ein Fach) studieren
la médecine [lamedsin]	Medizin (*Wissenschaft*)
le droit [lədʀwa]	Jura, Rechtswissenschaft
les lettres *wPl* [lelɛtʀ]	Geisteswissenschaften
l'Ecole *w* Polytechnique Fédérale [lekɔlpɔlitɛknikfedeʀal]	Eidgenössische Technische Hochschule
scientifique [sjɑ̃tifik]	naturwissenschaftlich
technique [tɛknik]	technisch
le/la plus ancien/ne	der/die/das älteste

Sur le vif

le web [ləwɛb]	Internet
naturellement [natyʀɛlmɑ̃]	natürlich
les médias *mPl* [lemedja]	Medien

l'hiver *m* [livɛʀ]	Winter
la recherche [laʀəʃɛʀʃ]	Suche
la destination [ladɛstinasjõ]	(Reise)Ziel
l'hébergement *m* [lebɛʀʒmɑ̃]	Unterkunft; Unterbringung
la météo [lameteo]	Wettervorhersage
l'inscription *w* [lɛ̃skʀipsjõ]	Anmeldung
la commande [lakɔmɑ̃d]	Bestellung
le lien [ləljɛ̃]	Verbindung; Link
l'expérience *w* [lɛkspeʀjɑ̃s]	Erfahrung; Erlebnis
le paysage [lɛpeizaʒ]	Landschaft
naturel/le [natyʀɛl]	natürlich, Natur-
le tourisme pédestre [ləturisməpedɛstʀ]	Wanderurlaub
le skate [ləskɛt]	Skaten
le séjour [ləseʒuʀ]	Aufenthalt
l'architecture *w* [laʀʃitɛktyʀ]	Architektur
l'excursion *w* [lɛkskyʀsjõ]	Ausflug
les coutumes *wPl* [lekutym]	Bräuche, Gewohnheiten
le train [lətʀɛ̃]	Zug, Bahn
l'arrivée *w* [laʀive]	Ankunft
le départ [lədepaʀ]	Abfahrt, -reise, -flug usw.
la station [lastasjõ]	*hier*: Urlaubsort
les sports *mPl* d'hiver [lespɔʀdivɛʀ]	Wintersport
le bulletin [ləbyltɛ̃]	Bericht, Nachrichten
la neige [lanɛʒ]	Schnee
officiellement [ɔfisjɛlmɑ̃]	offiziell
le titre de transport [lətitʀədətʀɑ̃spɔʀ]	Fahrausweis
forfaitaire [fɔʀfɛtɛʀ]	pauschal, Pauschal-
avantageux/-euse [avɑ̃taʒø, avɑ̃taʒøz]	vorteilhaft, günstig
combiné/e [kõbine]	kombiniert
le car postal [ləkaʀpɔstal]	Postbus
inclus [ɛ̃kly]	inbegriffen
l'abonnement *m* de ski [labɔnmɑ̃dəski]	Skipass
gratuit/e [gʀatɥi, gʀatɥit]	gratis, kostenlos
dès [dɛ]	ab
CHF (*Abk f* franc suisse)	SFr. (Schweizer Franken)
la page web [lapaʒwɛb]	Website
la rubrique [laʀybʀik]	Rubrik
réserver [ʀezɛʀve]	buchen; reservieren
le vol [ləvɔl]	Flug

12 En voyage

en voyage [ɑ̃vwajaʒ]	auf Reisen, unterwegs

1

l'enquête *w* [lɑ̃kɛt]	Untersuchung, Umfrage
le type [lətip]	Typ
le/la vacancier/-ière [ləvakɑ̃sje, lavakɑ̃sjɛʀ]	Urlauber/in
partir (à, dans) [paʀtiʀ]	gehen, reisen (nach, in)
à l'étranger	im/ins Ausland
l'étranger *m* [letʀɑ̃ʒe]	Ausland
en + *Verkehrsmittel* [ɑ̃]	mit dem/der + *Verkehrsmittel*
le train [lətʀɛ̃]	Zug, Bahn
l'avion *m* [lavjõ]	Flugzeug
à vélo [avelo]	mit dem Fahrrad
loger [loʒe]	wohnen, übernachten
la résidence secondaire [laʀezidɑ̃ssgõdɛʀ]	Wochenendhaus; Zweitwohnung
en location	zur Miete
la location [lalɔkasjõ]	Miete
retrouver [ʀətʀuve]	(wieder) treffen, wiedersehen
faire des rencontres [ʀɑ̃kõtʀ]	Leute kennen lernen
ne rien faire	nichts tun
ne... rien [nə...ʀjɛ̃]	nichts
le questionnaire [ləkɛstjɔnɛʀ]	Fragebogen
la case [lakaz]	Kästchen, Feld

Gr

le moyen de transport [ləmwajɛ̃dətʀɑ̃spɔʀ]	Verkehrsmittel
le moyen [ləmwajɛ̃]	Mittel

2

le Français moyen [ləfʀɑ̃sɛmwajɛ̃]	Durchschnittsfranzose
moyen/ne [mwajɛ̃, mwajɛn]	Durchschnitts-, durchschnittlich
l'habitude *w* [labityd]	(An)Gewohnheit

3a

la géographie [laʒeɔgʀafi]	Geographie
le continent [ləkõtinɑ̃]	Kontinent
francophone [fʀɑ̃kɔfɔn]	französischsprachig
la Grèce [lagʀɛs]	Griechenland
le Chili [ləʃili]	Chile
le Danemark [lədanmaʀk]	Dänemark
la Pologne [lapɔlɔɲ]	Polen
le Sénégal [ləsenegal]	Senegal
les Etats-Unis *mPl* [lezetazyni]	Vereinigte Staaten
l'Algérie *w* [lalʒeʀi]	Algerien
la Turquie [latyʀki]	Türkei
l'Egypte *w* [leʒipt]	Ägypten
la Thaïlande [latailɑ̃d]	Thailand
l'Iran *m* [liʀɑ̃]	Iran
l'Europe *w* [løʀɔp]	Europa
l'Asie *w* [lazi]	Asien
l'Amérique *w* [lameʀik]	Amerika
l'Afrique *w* [lafʀik]	Afrika
l'Australie *w* [lostʀali]	Australien

3b

lointain/e [lwɛ̃tɛ̃, lwɛ̃tɛn]	fern

3c

vouloir [vulwaʀ]	wollen
le tour du monde	Weltreise
le tour [lətuʀ]	Rundfahrt, -reise

3d

à travers [atʀavɛʀ]	durch
intéresser qn [ɛ̃teʀesekɛlkɛ̃]	jdn interessieren
la raison [laʀɛzõ]	Grund
la destination [ladɛstinasjõ]	(Reise)Ziel
Pékin [pekɛ̃]	Peking

nouveau, nouvel, nouvelle; nouveaux, nouvelles [nuvo, nuvɛl]	neu
la langue [lalɑ̃g]	Sprache
le calme [ləkalm]	Ruhe
l'exotisme *m* [lɛgzɔtism]	Exotik
bronzer [bʀɔ̃ze]	braun werden

4a

le métro [lәmetʀo]	Metro, U-Bahn
le bus [ləbys]	Bus
la moto [lamɔto]	Motorrad
le tram [lətʀam]	Straßenbahn
écologique [ekɔlɔʒik]	umweltfreundlich
économique [ekɔnɔmik]	*hier*: sparsam
dangereux/-euse [dɑ̃ʒʀø, dɑ̃ʒʀøz]	gefährlich

5

le tarif [lətaʀif]	Tarif, Preis
le plan d'accès [ləplɑ̃daksɛ]	Zufahrtsplan
l'accès *m* [laksɛ]	Zugang, Zufahrt
le lien [ləljɛ̃]	Verbindung; Link
virtuel/le [viʀtɥɛl]	virtuell
la promotion [lapʀɔmɔsjɔ̃]	Werbung
le web [ləwɛb]	Internet
la vidéo [lavideo]	Video(film)
familial/e [familjal]	familiär, Familien-
absolu/e [apsɔly]	absolut
la vue [lavy]	(Aus)Sicht
exceptionnel/le [ɛksɛpsjɔnɛl]	außergewöhnlich
offrir [ɔfʀiʀ]	(an)bieten
direct/e [diʀɛkt]	direkt; *hier*: ohne Durchwahl
l'air *m* **conditionné** [lɛʀkɔ̃disjɔne]	Klimaanlage
l'air *m* [lɛʀ]	Luft
la télévision par satellite	Satellitenfernsehen
le satellite [ləsatelit]	Satellit
la chaise longue [laʃɛzlɔ̃g]	Liegestuhl
le billard [ləbijaʀ]	Billard
le ping-pong [ləpiŋpɔŋ]	Tischtennis
le parking [ləpaʀkiŋ]	Parkplatz
le centre d'intérêt [ləsɑ̃tʀədɛ̃teʀɛ]	*hier*: Anziehungspunkt
aux alentours	in der Umgebung
les alentours *mPl* [lezalɑ̃tuʀ]	Umgebung
exotique [ɛgzɔtik]	exotisch
le casino [ləkazino]	(Spiel)Kasino
la discothèque [ladiskotɛk]	Diskothek
le parapente [ləpaʀapɑ̃t]	Gleitschirm(fliegen)
le sport nautique [ləspɔʀnotik]	Wassersport
l'aéroport *m* [laeʀopɔʀ]	Flughafen

5a

l'étoile *w* [letwal]	Stern

5b

l'icône *w* [likon]	Symbol, Icon
ce que [skə]	das, was
l'ascenseur *m* [lasɑ̃sœʀ]	Fahrstuhl
le/la handicapé/e [ləɑ̃dikape, laɑ̃dikape]	Behinderte/r
privé/e [pʀive]	privat
le garage (*Artikel!*) [ləgaʀaʒ]	Garage
admis/e [admi, admiz]	zugelassen
la piscine [lapisin]	Swimmingpool; Schwimmbad

5c

personnellement [pɛʀsɔnɛlmɑ̃]	persönlich
le plus [ləplys]	am meisten

5d

analyser [analize]	analysieren
la situation [lasitɥasjɔ̃]	Situation, Lage
géographique [ʒeɔgʀafik]	geographisch

6a

la période [lapeʀjɔd]	Zeitraum
l'adulte *m/w* [ladylt]	Erwachsene/r
à deux lits [adøli]	mit zwei Betten
les W.-C. *mPl* [levese]	WC, Toilette
sur la rue [syʀlaʀy]	zur Straße hin
je pourrais (*Inf*: pouvoir) [ʒəpuʀɛ]	ich könnte

6b

le/la réceptionniste [lə/laʀesɛpsjɔnist]	Empfangschef/-dame

Gr

le premier août [ləpʀəmjeut]	der/am erste/n August
le deux, trois etc. août [lədøut, lətʀwaut]	der/am zweiten, dritten usw August
janvier *m* [ʒɑ̃vje]	Januar
février *m* [fevʀije]	Februar
mars *m* [maʀs]	März
avril *m* [avʀil]	April
mai *m* [mɛ]	Mai
juin *m* [ʒɥɛ̃]	Juni
juillet *m* [ʒɥijɛ]	Juli
août *m* [ut]	August
septembre *m* [sɛptɑ̃bʀ]	September
octobre *m* [ɔktɔbʀ]	Oktober
novembre *m* [nɔvɑ̃bʀ]	November
décembre *m* [desɑ̃bʀ]	Dezember

7

le point commun [ləpwɛ̃kɔmɛ̃]	Gemeinsamkeit

8a

le maître d'hôtel [ləmɛtʀədotɛl]	Oberkellner
le/la saisonnier/-ière [ləsɛzɔnje, lasɛzɔnjɛʀ]	Saisonarbeiter/in
sur la côte	an der Küste
la côte [lakot]	Küste
les Alpes *wPl* [lezalp]	Alpen
normalement [nɔʀmalmɑ̃]	normalerweise
en + *Monat* [ɑ̃]	im + *Monat*
la basse saison [labɑssɛzɔ̃]	Nebensaison
la saison [lasɛzɔ̃]	Saison
plutôt [plyto]	eher, vielmehr

la Réunion [laReynjõ]	*Insel im Indischen Ozean, frz. Überseedepartement*
l'océan Indien *m* [loseɑ̃ɛ̃djɛ̃]	Indischer Ozean
l'océan *m* [loseɑ̃]	Ozean
l'île *w* [lil]	Insel
merveilleux/-euse [mɛRvɛjø, mɛRvɛjøz]	wunderschön
le volcan [ləvɔlkɑ̃]	Vulkan
la lagune [lalagyn]	Lagune
le paysage [ləpeizaʒ]	Landschaft
magnifique [maɲifik]	großartig
l'Amérique *w* **du Sud** [lameRikdysyd]	Südamerika
faire du trekking [tRɛkiŋ]	Trekkingtouren machen
le Pérou [ləpeRu]	Peru
on va voir [õvavwaR]	mal sehen, wir werden sehen
il fait froid [ilfɛfRwa]	es ist kalt
il pleut (*Inf*: pleuvoir) [ilplø]	es regnet
la neige [lanɛʒ]	Schnee

Gr

à la mer [alamɛR]	am Meer
en montagne [ɑ̃mõtaɲ]	in den Bergen
le temps [lətɑ̃]	Wetter
neiger [neʒe]	schneien
il y a du soleil [iljadysɔlɛj]	die Sonne scheint, es ist sonnig

9a

Quel temps fait-il ? [kɛltɑ̃fɛtil]	Wie ist das Wetter?

9b

à votre goût	nach Ihrem Geschmack
le goût [ləgu]	Geschmack

10a

montrer [mõtRe]	zeigen
que [kə]	dass
être fixé/e	feststehen
fixé/e [fikse]	festgelegt

10b

éviter de + *Inf* [evited]	es vermeiden zu

11

l'étape *w* [letap]	Etappe
prendre une décision	eine Entscheidung treffen
la décision [ladesizjõ]	Entscheidung, Entschluss
nécessaire [nesesɛR]	notwendig
le logement [ləlɔʒmɑ̃]	Wohnen; Unterkunft
l'excursion *w* [lɛkskyRsjõ]	Ausflug
répartir [RepaRtiR]	verteilen, aufteilen
rechercher qc [RəʃɛRʃe]	nach etw suchen, forschen
l'agence *w* **de voyages** [laʒɑ̃s]	Reisebüro
mettre en commun [mɛtRɑ̃kɔmɛ̃]	zusammentragen, -legen
le programme [ləpRɔgRam]	Programm

Sur le vif

localiser [lɔkalize]	lokalisieren, einem Ort zuordnen
faire des hypothèses *wPl* [fɛRdezipɔtɛz]	Vermutungen anstellen
le Midi [ləmidi]	Südfrankreich
la lavande [lalavɑ̃d]	Lavendel
le printemps [ləpRɛ̃tɑ̃]	Frühling
charmer [ʃaRme]	bezaubern, betören
intense [ɛ̃tɑ̃s]	intensiv
le champ [ləʃɑ̃]	Feld
le drapeau (*Pl*: drapeaux) [lədRapo]	Fahne, Flagge
tricolore [tRikɔlɔR]	dreifarbig; *hier*: in Frankreichs Nationalfarben
saluer [salɥe]	grüßen
aussi [osi]	*hier*: so
l'harmonie *w* [laRmɔni]	Harmonie
garantir [gaRɑ̃tiR]	garantieren
l'héritage *m* [leRitaʒ]	Erbschaft, Erbe
le palais [ləpalɛ]	Palast
irréel/le [iReɛl]	unwirklich
l'un/e des plus connus/-es	eine/r/s der bekanntesten
un must [ɛ̃mœst]	ein Muss
tous ceux qui [tusøki]	all diejenigen, die
l'histoire *w* [listwaR]	Geschichte
sembler [sɑ̃ble]	(er)scheinen
caractéristique [kaRaktеRistik]	charakteristisch
motiver à qc [mɔtive]	zu etw motivieren, anregen
là-bas [laba]	*hier*: dorthin

Intermède 3

1

appeler [aple]	anrufen
joindre [ʒwɛ̃dR]	treffen; antreffen
malheureusement [malœRøzmɑ̃]	leider, unglücklicherweise
C'est de la part de qui ? [sɛdlapaRdəki]	Wer spricht, bitte? (*am Telefon*)
urgent/e [yRʒɑ̃, yRʒɑ̃t]	dringend
absent/e [apsɑ̃, apsɑ̃t]	abwesend
à l'extérieur [alɛkstеRjœR]	außerhalb
prendre (un message) [pRɑ̃dR(ɛ̃mesaʒ)]	(eine Nachricht) entgegennehmen

2

l'invitation *w* [lɛ̃vitasjõ]	Einladung
l'invité/e [lɛ̃vite]	Gast
sonner [sɔne]	klingeln

3

la tour Eiffel [latuRɛfɛl]	Eiffelturm

Stratégies 3

riche [Riʃ]	reich
Bon courage ! [bõkuRaz]	Viel Glück!

Alphabetisches Vokabular

- Dieses Vokabular soll kein französisch-deutsches Lexikon ersetzen, sondern das Lehrbuch als Hilfsmittel begleiten. Daher sind die Wörter nur mit ihrer deutschen Bedeutung im jeweiligen Zusammenhang angegeben. Die **fett gedruckten** Wörter stellen den obligatorischen Lernwortschatz dar.
- Grammatische Fachausdrücke (z. B. *passé composé*) und Zahlen werden nicht aufgeführt.
- Verben, die mit * gekennzeichnet sind, bilden das *passé composé* mit *être*.
- **Ziffern und Buchstaben** (z. B. 8|3a) verweisen auf die Stelle, an der das Wort innerhalb einer *Unité* vorkommt. Dabei verweist *Gr* auf einen Grammatikkasten, *Info* auf einen landeskundlichen Infokasten, *Vif* auf ein *Sur le vif*, *Int* auf ein *Intermède* und *Str* auf eine Seite der *Stratégies*.
- Folgende **Abkürzungen** werden verwendet:

Abk	Abkürzung	*jdn*	jemanden	*qc*	quelque chose (etwas)
Adj	Adjektiv	*jdm*	jemandem	*qn*	quelqu'un (jemand)
Adv	Adverb	*m*	männlich	*Sg*	Singular
etw	etwas	*Pers*	Person	*ugs*	umgangssprachlich
Inf	Infinitiv	*Pl*	Plural	*w*	weiblich

A

à – bis 1|13; in 2|6; bei 4|4a; um 3|11a; nach, zu 9|10a; mit 12|6a
à bientôt, demain – bis bald, morgen 1|13
à l'envers – verkehrt herum 11|8a
à l'extérieur – außerhalb Int 3|1
à la maison – zu Hause 4|2
à vous – Sie sind an der Reihe 7|6
A vous aussi ! – Gleichfalls! 2|7a
à... kilomètres d'ici – ... Kilometer von hier entfernt 4|4a
abonnement *m* de ski – Skipass 11|Vif
abri *m* voiture – Carport 10|12a
absent/e *Adj* – abwesend Int 3|1
absolu/e *Adj* – absolut 12|5
absolument – unbedingt; absolut 8|3a
accès *m* – Zugang, Zufahrt 12|5
accessible *Adj* – zugänglich 9|Vif
accident *m* – Unfall 9|5a
accompagner (de) – als Beilage servieren 8|Vif
accordéon *m* – Akkordeon 10|11b
accordéoniste *m/w* – Akkordeonspieler/in 5|7a
accueil *m* – Empfang 4|Vif; 10|12a
accueillant/e *Adj* – einladend 1|Vif
accueillir – aufnehmen, beherbergen 11|7a
s'accuser * – sich bezichtigen 5|Vif
acheter – kaufen 5|13, 7|11a
acrylique *Adj* – aus Acryl 10|11b
activité *w* – Aufgabe 7|13; Betätigung 9|10c
actuel/le *Adj* – aktuell 11|7c
actuellement – zurzeit Int 1|1
addition *w* – Rechnung 6|14a
administratif/-ive *Adj* – Verwaltungs- 11|1b
admis/e *Adj* – zugelassen 12|5b
adorer – über alles lieben 3|6a
adorer + *Inf* – etw sehr gern tun 3|6a
adresse *w* – Adresse 1|5
adresse *w* e-mail – E-Mail-Adresse 4|9a
adulte *m/w* – Erwachsene/r 12|6a
aéroport *m* – Flughafen 12|5
affaire *w* – Geschäft; Schnäppchen 7|11a
parler affaires – geschäftliche Dinge besprechen 8|3a
afficher – aushängen Int 2|2
africain/e *m/w; Adj* – Afrikaner/in; afrikanisch 2|9b
Afrique *w* – Afrika 12|3a
âge *m* – Alter 10|1a
âgé/e *Adj* – alt, älter (*Personen*) 9|2a
agence *w* de voyages – Reisebüro 12|11
s'agir de * – handeln von, gehen um 6|Vif
agneau (*Pl*: -x) *m* – Lamm 8|Vif
agréable *Adj* – angenehm 8|3a
ah bon ? *ugs* – tatsächlich?, ach ja? 2|7a
aide *w* – Hilfe 8|7
Aïe ! – Au! 3|8a
aimer – lieben, mögen 3|1
j'aime bien – das mag ich gern 6|2a
aimer + *Inf* – etw gern tun 3|6a
air *m* conditionné – Klimaanlage 12|5
ajouter – hinzufügen, -geben 8|13a
alcool *m* – Alkohol, alkoholisches Getränk 6|1
alcoolisé/e *Adj* – alkoholhaltig 6|10a
alentours *mPl* – Umgebung 12|5
aux alentours – in der Umgebung 12|5
Algérie *w* – Algerien 12|3a
algue *w* – Alge 9|12a
alignement *m* – Reihe, Linie 9|Vif
aliment *m* – Lebensmittel 9|4
Allemagne *w* – Deutschland 2|3a
allemand/e *m/w; Adj* – Deutsche/r; deutsch 2|1a, 2|3a
aller * – gehen, fahren 5|2, 7|1
aller + *Inf* – *Ausdruck der Zukunft* 11|12a
aller avec qc * – zu etw passen 9|4
aller manger * – essen gehen 5|11a
Allô ? – Hallo? 5|5a
alors – also 1|12a; dann 3|6a
Alpes *wPl* – Alpen 12|8a
alsacien/ne *m/w; Adj* – Elsässer/in; elsässisch 2|7a
amande *w* – Mandel 8|1a
amateur *m* – Liebhaber (einer Sache), Hobby- 7|Vif
ambiance *w* – Stimmung 7|Vif
Américain/e – Amerikaner/in 6|8
Amérique *w* – Amerika 12|3a
Amérique *w* du Sud – Südamerika 12|8a
ami/e *m/w* – Freund/in 4|10b
ami/e *m/w* d'enfance – Kindheitsfreund/in 7|1
amoureux/-euse (de) *Adj* – verliebt (in), Liebhaber/in einer Sache 9|5a
tomber amoureux/-euse – sich verlieben 5|Vif
an *m* – Jahr 6|2a
à... ans – mit ... Jahren 10|6 Info
avoir... ans – ... Jahre alt sein 7|1
analyser – analysieren 12|5d
ancien/ne *Adj* – alt, antik 7|11a; ehemalig 1|Vif
anglais/e *m/w; Adj* – Engländer/in; englisch 2|6
année *w* – Jahr 6|1
l'année *w* prochaine – nächstes Jahr 11|13
anniversaire *m* – Geburtstag 9|5a
annonce *w* – Ankündigung, Annonce 5|1
petites annonces *wPl* – Kleinanzeigen 4|Vif
août *m* – August 12|6 Gr
apéritif (*Abk*: **apéro**) *m* – Aperitif 5|7a
appareil *m* – Apparat 7|11a
appareil *m* photo – Fotoapparat 7|11a
appartement *m* – Wohnung 7|1
appel *m* – Anruf Int 1|1
appeler – anrufen Int 3|1
appelé/e – genannt 7|Vif
s'appeler * – heißen 1|1, 6|2a
apporter – (mit)bringen 8|15
apprécié/e *Adj* – geschätzt, gewürdigt 11|7a
apprendre (à + *Inf*) – lernen (zu + *Inf*) 7|13, 11|11a
après – danach 5|5a; nach 9|5a
après-midi *m/w* – Nachmittag; nachmittags 3|11a
arabe *m/w; Adj* – Araber/in; arabisch 5|9a
architecte *m/w* – Architekt/in 4|9a
architecture *w* – Architektur 11|Vif
argent *m* – Geld 3|1
Argentine *w* – Argentinien 2|6
argument *m* – Argument 7|5b

Alphabetisches Vokabular

arme *w* – Waffe 3|Vif
arrêt *m* **de bus** – Bushaltestelle 10|5a
arrêter qc – mit etw aufhören 9|5a
arrivée *w* – Ankunft 11|Vif; Ziel Int 1|3
arriver * – (an)kommen 6|12b
art *m* – Kunst 4|7
article *m* – Artikel 7|1a
artiste *m/w* – Künstler/in 6|1
artistique *Adj* – künstlerisch 5|7a
ascenseur *m* – Fahrstuhl 12|5b
Asie *w* – Asien 12|3a
aspect *m* – Aspekt, Gesichtspunkt 11|7b
assez – ziemlich 4|6b; genug 5|11a
assistant/e *m/w* – Assitent/in Int 2|1
assistante *w* **médicale** – Arzthelferin 4|1a
attendre – warten 7|12a
attentif/-ive *Adj* – aufmerksam 10|Vif
attention *w* – Achtung, Aufmerksamkeit 11|10
faire attention (à) – aufpassen, achten (auf) 11|10
attirer – anlocken, anziehen 1|Vif
au, aux – *à + le* 5|2, *à + les* 5|9a
au + *männl. Land* – in, nach 2|9a
au revoir – auf Wiedersehen 1|13
aubergine *Adj* – auberginefarben 7|16
aujourd'hui – heute 9|5a
aussi – auch 2|4a; so 12|Vif
aussi... que – (genau)so ... wie 9|10a
Australie *w* – Australien 12|3a
autour de... – um ... herum 7|Vif
autre – andere/r/s 7|1a
d'autres *m/w* – andere 10|11b
l'autre *m/w* – der/die/das andere 9|13
les autres *m/wPl* – die anderen 7|5a
Autriche *w* – Österreich 2|3a
autrichien/ne *m/w; Adj* – Österreicher/in; österreichisch 2|3a
avant – vor 8|3a
avantage *m* – Vorteil 9|12c
avantageux/-euse *Adj* – vorteilhaft, günstig 11|Vif
avec – mit 2|7a
aventure *w* – Abenteuer 3|1
avenue *w* – Prachtstraße 11|1
avion *m* – Flugzeug 12|1
avis *m* – Meinung 8|12a
à votre avis – Ihrer Meinung nach 8|12a
avoir – haben 4|9a
avril *m* – April 12|6 Gr

B

baccalauréat (*Abk*: bac) *m* – Abitur 10|6 Info
baguette *w* – Baguette 1|5
balcon *m* – Balkon 10|8a
ballet *m* – Ballett 11|7a
banal/e *Adj* – banal 9|12c
bande *w* – Gruppe, Clique 9|10a
banque *w* – Bank 9|1
bar *m* – Bar, Café, Kneipe 1|5
bar-tabac *m* – *Kneipe mit Tabakladen* 6|8
basque *m* – Baskisch (*Sprache*) 2|9a
bateau (*Pl*: -x) *m* – Boot, Schiff 9|1
bâtiment *m ugs* – Gebäude 11|1a
bâtir – erbauen, errichten 11|7a
beau/bel/belle *Adj* – schön 9|10a
beaucoup; ~ de – sehr 3|6a; viel(e) 2|9b
beaux-arts *mPl* – bildende Kunst 11|1
bébé *m ugs* – Baby 10|12a
béguin *m ugs* – Liebschaft 6|Vif
belge *m/w; Adj* – Belgier/in; belgisch 2|3a
Belgique *w* – Belgien 2|3a
belote *w* – *Kartenspiel* 6|Vif
beurre *m* – Butter 8|9
bibliothèque *w* – Bücherei 9|1
bien – gut 1|3b
bien sûr – selbstverständlich 6|8, 9|2a
bientôt – bald 1|13
bienvenu/e *Adj* – willkommen 1|1
bière *w* – Bier 6|2a
bière *w* **blonde** – helles Bier 6|8b
bière *w* **pression** – Fassbier 6|10a
bifteck *m* – Beefsteak 6|Vif
billard *m* – Billard 12|5
billet *m* – Fahrkarte, Flugticket 9|4 Info
bip *m* sonore – Pfeifton Int 1|1
biscuit *m* – Keks 9|12a
bistrot *m* – Kneipe, Bistro 6|8
blanc/blanche *Adj* – weiß 6|10a
faire blanchir – blanchieren 8|Vif
bleu/e *Adj* – blau 7|8
blond/e *Adj* – blond; hell (*z.B. Bier*) 6|8b
bof... *ugs* – naja... 9|10a
boire – trinken 6|6a
bois *m* – Wald; Holz 8|1a
boisson *w* – Getränk 6|2a
boîte *w* – Dose; Kasten, Kiste 8|8a
boîte *w* **de conserves** – Konservendose 8|8a
boîte *w* **de nuit** *ugs* – Disko 9|1
bol *m* – Trinkschale 9|12a
bon/ne *Adj* – gut 2|7a; richtig 6|12a
bon... – also, ..., naja, ... 3|8a
Bon anniversaire ! – Herzlichen Glückwunsch zum Geburtstag! 9|5a
Bonne journée ! – Schönen Tag (noch)! 2|7a
bonjour – guten Tag 1|1
bonsoir – guten Abend 1|3b; auf Wiedersehen 1|13
bord *m* – Rand, Ufer 9|1
au bord de (la mer) – am Ufer von 1|Vif; am Meer 9|1
bordeaux *m* – Bordeaux(wein) 8|3a
boucherie *w* – Metzgerei, Fleischerei 9|1
boulanger/-ère *m/w* – Bäcker/in 4|1a
boulangerie *w* – Bäckerei 4|2
boulot *m ugs*; **petit ~** – Arbeit; Job 10|1b
bouquet *m* garni – Gewürzsträußchen 8|Vif
bout *m* – Ende 11|1; Stückchen 10|Vif
au bout de – am Ende von 11|1
bouteille *w* – Flasche 6|1
boutique *w* – Geschäft, Laden 9|4
boxe *w* – Boxsport 6|Vif
braderie *w* – Trödelmarkt 7|17 Info
branché/e *Adj ugs* – angesagt, 'in' 7|Vif
brasserie *w* – Brauerei; Restaurant 5|7a
bravo – bravo 2|7a
bref, ... – kurzum, ... 3|11a
breton *m* – Bretonisch (*Sprache*) 2|9a
Breton/ne *m/w* – Bretone/-in 9|5a
brocante *w* – Trödelmarkt; -laden 7|17 Info, Int 2|2
brocanteur *m* – Trödler 7|Vif
brochure *w* – Broschüre 4|4a
bronzer – braun werden 12|3d
bruxellois/e *Adj* – aus Brüssel 7|Vif
bu/e – getrunken 9|10a
bulletin *m* – Bericht, Nachrichten 11|Vif
bureau (*Pl*: -x) *m* – Büro 4|2; Schreibtisch 4|11a; Arbeitszimmer 10|7b
bus *m* – Bus 12|4a

C

c'est – das ist 1|1; ... am Apparat 5|5a
moi, c'est... *ugs* – ich bin ... 1|1
c'est ça – das stimmt 1|1
C'est de la part de qui ? – Wer spricht, bitte? Int 3|1
c'est pour... – es geht um ... 7|12a
c'est pourquoi – deshalb 9|Vif
c'est-à-dire – das heißt 7|Vif
ça *ugs* – das 1|1
Ça fait combien ? – Wie viel macht das? 6|14a
Ça va ?; Ça va. – Wie geht's? 1|3b; Es geht (gut). 1|3b
cabaret *m* – Nachtlokal, -bar 10|11b
cabine *w* **téléphonique** – Telefonzelle 1|7
cadeau *m* (*Pl*: -x) – Geschenk 7|1
cadre *m* (de vie) – Rahmen; Umfeld 10|Vif
café *m* – Kaffee; Café 1|5
café *m* **crème** – Milchkaffee 6|8b
calendrier *m* – Kalender 9|8a
calme *Adj* – ruhig 7|Vif
calme *m* – Ruhe 12|3d
camembert *m* – Camembert 1|5
campagne *w* – Land (*im Gegensatz zu Stadt*) 3|1
camping *m* – Campingplatz; Zelten 3|1
faire du camping – zelten 9|10a
Canada *m* – Kanada 2|9a
canadien/ne *m/w; Adj* – Kanadier/in; kanadisch 2|Vif
canapé *m* – Sofa, Couch 10|9b
canard *m* **(à l'orange)** – Ente (mit Orangensauce) 8|1a
cantine *w* – Kantine 10|6 Info
capitale *w* – Hauptstadt 11|1
car *m* postal (*Schweiz*) – Postbus 11|Vif
caractériser – charakterisieren 10|Vif
caractéristique *Adj* – charakteristisch 12|Vif
carafe *w* – Karaffe 6|2a
caramel *m* – Karamellbonbon 9|12a
carotte *w* – Karotte, Möhre 8|Vif
carte *w* – Karte, Kreditkarte 9|8a

carte *w* officielle – *hier*: Lizenz 7|Vif
carte *w* **postale** – Postkarte 7|11a
carte *w* **routière** – Straßenkarte 9|8a
carte *w* **des consommations** – Getränkekarte 6|10a
carton *m* – Karte; Karton, Pappe 7|15a
en tout cas – auf jeden Fall 9|Vif
case *w* – Kästchen, Feld 12|1
casino *m* – (Spiel)Kasino 12|5
cassoulet *m* – *südwestfrz. Spezialität* 8|1
catégorie *w* – Kategorie 8|1b
cathédrale *w* – Kathedrale, Dom 5|9a
CD (*Pl*: **CD**) *m* – CD 7|7a
ce – es, das 8|6
ce/cet/cette; ces – diese/r/s; diese *Pl* 8|5b
ce que – (das,) was 12|5b
ce matin/soir *m* – heute Morgen/Abend 5|5a
cédérom *m* – CD-Rom 1|5
célèbre *Adj* – berühmt 6|1
central *Adj* – zentral 10|12a
centrale *w* – Zentrale 10|12a
centre *m* – Mitte 5|9a; Einrichtung, Zentrum 9|2a
centre *m* commercial – Einkaufszentrum 4|Vif
centre *m* **d'intérêt** – Anziehungspunkt 12|5
centre-ville *m* – Stadtzentrum 9|2a
cérémonie *w* – Zeremonie 11|9a
certificat *m* – Zertifikat, Bescheinigung 10|11b
chacun/e – jede/r (Einzelne) 11|9a
chaise *w* – Stuhl 4|11a
chaise *w* **longue** – Liegestuhl 12|5
chambre *w* – Schlafzimmer 10|7b
chambre *w* à coucher – Schlafzimmer 10|Vif
chambre *w* **d'amis** – Gästezimmer 10|7b
champ *m* – Feld 12|Vif
champagne *m* – Champagner 6|1
chanson *w* – Lied 1|6 Gr
chanter – singen 11|11a
chaque – jede/r/s 6|1, 11|7a
à chaque fois – jedes Mal 9|10c
charcuterie *w* – Metzgerei 9|1
chargé/e de – beauftragt mit Int 2|1
charlotte *w* – *Süßspeise* 8|1a
charmant/e *Adj* – reizend, charmant 1|Vif
charme *m* – Reiz, Charme 3|11a
charmer – bezaubern 12|Vif
chat *m* – Katze 3|1
château *m* (*Pl*: -x) – Schloss 11|1
chatter – chatten 9|Vif
chaud/e *Adj* – heiß, warm 6|1
chauffage *m* **(central)** – (Zentral)Heizung 10|12a
chaussure *w* – Schuh 9|2a
chemin *m* – Weg 11|3b
cheminée *w* – Kamin 10|9b
cher/chère *Adj* – teuer 7|12a
chercher – suchen 5|11b
chéri/e *m/w* – Schatz, Liebling 7|5a
chez – bei 4|2; zu 7|1
CHF (*Abk f* franc suisse) – SFr. (*Schweizer Franken*) 11|Vif

chic *Adj* – schick 7|Vif
chien *m* – Hund 3|8a
Chili *m* – Chile 12|3a
chinois/e *m/w; Adj* – Chinese/-in; chinesisch 8|13a
chocolat *m* – Schokolade 3|1; Kakao 6|1
choisir – (aus)wählen 7|7a
choix *m* – Wahl 7|1c
faire un choix – eine Wahl treffen 10|2b
chômage *m* – Arbeitslosigkeit 10|1b
chorale *w* – Chor 11|11a
chose *w* – Ding, Sache 7|1
chronologie *w* – Chronologie 5|12a
ci-dessous – unten stehend 8|14
ci-dessus – oben stehend 8|11b
cigarette *w* – Zigarette 1|5
cinéma *m* – Kino 1|5
circuit *m* – Rundgang, -fahrt 11|5
cirque *m* – Zirkus 5|6
cité *w* universitaire – Universitätsstadt 1|Vif
citer – zitieren 8|1a, 9|2a
citron *m* – Zitrone 3|8a
citron *m* **pressé** – frisch gepresster Zitronensaft 6|10a
civilisation *w* – Zivilisation 9|Vif
clair/e *Adj* – hell, klar 10|9a
classe *w* – Klasse(nraum) 4|11b
classer – ein-, zuordnen 5|9c
classique *Adj* – klassisch 3|3
classique *m* – Klassik 5|Vif
client/e *m/w* – Kunde/-in 6|2a
climat *m* – Klima 10|11b
cocher – ankreuzen 6|1
cocktail *m* – Cocktail 6|10a
cocon *m* – Kokon 10|4a
cocotte *w* – Schmortopf 8|Vif
cœur *m* – Herz 5|7a
le cœur léger – leichten Herzens 10|1b
coiffeur/-euse *m/w* – Friseur/in 4|1b
coin *m* – Ecke 11|1 Gr
au coin de – an der Ecke von 11|1 Gr
colère *w* – Wut Str 2|2
en colère – wütend Str 2|2
collège *m* – *frz. Mittelstufenschule* 10|5a
collègue *m/w* – Kollege/-in 3|13a
colline *w* – Hügel 11|7a
combien de/d'... ? – wie viel/e ...? 6|2a
combiné/e *Adj* – kombiniert 11|Vif
comédie *w*; ~ musicale – Komödie; Musical 5|Vif
comité *m* – Komitee 11|7a
commandant *m* – Kommandant 10|Vif
commande *w* – Bestellung 11|Vif
commander – bestellen 6|8b
comme – wie 3|6a; als 8|3a
comme ça – so 4|4a
commencer – anfangen 6|2a
comment ? – wie? 1|3b
commentaire *m* – Kommentar 10|11b
commerçant/e *m/w* – Händler/in 9|2a
commerce *m* – Geschäft, Laden; Handel 9|1

commissaire *m* – Kommissar 5|Vif
communicatif/-ive *Adj* – kommunikativ 10|Vif
commode *w* – Kommode 10|9b
commun/e *Adj* – gemeinsam 7|14a
mettre en commun – zusammentragen, -legen 12|11
commune *w* – Kommune, Gemeinde 9|Vif
comparaison *w* – Vergleich 9|10b
faire une comparaison – einen Vergleich anstellen 9|10b
comparer – vergleichen 7|7a
complémentaire *Adj* – zusätzlich 10|Vif
compléter – vervollständigen, ergänzen 5|5a
comprendre – verstehen 1|11, 6|15
compter – zählen 7|3b
comptoir *m* – Tresen 6|8b
se concentrer (sur qc)* – sich (auf etw) konzentrieren 9|10c
concernant – betreffend 7|17 Info
concert *m* – Konzert 5|1
confiture *w* – Marmelade 9|4
confort *m* – Komfort 10|11a
confortable *Adj* – bequem 10|9a
congélateur *m* – Gefrierschrank, -truhe 8|8a
congrès *m* – Kongress 4|9a
connaître – kennen 8|1a
connu/e *Adj* **(pour)** – bekannt (für) 9|2a
conseil *m* – Rat(schlag) 8|8b
conseiller – raten; beraten 8|3a
conserves *wPl* – Konserven 8|8a
consigne *w* – *hier:* Arbeitsanweisung 8|14
consommation *w* – Getränk (*Gastronomie*) 6|10a
constituer – bilden, darstellen 9|Vif
contact *m* – Kontakt 4|4a
contacter – Kontakt aufnehmen mit 3|6a
conte *m* – Erzählung 10|Vif
contenir – enthalten 8|11a
content/e *Adj* **(de qc/qn)** – zufrieden (mit etw/jdm) 9|15
continent *m* – Kontinent 12|3a
continuer – weitermachen/-gehen/-fahren 11|3a
continuer qc / à faire qc – etw weitermachen, fortsetzen 11|12a
contre – gegen 7|5b
être contre – dagegen sein 10|Vif
contrôler – kontrollieren 10|11b
conversation *w* **(téléphonique)** – (Telefon)Gespräch 7|12a
copain/copine *m/w ugs* – Freund/in 7|5a
correspondant/e *Adj* – entsprechende/r/s 8|1b
faire correspondre – einander zuordnen 9|3b
costume *m* – Anzug; Uniform; Kostüm 11|9a
côte *w* – Küste 12|8a
à côté de – neben 10|10a
couleur *w* – Farbe 7|9
coup *m* **de cœur** – Liebe auf den ersten Blick 5|7a
couper – schneiden 8|Vif
couple *m* – Paar 10|4a

Alphabetisches Vokabular

cour *w* – Hof 10|12a
courage *m* – Mut 9|5a
Bon courage ! – Viel Glück! Str 3|3
courir – laufen, rennen 11|10
cours *m* – Unterrichtsstunde, Kurs 10|5a
course *w* – Wettrennen, -fahrt 11|9a
courses *wPl* – Einkäufe 3|5a
couscous *m* – Kuskus 8|13a
cousin/e *m/w* – Cousin/e 7|1
coûter – kosten 9|8a
coutumes *wPl* – Bräuche, Gewohnheiten 11|Vif
couvrir (de) – *hier*: aufgießen (mit) 8|Vif
crayon *m* de couleur – Buntstift 8|Vif
crème *w* – Sahne 6|8b
petit crème *m* – kleiner Milchkaffee 6|10a
crêpe *w* – Crêpe 8|13d
crise *w* – Krise 10|11b
croire – glauben 9|8a
croissant *m* – Croissant 1|5
cuillère *w* – Löffel 8|13a
cuillère *w* **à soupe** – Ess-, Suppenlöffel 8|13a
cuillerée *w* – (Ess)Löffel voll *(Maßeinheit)* 8|Vif
laisser cuire – kochen lassen 8|Vif
cuisine *w* – Kochen; Küche 3|5a
cuisinier/-ière *m/w* – Koch, Köchin 8|1
cuit/e *Adj* – gekocht 8|6
culture *w* – Kultur 10|11b
culturel/le *Adj* – kulturell 6|1
CV (= curriculum vitae) *m* – Lebenslauf 4|Vif
cyber *m* – Welt des Internet 6|Vif
cybercafé *m* – Internetcafé 11|4
cyprès *m* – Zypresse 10|11b

D

d'abord – zuerst, zunächst 5|7b
d'accord – einverstanden 5|2
dame *w* – Dame 1|10a
Danemark *m* – Dänemark 12|3a
dangereux/-euse *Adj* – gefährlich 12|4a
dans – in 2|9a, 3|11a
dans la rue – in/auf/an der Straße 6|8b, 11|1 Gr
danse *w* – Tanz 5|Vif
danser – tanzen 3|6a
Danube *m* – Donau 8|3a
d'après – nach, laut 6|8
date *w* – Datum 11|9a
dater de + *Zeitangabe* – datieren aus/von 11|1b
de, d' – aus, von, über 2|10a, 6|7; zu + *Inf* 5|2
de suite – gleich, sofort 4|Vif
de... à... – von ... bis ... 5|7a
débat *m* – Debatte, Diskussion 7|Vif
débattre – aushandeln 7|11a
à débattre – ... ist Verhandlungssache 7|11a
début *m* – Anfang 10|5a
décaféiné (*ugs*: **déca**) *m* – koffeinfreier Kaffee 6|12b
décembre *m* – Dezember 12|6 Gr
décidé/e *Adj* – entschlossen 10|Vif
décider (de faire qc) – beschließen (etw zu tun) 10|1b
décision *w* – Entscheidung 12|11
prendre une décision – eine Entscheidung treffen 12|11
décor *m* – Dekor, Ausstattung 5|7a
découvrir – entdecken 11|9a
décrire – beschreiben 8|7
déjà – schon 6|2a
déjeuner *m* – Mittagessen 8|2 Info
déjeuner – zu Mittag essen 10|6 Info
demain – morgen 11|13
demander (qc) – (etw/nach etw) fragen, (um etw) bitten 6|10a, 7|12a
déménager – umziehen 10|Vif
demi/e – halb 9|7a
demi-litre *m* – halber Liter 8|13d
départ *m* – Abfahrt/-reise/-flug 5|Vif, 11|Vif
dépendre de – abhängen von, ankommen auf 6|2a
ça dépend – das kommt darauf an 6|2a
depuis – seit 6|1
dernier/-ière *Adj* – letzte/r/s 9|14
derrière – hinter 10|10a
des – *unbest Art Pl* 1|6b; *de + les* 8|1a
dès – ab 11|Vif
dès que possible – so bald wie möglich Int 1|1
description *w* – Beschreibung 10|10c
désirer – wünschen 6|14a
désolé/e *Adj* **(je suis...)** – es tut mir leid 6|12b
dessert *m* – Nachspeise 8|1b
dessin *m* – Zeichnung 6|15
dessiner – zeichnen 10|13
dessus *m* **(de table)** – Tischplatte 7|11a
destination *w* – (Reise)Ziel 12|3d
détester – verabscheuen 3|6a
à deux – zu zweit 5|6
tous les deux – (alle) beide 3|8a
deuxième – zweite/r/s 8|3b
devant – vor (*örtlich*) 6|11b
deviner – (er)raten 7|10
dialogue *m* – Dialog 5|5a
dicter qc à qn – jdm etw diktieren 11|8b
dictionnaire *m* – Wörterbuch 3|4
différence *w* – Unterschied 7|8
différent/e *Adj* – verschieden 2|9b
dimanche *m* – Sonntag 4|14a
diminuer – abnehmen, sich verringern 6|Vif
dîner *m* – Abendessen 6|11b
dire (qc à qn) – (jdm etw) sagen 7|5a
se dire tu – sich duzen Int 2|1
direct/e *Adj* – direkt; *hier*: ohne Durchwahl 12|5
directeur/-trice *m/w* – Direktor/in, Leiter/in Int 2|1
direction *w* – Leitung 5|Vif
discothèque *w* – Diskothek 12|5
discussion *w* – Gespräch, Diskussion 8|3a
discuter – sich unterhalten, diskutieren 3|6a; verhandeln 7|12a
discuter politique – über Politik diskutieren 6|8
disparaître – verschwinden 6|Vif
disparu/e – verschwunden, untergegangen 9|Vif
dispute *w* – Streit 5|Vif
distant/e *Adj* – distanziert 7|1
distribution *w* – Vertrieb, Absatz Int 2|1
divers/e *Adj* – verschieden(artig); unterschiedlich 6|10a
documentaire *m* – Dokumentarfilm 5|11a
dolmen *m* – Dolmen 9|Vif
dominer – überwiegen, vorherrschen 11|7a
dommage – schade 9|8a
donner – geben 4|4a
dormir – schlafen 5|2
d'où ? – woher? 2|10a
double *Adj* – doppelt, Doppel- 5|Vif
douche *w* – Dusche 10|7b
doux/douce *Adj* – weich 2|13
drame *m* – Drama 5|Vif
drapeau *m* (*Pl*: -x) – Fahne, Flagge 12|Vif
droit *m* – Rechtswissenschaft 11|14 Info
tout droit – geradeaus 11|3a
à droite – (nach) rechts 8|10a, 11|3a
drôle *Adj* – lustig, witzig 5|Vif
du – *de + le* 5|8b
du, de l', de la, des – *Teilungsartikel* 8|10a
dune *w* – Düne 3|11a
durer – dauern 10|6 Info
DVD (*Pl*: **DVD**) *m* – DVD 9|3b
dynamique *Adj* – dynamisch 3|3

E

eau *w* – Wasser 6|2a
eau *w* **minérale** – Mineralwasser 6|10a
échange *m* **d'idées** – Ideenaustausch 9|13
échecs *mPl* – Schachspiel 11|11a
jouer aux échecs – Schach spielen 11|11a
éclairage *m* (au néon) – (Neon)Beleuchtung 10|Vif
école *w* – Schule 4|2
école *w* **hôtelière** – Hotelfachschule 11|12a
école *w* maternelle – *staatl. Vorschule, Kindergarten* 10|6 Info
Ecole *w* Polytechnique Fédérale – Eidgenössische Technische Hochschule 11|14 Info
école *w* **primaire** – Grundschule 10|4a
écologique *Adj* – umweltfreundlich 12|4a
économie *w* – Wirtschaft 11|7a
économique *Adj* – wirtschaftlich, Wirtschafts- 11|7c; sparsam 12|4a
écouter – zuhören; hören 3|5a
écouter la radio – Radio hören 3|5a
écrire – schreiben 6|4
par écrit – schriftlich 8|7
ça s'écrit comment ? – wie schreibt man das? 1|11
écrivain/-vaine *m/w* – Schriftsteller/in 6|1
également – ebenso, ebenfalls 11|7a
église *w* – Kirche 5|9a
Egypte *w* – Ägypten 12|3a
eh bien... *ugs* – nun gut, ...; also, ... 4|4a
élégance *w* – Eleganz 10|11a

élégant/e Adj – elegant 7|15b
élément *m* – Element 10|8b
élève *m/w* – Schüler/in 10|5c
elle; elles – sie; sie *Pl* 2|3a
emploi *m* **du temps** – Zeitplan 10|1b
employé/e *m/w* – Angestellte/r 4|1 Gr
en – in 4|9a; als 8|3a; innerhalb von 8|13a; davon 11|11b
en (allemand) – auf (Deutsch) 7|2
en + *Jahr, Monat* – im Jahr..., im + *Monat* 6|8, 12|8a
en + *Verkehrsmittel* – mit dem/der + *Verkehrsmittel* 12|1
en + *weibl. Land, Region* – in, nach 2|9a, 12|8 Gr
en bas – unten 11|9a
en voyage – unterwegs, auf Reisen 1|Vif
enchanté/e *Adj* – sehr erfreut 1|3b, 1|3 Gr
encore (une fois) – noch (einmal) 7|1, 7|14a
endroit *m* – Ort 6|8
enfance *w* – Kindheit 7|1
enfant *m* – Kind 3|1
enfin – schließlich, zuletzt 2|9b, 5|7b
enquête *w* – Untersuchung, Umfrage 12|1
ensemble – zusammen 5|5a
ensemble *m* – Komplex, Gesamtheit 9|Vif
ensuite – anschließend, dann 5|7b
entendre – hören 8|9
entier/-ière *Adj* – ganze/r/s 10|4c
entourer – einkreisen 10|3a
s'entraîner à + *Inf** – etw trainieren 7|16
entre – zwischen 9|Vif, 10|6 Info
entrée *w* – Vorspeise, erster Gang 8|1b
entreprise *w* – Unternehmen, Firma 2|5
entrer * – eintreten 1|3b, 11|12a
énumérer – aufzählen 11|12b
envie *w* – Lust 5|2
avoir envie de + *Inf* – Lust haben zu + *Inf* 5|2
environ – ungefähr 11|14 Info
environs *mPl* – Umgebung 11|10
envoyer – schicken 4|Vif
épaule *w* – Schulter 8|Vif
épicerie *w* – Lebensmittelgeschäft 9|4
épices *wPl* – Gewürze 8|8a
équipement *m* – Ausstattung 10|12a
erreur *w* – Irrtum, Fehler 3|1
escalade *w* – Klettern 11|11a
faire de l'escalade – klettern 11|11a
escaliers *mPl* – Treppe/n 11|1
Espagne *w* – Spanien 2|3a
espagnol/e *m/w; Adj* – Spanier/in; spanisch 2|3a
essai *m* – Aufsatz; Essay 10|Vif
essayer – versuchen 10|4c
est-ce que/qu' – *Frageeinleitung* 3|6a
estragon *m* – Estragon 8|Vif
et – und 1|1
Et avec ça ? – Kommt noch etwas dazu? 9|8a
étage *m* – Etage, Stock(werk) 10|7b
étagère *w* – Regal 10|9b
étape *w* – Etappe 12|11

état *m* – Zustand 7|11a
Etats-Unis *mPl* – Vereinigte Staaten 12|3a
été *m*; l'~ – Sommer; im ~ 9|Vif
étoile *w* – Stern 12|5a
étranger *m* – Ausland 12|1
à l'étranger *m* – im/ins Ausland 12|1
étranger/-ère *Adj* – ausländisch; fremd 9|2a
être – sein 2|3
être au n°... – mit Nr. ... verbunden sein 7|12a
on est bien – man fühlt sich wohl 6|12b
études *wPl* – Studium 2|6
faire des études *wPl* – studieren 11|14 Info
étudiant/e *m/w* – Student/in 6|8b
étudier qc – etw eingehend betrachten 10|7c
Europe *w* – Europa 1|10a
européen/ne *m/w; Adj* – Europäer/in; europäisch 1|Vif, 2|2 Info
éventuellement – eventuell 8|13a
éviter – (ver)meiden 12|10b
exactement – genau 4|4a
examen *m* – Examen, Prüfung 11|12a
excellent/e *Adj* – ausgezeichnet 8|3a
exceptionnel/le *Adj* – außergewöhnlich 12|5
exclusif/-ive *Adj* – ausschließlich 9|Vif
excursion *w* – Ausflug 12|11
excusez-moi – entschuldigen Sie mich/bitte 2|7a
exemple *m*; **par ~** – Beispiel; zum ~ 2|9b
exister – existieren 6|1
exotique *Adj* – exotisch 12|5
exotisme *m* – Exotik 12|3d
expérience *w* – Erfahrung 4|Vif; Erlebnis 11|Vif
expliquer – erklären 10|8c
exposition *w* – Ausstellung 5|1
express *m* – Espresso 6|10a
expression *w* – Ausdruck 6|8d
extrait *m* – Auszug 10|Vif

F

en face (de) – gegenüber (von) 11|1 Gr
facile *Adj* – leicht 4|4a
facultatif/-ive *Adj* – nicht verpflichtend, freiwillig 10|6 Info
faim *w*; **avoir ~** – Hunger; ~ haben 5|11a
faire – machen, erledigen 3|5a, 4|13b; kosten 6|14a; dienen als 9|8a
Ça fait combien ? – Wie viel macht das? 6|14a
Il/Elle fait quel prix ? – Wie viel kostet er/sie? 7|12a
faire correspondre – zuordnen 7|Vif
faire du / de la – *Tätigkeit oder Sportart ausüben* 5|11a, 11|11a
faire la cuisine – kochen 3|5a
faire le ménage – putzen, aufräumen 3|5a
faire les courses – einkaufen 3|5a
faire un cadeau à qn – jdm ein Geschenk machen 7|7a
se faire * – gemacht werden 11|11b
il fait bon vivre – es lässt sich gut leben 11|7a

familial/e *Adj* – familiär, Familien- 12|5
famille *w* – Familie 3|1
en famille – in/mit der Familie 8|12b
farine *w* – Mehl 8|9
fatigant/e *Adj* – anstrengend 4|4c
fatigué/e *Adj* – müde 5|2
fauteuil *m* – Sessel 10|9b
faux/fausse *Adj* – falsch 2|9a
fax *m* – Fax(gerät) 9|1b
fédération *w* – Verband 11|7a
Félicitations ! *wPl* – Glückwunsch! 9|5a
femme *w* – Frau; Ehefrau 3|1, 7|11a
femme *w* **au foyer** – Hausfrau 4|1 Gr
fenêtre *w* – Fenster 10|8a
ferme *w* – Bauernhof 10|1b
fermé/e *Adj* – geschlossen 5|7a
fermer – schließen 6|Vif
festival *m* – Festival 1|5
fête *w* – Fest 4|14a
fêter – feiern 9|5a
feu *m* (*Pl*: -x) – Feuer; Ampel 11|3a
feuille *w* – Blatt 8|13a
février *m* – Februar 12|6 Gr
fiche *w* – Blatt, Bogen 11|9a
fille *w* – Mädchen 7|5a; Tochter 7|1
film *m* – Film 1|5
fils *m* – Sohn 10|Vif
fin *w* – Ende 7|12a
finir – enden 10|5a; beenden 11|12a
fixer – festlegen 12|10a
flacon *m* – Flakon 9|13
flamand *m* – Flämisch (*Sprache*) 2|9b
flamme *w* – Flamme 1|7
flâner – bummeln, flanieren 11|10
fleur *w* – Blume 1|7, 5|9a
fleur *w* **de sel** – *seltenes und kostbares Meersalz* 9|12a
fleuri/e *Adj* – *hier:* blumig 6|Vif
flirter – flirten 6|8
fois *w* – Mal 7|1b; multipliziert mit 4|13b
au fond – im Hintergrund 6|Vif; im Grunde 7|Vif
football *m* – Fußball 3|1
forêt *w* – Wald 11|7a
forfait *m* – Pauschale 10|12a
forfaitaire *Adj* – pauschal 11|Vif
formation *w* – Bildung 9|5 Gr; Ausbildung 10|4b
forme *w*; **en ~** – Form; in ~, fit 6|2a
sous la forme de... – in Form von ... 9|Vif
former – bilden, formen 10|6a
formulation *w* – Formulierung 8|14
formuler – formulieren 10|3b
fort *Adj* – stark; laut 6|15
forum *m* – Forum 9|Vif
fouilles *wPl* archéologiques – archäologische Ausgrabungen 9|Vif
fourchette *w* – Gabel 8|13a
fourniture *w* – Lieferung Int 1|1
fragile *Adj* – zerbrechlich 9|12c
frais/fraîche *Adj* – frisch 8|3a

Alphabetisches Vokabular

fraise *w* – Erdbeere 8|1a
français *m* – Französisch 2|9b
français/e *m/w; Adj* – Franzose/-ösin; französisch 2|3a
France *w* – Frankreich 2|3a
francophone *Adj* – französischsprachig 2|9b
frapper qn – jdn wundern 7|3c
fréquenter – (häufig) besuchen 6|1
frère *m* – Bruder 7|1
frères et sœurs *mPl* – Geschwister 7|3 Gr
froid/e *Adj* – kalt 6|10a
fromage *m* – Käse 8|9
front *m* – Front 5|Vif
fruit *m*; **fruits** *mPl* – Frucht 6|10a; Obst 5|7a
fugue *w* – Ausreißen 10|Vif
fumer – rauchen 6|6a

G

gagner (sa vie) – (sich seinen Lebensunterhalt) verdienen 7|Vif
garage *m* – Garage 12|5b
garantir – garantieren 7|Vif, 12|Vif
garçon *m* – Junge 7|17; Kellner 6|12b
garder – behalten 7|1
gare *w* – Bahnhof 11|4
garni/e *Adj* – *hier:* mit Beilage 6|Vif
garniture *w* – Beilage 8|13a
gastronomie *w* – Gastronomie 1|5
gâteau (*Pl*: -x) *m* – Kuchen 8|10b
à gauche – (nach) links 11|3a, 8|10a
Gaule *w* – Gallien 3|Vif
en général – im Allgemeinen 3|10
génial – toll, genial 1|6a
genre *m* – Art, Gattung 11|9a
gens *mPl* – Leute 6|8b
gentil/le *Adj* – freundlich, lieb 7|16
géographie *w* – Geographie 12|3a
géographique *Adj* – geographisch 12|5d
girafe *w* – Giraffe 1|7
gîte *m* – Unterkunft, Ferienhaus 10|12a
glace *w* – Eis(krem) 6|10a
goût *m* – Geschmack 12|9b
goûter – kosten, genießen 6|Vif, 7|Vif
gramme *m* – Gramm 8|13d
grand/e *Adj* – groß 5|9a
grande surface *w* – (großer) Supermarkt 9|3b
grands-parents *mPl* – Großeltern 10|1b
gratin *m* **dauphinois** – Kartoffelgratin 8|13d
gratuit/e *Adj* – kostenlos 10|6 Info, 11|Vif
grave *Adj* – ernst 9|5a
Grèce *w* – Griechenland 12|3a
grenier *m* – Dachboden 7|Vif
grille *w* – Tabelle 10|1c
gris/e *Adj* – grau 7|8
gros/se *Adj* – groß, dick 9|12c
groupe *m* – Gruppe 7|17
guide *m* – (Reise)Führer 9|8a
guignol *m* – Kasper(le) 5|Vif

H

habit *m* – *spezielle Berufskleidung* 6|1
habitant/e *m/w* – Einwohner/in 9|1
habitation *w* – Wohnen; Wohnung 10|1c
habiter – wohnen 2|10a
habitude *w* – (An)Gewohnheit 12|2
haché/e *Adj* – gehackt 8|Vif
handicapé/e *m/w* – Behinderte/r 12|5b
haricot *m* – Bohne 8|3a
harmonie *w* – Harmonie 12|Vif
haut lieu *m* (*Pl*: -x) – Hochburg 9|Vif
hébergement *m* – Unterkunft 11|Vif
hectare *m* – Hektar 9|Vif
hein ? *ugs* – ne? 6|12b
héritage *m* – Erbschaft 12|Vif
heure *w* – Stunde; Uhr(zeit) 5|8a
à quelle heure ? – um wie viel Uhr? 6|2a
une heure et demie – halb zwei 9|7a
une heure et quart – Viertel nach eins 9|7a
à... heure/s – um ... Uhr 6|2a
heureux/-euse *Adj* – glücklich 7|1c
hier – gestern 5|11a
histoire *w* – Geschichte 12|Vif
historique *Adj* – historisch 11|1
hiver *m*; l'~ – Winter 9|Vif; im ~ 11|Vif
homme *m* – Mann 3|1
homme *m* **au foyer** – Hausmann 4|1 Gr
homme *m* **politique** – Politiker 6|1
hôpital *m* (*Pl*: -aux) – Krankenhaus 4|2
horaire *m* – Zeitplan 9|6
horaires *mPl* **d'ouverture** – Öffnungszeiten 9|6
hors-d'œuvre *m* – Vorspeise 8|1b
hôtel *m* – Hotel 1|5
hôtel *m* **de ville** – Rathaus 5|9a
hôtelier/-ière *m/w* – Hotel- 11|12a
huile *w*; **~ d'olive** – Öl 8|9; Olivenöl 8|13a
hypothèse *w* – Vermutung 10|1b

I

ici – hier 4|4a
icône *w* – Symbol, Icon 12|5b
idéal/e *Adj* – ideal 6|8
idée *w* – Idee 1|10a
identifier – identifizieren, erkennen 7|4
il; ils – er; sie *Pl* 2|3a
il est + *Uhrzeit* – es ist + *Uhrzeit* 5|8a
il fait beau – es ist schönes Wetter 6|12b
il fait chaud/froid – es ist warm/kalt 6|12b, 12|8a
il faut – man muss, es ist nötig 8|3a
il faut + *Nomen* – man braucht + *Nomen* 8|13b
il y a – es gibt 2|9b
il y a du soleil – die Sonne scheint 12|8 Gr
île *w* – Insel 12|8a
imaginer qc – sich etw vorstellen 6|8
imitation *w* – Kopie, Nachahmung 7|11a
immeuble *m* – Mehrfamilienhaus Int1|3
immigré/e *m/w* – Einwanderer/-in 7|Vif
important/e *Adj* – wichtig 4|9a
impressionniste *Adj* – impressionistisch 5|7a
inclus – inbegriffen 11|Vif
inconvénient *m* – Nachteil 10|Vif
indépendant/e *Adj* – unabhängig 10|12a
indiquer – angeben, zeigen 10|2b
individuel/le *Adj* – individuell 11|11b
industrie *w* – Industrie 11|7a
industriel/le *Adj* – Industrie- 11|7c
inespéré/e *Adj* – unverhofft 10|Vif
infirmier/-ière *m/w* – Krankenpfleger, -schwester 4|1b
informaticien/ne *m/w* – Informatiker/in 4|1a
information *w* – Information, Auskunft 8|13a
informatique *w* – Informatik 10|4b
infusion *w* – Kräutertee 6|10a
ingénieur *m* – Ingenieur/in 4|1 Gr
ingrédient *m* – Zutat 8|13b
inscription *w* – Anmeldung 11|Vif
inspiré/e de – angeregt durch 5|Vif
installations *wPl* sanitaires – sanitäre Einrichtungen 10|Vif
institut *m* – Institut 5|9a
intense *Adj* – intensiv 12|Vif
intéressant/e *Adj* – interessant 4|4c
intéressé/e *Adj* – interessiert 7|12a
intéresser – interessieren 7|11a
intermède *m* – Zwischenspiel, Intermezzo Int 1
international/e *Adj* – international 11|7a
Internet; sur ~ – Internet; im ~ 3|5a
interview *w* – Interview 9|5b
interviewer – interviewen 9|10d
intolérance *w* – Intoleranz 3|1
invitation *w* – Einladung Int 3|2
invité/e *m/w* – Gast Int 3|2
Iran *m* – Iran 12|3a
irréel/le *Adj* – unwirklich 12|Vif
irrégulier/-ière *Adj* – unregelmäßig 9|5 Gr
Italie *w* – Italien 2|3a
italien/ne *m/w; Adj* – Italiener/in; italienisch 2|3a

J

jalousie *w* – Eifersucht 3|1
(ne...) jamais – nie(mals) 3|12a, 8|8a
janvier *m* – Januar 12|6 Gr
jardin *m* – Garten 4|9a
jardiner – im Garten arbeiten 3|5a
jaune *Adj* – gelb 7|8
je – ich 1|1
jeter – werfen 3|Vif
jeu *m* (*Pl*: -x) – Spiel 11|9a
jeu *m* de balle – Ballspiel 7|Vif
jeu *m* **de rôle** – Rollenspiel 9|15
jeu *m* de société – Gesellschaftsspiel Int 1|3
jeudi *m* – Donnerstag 4|9a
jeune *Adj* – jung 6|1
jeune *m/w* – Jugendliche/r 9|10a
job *m ugs* – Job 4|4a
joindre – treffen; antreffen Int 3|1
joli/e *Adj* – hübsch 7|16
jouer; ~ au tennis – spielen 6|1; Tennis spielen 11|11a

journal *m* (*Pl*: -aux) – Zeitung 1|5, 3|5a
journaliste *w/m* – Journalist/in 9|5b
journée *w*; **~ de travail** – Tag 8|3a; Arbeitstag 8|3a
juillet *m* – Juli 12|6 Gr
juin *m* – Juni 12|6 Gr
juke-box *m* – Musikbox 6|Vif
jus *m* – Saft 6|10a
jus *m* **de fruit** – Fruchtsaft 6|10a
jus *m* **d'orange** – Orangensaft 6|14a
jusque, jusqu' – bis 10|5a
juste *Adj* – richtig, zutreffend 7|12a
justifier – begründen, rechtfertigen 7|1c

K

kilo *m* – Kilo 8|13d
kilomètre *m* – Kilometer 1|10a

L

là – da 4|4a
là-bas – dort Int 2|1; dorthin 12|Vif
lac *m* – See 11|1
lac *m* **Léman** – Genfer See 11|1
lagune *w* – Lagune 12|8a
laisser – hinterlassen Int 1|1; lassen 8|Vif
lait *m* – Milch 6|10a
lampe *w* – Lampe 4|11a
lampe *w* de poche – Taschenlampe 9|Vif
langue *w* – Sprache 2|9b
lapin *m* – Kaninchen 10|Vif
laurier *m* – Lorbeer 8|Vif
lavande *w* – Lavendel 12|Vif
le, la, l'; les – der, die, das; die (*best. Artikel*) 3|1
léger/-ère *Adj* – leicht 8|3a
légumes *mPl* – Gemüse 5|7a
lendemain *m* – nächster Tag 10|5a
lentement – langsam 1|11, 6|15
lequel/laquelle ?; lesquels/-les ? – welche/r/s?; welche? *Pl* 8|11b
lettre *w* – Buchstabe 8|11a
lettres *wPl* – Geisteswissenschaften 11|14 Info
leur; leurs – ihr/e; ihre *Pl* 7|1, 7|3 Gr
liaison *w* – Bindung 2|11b
liberté *w* – Freiheit 3|1
librairie *w* – Buchhandlung 9|8a
libre *Adj* – frei 4|9a
lien *m* – Verbindung; Link 12|5
lieu *m* (*Pl*: -x) – Ort 11|1b
avoir lieu – stattfinden 7|Vif
lire – lesen 3|5a
liste *w* – Liste 11|1a
lit *m*; **~ enfant** – Bett; Kinderbett 10|12a
litre *m* – Liter 8|13d
littéraire *Adj* – Literatur- 6|1
living *m* – Wohnzimmer 10|Vif
livre *m* – Buch 4|11a
local/e *Adj* – örtlich, Lokal- 7|17 Info
localiser – lokalisieren 12|Vif
location *w* – Verleih, Vermietung 9|1; Miete 12|1
en location – zur Miete 12|1
logement *m* – Wohnen; Unterkunft 12|11
loger – wohnen, übernachten 12|1
logiciel *m* – Software Int 1|1
loin (de) *Adj* – weit entfernt (von) 11|1 Gr
lointain/e *Adj* – fern 12|3b
loisirs *mPl* – Freizeit(beschäftigungen) 9|1
l'on (= on) – man 6|Vif
long/longue *Adj* – lang 8|3a
longueur *w* – Länge 9|Vif
loto *m* – Lotto 1|10a
louer – vermieten; mieten 10|12b
lundi *m* – Montag 4|9a
le lundi, le mardi etc. – montags, dienstags usw. 5|7a
luxe *m* – Luxus 3|1
lycée *m* – *gymnasiale Oberstufe* 10|4a

M

madame *w* **(Mme)** – Frau (*Anrede*) 1|1, 2|10a
mademoiselle *w* – Fräulein (*Anrede*) 1|3b
magasin *m* – Geschäft, Laden 9|2a
magasin *m* de maxidiscompte – Discountmarkt 9|4 Info
magasin *m* **spécialisé** – Fachgeschäft 9|3b
magnifique *Adj* – großartig 12|8a
mai *m* – Mai 12|6 Gr
maintenant – jetzt 6|12b
mais – aber 2|6
mais bon... *ugs* – aber naja ... 4|9a
maison *w* – Haus 4|2
maison *w* **de la presse** – Zeitungs- und Papierwarengeschäft 9|1
maison *w* **de vacances** – Ferienhaus 10|12b
maison *w* **indépendante** – freistehendes Haus 10|12a
maître *m* **d'hôtel** – Oberkellner 12|8a
malheureusement – leider Int 3|1
malheureux/-euse *Adj* – unglücklich Str 2|2
Mali *m* – Mali 2|9a
maman *w* – Mama 7|5a
manger – essen 3|5a
manière *w* – Art (und Weise) 8|5b
de manière... – auf ... Weise 8|5b
manquer – fehlen 10|10a
marbre *m* – Marmor 7|11a
marché *m*; **~ aux fleurs** – Markt 5|7a; Blumen~ 5|9a
marché *m* aux puces *m* – Flohmarkt 7|Vif
marcher – gehen, laufen 3|11a; funktionieren 7|1
mardi *m* – Dienstag 4|9a
mari *m* – Ehemann 7|11a
mariage *m* – Heirat; Ehe 5|Vif
se marier * – heiraten 5|Vif
marketing *m* – Marketing Int 2|1
Maroc *m* – Marokko 5|11a
marque *w* – Kennzeichen 10|3a
marron *Adj* – braun 7|8
mars *m* – März 12|6 Gr
masqué/e *Adj* – maskiert 5|Vif
matin *m*; **le ~** – Morgen; morgens 3|11a
maximum *m* – Maximum 6|2a
médecin *m* – Arzt, Ärztin 4|1a
médecine *w* – Medizin 11|14 Info
médias *mPl* – Medien 11|Vif
médical/e *Adj* – medizinisch 4|1a
médicament *m* – Medikament 9|3b
mégalithe *m* – Megalith 9|2a
mégalithique *Adj* – megalithisch 9|Vif
mélanger – vermischen 8|13a
mélodie *w* – Melodie 1|6a
melon *m* – (Honig)Melone 8|1a
même – sogar 3|6a
le/la même (... que) – der-/die-/dasselbe (... wie) 7|13
mémoire *w* – Gedächtnis 8|13c
avoir bonne mémoire – ein gutes Gedächtnis haben 8|13c
ménage *m* – Haushalt 3|5a
menhir *m* – Menhir, Hinkelstein 9|2a
menthe *w* – Pfefferminze 6|12a
menthe *w* **à l'eau** – *Pfefferminzsirup mit Wasser* 6|12a
menu *m* – Speisekarte; Menü 8|1b
mer *w* – Meer 3|1
merci – danke 1|3b
mercredi *m* – Mittwoch 4|9a
mère *m* – Mutter 2|6
merveilleux/-euse *Adj* – wunderschön 12|8a
message *m* – Nachricht, Botschaft Int 1|1
météo *w* – Wettervorhersage 11|Vif
mètre *m* carré – Quadratmeter 10|Vif
métro *m* – U-Bahn 12|4a
mettre – setzen, stellen, legen 6|14a
mettre + *Zeitraum* – brauchen + *Zeitraum* 10|5a
se mettre* d'accord – sich einigen 8|15
meuble *m* – Möbel(stück) 9|2a
meurtre *m* – Mord 5|Vif
micro-ondes *m* – Mikrowellengerät 8|8a
Midi *m* – Südfrankreich 1|Vif, 12|Vif
midi *m* – Mittag; 12 Uhr 3|11a
mille – tausend 11|7 Gr
million *m* – Million 2|9a
au minimum – mindestens 8|2 Info
minuit *m* – Mitternacht 9|7 Gr
minute *w* **(mn)** – Minute (Min.) 8|13a
miroir *m* – Spiegel 10|9b
mise *w* en scène – Regie 5|Vif
à mi-temps – Teilzeit- 4|Vif
mode *w* – Mode 3|6a
modèle *m* – Modell, Muster 7|1
moderne *Adj* – modern 3|3
moi – ich (*betonte Form*) 1|1
moi aussi; moi si – ich auch; ich schon 3|8a
moi non – ich nicht 3|8a
moins (de) – weniger 4|6b; minus 9|7a
... moins le quart – Viertel vor ... 9|7a
moins... que – weniger ... als 9|10a
au moins – mindestens 10|5a
mois *m* – Monat 8|8a

moment *m* – Augenblick, Moment 11|11c
moments *mPl* **de loisirs** – Freizeit 11|11c
mon/ma; mes – mein/e; meine *Pl* 7|3 Gr
monde *m* – Welt 2|9a, 5|9a
du monde entier – aus der ganzen Welt 1|Vif
son petit monde – ihre Familie und ihre Freunde 7|7a
mondialement – weltweit 1|Vif
monotone *Adj* – eintönig 4|4c
monsieur *m* **(M.)** – Herr 1|3b, 2|10a
montagne *w* – Berg; Gebirge 9|10c
montrer – zeigen 12|10a
monument *m* – Sehenswürdigkeit 11|5
moquette *w* – Teppichboden 10|Vif
morceau *m* (*Pl*: -x) – Stück 8|Vif
mot *m* – Wort 7|1c
motivé/e *Adj* – motiviert 11|12a
motiver (à qc) – (zu etw) motivieren 12|Vif
moto *w* – Motorrad 12|4a
mousse *w* **au chocolat** – *Schokoladendessert* 3|1
moyen/ne *Adj* – Durchschnitts- 12|2
moyen *m* **(de transport)** – (Verkehrs)Mittel 12|1 Gr
Munich – München 2|Vif
muscade *w* – Muskatnuss 8|Vif
musée *m* – Museum 5|7a
musette *w* – Musettewalzer 6|Vif
musicien/ne *m/w* – Musiker/in 7|1
musique *w* – Musik 1|5
must *m* – Muss 12|Vif
mystérieux/-euse *Adj* – geheimnisvoll 9|2a
mythique *Adj* – legendär 6|1

N

naître * – geboren werden 10|4a
nappe *w* à carreaux – karierte Tischdecke 6|Vif
natal/e *Adj* – Geburts- 10|1b
national/e *Adj* – national, National- 5|Vif
nationalité *w* – Staatsangehörigkeit 2|3a
nature *w* – Natur 1|10a
naturel/le *Adj* – natürlich, Natur- 11|Vif
naturellement – natürlich 11|Vif
navarin *m* – *Ragout mit Gemüse* 8|Vif
ne/n'... pas (de) (*siehe auch* **p**) – nicht, kein 2|6; kein/e 4|9a
nécessaire *Adj* – notwendig 12|11
né/e – geboren 2|6
négatif/-ive *Adj* – negativ 3|8a
neige *w* – Schnee 12|8a
neiger – schneien 12|8 Gr
neuf/neuve *Adj* – neu 7|11a
Nice – Nizza 2|13
niçois/e *Adj* – aus Nizza 8|1a
noir/e *Adj* – schwarz 6|8b
nom *m* – Name 2|1a
nombre *m* – Zahl; Anzahl 11|8a
le plus grand nombre de... – die meisten ... 6|Vif
nombreux/-euse *Adj* – zahlreich 11|7a
non – nein 1|1
..., non ? – ..., nicht? 2|7a
non plus – auch nicht 3|8a
normalement – normalerweise 12|8a
noter – (sich) notieren 7|7a; beachten 8|14
notes *wPl* – Notizen 6|7
notre; nos – unser/e; unsere *Pl* 7|3 Gr
nous – wir 2|7 Gr
nouveau/nouvel/nouvelle *Adj* – neu/e/r/s 12|3d
à nouveau – wieder, von neuem 11|1b
nouvelle *w* – Kurzgeschichte 10|Vif
novembre *m* – November 12|8a
nuit *w* – Nacht 9|1
nul/le *Adj ugs* – blöd, langweilig 9|10a
numérique *Adj* – digital, Digital- 7|11a
numéro *m* **(n°)** – Nummer (Nr.) 4|4a, 4|9a
numéro *m* **de téléphone** – Telefonnummer 4|4a
numéroter – nummerieren 9|8b

O

objet *m* – Gegenstand, Objekt 7|7b
occitan *m* – Okzitanisch (*Sprache*) 2|9b
s'occuper (de qc/qn) * – sich (um etw/jdn) kümmern Int 2|1
océan *m* – Ozean 12|8a
océan *m* **Indien** – Indischer Ozean 12|8a
octobre *m* – Oktober 12|6 Gr
œuf *m* – Ei 8|9
œuvre *w* – (künstlerisches) Werk 5|7a
office *m* **de tourisme** – Fremdenverkehrsamt 4|4a
officiel/le *Adj* – offiziell 2|9b
officiellement – offiziell 3|Vif, 11|Vif
offre *w* – Angebot 7|15c
offre *w* d'emploi – Stellenangebot 4|Vif
offrir – (an)bieten 12|5
oie *w* – Gans 8|3a
oignon *m* – Zwiebel 8|1a
olive *w* – Olive 1|10a
olympique *Adj* – olympisch 11|1
omelette *w* – Omelette, Rührei 8|10b
on – man 2|9a; wir 5|2
oncle *m* – Onkel 7|1
opéra *m* – Oper 5|3
opinion *w* – Meinung 9|10a
orange *w* – Apfelsine 3|1
orange *Adj* – orange(farben) 7|8
orchestre *m* – Orchester 5|Vif
ordinateur *m* – Computer 4|11a
ordre *m* – Ordnung, Reihenfolge 6|14a
organisation *w* architecturée – architektonische Anordnung 9|Vif
organiser – organisieren, veranstalten 8|15
original *m* (*Pl*: -aux) – Original 7|12b
original/e *Adj* – originell 9|12c
ou – oder 2|9a
où ? – wo? 2|10a
d'où ? – woher? 2|10a
oublier – vergessen Int 1|1, 9|Vif
oui – ja 1|1
ouvert/e *Adj* – geöffnet 5|8b; eröffnet 6|8
ouverture *w* – Öffnung 9|6; Eröffnung 11|9a
ouvrier/-ière *m/w* – Arbeiter/in 4|2

P

page *w* – Seite 8|11a
page *w* web – Website 11|Vif
pain *m* – Brot 8|9
palais *m* – Palast 12|Vif
papa *m* – Papa 7|5a
papeterie *w* – Schreibwarenhandlung 9|8a
papier *m* – Papier; Zettel 9|14
paquet *m* – Paket 9|13
par – pro 6|2a; mit 9|8a
paradis *m* – Paradies 3|11a
paragraphe *m* – Absatz, Abschnitt 11|7a
parapente *m* – Gleitschirm(fliegen) 12|5
parc *m* – Park 11|10
parce que/qu' – weil 3|3
Pardon ! – Verzeihung! 1|1
Pardon ? – Wie bitte? 1|11
parents *mPl* – Eltern 7|1
parfait/e *Adj* – perfekt, ausgezeichnet 4|4a
parfois – manchmal 7|1
parfum *m* – Parfum 1|6a
Paris 18ème – 18. Arrondissement (Paris) 4|Vif
parisien/ne *Adj* – aus Paris 6|8
parking *m* – Parkplatz 12|5
parler – sprechen 2|6
parler affaires – geschäftliche Dinge besprechen 8|3a
partager qc – (sich) etw teilen 10|8a
partenaire *m/w* – Partner/in 7|6
participant/e *m/w* – Teilnehmer/in 9|15
partir * – weg-/losgehen, abreisen 10|1b, 12|1
pas assez – nicht genug 8|6
pas du tout – gar nicht, überhaupt nicht 4|6b
pas tellement – nicht besonders 3|6a
pas trop – nicht allzu sehr 4|7
pas vraiment – nicht wirklich 3|8a
passer – verbringen 3|11a
passer – *hier:* ablegen (*Prüfung*) 10|6 Info
se passer * – sich abspielen, passieren 8|12a
passionnant/e *Adj* – spannend 4|4a
passionné/e *Adj* (de) – leidenschaftlich interessiert (an) 9|Vif
pâtisserie *w* – Konditorei 9|1
patissier/-ière *m/w* – Konditor/in 9|1
patron/ne *m/w* – Chef/in 10|1b
pause *w* – Pause 10|6 Info
pauvre *Adj* – arm 5|Vif
pavillon *m* – Einfamilienhaus 10|Vif
payer – (be)zahlen 6|14a
pays *m* – Land 2|3a
paysage *m* – Landschaft 12|8a
pêche *w* – Fischerei; Angeln 9|5a
pêcher – fischen, angeln 9|5a
pêcheur/-euse *m/w* – Fischer/in; Angler/in 9|5a
Pékin – Peking 12|3d
pendant – während 5|11a
penser (de) – denken (über) 7|1c, 10|5c

perco(lateur) *m* – Kaffemaschine 6|Vif
perdu/e – verloren 11|3a
père *m* – Vater 2|6
période *w* – Zeitraum 12|6a
Pérou *m* – Peru 12|8a
persil *m* – Petersilie 8|Vif
personnage *m* – Persönlichkeit, Person 3|Vif, 5|Vif
personne *w* – Person 2|9a, 7|7a
personnes *wPl* **âgées** – ältere Menschen 9|2a
personnellement – persönlich 12|5c
petit/e *Adj* – klein 5|11a, 7|1
petit-déjeuner *m* – Frühstück 5|7a
au petit-déjeuner – zum/beim Frühstück 6|11b
prendre le petit-déjeuner – frühstücken 5|7a
petit pois *m* – Erbse 8|Vif
Petit Poucet *m* – Däumling 10|Vif
peut-être – vielleicht 6|2a
pharmacie *w* – Apotheke 9|1
philo(sophie) *w* – Philosophie 6|Vif
phonétique *Adj* – phonetisch 9|4
photo *w* – Foto 6|8a
photocopieuse *w* – Fotokopiergerät Int 2|1
photographe *m/w* – Fotograf/in 4|1b
photographie *w* – Fotografie 11|9a
phrase *w* – Satz 6|15
piano *m* – Klavier 7|1
pièce *w* – Zimmer, Raum 10|7b
pied *m* – Fuß 10|5a
à pied – zu Fuß 10|5a
aux pieds de – zu Füßen von 3|Vif
pinard *m ugs* – Wein 6|Vif
ping-pong *m* – Tischtennis 12|5
pique-nique *m* – Picknick 8|12a
piscine *w* – Swimmingpool; Schwimmbad 12|5b
placard *m* – Wandschrank 10|8a
place *w* – Platz 10|1b
plage *w* – Strand 9|1
plaire – gefallen 4|4a
plaisir *m* – Vergnügen 11|7a
plan *m* – Plan 9|Vif; Grundriss 10|7c
plan *m* **d'accès** – Zufahrtsplan 12|5
planche *w* – Brett 11|11a
planche *w* **à voile** – Surfbrett 11|11a
faire de la planche à voile – (wind)surfen 11|11a
plante *w* – Pflanze 5|9a
plat *m* – Gericht, Speise 8|1
plat *m* **cuisiné** – Fertiggericht 8|13a
plat *m* **principal** – Hauptgericht 8|1b
platane *m* – Platane 6|12b
plateau *m* (*Pl*: -x) – Tablett 6|2a
il pleut (*Inf*: pleuvoir) – es regnet 12|8a
plus – mehr 4|6b; plus 4|13b
plus + *Adj* **(que)** – *Adj* + -er (als) 1|11, 5|6, 6|15; 9|10a
plus de – mehr als 2|9a
plus de – weitere, mehr 11|Vif
le plus – am meisten 12|5c
le/la plus + *Adj* – der/die/das + *2. Steigerung d. Adj* 7|Vif

plus ou moins – mehr oder weniger 4|6b
plusieurs – mehrere 9|10c
plutôt – eher, vielmehr 12|8a
poêle *m* à charbon – Kohleofen 6|Vif
poésie *w* – Poesie, Lyrik 3|13a
point *m* **commun** – Gemeinsamkeit 12|7
poison *m* – Gift 8|11b
poisson *m* – Fisch 8|1b
poivre *m* – Pfeffer 8|13d
poivrer – pfeffern 8|Vif
politique *w* – Politik 6|8
politique *Adj* – politisch 6|1
Pologne *w* – Polen 12|3a
pomme *w* **de terre** – Kartoffel 8|9
populaire *Adj* – volkstümlich, Volks- 7|Vif
porcelaine *w* – Porzellan 7|7a
port *m* – Hafen 11|10
portable *m* – Handy, Mobiltelefon 4|9a
porter – tragen 6|2a
Portoricain/e *m/w* – Puertoricaner/in 5|Vif
portrait *m* – Porträt 9|5a
positif/-ive *Adj* – positiv 3|8a, 8|5b
possibilité *w* – Möglichkeit 11|11a
possible *Adj* – möglich 6|12b
poste *w* – Post(amt) 9|8a
pot *m* – Topf 5|Vif
potage *m* – Suppe 8|2 Info
poulet *m* – Hühnchen 8|1a
pour – für 2|6; wegen 7|12a
pour + *Inf* – um zu + *Inf* 5|7a
pourboire *m* – Trinkgeld 6|13 Info
pourquoi ? – warum? 3|3
je pourrais (*Inf*: pouvoir) – ich könnte 8|3a
pourtant – trotzdem; dennoch 9|5a
pouvoir – können 10|1b
pratique *Adj* – praktisch 9|1
préférer – vorziehen, lieber mögen 8|3a, 9|10 Gr
préféré/e *Adj* – Lieblings- 7|Vif
préhistoire *w* – Vorgeschichte 9|Vif
préhistorique *Adj* – prähistorisch 1|Vif
premier/-ière – erste/r/s 6|8
le premier + *Monat* – der/am ersten + *Monat* 12|6 Gr
prendre – (ein)nehmen 5|7a; trinken 6|1
prendre un message – eine Nachricht entgegennehmen Int 3|1
prendre des notes – sich Notizen machen 6|7
prendre rendez-vous – sich verabreden 7|12a
prendre un verre – etwas trinken (gehen) 6|1
préparation *w* – Zubereitung 8|13a
préparer – zu-, vorbereiten 8|13c
près – nah 7|1
présentation *w* – Präsentation 6|1; äußere Erscheinung 4|Vif
présenter – vorstellen, präsentieren 2|8a, 8|1
presque – fast 9|2a
presse *w* – Presse 1|5
pressé/e *Adj* – in Eile 2|7a
principal/e *Adj* – Haupt- 8|1b
principe *m* – Prinzip 10|11b
printemps *m* – Frühling 12|Vif

privé/e *Adj* – privat 12|5b
prix *m* – Preis 6|1, 7|11a
prix *m* **littéraire** – Literaturpreis 6|1
problème *m* – Problem 3|1
prochain/e *Adj* – nächste/r/s 11|13
production *w* – Produktion, Schaffen 5|7a
produit *m* – Produkt, Erzeugnis 8|8a
produit *m* **de base** – Grundnahrungsmittel 8|9
produits *mPl* **surgelés** – Tiefkühlkost 8|8a
professeur *m* – Lehrer/in 1|1, 4|1a
profession *w* – Beruf 10|1a
professionnel/le *m/w* – Profi; Fachmann/-frau 7|Vif
profiter de – genießen 10|1b
programme *m* – Programm 12|11
progresser – *hier*: zunehmen 9|4 Info
en progression – auf dem Vormarsch 8|2 Info
projet *m* – Plan, Projekt 11|12a
promenade *w* – Spaziergang 3|11a
promotion *w* – Werbung 12|5
prononcer – aussprechen 7|16
se prononcer * – ausgesprochen werden 10|11b
prononciation *w* – Aussprache 7|8
proposer – vorschlagen 11|5
proposition *w* – Vorschlag 9|4
propre – eigene/r/s 10|1b
prospectus *m* – Prospekt 9|1
provençal/e *Adj* – aus der Provence 2|10a
public *m* – Publikum 5|Vif; Öffentlichkeit 9|Vif
publicité *w* – Werbung Int 2|1
puis – dann 3|6a
pull *m* – Pullover, Pulli 5|13
pull *m* **marin** – Seemannspullover 9|12a
purée *w* – Püree 8|10b

Q

qu'est-ce que/qu'? – was? (*Objekt*) 4|4a
qu'est-ce qui ? – was? (*Subjekt*) 7|3c
Qu'est-ce qu'il y a comme... ? – Was gibt es für ...? 9|3a
Qu'est-ce qu'il y a d'intéressant? – Was gibt es Interessantes? 9|1
qualifié/e *Adj* – qualifiziert, ausgebildet 4|Vif
qualité *w* – Qualität 1|10a
quand – wenn 7|Vif
quand ? – wann? 6|2a
quantité *w* – Menge 8|13b
quart *m* – Viertel 9|7a
quartier *m* – Stadtviertel 6|8
que – den/die/das; die *Pl* (*Rel.pron.*) 8|9
que – wie, als 9|4
que – dass 12|10a
quel/quelle ?; quels/quelles ? – welche/r/s; welche *Pl* 7|14b
Quel temps fait-il ? – Wie ist das Wetter? 12|9a
Quelle heure est-il ? – Wie spät ist es? 5|8a
quelquefois – manchmal 5|4
quelques – einige 10|12a

Alphabetisches Vokabular

question *w* – Frage 6|2b
poser une question – eine Frage stellen 6|4
être question de qc – um etw gehen 10|10c
questionnaire *m* – Fragebogen 12|1
qui – der/die/das; die *Pl* (*Rel.pron.*) 8|11a
qui ? – wer?; wen? 7|7b
quiche *w* – Speckkuchen 9|4
quitter – verlassen 9|5a
quoi – was (*betonte Form)* 9|15

R

Racing *m* – Motorsport 6|Vif
raconter – erzählen 5|11a
radio *w* – Radio 1|7
raison *w* – Grund Int 1|1, 12|3d
rallye *m* – Rallye 11|14
randonnée *w* (*Abk*: **rando**) – Wanderung, Ausflug 11|11a
faire de la randonnée – wandern 11|11a
rapide *Adj* – schnell 8|3a
rappeler – zurückrufen Int 1|1
réagir – reagieren 6|14c
réaliser – verwirklichen 10|1b
réalité *w* – Wirklichkeit 4|9a
en réalité – eigentlich 4|9a
réceptionniste *m/w* – Empfangschef/-dame 12|6b
recette *w* – Kochrezept 8|Vif
recherche *w* – Suche 11|Vif
rechercher qc – nach etw forschen 12|11
réclamation *w* – Reklamation, Beschwerde 8|6
faire une réclamation – etw reklamieren 8|6
récompenser – belohnen 6|1
reçu/e – erhalten 10|Vif
réfléchir – nachdenken 11|14
réfrigérateur *m* – Kühlschrank 8|13a
regarder – (an)schauen 3|5a
regarder la télévision – fernsehen 3|5a
région *w* – Gegend 7|17
régional/e *Adj* – regional 7|17 Info
règle *w* – Regel 10|3b
regretter – bedauern 6|12b
relation *w* – Beziehung 7|1
relier – verbinden 6|15
religieux/-euse *Adj* – religiös 11|1b
relire – noch einmal lesen 7|4
remue-méninges *m* – Brainstorming 9|3a
rencontre *w* – Treffen, Begegnung 3|8a
faire des rencontres – Leute kennen lernen 12|1
rencontrer – treffen; kennen lernen 6|2a
rendez-vous *m* – Verabredung, Termin 4|9a
se rendre compte (de qc) * – sich (etw) klar machen 10|Vif
rénover – renovieren 10|1b
rentrer (à la maison) * – nach Hause zurückkommen 10|5a
répartir – verteilen, aufteilen 12|11
réparti/e – verteilt 9|Vif
repas *m* – Mahlzeit, Essen 8|3a
repas *m* **d'affaires** – Geschäftsessen 8|3a
repérer – ausfindig machen 5|11b
répéter – wiederholen 1|11, 7|13
répondeur *m* – Anrufbeantworter Int 1|1
répondre – antworten 7|5a
réponse *w* – Antwort 6|12a
reprendre – *hier:* übernehmen 9|5a
représenter – darstellen 9|15
repris/e – übernommen 9|5a
réputé/e pour – bekannt für 5|7a
réservation *w* – Reservierung 10|12a
réservé/e *Adj* **à qn** – jdm vorbehalten 6|1
réserver – buchen; reservieren 11|Vif
résidence *w* **secondaire** – Zweitwohnsitz; Wochenendhaus 12|1
restaurant *m* – Restaurant 1|5
restauration *w* rapide – Fast-food(-Gastronomie) 8|2 Info
reste *m* – Rest 10|13
rester * – bleiben 6|2a; übrig sein 9|8a
résultat *m* – Ergebnis 7|7a
résumé *m* – Zusammenfassung 1|
retenir qc – sich etw merken Int 1|1
retourner * – zurückkehren 10|1b
retravailler – wieder arbeiten 9|5a
retrouver – wiederfinden 5|12a; besuchen 12|1; treffen 7|Vif
réunion *w* – Treffen, Sitzung 4|9a
La Réunion – *frz. Insel im Indischen Ozean* 12|8a
rêve *m* – Traum 10|1b
rêver – träumen 6|Vif
revenir * – zurückkommen 10|1b
faire revenir – anbraten, dünsten 8|Vif
rez-de-chaussée *m* – Erdgeschoss 10|7b
rhum *m* – Rum 6|Vif
riche *Adj* – reich Str 3|3
(ne...) rien – nichts 12|1
rigolo/te *Adj ugs* – lustig 9|10a
risque *m* – Risiko 3|1
rival/e *Adj* – rivalisierend 5|Vif
robe *w* – Kleid 7|7a
rôle *m* – Rolle 6|1
romanche *m* – Rätoromanisch (*Sprache*) 2|9a
romantique *Adj* – romantisch 1|Vif
rose *w* – Rose 1|6 Gr
rose *Adj* – rosa 7|8
rosé *m* – Roséwein 6|10a
rôti/e *Adj* – gebraten, gegrillt 8|1a
rôtisserie *w* – Grillmetzgerei 9|1
rouge *Adj* – rot 6|10a
rouge *m* – Rotwein 6|Vif
rubrique *w* – Rubrik 11|Vif
rue *w* – Straße 5|9a
rue *w* principale – Hauptstraße 7|Vif
russe *m/w; Adj* – Russe/-in; russisch 2|3a
Russie *w* – Russland 2|3a
rythme *m* – Rhythmus 7|13

S

sable *m* – Sand 9|2a
sac *m* – Tasche 7|10
sac *m* **à dos** – Rucksack 7|7a
sachet *m* – Tüte, Beutel 8|13a
s'affronter * – sich bekämpfen 5|Vif
saint/e *Adj* – heilig; Sankt ... 5|9a
saison *w*; **basse ~** – Saison 12|7; Neben~ 12|8a
saisonnier/-ière *m/w* – Saisonarbeiter/in 12|8a
salade *w* – Salat 1|10a
salade *w* composée – gemischter Salat 8|2 Info
salade *w* **niçoise** – Nizza-Salat 8|1a
saladier *m* – Salatschüssel 8|13a
salé/e *Adj* – gesalzen 8|6
saler – salzen 8|Vif
salle *w* – Innenraum eines Cafés 6|12a; Raum; Saal 10|7b
salle *w* **à manger** – Esszimmer 10|7b
salle *w* **de bain** – Badezimmer 10|7b
salle *w* **d'eau** – Waschraum 10|12a
salon *m* – Wohnzimmer; Salon 7|11a
salon *m* **de jardin** – Gartenmöbel 10|12a
saluer – grüßen 12|Vif
Salut ! *ugs* – Hallo!, Tag! 1|1
samedi *m* – Samstag 4|14a
sandwich *m* – Sandwich 1|7
sans – ohne 6|8
satellite *m* – Satellit 12|5
sauf – außer 10|6 Info
saumon *m* – Lachs 8|1a
sauvage *Adj* – wild 1|Vif
savoir – wissen 6|2a
savon *m* – Seife 9|12a
scène *w* – Szene 6|16
scientifique *Adj* – naturwissenschaftlich 11|14 Info
seconde *w* – Sekunde 6|12b
secrétaire *m/w* – Sekretär/in 4|1a
séjour *m* – Aufenthalt 9|Vif, 11|Vif
séjour *m* – Wohnzimmer 10|12a
sel *m* – Salz 8|13a
selon – gemäß, nach 9|Vif
semaine *w* – Woche 5|7a
semblable *Adj* – ähnlich 8|4
sembler – (er)scheinen 12|Vif
semestre *m* – Semester 8|15
séminaire *m* – Seminar, Tagung 3|11a
Sénégal *m* – Senegal 12|3a
sénégalais/e *m/w; Adj* – Senegalese/-in; senegalesisch 2|Vif
sens *m* **pratique** – praktische Veranlagung 11|12a
séparément – getrennt 8|Vif
septembre *m* – September 12|6 Gr
serveur/-euse *m/w* – Kellner/in 4|1 Gr
service *m* – Dienstleistung 9|1
service *m* après-vente – Kundendienst Int 1|1
servir – servieren; bedienen 6|1
seul/e – allein 5|12b
seulement – nur 4|9a; erst 11|1
si – doch 5|11a
si – wenn 5|Vif
siècle *m* – Jahrhundert 11|1

siège *m* – Sitz 11|7a
signification *w* – Bedeutung 8|Vif
s'il te plaît / s'il vous plaît – bitte 1|11
silence *m* – Stille 10|11b
site *m* – Stätte, Ort 1|Vif, 9|Vif
site *m* **Internet** – Website 3|11a, 7|15c
situation *w* – Situation, Lage 12|5d
situé/e *Adj* – gelegen 9|2a
skate *m* – Skaten 11|Vif
ski *m* – Ski; Skilaufen 11|11a
faire du ski – Ski laufen 11|11a
société *w* – Gesellschaft, Unternehmen 2|6
société *w* **de bio-chimie** – Biochemie-Unternehmen 2|6
sœur *w* – Schwester 7|1
soif *w*; **avoir ~** – Durst; ~ haben 8|3a
soir *m*; **le ~** – Abend; abends 3|11a
soleil *m* – Sonne 3|6a
solitude *w* – Einsamkeit 3|11a
solution *w* – Lösung 6|Vif
son *m* – Laut, Ton 9|4
son/sa; ses – sein/e, ihr/e; ihre *Pl* 7|3 Gr
sonner – klingeln Int 3|2
sortir * – ausgehen; hinausgehen 5|1, 10|4a
soucis *mPl* – Sorgen 3|11a
souligner – unterstreichen 5|7a
soupe *w*; **~ à l'oignon** – Suppe; Zwiebel~ 8|1a
souris *w* – Maus 7|16
sous – unter 6|12b
souvenir *m* – Andenken; Erinnerung 9|12a
souvent – oft 4|4a
spécial/e *Adj* – besondere/r/s, Spezial- 6|10a
spécialiste *m/w* – Spezialist/in Int 1|1
spécialité *w* – Spezialität 8|1
spectacle *m* – Schauspiel; Anblick 6|8; Veranstaltung, Vorführung 5|Vif
spectaculaire *Adj* – spektakulär 9|2a
splendide *Adj* – prächtig, wunderschön 9|Vif
sport *m* – Sport 3|1
sport *m* **nautique** – Wassersport 12|5
sportif/-ive *Adj* – sportlich, Sport- 9|10c
sportif/-ive *m/w* – Sportler/in 11|10
sports *mPl* d'hiver – Wintersport 11|Vif
stage *m* – Praktikum 11|12a
stagiaire *m/w* – Praktikant/in Int 2|1
standard *m* – *hier:* Telefonzentrale 4|Vif
station *w* – Haltestelle 5|Vif; Urlaubsort 11|Vif
statue *w* – Statue 10|9b
steak *m* – Steak 8|3a
stock *m* – Vorrat 8|8a
stratégie *w* – Strategie Str 1
stress *m* – Stress 3|1
stressant/e *Adj* – stressig 4|4a
stressé/e *Adj* – gestresst 3|11a
studio *m* – Einzimmerwohnung 7|1
style *m*; **~ de vie** – Stil 7|5b; Lebensstil 7|5b
stylo *m* – Kugelschreiber 4|11a
sucre *m* – Zucker 8|9
sucré/e *Adj* – süß 8|6
suffire – genügen 7|1
Suisse *w* – Schweiz 2|3a
suisse *m/w; Adj* – Schweizer/in; schweizerisch 2|3a
Suisse *w* **romande** – Französische Schweiz 11|7a
suivant/e *Adj* – folgende/r 9|5a
suivre – (ver)folgen 6|Vif
super *Adj* – super 7|11a
supérette *m* – (kleiner) Supermarkt 9|3b
supermarché *m* – Supermarkt 4|2
sur – auf, in 3|5a, 6|2a; über 5|11a; an 12|8a
sur la rue – zur Straße hin 12|6a
sur le vif – aus dem Leben gegriffen 1|Vif
surfer – surfen 3|5a
surtout – vor allem 4|4a
survivre – überleben 6|Vif
sympathique *Adj* (*Abk*: **sympa**) – sympathisch, nett 3|3, 5|11a
symphonique *Adj* – Sinfonie- 5|Vif

T

tabac *m* – Tabak 1|5
table *w* – Tisch 4|11a
table *w* **de salon** – Couchtisch 7|11a
tableau *m* (*Pl*: -x) – Gemälde, Bild 7|11a
taboulé *m* – *kaltes Kuskus-Gericht* 8|13a
tante *w* – Tante 7|1
tapis *m* – Teppich 10|9b
tard – spät 5|6
tarif *m* – Tarif, Preis 12|5
tarte *w* **(au citron)** – Obstkuchen (mit Zitronen) 8|1a
tartine *w* – belegtes Brot 7|Vif
tasse *w* – Tasse 6|2a
taxes *wPl* – Steuern 7|Vif
taxi *m* – Taxi 1|5
technique *Adj* – technisch 11|14 Info
téléphone *m* – Telefon 4|4a
téléphoner; ~ à qn – telefonieren 4|4a; jdn anrufen 5|11a
télévision *w* (*Abk*: **télé**) – Fernsehen; Fernseher 3|5a
télévision *w* **par satellite** – Satellitenfernsehen 12|5
temps *m* – Zeit 8|8a; Wetter 12|8 Gr
avoir le temps (de) – Zeit haben (zu) 8|8a, 10|1b
temps *m* **libre** – Freizeit 9|5a
à temps plein – Vollzeit- 4|Vif
tennis *m* – Tennis 11|11a
terminé/e *Adj* – zu Ende 10|Vif
terrasse *w* – Terrasse 1|7
terrine *w* **(de saumon)** – (Lachs)Pastete 8|1a
texte *m* – Text 6|1
Thaïlande *w* – Thailand 12|3a
thalassothérapie *w* – Thalassotherapie 9|2a
thé *m* – schwarzer Tee 3|8a
théâtre *m* – Theater 1|5
thème *m* – Thema, Motto 6|Vif
thym *m* – Thymian 8|Vif
ticket *m* – Beleg, Bon 6|14a
timbre *m* – Briefmarke 9|8a
titre *m* – Titel 7|1a
titre *m* de transport *m* – Fahrausweis 11|Vif
toi – du (*betonte Form*) 1|1
toilettes *mPl* – Toilette, WC 6|15
tomate *w* – Tomate 3|1
tomber amoureux/-euse – sich verlieben 5|Vif
ton/ta; tes – dein/e; deine *Pl* 7|3 Gr
au total – insgesamt 2|9b
toujours – immer 6|1; immer noch 6|8
tour *w* – Turm; Hochhaus 10|Vif
tour *w* Eiffel – Eiffelturm Int 3|2
tour *m* – Rundfahrt, -reise 12|3c
Tour *m* (de France) – Tour de France 6|Vif
tour *m* **du monde** – Weltreise 12|3d
tourisme *m* – Tourismus 11|7a
tourisme *m* pédestre – Wanderurlaub 11|Vif
touriste *m/w* – Tourist/in 4|4a
touristique *Adj* – touristisch 9|8a
tourner – abbiegen 11|3a
tous – alle 8|15
tous deux – alle beide 10|1b
tous les jours – täglich, jeden Tag 5|Vif, 7|Vif
tous/toutes les + *Nomen* – alle + *Nomen* 9|2a
tout – alles 8|8a; ganz 7|1
tout ce que – alles, was 7|Vif
tout le / toute la – der/die/das ganze 7|1
toute l'année – das ganze Jahr 7|Vif
trace *w* – Spur 9|Vif
tradition *w* – Tradition 3|6a
traditionnel/le *Adj* – traditionell 5|7a
train *m* – Zug, Bahn 12|1
traiteur *m* – Feinkostladen 9|1
tram *m* – Straßenbahn 12|4a
tranquille *Adj* – ruhig 4|4a
travail *m* – Arbeit 2|6
travailler – arbeiten 4|2
travailler à son compte – selbstständig sein (*beruflich*) 10|1b
à travers – durch 12|3d
traverser – überqueren 11|3a
trekking *m* – Trekking(touren) 12|8a
très – sehr 1|3b
tricolore *Adj* – dreifarbig (*in den frz. Nationalfarben*) 12|Vif
triste *Adj* – traurig 7|5a
trop – zu 6|12b; zu sehr 8|6
trouver – finden, vorfinden 4|4c
se trouver * – sich befinden 10|7b
truc *m ugs* – Ding, Sache 10|Vif
truite *w* – Forelle 8|1a
tu – du 1|1
tuer – töten 5|Vif
tumulus *m* – Hügelgrab 9|Vif
Tunisie *w* – Tunesien 2|3a
tunisien/ne *m/w; Adj* – Tunesier/in; tunesisch 2|3a
Turquie *w* – Türkei 12|3a
type *m* – Typ 12|1
typique *Adj* – typisch 8|1

U

un, une – ein, eine (*unbest Art Sg*) 1|6b
un peu (de) – ein wenig, etwas 2|6; 8|3a
uniforme *m* – Uniform 1|10a
unique *Adj* – einzigartig 5|7a; einzige/r/s 8|2 Info
unité *w* – Einheit; Lektion Str 1
université *w* – Universität 10|4a
urgent/e *Adj* – dringend Int 3|1
usine *w* – Fabrik 4|2
utiliser – benutzen 9|10b

V

vacances *wPl* – Ferien, Urlaub 8|12b
vacancier/-ière *m/w* – Urlauber/in 12|1
vachement *ugs* – sehr; ganz schön 8|6
vaincu/e – besiegt 3|Vif
je vais… – ich werde … 11|12a
valise *w* – Koffer 7|Vif
valse *w* – Walzer 8|3a
vase *m* – Vase 1|10a
vécu/e – gelebt 9|5a
végétarien/ne *m/w*; *Adj* – Vegetarier/in; vegetarisch 8|2
vélo *m* – Fahrrad 7|3 Gr
vélo *m* **dame** – Damenfahrrad 7|11a
vélo *m* **de course** – Rennrad 11|9a
à vélo – mit dem Fahrrad 12|1
faire du vélo – Rad fahren 11|11a
vendeur/-euse *m/w* – Verkäufer/in 9|15
vendre – verkaufen 7|11a
vendredi *m* – Freitag 4|14a
vendu/e – verkauft 7|15c
venir * – kommen 9|10a
venez voir * – kommen Sie doch vorbei 7|12a
à venir – kommende/r/s 11|12a
vent *m* – Wind 11|10
vente *w* – Verkauf Int 2|1, 9|4 Info
vente *w* aux enchères – Versteigerung 7|17 Info
vérifier – überprüfen 6|12b
vérité *w* – Wahrheit 9|2b
verre *m* – Glas 6|1
verser – schütten, gießen 8|13a
version *w* – Version 5|Vif
vert/e *Adj* – grün 7|8
vêtement *m* – Kleidungsstück 9|2a
viande *w* – Fleisch 8|1b
vice versa – umgekehrt 11|9a
vidéo *w* – Video(film) 12|5
vie *w* – Leben 3|6a
Vienne – Wien 8|3a
vieux/vieil/vieille *Adj* – alt 10|1b
vignes *wPl* – Weinberge 11|7a
village *m* – Dorf 4|4a
ville *w* – Stadt 9|2a
vin *m* – Wein 6|1
vin *m* **de pays, de table** – Land-, Tafelwein 6|10a
virtuel/le *Adj* – virtuell 12|5
visite *w* – Besuch 9|10a
en visite – zu Besuch 9|10a
faire une visite dans qc, à qn – etw besichtigen, jdn besuchen 10|4a
visite *w* conférence – geführte Besichtigung 9|Vif
visiter – besichtigen, besuchen 5|7b
faire visiter la maison à qn – jdm das Haus zeigen 10|7a
visiteur/-euse *m/w* – Besucher/in 8|7
vite – schnell 7|13
vitesse *w* – Geschwindigkeit 3|1
vivant/e *Adj* – lebendig, belebt 7|Vif
vivre – leben 3|6a, 9|2a
Vive… ! – Es lebe …! 8|8a
voici – hier ist / hier sind 6|14a
voilà – das ist/sind … 1|1; das ist es 3|6a
voile *w* – Segel 11|11a
voir – sehen 7|1
on va voir – mal sehen 12|8a
voisin/e *m/w* – Nachbar/in 6|5
voiture *w* – Auto 4|10b
vol *m* – Flug 11|Vif
volaille *w* – Geflügel 9|1
votre – euer/eure; Ihr/e 6|2a
vos – eure, Ihre *Pl* 7|3 Gr
je voudrais – ich möchte, ich würde gerne 9|10d
vouloir – wollen 7|7a, 12|3c
vous – ihr; Sie 1|1
voyage *m* – Reise 3|1
en voyage – auf Reisen, unterwegs 12|1
voyager – reisen 3|5a
vrai/e *Adj* – richtig, wahr 2|7a
vraiment – wirklich 4|9a
vue *w* – (Aus)Sicht 12|5

W

W.-C. *mPl* – WC, Toilette 12|6a
wallon *m* – Wallonisch (*Sprache*) 2|9b
web *m* – Internet 12|5
week-end *m* – Wochenende 3|11a
western *m* – Western 1|10a
wolof *m* – *westafrikanische Sprache* 2|Vif

X

xylophone *m* – Xylophon 1|10a

Y

yoga *m* – Yoga 1|10a

Z

zoo *m* – Zoo 1|10a

Quellenverzeichnis

Abbildungen

akg-images (30 o. re.) – Barilla Wasa Deutschland GmbH (17) – Beau-Rivage Palace Lausanne (98 o.) – Beaulieu Exploitation SA Lausanne (98 mi. o.) – Béjart Ballet Lausanne (98 u.) – bpK/RMN (Hervé Lewandowski 7 re. mi. o.; Michèle Bellot 14: 7; 46 re.) – Brasserie Bofinger, Paris (46 li.) – M. Brevet (7 li. mi. u.; 92 re.; 101 mi.) – Café du Palais, Reims (58 o.) – Cinetext (157) – Comité International Olympique / Collections du Musée Olympique (98 mi. u.) – Comité International Olympique / J. Donatsch (99 re.) – Corbis (14: 1, 9; 32 o., 96 u.) – Corel Photo Stock Library (14: 4, 6; 110: 5) – © Council of Europe, European Language Passport / Conseil de l'Europe, Passeport européen de langues (133; 151; 169) – © Cyberterre - 2001/2006 (86) – V. Daly (9 li.) – Française des Jeux (126) – S. Freitag (22 o. li.; 77 mi., re.) – F. Gerbert (4 mi. o.; 5 u.; 7 mi.; 14: 2; 16; 65; 68; 69; 72; 108 u.; 110: 1-4) – Getty Images/Stone (60) – J.-Cl. Goepp (92 li.) – R. Goscinny/A. Uderzo, *Le Bouclier Arverne*, © 1968 Goscinny-Uderzo © 2000 Hachette, Paris (30 u.) – Guerlain (7 li. mi. o.) – S. Ihrenberger (14: 8) – I. Jue (5 mi. u.; 6 mi. o., u.; 7 mi. o. l., mi. o., mi. u. li.; 20 o.; 24 re.; 44 o.; 46 mi. li; 66 li.; 88; 90; 91; 104; 108 o., 121; 124) – P. Kazalla (142) – S. Kienitz (22 o. re., u. re.) – S. Kletsch (4 o.; 7 re. mi. u.; 9 mi.) – Lacoste S.A. (17) – Lausanne Tourisme / R. Colombo (96 o.) – Les Deux Magots (5 mi. o.; 52) – B. Lindenberg (129) – Maggi GmbH (17) – Michelin Reifenwerke AG & Co. KgaA (17) – N. Miguletz, Courtesy Schirn Kunsthalle Frankfurt 2005 (44 li.) – Musée de l'Elysée, Lausanne (99 li.) – S. Ndiaye (6 mi. u.; 22 u. li.; 101 li.) – Network Medien GmbH, Frankfurt a. M. (5 o., 44 re.) – D. Nißler (50 re.; 77 li.) – Office de Tourisme de Strasbourg / A. Kauffmann (14: 5) – Grupo Osborne S.A. (17) – A. Pfeifer (50 mi.) – PhotoAlto (4 u.; 9 re.; 32 re., li) – J. Scholten (7 li. o.) – N. Scohier (66 o.) – ShutterStock (7 re. u.) – Stockfood (74) – Suisse Tourisme (102) – N. Verger (4 mi. u.; 6 o.; 7 li. u., re. o.; 14: 3; 18; 20 u.; 24 li.; 28; 32 mi.; 33; 45; 46 mi. re.; 48; 49; 54; 58 u.; 71; 80; 82; 83; 85; 86; 101 re.) – Volkswagen AG (17) – Hôtel Westminster, Roquebrune Cap Martin (106) – Carl Zeiss AG (17)

Karten

Edigraphie, Rouen (96 o.) – Hachette Education, Paris (hintere innere Umschlagsseite) – Polyglott Verlag GmbH, München (14; 47; 96 u.) – W. Wildermuth, München (vordere innere Umschlagsseite, 166)

Texte

S. 25: Langenscheidt KG, Berlin und München – S. 50: Lyon Poche, Lyon – S. 54: John W. Johnson, *Un Américain à Paris* – S. 58: *Les petits bistrots,* Paroles: C. Delecluse/M. Senlis, Musique: Jean Ferrat, © 1962 Productions Gérard Meys, 10, rue Saint-Florentin, 75001 Paris – S. 73: Rivoire et Carret-Lustucru, Marseille – S. 77: Restaurantspiel mit freundlicher Genehmigung von Lynda Hübner, *English Network Tourist*, © 2003 Langenscheidt ELT GmbH, München – S. 94: Michel Tournier, *La Fugue du Petit Poucet*, © 1978 Editions Gallimard, Paris – S. 98: Lausanne Tourisme, Lausanne – S. 102: Suisse Tourisme, Zürich – S. 106: Hôtel Westminster, Roquebrune Cap Martin – S. 125: Journal du Web, © Benchmark Group, 4 rue Diderot, 92156 Suresnes Cedex – S. 162: Ecoute 6/2005, www.ecoute.de, Spotlight Verlag GmbH, Planegg/Martinsried

Inhalt der Audio-CDs

Lektionsteil

Gesamtlaufzeit 80'53"

Audio-CD 1

Unité 1–Unité 6 42'36"

Index	Unité, Aufgabe	Zeit
1	Ansage	19''
2	Seite 7	1'13''
3	1, 1	43''
4	1, 3b	47''
5	1, 4	43''
6	1, 5	1'24''
7	1, 8	57''
8	1, 9	57''
9	1, 11	23''
10	1, 12	51''
11	1, 13	22''
12	2, 1b	49''
13	2, 3b	58''
14	2, 7a	42''
15	2, 9b	1'28''
16	2, 10	1'04''
17	2, 11b	34''
18	2, 13	58''
19	2, 14	43''
20	2, 15b	1'14''
21	3, 1b	1'14''
22	3, 6	1'04''
23	3, 8a	58''
24	3, 13	56''
25	3, 14a	1'01''
26	3, 15	1'29''
27	4, 4a	1'18''
28	4, 6	35''
29	4, 13a	1'28''
30	4, 15a	26''
31	Profession 1	1'54''
32	5, 1	50''
33	5, 2	33''
34	5, 5a	34''
35	5, 9c	57''
36	5, 11a	1'22''
37	6, 2a	1'30''
38	6, 3	31''
39	6, 12	1'09''
40	6, 14b	46''
41	6, 14c	1'19''
42	6, 15	30''
43	6, Sur le Vif	1'41''

Audio-CD 2

Unité 7–Unité 12 38'17"

Index	Unité, Aufgabe	Zeit
1	7, 1	1'42''
2	7, 7a	47''
3	7, 8	42''
4	7, 12a	59''
5	7, 13	1'19''
6	7, 16	21''
7	7, Sur le Vif	1'43''
8	8, 1a	2'10''
9	8, 3	1'21''
10	8, 9	50''
11	8, 11b	33''
12	Profession 2	1'13''
13	9, 2a	1'16''
14	9, 4	35''
15	9, 6	47''
16	9, 7a	57''
17	9, 7c	28''
18	9, 8a	1'21''
19	9, 10a	37''
20	9, 10c	1'07''
21	10, 1b	1'29''
22	10, 4a	44''
23	10, 7	1'47''
24	10, 8	49''
25	10, 10c	42''
26	10, 11a	44''
27	10, 11b	53''
28	11, 3	1'14''
29	11, 7a	1'18''
30	11, 8	24''
31	11, 10	27''
32	11, 12a	1'41''
33	12, 2a	1'04''
34	12, 6a	26''
35	12, 6b	1'03''
36	12, 8a	1'26''
37	Profession 3	58''

Übungsteil

Audio-CD

38'52"

Index	Übung	Zeit
1	Ansage	19''
2	1, 3b	24''
3	1, 6	40''
4	1, 9	37''
5	1, 10	1'12''
6	2, 6	40''
7	2, 9	35''
8	2, 11	1'06''
9	3, 7	35''
10	3, 8	36''
11	3, 10	1'20''
12	3, 11	1'56''
13	4, 2	1'02''
14	4, 4	38''
15	4, 7	51''
16	4, 10	1'12''
17	5, 4	43''
18	5, 6	1'21''
19	6, 2	49''
20	6, 4	35''
21	6, 10	34''
22	7, 4	1'04''
23	7, 7	49''
24	7, 9	36''
25	8, 4	57''
26	8, 5b	56''
27	8, 6	50''
28	9, 3	53''
29	9, 6	1'14''
30	9, 10	30''
31	10, 2	1'01''
32	10, 5	1'10''
33	11, 3	34''
34	11, 4	34''
35	11, 5	50''
36	11, 6	26''
37	12, 4	54''
38	12, 8	49''
39	Test / 2.A	3'01''
40	Test / 2.B	1'47''
41	Test / 3.A	46''
42	Test / 3.B	56''

Ton, Studio, Schnitt und Mischung: Beryl Productions, Paris, David Hassici
Koordination und Regie: Elisa Chappey
Musik: Koka Media; Chanson Jean Ferrat: Les petits bistrots ℗ 1980 Disques Temey